# 미국이 없는 세계를
# 상상할 수 있는가

# 미국이 없는 세계를
# 상상할 수 있는가

**디네시 더수자 지음 | 최윤희 옮김**

21세기북스

# contents

# 제1장

—

## 국가의
## 자살

★

그에게 나라를 사랑한다는 말은
나라를 모조리 산산조각 내
완전히 새롭게 뜯어 고친다는 뜻이다.[1]

– 로버트 프로스트(Robert Frost)

20세기 중반에 활동한 프랑스의 실존주의 작가 알베르 카뮈(Albert Camus)는 '존재하느냐 존재하지 않느냐'라는 인간에 관한 중대한 질문을 제기했다. 카뮈는 자신의 글에서 이렇게 말했다. "세상에는 진정으로 심각하게 고민해야 하는 단 한 가지 철학적 문제가 있으니 그것이 바로 자살이다." 어떤 의미에서 보면 이는 햄릿이 외친 '죽느냐 사느냐'에 관한 질문이었다. 카뮈에게 인간은 유의미한 우주, 즉 신이 창조한 우주이자 인간의 삶에 의미와 목적을 부여하는, 세상에서 수천 년을 살던 존재였다. 그러나 카뮈가 글에서 밝혔듯 이제 인간은 과학과 이성을 이용해 우주가 그저 반짝거리며 빙글빙글 도는 천체들이 모인 무의미한 공간에 지나지 않음을 밝혀냈다. 신은 세상 속에 없었다. 다시 말해 신은 존재하지 않았다. 결과적으로 인간은 다른 어딘가에서 궁극적인 의미를 찾아야 했다. 그러나 찾을 곳은 어디에도 존재하지 않았다. 따라서 셰익스피어의 말처럼 삶이 '시끄럽고 정신없는, 바보가 지껄이는 아무 뜻도 없는 이야기'로 바뀌었다. 카뮈는 고대 신화를 인용해 궁지에 몰린 인간을 언덕 위로 끊임없이 바위를 굴려 올리지만 꼭대기에 이르면 바위가 다시 아래로 굴러떨어지는 모습을 봐야만 하는 시시포스(Sisyphos)에 비유했다.

카뮈는 이것이 단순히 우주가 의미를 잃어버린 데서 나온 문제가 아니라고 생각했다. 인간은 의미를 갈구하지만 구할 수 있는 의미가 없다. 그 결과 인간은 부조리한 상황에 처한다. "부조리는 이렇게 인간의 욕망과 세상이 지키는 불합리한 침묵이 대립하는 상황에서 발생한다." 카뮈는 사람들 대부분이 이런 비극적인 현실을 외면한다고 말한다. 사람들은 그다지 중요하지 않은 여러 가지 활동을 하면서 자신의 삶이 무의미해지지 않도록 노력한다. 그러나 카뮈는 윤리적으로 진지한 사람들에게 삶의 방향을 바꾸려는 이 같은 노력은 선택이 아니라고 이야기한다. 카뮈는 인간이라면 반드시 자신의 삶에 내포된 부조리함을 진지하게 받아들여야 하며 그렇게 하는 과정에서 비극적이고 부조리한 삶을 살 것인지, 아니면 자발적으로 생을 마칠 것인지 고민해야 한다고 제안한다. 카뮈에게 자살은 윤리적 선택이었다.[2]

당연히 고대 이래 사람들은 자살에 대해 고민했고 심지어 자살을 실행에 옮기기까지 했다. 그러나 삶이 더는 중요한 의미를 갖지 못하거나 너무나 큰 고통을 겪는 까닭에 개인적으로 절망에 빠져 자살하는 경우가 대부분이었다. 카뮈는 인간의 존재에서 비롯한 절망을 보편적인 인간의 문제로 확대한, 즉 인간 모두가 같은 곤경에 처했음을 알린 최초의 인물이었다. 자살을 사람들이 실천할 행동으로서뿐만 아니라 윤리적 선택으로, 어쩌면 심지어 도덕적 의무로 여겨야 하는 수단으로서 고려했기 때문이었다. 이상하게 들릴 수도 있겠지만, 카뮈의 관점은 인간이라는 존재를 지구를 망치는 해충으로 바라보는 가장 급진적인 환경운동가들에게까지 영향을 미쳤다.

인간에게 그랬듯이 국가에도 이런 일이 일어날 수 있다. 물론 국가가 자살을 시도하는 경우는 좀처럼 보기 어렵다. 나는 자신을 파괴하려고 하는 국가의 모습을 상상하지 못한다. 인간과 마찬가지로 국가에도 생존 본능이 있기 때문에 국가의 자살이 가능할 것이라 짐작할 뿐이다. 국가의 생존 본능은 국가에서 살아가는 사람들의 생존 본능이 모여 만든 욕구다. 그렇다면 국가가 자신을 파괴하려고 하거나 자살을 시도하는 이유는 무엇일까? 국가는 때로 다른 국가에 정복당하거나 내부적인 요인으로 붕괴되기는 하지만, 결코 자신을 파괴하는 길을 모색하지는 않는다. 그러나 한 세기 반 전 에이브러햄 링컨(Abraham Lincoln)은 만약 미국이 무너진다면 그 이유가 외부로부터 침략당하거나 내부에서 붕괴를 일으켜서가 아닐 것임을 이야기했다. 오히려 미국인 자신이 취한 행동 때문일 것이다. 스프링필드 청년회관에서 한 연설에서 링컨은 이렇게 말했다.

대서양 너머에 존재하는 어떤 거대한 군사 집단이 바다를 건너와 우리를 일격에 무너뜨릴 수 있으리라 생각하십니까? 절대 그렇지 않습니다! 세상에서 온갖 재물을 끌어모아 군자금을 대고 유럽과 아시아, 아프리카에 있는 모든 군대를 동원해 나폴레옹을 지휘관으로 앉혀 수천 년 동안 쳐들어오더라도 이들은 오하이오 강에서 물 한 모금 마시지 못하고 블루리지 산맥에 발자국 하나 남기지 못할 것입니다. 그렇다면 위험은 어디에서 올까요? 저는 우리에게 위험이 닥친다면 그것은 반드시 우리 내부에서 생길 것이라고 대답하겠습니다. 위험은 밖에서 오지 않습니다. 멸망이 우리의 운명이라면 우리 스스로가 우리 운명을 써 내리고 끝맺을 것임이 분명합니다. 우리는 자유인이 모여 만든 나라에 사는 국민으로서 영원히 살든가 아니면 자살로 생을 마감할 것임이 틀림없습니다.[3]

링컨은 분명 미국 혹은 미국인이 자발적으로 멸망의 길을 모색할 것이라고 이야기하지는 않았다. 이런 사태는 재앙을 불러일으키는 잘못된 판단이나 어리석은 행동이 빚은 예측불허의 결과일 것이라고 생각했음은 의심할 여지가 없다. 그러나 나는 이 책에서 미국의 시대가 끝나가고 있음을 보여주려 한다. 그 이유는 부분적으로 미국을 이끄는 권력 집단이 미국의 종말을 원하기 때문이다. 아메리칸 드림은 힘을 잃는 중이다. 미국의 일부 지도자들이 아메리칸 드림의 힘이 약해지기를 바라기 때문이다. 다시 말해서 미국의 쇠퇴는 정책적 목표가 됐다. 이 같은 쇠퇴 현상이 현재 속도대로 계속된다면 우리가 아는 미국은 존재하지 않을 것이다. 그렇게 되면 사실상 우리가 국가 자살을 저지른 셈이다.

미국의 자살은 계획의 산물임이 드러났다. 이것은 파괴를 위한 계획일 뿐만 아니라 재건을 위한 계획이기도 하다. 오바마 대통령이 '미국을 다시 건설하는 작업'[4]이라고 칭한, 전혀 다른 형태의 국가를 만들기 위한 계획이다. 미국 재건 계획이 존재함을 인정하기는 했으나 오바마가 계획에 대해 책임져야 하는 인물은 아니다. 더 정확히 말하자면 계획이 오바마에 대해 책임져야 한다. 미국 재건 계획은 오바마가 취임하기 전부터 존재했으며 퇴임한 후에도 존재할 것이다. 오바마의 계획은 미국을 무(無)로 되돌리고 다시 건설하기 위한 50년 계획의 일부에 지나지 않는다. 오바마가 퇴임한 뒤에는 다른 사람이 작업을 이어받을 것이다. 미국 재건 계획을 보며 특히 등골이 서늘해지는 부분은 미국인 대부분이 어떤 일이 진행되는지에 대해 전혀 알지 못한다는 사실이다. 앞으로 책에서 보겠지만 미국인의 무지는 계획의 일부다.

미국의 쇠퇴를 지지하는 미국인들이 반역자거나 미국을 증오하는 사람이 아님은 처음부터 강조해야 할 전제다. 이들은 미국을 거꾸러뜨리는 중이다. 미국이 거꾸러뜨려야 할 존재라고 진심으로 믿기 때문이다. 이들이 취하는 행동은 미국을 도덕적으로 강력하게 비판한 데서 나온 결과물이다. 사실상 단 한 번도 해결되지 못한 문제며 해답을 내놓기 쉽지 않은 문제이기도 하다. 이런 비판과 맞닥뜨리면 사람들은 대부분 입을 다문다. 거세게 반발하는 사람이 있는 반면, 화제를 돌리려는 사람도 있다. 일부 사람들의 항변이 효과를 거두지 못하자 멀찍이 떨어져서 상황을 지켜보는 사람은 미국에 대한 비판이 답을 얻을 수 없는 문제라고 생각한다.

결과적으로 미국에 대한 비판은 미국 내 초·중·고등학교, 대학교에서 폭넓게 교육되는 주장이자 워싱턴 D.C.에 있는 권력자들이 근거 있다고 생각하는 관점이 됐다. 미국에 대한 비판은 다른 국가가 떠오를 수 있도록 미국이 1인자 자리에서 내려와야 한다는 결론을 이끌어낸다. 현재 미국의 국내 및 대외 정책에서 폭넓게 찾아볼 수 있는 기준이다. 국가가 자살하기 위한 계획은 발효 중이다. 계속해서 시행되는 경우 미국의 시대가 저무는 일은 그저 시간만 흐르면 실현될, 그것도 몇 십 년이 아니라 몇 년이면 끝날 문제다. 미국인의 삶은 하찮게 여겨질 것이며

'아메리칸 드림'은 동시대인이 과거에 대한 추억이자 조롱거리로 삼는 대상이 될 것이다. 이 같은 사태를 유발한 사람들은 대단히 좋은 현상으로 생각할 것이다. 카뮈와 마찬가지로 이들에게는 자살이 윤리적인 행동 방침으로 간주될 수 있다.

전문가와 학자가 쓴 글을 훑어보거나 강연을 듣다보면 미국의 몰락에 관한 이야기를 어디서나 찾을 수 있다. '미국은 끝났는가?'는 뉴욕 시가 발행하는 국제관계 잡지 「포린 어페어스(Foreign Affairs)」 2011년 12월호의 표제였다. 정치학 전문 학술지 「계간 정치학(Political Science Quarterly)」에 기고한 글에서 자코모 키오차(Giacomo Chiozza)는 과거 위대한 국가였던 미국에 대해 현재 "몰락을 되돌리지 못하리라는 전망이 나오고 있다."고 경고한다. 스티븐 S. 코언(Stephen S. Cohen)과 브래드퍼드 들롱(Bradford DeLong)은 『영향력의 종말(The End of Influence)』에서 미국 앞에 놓인 암울한 운명에 관해 고찰한다. 두 사람은 "미국인의 생활 수준이 떨어질 것이며 미국은 힘과 영향력을 잃을 것이다."라고 예측한다. 미국은 더는 세계를 지배하지 못한다. "다른 국가들이 돈을 전부 차지할 것이기 때문이다." 한때 미국을 옹호하던 언론인 파리드 자카리아(Fareed Zakaria)는 2009년 발표한 책, 『흔들리는 세계의 축: 포스트 아메리칸 월드(The Post-American World)』의 제목에서 암시했듯 이제 다른 어조로 이야기한다. 정치 성향과 상관없이 다양한 정치 해설가가 몰락을 막을 방법이나 몰락에 대처할 방법에 대해 논의한다. 사실상 어느 누구도 몰락이 신화에 불과하다거나 미국에 대한 기대가 높아지는 중이라고 말하지 않는다.[5]

뚜렷하게 '몰락'을 알리는 것으로 보이는 지표가 세 가지 있다. 첫째, 미국 경제는 성장 중인 중국이나 러시아, 인도, 브라질 경제에 비해 침체되고 위축된 상태다. 최근 발표한 논문 「미국 시대의 종말(The End of the American Era)」에서 스티븐 월트(Stephen Walt)는 이렇게 썼다. "늦어도 2025년이면 중국이 총경제생산량 면에서 미국을 추월할 가능성이 높다." 파리에 본부를 둔 경제협력개발기구(OECD)는 오바마 대통령이 임기를 마치는 2016년이면 미국이 아닌 중국이 세계에서 가장 큰 경제 대국이 될 것이라고 예측한다. 불가피하게 보이는 이 예측이 현실이 된다면 비(非)서양 국가이자 비민주주의 국가이며 비영어권 국가가 세계 경제를 이끄는 사건이 수세기 만에 처음으로 벌어지는 셈이다. 미국의 시대는 미국의 경제 지배와 함께 시작됐으므로 미국의 경제 지배가 끝나면 공식적으로 종말을 고하게 될 것이라는 말은 타당한 이야기처럼 들린다. 게다가 역사는 일단 한 국가가 세계 정상의 자리에서 물러나면 다시는 그 자리를 되찾지 못함을 보여준다.[6]

둘째, 미국은 빚의 늪에 빠져 헤어나지 못하는 중이다. 중국이 세계 최대 채권국인 반면 미국은 세계 최대 채무국이다. 17조 달러(한화 약 2경 100조 5,000억 원)에 달하는 국채는 이제 국내 총생산(GDP)을 넘어선다. 다시 말해서 국가가 진 빚이 한 해 동안 미국에서 생산되는 각종 재화와 서비스의 총합보다 크다는 뜻이다. 이 빚의 절반 가까이는 오바마 대통령 재임 시절 축적됐다. 한 해 평균 1조 달러(한화 1,182조 5,000억 원) 비율로 늘어난 금액이다. 이 속도대로라면 오바마는 두 차례 임기 동안 적자를 배 이상 증가시킬 것이다. 미국 국채 중 상당 부분이 중국이나 아랍 국가 같은 외국에서 빌린 돈이기 때문에, 빚으로 인해 미국에서 전 세계 나머지 국가로 부가 이동하는 현상이 벌어진다. 이제는 미국이 세계를 소유하는 대신 세계가 미국을 소유하는 비중이 늘어나고 있다. 게다가 현재 속도대로 계속해서 빚을 쌓아나간다면 미국이 파산하기까지는 그리 오랜 시간이 걸리지 않을 것이다. 이 사태에서 가장 놀라운 측면은, 문제가 그렇게 심각하지 않다는 점이 아니라 오바마가 마치 일상적으로 일어나는 일을 대하듯 희한할 정도로 사태에 대해 무관심한 것 같다는 점이다. 앞으로 확인하게 되겠지만, 오바마는 그렇게 행동한다. 결과는 예측 가능하다. 부유한 사람들처럼 부유한 국가도 얼마 동안 무책임하게 행동할 수 있다. 그러나 결국 채권자들이 몰려와 집과 차를 가져가버릴 것이다.

마지막으로, 미국은 세계 권력구조 속에서 자신이 누리는 지위를 잃는 중이다. 오바마 행정부는 다른 국가들이 핵무기를 제작하고 현대화하는 동안 미국이 보유한 핵무기를 감축하고 있다. 전략무기감축협정(START Treaty)에 따라 미국은 핵탄두 수천 기를 보유한 국가에서 최대 1,550기를 보유한 국가로 바뀌었다. 2013년 오바마 대통령은 핵탄두 수를 훨씬 더 적은 1,000기 정도로 줄이자고 제안하는 자리에서 자신은 핵무기를 전부 없앨 작정이라고 말했다. 미국의 핵무기 폐기가 세계 평화를 증대시키는지 아닌지에 대해서는 논란의 여지가 있지만, 이 조치로 미국의 군사적 지배력이 감소할 것임은 분명하다.

미국은 핵무기에 관한 주도권뿐만 아니라 전 세계에 대한, 특히 전략적으로나 경제적으로 대단히 중요한 중동 지역에 대한 패권 역시 잃는 중이다. 정치학자이자 중동 전문가인 파와즈 게르게스(Fawaz Gerges)는 최근 발표한 책 『오바마와 중동(Obama and the Middle East)』에서 이 문제를 제기했다. "미국의 영향력은 1940년대 후반 냉전이 시작된 이래 가장 낮은 수준에 머무른다. 미국은 이전처럼 상황을 통제하지도 못하고 예전에 그랬듯이 이 지역에서 우위를 차지하지도 못한다. 우리는 중동 지역에서 미국의 시대가 끝나는 모습을 목격하는 중이다."⁷⁾ 중국과 러시아, 그리고 다른 신흥 국가들이 점점 힘을 키우는 추세 역시 아시아와 유럽, 남아메리카에 대한 미국의 영향력을 축소시킨다. 미국은 마치 힘 잃은 거인, 즉 제2의 캐나다가 되는 길에 접어든 것처럼 보인다.

몰락은 미국뿐만 아니라 미국인에게도 중요하다. 미국인은 세계 속 미국의 위상은 물론 미국인의 생활 수준이 가파르게 떨어질 것이라는 전망과 마주하고 있다. 어떤 측면에서 보면 미국은 신흥국들과 자리를 바꾸는 중이다. 미국이 점점 힘을 잃는 동안 신흥국은 점점 힘을 키운다. 미국이 잃거나 포기한 영향력을 신흥국이 차지한다. 미국은 자국을 세계 2류 혹은 3류 국가로 급격하게 추락시킬 경제 붕괴 위험에 처한 반면, 신흥국은 빠르게 성장하는 중이다.

미국의 몰락, 심지어 미국의 붕괴에 관한 이 모든 이야기는 불과 몇 년 전 미국이 세계 최강국인 것처럼 보이던 시절만 떠올리더라도 놀라운 주제였다. 실제로 미국은 유일한 초강대국이었다. 미국의 군사력은 경쟁할 상대가 없었고, 미국의 경제는 세계를 지배했으며, 미국의 문화는 마치 전염병처럼 모든 대륙으로 퍼져나갔다. 미국이 세계를 상대로 영향력을 행사할 수 있는 지위에 오른 사건은 제2차 세계대전이 끝난 1945년에 시작됐다. 미국이 초강대국이 된 시기였다. 그러나 미국은 1992년 소비에트 연방이 붕괴하고 나서야 유일한 초강대국이라는 칭호를 얻었다. 따라서 20세기 후반 미국이 거둔 승리는 미국의 시대가 고작 60년밖에 되지 않았으며 미국이 모두가 인정하는 전 세계 지도자가 된 기간은 겨우 20년에 불과하다는 냉철한 깨달음과 함께 한다. 로마 제국은 1,000년 동안 지속됐고, 오스만 제국과 대영제국은 수세기 동안 세계를 지배했음을 고려해보면, 미국의 지배 기간은 대단히 짧아 보인다. 게다가 이미 위태롭기까지 하다.

미국의 전 세계 지배는 예견된 사건이자 실제로 200년도 더 지난 과거에 미국 건국의 아버지[조지 워싱턴(George Washington), 존 애덤스(John Adams), 토머스 제퍼슨, 제임스 매디슨(James Madison), 제임스 먼로(James Monroe), 벤저민 프랭클린(Benjamin Franklin), 알렉산더 해밀턴(Alexander Hamilton), 패트릭 헨리(Patrick Henry), 존 디킨슨(John Dickinson), 새뮤얼 애덤스(Samuel Adams), 존 제이(John Jay), 로버트 모리스(Robert Morris), 페이튼 랜돌프(Peyton Randolph), 존 핸콕(John Hancock) 등 미국 독립 전쟁과 관련된 미국 초기 대통령들을 포함해 독립 선언에 참여한 정치인들을 일컫는다. 이하 '건국자들'로 칭한다.-옮긴이] 손에서 탄생된 작품이었다. 필라델피아에 모인 건국자들은 자신들이 새로운 형태의 사회를 건설하기 위한 공식을 탄생시키는 중이라고 생각했다. 이들은 새로운 공식을 '세기의 새 질서(novus ordo seclorum)'라고 불렀다. 토머스 페인(Thomas Paine)의 말처럼 미국은 '새로운 세상의 시작'이었다. 건국자들은 자신들이 유일무이한 위치에 있음을 알았다. 알렉산더 해밀턴은 역사적으로 다른 국가는 '우연과 폭력'으로 건설됐지만 미국은 '성찰과 선택'으로 국가를 건설하는 기회를 얻었다고 말했다. 어떤 의미에서 건국자들은 보편적인 사례를 탄생시켰다. 그래서 조지 워싱턴이 미국이 태어난 이유가 또한 '인류가 태어난 이유'[8]라고 말할 수 있었다. 이와 더불어 그들은 자신들이 지구상에서 가장 강력한 힘을 발휘하고 가장 큰 성공을 거두고 가장 거대한 영향력을 행사하게 될 것이라 생각한 특별한 국가를 세상에 등장시켰다. 그리고 자신들의 믿음이 옳았음을 입증했다.

그러나 건국자들은 자신들이 또한 서양 문명의 가장 마지막이자 가장 큰 희망을 탄생시켰음을 알지 못했다. 수세기에 걸쳐 유럽은 서양을 상징하는 화신이자 서양세계의 옹호자였다. 서양세계의 주도권은 세기가 바뀌는 동안 이리저리 옮겨다녔다. 15세기 포르투갈이 차지했던 주도권은 16세기 스페인을 거쳐 17세기에는 프랑스로, 18세기와 19세기에는 영국으로 넘어갔다. 하지만 주인이 바뀌기는 했어도 이 유럽 국가에서 저 유럽 국가로 배턴이 넘어갔을 뿐이었다. 유럽이 힘을 잃은 사건은 20세기에 들어와서야 발생했다. 주된 이유는 제2차 세계 대전으로 인해 영국, 프랑스, 독일이라는 세 주요 강대국이 폐허로 변했기 때문이었다.

1964년 정치학자 제임스 버넘(James Burnham)이 『서구의 자멸(Suicide of the West)』을 발표했다. 버넘은 "서양 문명이 급속도로 몰락하면서 세계 권력지형에서 쇠퇴 혹은 퇴조하는 시기에 접어들었다."고 말했다. 버넘은 서양인의 생활 수준에 대해 언급하지 않았다. 더 정확히 말해 서양세계가 지닌 권력과 영향력이 축소됐음을 이야기했다. 버넘은 20세기 초, 즉 영국이 주도하던 시기에 서양 국가가 전 세계 부동산의 3분의 2가량을 장악했었다는 사실에 주목했다. '1914년 하늘에서 내려다보면 서양 문명이 지배하는 영역이 전 세계 모든, 혹은 거의 모든 영역과 일치함'을 깨달을 수밖에 없었다. 그러나 버넘은 수십 년이 채 지나기도 전에 서양의 지배를 받던 지역이 급격하게 줄어들었다고 말했다. 서양 국가들은 때로는 자의적으로, 때로는 분쟁을 거친 뒤 식민지로 삼았던 지역을 하나씩 포기했다. 둘 중 어느 길을 걸었든 아시아와 아프리카, 중동과 남아메리카 국가가 독립을 획득했다. 다시 말해 서양의 지배에서 자신을 해방시켰다. 버넘은 이렇게 썼다. "이 과정이 지금까지와 맞먹는 속도로 이후 몇 십 년 동안 계속된다면 단순히 수학적인 추정에 불과하기는 하지만 서양세계는 종말을 고할 것이다." 역사적으로 이 정도 규모의 쇠퇴가 번복된 경우는 거의 없었던 까닭에 버넘은 단호하게 "서양은 사그라드는 중이며 또한 죽어가는 중이다."⁹⁾라고 결론지었다.

버넘은 유럽에서 미국으로 주도권이 넘어가는, 한 가지 대단히 중요한 전개 과정을 놓쳤다. 영국이나 프랑스와는 달리 미국은 식민지를 기반으로 하는 열강이 아니었다(사실 미국은 한때 영국의 식민지였다). 미국은 영국이나 프랑스가 갔던 길을 따라 식민지를 찾아나서지 않았다. 실제로 제2차 세계대전이 끝난 뒤 수십 년 동안 미국은 영국에 식민지를 독립시키라고 권고했다. 따라서 유럽 국가와는 달리 미국이 전 세계에 미치는 영향력은 정복 활동에서가 아니라 미국이 추구하는 이상과 미국인의 생활 방식이 풍기는 매력에서 비롯했다. 밀턴(John Milton)은 『실락원(Paradise Lost)』에서 이렇게 썼다. "힘으로 이긴 자는 자신의 적을 절반만 이긴 셈이다."¹⁰⁾ 미국이 발휘하는 영향력은 다른 나라가 미국의 제도와 가치를 강제로 도입하기보다는 자발적으로 채택했기 때문에 더욱 컸다. 그럼에도 불구하고 미국이 거둔 승리는 만약 미국이 몰락한다면 배턴을 이어받을 서양 국가가 존재하지 않을 것이라는 냉철한 깨달음을 동반했다. 미국의 시대의 종말은 또한 서구 문명의 종말을 알리는 신호로 보일 것이다.

미국이 내리막길을 걷는 중이라면 이 사태는 어디에서 비롯하는가? 원인이 외부에 있지 않음은 분명하다. 나치나 공산주의자 같은, 미국을 멸망시킬 정도로 강력하고 위협적인 세력은 존재하지 않는다. 급진파 이슬람교도가 미국인의 삶과 미국의 이해관계에 심각한 위협이 되기는 하지만 미국 경제를 지배하거나 미국이라는 존재 자체에 근본적인 위협을 가하지는 못한다. 급진파 이슬람교도는 기껏해야 외부 장애물에 불과하다. 당황스럽게도 미국을 괴롭히는 가장 강력한 방해물은 미국 내부에 존재하는 것처럼 보인다. 미국은 내부에서부터 무너지는 중이다.

누가 혹은 무엇이 이 사태를 책임져야 하는가? 나는 이전에 발표한 책 두 권에서 한 인물에게, 즉 버락 오바마(Barack Obama) 대통령에게 초점을 맞췄다. 오바마 대통령의 재임기간은 몇 마디로 요약 가능하다. "안에서는 전능하고 밖에서는 무능한"[11] 오바마가 이끄는 민주당은 국내 문제를 다룰 때는 공권력을 확대하고 민간 부문이 담당하는 영역을 축소시키는 방향으로 나아갔다. 그러나 국제 문제를 다룰 때는 전 세계에서 미국의 힘이 미치는 영역을 줄이는 길을 택했다. 이런 이중적인 움직임을 어떻게 설명해야 하는가? 나는 오바마가 회고록인 『내 아버지로부터의 꿈(Dreams from My Father)』에서 자세히 밝힌 것처럼 그가 아버지에게서 이어받은 반(反)식민주의 이데올로기에 주안점을 두었다. 반식민주의의 중심 이론은 서양 국가가 누리는 부가 도둑질에서 비롯했다는 생각이다. 20세기 중반 케냐 출신인 오바마의 아버지 버락 오바마 시니어나 인도에 살던 내 아버지의 눈에 세상이 어떤 식으로 비쳤을지 생각해 보자. 두 사람은 세상을 돌아다니며 풍족한 서양세계와 빈곤한 다른 모든 세계를 목격했다. 두 사람은 호화로운 파리와 런던을 보고 궁핍한 나이로비와 뭄바이를 보았다. 두 사람이 발걸음을 멈추고 어째서 이런 현상이 일어났는지 고민했을 때 답은 명백해 보였다. 부유한 국가는 가난한 나라를 침입하고 점령하고 약탈해서 부유해졌다. 당시 영국은 여전히 케냐와 인도, 그리고 다른 많은 나라를 지배했다. 식민주의가 절정에 달했던 시기였다. 따라서 반식민주의적 설명은 불가피하고 반박할 수 없는 일이었다. 아직도 어째서 서양 국가가 부유해졌는지, 어째서 다른 나라가 여전히 가난한지를 설명하는 모범답안으로서 초·중·고등학교와 대학교에서 가르치고 폭넓게 인정받는 주장이기도 하다.

반식민주의는 제3세계가 주장하는 이데올로기지만 베트남 전쟁을 치르는 동안 미국으로 흘러들어 왔다. 그 결과 오바마 대통령은 아버지에게서뿐만 아니라 미국 내 반식민주의를 주장하는 모든 급진적인 무리에게서 반식민주의 정서를 익혔다. 내가 '오바마의' 건국의 아버지라고 부르는 이들 중에 공산주의자 출신인 프랭크 마셜 데이비스(Frank Marshall Davis)와 급진적인 반문화운동가 빌 에어즈(Bill Ayers), 팔레스타인 학자이자 중동 전문가 에드워드 사이드(Edward Said), 자칭 브라질 혁명가인 로베르토 망가베이라 웅거(Roberto Mangabeira Unger), 사람들을 선동하는 목사 제러마이아 라이트(Jeremiah Wright)가 있다. 가장 큰 영향을 미친 멘토는 아버지지만 오바마는 미국에서, 하와이에서, 그리고 컬럼비아대학교와 하버드 로스쿨과 시카고에서 반식민주의 이데올로기에 관한 이론을 상세하게 배웠다.[12]

1960년대 이후 미국에서 반식민주의가 더 큰 이데올로기 속으로 통합됐다. 수십 년 동안 그 이데올로기는 '자유주의(liberalism)'라는 이름으로 불렸다. 그러나 1980년대와 1990년대 자유주의 이데올로기가 좋지 않은 평판을 얻자 자유주의자들이 더는 자신을 자유주의자라고 부르지 않았다. 이제 이들은 자신을 '진보주의자'라고 부른다. 진보주의라는 용어는 진보에 대한 헌신을 암시한다. 진보는 변화를 시사한다. 2008년 치러진 대선에서 오바마 진영이 사용한 선거 구호는 모조리 '변화'에 초점을 맞췄다. 그러나 어떤 방향으로 변화함을 말하는가? 아마도 여기서 말하는 변화는 개선을, 즉 상황을 더 낫게 만듦을 의미할 것이다. 그러나 어떤 개선을 이야기하는가? 누구를 위한 개선인가? 만약 말할 수 있다면 흰개미는 자신이 하는 일을 '진보'라고 부를 것이라는 말이 있다. 그렇다면 우리는 진보주의자들이 믿는 신념이 무엇인지, 진보주의자들이 원하는 변화는 어떤 종류인지 파악하기 전까지 진보주의에 대해 열광하는 대신 판단을 유보해야 한다.

'진보주의자'라는 용어는 20세기 초반 진보적인 시절을 돌아보게 한다. 현대 진보주의자가 그 시절을 들먹이기는 하나 이들은 시어도어 루스벨트(Theodore Roosevelt)나 우드로 윌슨(Woodrow Wilson)이 머릿속으로 그리던 그 어떤 생각보다 훨씬 더 포괄적인 급진주의를 고안했다. 전통적인 미국 애국자이자 개혁을 실천하고자 한 인물이기는 하지만 루스벨트와 윌슨은 미국의 재건을 근본적으로 피해야 할 정말 중요한 문제라고 생각했다. 이에 반해 새로운 진보주의 이데올로기는 좌파 세력이 내놓은 미국에 대한 강력한 비판에서 유래한다. 1960년대 발생한 진보주의 이데올로기는 이후 정교하게 다듬어지는 과정을 거쳤다.

미국에 대한 비판은 한 가지 생각에, 즉 도둑질에 기초를 둔다. 분명히 생각은 반식민주의의 핵심 이론이기도 하다. 오바마 대통령이 대학 시절 열광적으로 읽은 책의 저자이자 서인도 제도에 건설된 프랑스 식민지 마르티니크 출신으로 반식민주의를 주도한 사회 철학자 프란츠 파농(Frantz Fanon)의 말을 들어보자. "제국주의 국가가 쌓아올린 부는 우리의 부이기도 하다. 유럽의 안녕과 진보는 흑인과 아랍인, 인도인, 그리고 피부색이 노란 민족들이 흘린 땀과 이들의 시체 위에 건설됐다. 유럽은 문자 그대로 제3세계가 만든 작품이다. 유럽을 숨 막히게 만드는 부는 후진국 국민에게서 탈취한 부다." 파농은 이 사태에 대한 인식이 '두 가지 깨달음, 즉 마땅히 부를 누려야 할 과거 식민지 국가 국민이 얻는 깨달음과 대가를 치러야 하는 자본주의 열강이 얻는 깨달음'13)을 낳는다고 말한다. 현대 진보주의는 이 도둑질에 관한 비판을 미국과 서양에 대한 체계적인 비판 속으로 집어넣었다.

진보주의자들의 비판은 미국이 기발한 약탈 행위 위에 건설됐다고 이야기한다. 초기 정착민들은 배를 타고 바다를 건너와 원주민인 인디언에게서 나라를 빼앗았다. 이후 미국은 도둑질로 건설됐다. 예를 들어 백인 미국인은 250년 동안 아프리카계 미국인을 노예로 삼고 이들의 노동력을 갈취했다. 한 세기 가까이 지속된 인종 격리와 차별, 짐 크로법(Jim Crow Law, 미국 남부에서 시행된 인종 차별법-옮긴이)을 이용해 도둑질은 계속됐다. 미국 국경선 또한 도둑질을 거쳐 확대됐다. 미국은 멕시코 전쟁이 벌어지던 기간에 멕시코 영토의 절반을 빼앗았다. 게다가 미국의 경제 체제인 자본주의는 도둑질을 기반으로 한다. 자본주의는 소수에게 부당한 이익을 챙길 권리를 부여하고 다수인 노동자에게서 노동자가 받을 '정당한 몫'을 빼앗는 제도이기 때문이다. 마지막으로 미국의 대외 정책은 도둑질을 바탕으로 한다. 역사학자 윌리엄 애플먼 윌리엄스(William Appleman Williams)는 이를 가리켜 '제국을 생활 방식의 하나'로 받아들인 결과라고 말했다. 어째서 미국은 중동 지역에 진출하는가? 분명 석유 때문이다. 미국이 해외에서 벌이는 행위는 미국인이 세계 다른 지역에 비해 훨씬 더 높은 생활 수준을 지속적으로 누릴 수 있도록 타국민의 땅과 자원을 약탈하는 데 목표를 둔다.

진보주의자들이 내민 고발장은 과거와 현재를 모두 아우르는 강력한 내용을 닦고 있다. 정치적인 비판일 뿐만 아니라 역사적인 비판이기도 하다. 1960년대 이후 진보주의 학자들은 새로운 종류의 연구를 수행했다. 이들은 자신의 작업을 '아래에서 바라본 역사'라고 부른다. 진보주의 학자들은 전통적으로 역사가 중요한 배역의 관점에서, 즉 사건을 결정짓는 사람이라 생각되던 군주나 정치가의 관점에서 서술됐다고 말한다. 이것이 '승자'가 기록한 역사다. 이에 반해 힘없는 민중은 무시됐으며 패자는 결코 자신의 입장에서 이야기를 풀어나갈 기회를 얻지 못했다. '아래에서 바라본 역사'는 불균형을 바로잡고자 한다. 그 결과 이들의 움직임은 오늘날 미국의 역사를 이야기하는 주요 방식으로 자리 잡을 만큼 완전히 제도화됐다.

하워드 진(Howard Zinn)이 쓴 고전적인 저서 『미국 민중사(A People's History of the United States)』를 살펴보자. 아마 지난 반세기 동안 가장 큰 영향력을 미친 역사서로 꼽히는 책일 것이다. 진은 자신의 시각을 숨기려는 어떠한 노력도 하지 않았다. "나는 아라와크족 시선에서 본 아메리카 대륙 발견에 관한 이야기와 노예 관점에서 본 헌법 제정에 관한 이야기, 체로키족이 바라본 앤드루 잭슨(Andrew Jackson, 미국 제7대 대통령이자 군인 시절 인디언 학살을 지시한 인물-옮긴이)에 대한 이야기, 뉴욕에 정착한 아일랜드인이 바라본 남북 전쟁(Civil War)에 대한 이야기, 스콧 장군이 이끄는 군대에서 탈영한 병사들이 바라본 멕시코 전쟁에 대한 이야기, 로웰 방직공장에서 일하는 젊은 여성들이 바라본 산업주의 성장에 관한 이야기, 쿠바인이 목격한 미국-스페인 전쟁에 관한 이야기, 루손 섬에 상륙한 흑인 병사들이 목격한 필리핀 정복에 관한 이야기, 남부 농민이 바라본 도금 시대(Gilded Age, 미국에서 본격적으로 산업 혁명이 진행돼 황금만능주의가 지배하던 시대-옮긴이)에 대한 이야기, 사회주의자들이 목격한 제1차 세계대전에 관한 이야기, 평화주의자들이 바라본 제2차 세계대전에 관한 이야기, 할렘(맨해튼 섬 동북부에 있는 흑인 거주 구역-옮긴이)에 사는 흑인이 본 뉴딜(New Deal)에 관한 이야기, 라틴 아메리카의 날품팔이 노동자가 바라본 전후 미국 제국에 관한 이야기를 하는 편이 더 좋다."14)

진은 편파적인 그림을 제공하는 데 두려움을 느끼지 않았다. 진은 객관적인 역사라고 불릴 만한 역사는 존재하지 않는다고 생각했다. 따라서 진은 자기 의견을 이야기하고자 했다. 그렇다면 진의 의견은 무엇인가? 진은 전 세계적인 경제 평등을 믿었으며 자신이 주장했듯이 '국경선이 사라지고 전 세계 부가 모두를 위해 사용되는 그날'15)이 오기를 기대했다. 그러나 진이 사실을 알리는 방대한 개요서와 함께 자신의 의견을 내놓은 까닭에 나는 '아래에서 바라본 역사'를 강조한 진의 행위를 비난하지 못한다. 진의 책은 평범한 사람과 힘없는 계층의 시선에서 세상을 바라보는 흥미로우면서 동시에 도덕적으로 칭찬받을 만한 글이다. 과거와 현재에 일어난 엄청난 사건이 사람들에게 어떤 영향을 미쳤는가? 고위층과 권력층을 위해 어떤 준비를 했는가만 따져서는 국가를 판단하지 못한다. 오히려 중요한 점은 국가가 신참자와 서민, 가장 낮은 계층에 있는 사람들이 어떤 삶을 살 수 있게 만들었는가다. 이 책에서 나 역시 진과 진보주의자들에게 맞서서, 하지만 이들의 용어에 의존해 '아래에서 바라본 역사'를 풀어나갈 것이다.

믿기 어렵겠지만 '도둑질'을 했다는 미국에 대한 비판에 어느 누구도 종합적으로 대응한 적이 없었다. 사실 나는 비판에 맞서 답을 내놓으려던 이전의 어떤 노력도 의식하지 않는다. 미국을 옹호하는 사람과 지지하는 사람들이 있기는 하지만 지금까지 이들은 자유와 애국심, 열정적인 응원을 담은 슬로건에 지나치게 의존했다. 하지만 이들은 진보주의자들의 비판에 정면으로 맞서지도 않았고 논박에 나서지도 않았다. 아마도 반박하지 못하기 때문일 것이다. 뭐라고 할 것인가? 미국인이 원주민인 인디언에게서 나라를 빼앗지 않았다고? 노예 노동력을 착취하지 않았다고? 미국인이 멕시코 영토를 차지한 뒤 이제 멕시코인을 도로 불러들여 한때 이들의 땅이었던 곳에서 농장 노동자로 일하도록 하고 있음이 사실이 아니라고? 진보주의자들의 비판은 일반적으로 인정되는 사실 속에 기반을 둔 것처럼 보인다.

진보주의와 오바마 대통령의 철학에서 중심을 차지하는 생각이 바로 자본주의에 관한 윤리적인 비판이다. 이는 자본주의와 사회주의를 두고 20세기에 벌어지던 논쟁과는 다르다. 당시에는 자본주의가 우세했다. 지난 세기에는 자본주의가 효율성을 이유로 경제 논쟁에서 승리를 거뒀다. 그러나 자본주의는 비윤리적이라는 비난을 완벽하게 반박한 적이 한 번도 없었다. 2012년 대선 운동이 벌어지는 동안 사람들은 미국이 어떤 식으로 '만드는 사람(makers)'과 '가져가는 사람(takers)'이라는 두 집단으로 나뉘었는가에 관한 이야기를 들었다. 만드는 사람은 생산 활동에 참여하는 사람을, 가져가는 사람은 정부에 기대 사는 사람을 의미한다고 짐작된다. 아마 가져가는 사람의 수가 만드는 사람의 수를 넘어선다면 진보주의자들은 계속해서 선거에 이길 것이다.

그러나 이 같은 분석은 진보주의가 가져가는 사람에 못지않게 만드는 사람에게도 호소력이 있음을 간과한다. 값비싼 휴양시설에서 주차요원으로 일하며 시간당 12달러를 버는 사람을 생각해보자. 어젯밤 그 사람이 얼마나 많은 차를 주차시켰을까? 예를 들어 100대라고 가정하자. 리츠칼튼 호텔이나 비버리 힐튼 호텔에 하룻밤 동안 주차하는 가격은 25달러 정도다. 그렇다면 어제 호텔이 주차장에서 번 돈은 얼마였을까? 2,500달러다. 호텔이 주차요원에게 지불한 임금은 얼마였을까? 100달러 정도다. 주차요원의 관점에서 보면 자신은 바보같이 이용당하는 중이다. 차를 대는 사람은 주차요원이다. 그러나 실제로 모든 이익은 호텔에 돌아간다. 어째서 자신은 그렇게 조금밖에 받지 못하는가? 나머지 2,400달러를 차지하는 사람은 누구인가? 분노에 찬 주차요원은 어떤 부유한 사람이 자신이 번 돈을 이용해 여자 친구를 하와이로 데려가는 모습을 상상한다. 주차요원은 자신을 '가져가는 사람'으로 바라보지 않는다. 오히려 자신은 '만드는 사람'이다. 실질적으로 일하는 고용인에게서 이들이 받아야 할 '정당한 몫'을 갈취하는 '가져가는 사람'은 바로 그 부유한 사람이다. 주차요원은 알고 싶다. "내 아메리칸 드림은 어디에 있는가?"

　　"자유로운 시장을!", "자본주의 만세!", "미국: 사랑하거나 혹은 떠나거나" 같은 단순한 구호로는 주차요원을, 그리고 주차요원과 비슷한 처지에 있는 수많은 다른 사람을 납득시키지 못한다. 우리는 나머지 2,400달러가 실제로 어디로 가는지 보여줘야 한다. 다시 말해서 우리는 자유 시장을 선택했을 때 얻는 보상 목록에 효율성뿐만 아니라 정당성까지 포함되는 이유가 무엇인지를 설명해야 한다. 이렇게 하지 못한다

면 우리는 자본주의 경제 체제가 낳는 실질적인 결과가 윤리적으로 정
당하지 못함을 시인할 수밖에 없다.

진보주의자들이 제시한 현실이 진실이라면 결론은 대단히 놀라우면
서 동시에 불가피하다. 만약 미국이 도둑질 위에 건설됐으며 약탈과 착
취를 이용해 지속적으로 부를 유지했다면 미국은 도덕적으로 변명할
여지가 없는 국가다.

그렇다면 이 문제를 어떻게 해결해야 하는가? 진정한 급진주의자
들, 즉 자신의 속마음을 거리낌 없이 내보이는 몇몇 진보주의자는 다
음과 같이 말하는 데 주저하지 않는다. "미국은 멸망해야만 한다." 영
화 〈아메리카〉를 제작하는 동안 나는 급진파 정치운동가 워드 처칠(Ward
Churchill)과 인터뷰했다. 나는 처칠에게 "오늘날 '악의 제국'은 어디입니
까?"라는 질문을 던졌다. 처칠은 이렇게 말했다. "당신이 사는 곳입니
다." 처칠은 나치 독일처럼 미국이 멸망한다면 세상이 더 나은 곳으로
바뀔 것이라고 덧붙였다. 나는 단도직입적으로 처칠에게 폭탄을 터뜨려
미국을 흔적도 없이 쓸어버린다면 만족하겠냐고 물었다. 처칠은 차분한
어조로 "네."라고 대답했다. 그렇다, 이것이 극단적인 진보주의자의 시
각이다.

그러나 여기에 대항하는 다른 시각도 존재한다. 주류 진보주의 혹은
오바마 관점이라고 부를 수 있는 생각이다. 이 관점은 미국에 대한 진단
결과에는 동의하지만 다른 처방전을 내놓는다. 주류 진보주의의 처방
전은 죄책감과 속죄다. 이 관점에서 보면 미국인은 자신이 지금까지 해
왔고 앞으로 계속 할 일에 대해 죄책감을 느껴야 한다. 게다가 미국인들
은, 특히 생산 활동에 참여해 성공을 거둔 사람은 자신이 쌓아올린 부가

불합리한 체제에서 나온 결과물이며 정당한 주인에게 되돌려줘야 함을 깨달아야 한다. 분명 오바마 대통령은 이렇게 생각한다. 오바마는 도둑질로 요약되는 미국에 대한 비판을 적극적으로, 특히 '정당한 몫'이라는 자신이 즐겨 쓰는 미사여구를 이용해 널리 퍼뜨린다. 오바마는 자신의 재임 기간을 도둑질에 관한 주장에 힘을 싣는 데 바쳤다. 예를 들어보자. 사람들에게 전혀 알려지지 않은 후보였던 오바마가 어떻게 대통령에 당선됐는가? 경기가 이토록 나빠지는 중인데 오바마가 어떻게 재선에 성공했는가? 어째서 언론이 오바마와 계속해서 밀월 관계를 유지하는가? 한 마디로 대답할 수 있다. 바로 '노예제'다. 노예제에 대해 미국이 느끼는 국가적인 죄책감은 끊임없이 오바마에게 도움을 주었다. 아이러니하게도 오바마 자신은 노예의 후손이 아니다.

복지국가에서부터 소수자 우대정책에 이르기까지 정부 내에서 진보주의적 관점이 확대되는 현상은 대부분 노예제는 물론 인종 격리와 짐크로 법, 인종주의라는 역사 속에서 저지른 범죄에 대해 미국이 보상하는 방법으로 이해할 수 있다. 오늘날 여전히 많은 흑인이 미국이 자신들에게 빚졌다고 여기며 어떤 사람은 현금 지불이라는 형태로 인종 차별에 대해 보상하는 쪽을 지지한다. 보상에 대해 오바마 대통령은 어떻게 생각하는가? 오바마가 예전에 가르쳤던 학생 중 한 명이 한 흥미로운 발언에 대해 생각해보자. 이 학생은 시카고대학교에서 강의하던 시절 오바마가 "보상에 대해 자신이 어떻게 생각하는지 우리에게 이야기했다."고 말했다. 오바마는 이론적으로는 보상에 대해 전적으로 동의했다. 하지만 현실적으로는 보상이 사실상 실행 가능하지 않을 것이라고 생각했다. 보상이 실시되려면 사회가 "누가 흑인인가? 몇 대 조상까지 거슬러 올라가야 하는가? 최근 이민자에 대해서는 어떻게 해야 하는가?"
같은 문제를 해결해야 할 것이다. 이런 복잡성을 고려한 오바마는 노예
제에 대해 보상한다는 생각을 받아들이지 않았다. 이는 대선 기간 동안
오바마가 취한 입장이기도 했다.16)

하지만 나는 오바마 대통령이 인종 문제로 인한 보상은 거부했어도
전 세계에 대해 보상하는 길은 찾았다고 생각한다. 이는 부의 상당 부
분이 미국에서 세계 다른 지역으로 이전되는 현상과 관계된다. 또한 미
국 내에서 부를 재분배하는 행위와도 연관된다. 어째서 전 세계 인구의
5퍼센트를 차지하는 미국이 전 세계 자원의 25퍼센트를 소비해야만 하
는가? 미국에 사는 성공한 사람들이 다른 미국인과 비교해 훨씬 더 많
은 부를 차지하는 이유는 무엇인가? 오바마는 이 같은 불평등 현상이
부당하다고 주장한다. 오바마가 지지자들 앞에서 한 유명한 말이 있다.
"여러분이 기업을 운영한다 해도 그것은 여러분이 일군 기업이 아닙니
다. 누군가 다른 사람들이 일군 기업입니다." 오바마는 성공한 사람들이
가진 부가 노력해서 번 돈이 아니며 기껏해야 착복한 재물이고 최악의
경우 도둑질로 일군 재산이라고 확신하는 듯 보인다. 오바마는 권력을
이용해 이들이 가진 부를 회수하고자 한다. 가진 자의 부를 미국 내부
로, 그리고 전 세계로 재분배하고자 한다. 오바마는 부당하게 빼앗긴 돈
을 사람들에게 되돌려준다고 생각한다.

'도난당한 물건'이라는 이름으로 불리는 철학적 주제가 오바마 대통
령식 접근법을 뒷받침한다. 이 주제의 기본이 되는 생각은 단순하다.
"당신이 도난당한 물건을 갖고 있다면 되돌려줘야 한다." 도둑질로 부
를 일궜다면, 혹은 조상이 다른 사람에게서 빼앗은 물건을 물려받았다

면 미안하다고 이야기하거나 형식적으로 보상하는 일만으로는 충분하지 않다. 그렇다. 내 것이 아닌 물건은 반드시 되돌려줘야 하며 더 많은 재산을 모으기 위해 부당하게 얻은 부를 사용했다면 모은 재산 역시 되돌려줘야 한다.17) 따라서 미국이 도둑질을 바탕으로 건설된 국가이며 미국이 누리는 풍요로움이 도둑질의 산물임이 분명하다면 한 국가로서 미국은 변명할 여지가 없는, 용서받지 못하는 존재이며 자국민과 다른 국가 국민에게 이전부터 저질러왔고 지금도 계속해서 저지르는 범죄 행위로 인한 피해를 복구해야 한다. 미국이 저지른 범죄를 없던 일로 되돌리고 필요하다면 그 과정에서 미국을 없던 존재로 되돌리는 일, 이것이 진보주의자가 추진하는 계획의 요약이자 미국의 자살을 뒷받침하기 위해 진보주의자가 내세우는 주장이다.

이 책에서 나는 진보주의자들의 비판에 대해 반박하고 미국이 어떤 의미인지, 어째서 미국을 지킬 가치가 있는지에 대한 새로운 이해를 제시하고자 한다. 나는 간단한 질문 하나를 던져 역사적 사건에 대한 비판을 검토할 것이다. 미국 역사에서 일어난 사건의 결과로 사회적·경제적 지위가 낮은 사람의 삶이 더 나아졌는가 아니면 더 나빠졌는가? 다시 말해서 콜럼버스와 서양 문명이 아메리카 대륙에 상륙했다는 이유로 원주민인 인디언의 삶이 오늘날 더 나아졌는가 더 나빠졌는가? 조상이 노예로 이 땅에 끌려왔다는 이유로 오늘날 흑인의 삶이 더 나아졌는가 더 나빠졌는가? 현재 미국 국경선 안쪽에 사는 멕시코인의 삶이 멕시코 전쟁 기간 동안 미국에 정복되지 않은 멕시코 영토에 살고 있는 멕시코인의 삶보다 더 나은가 더 나쁜가? 이것이 미국이 현재 발휘하는 영향력을 검토함으로써 역사를 검토하는 한 가지 방법이다.

나는 또한 미국이 이 세상에 새로운 어떤 것을 탄생시켰다고 주장하고자 한다. 진정한 의미에서 세계를 바꾼 발명은 매우 드물다. 불이 그중 하나며 바퀴는 또 다른 예다. 농업의 발명은 세 번째에 해당된다. 이 책에서 나는 미국이 인류 역사를 통틀어 아마도 가장 중요한 발명에 기반을 둔 사회임을 보여줄 것이다. 바로 부의 창출과 관련된 발명이다. 인류 역사가 시작된 이후 거의 모든 기간 동안 부는 유한하다고 간주됐다. 놀이터에서 구슬 열 개를 가지고 노는 소년을 생각해보자. 이 소년이 구슬을 더 많이 가지려면 어떻게 해야 할까? 방법은 단 하나다. 누군가 다른 사람에게서 구슬을 가져와야 한다. 이와 마찬가지로 과거 부는 대개 땅에서 나왔고 부를 얻으려면 땅을 차지해야만 했다. 다시 말해서 정복은 인간이 재산을 획득하는 자연스러운 방식이었다. 거의 모든 국가가 무력을 동원해 정복 활동을 펼치는 단계를 거쳐 건설됐다. 노예제와 봉건제가 실시되던 시기에 벌어지던 경제적 착취는 그저 정복자의 윤리가 확대된 결과에 불과했다. 원하는 물건이 있으면 빼앗아 가지는, 혹은 과거 에이브러햄 링컨이 그런 체제에 대해 묘사한 것처럼 "너는 일하고 나는 먹는다." 같은 것 말이다.

정복은 세상이 그냥 돌아가는 이치가 아니었다. 정복은 부를 획득하는 합법적인 방법으로 생각됐으며 아직도 전 세계 많은 지역에서 그렇게 간주된다. 미국에 사는 사람들에게는 이해하기 어려운 관점이다. 정복자의 윤리는 부족 내 연대에 관한 윤리에 뿌리를 둔다. 우리 부족은 우리가 가장 많은 충성을 바칠 가치가 있는 대상이며 따라서 부족의 이익은 다른 무엇보다 중요하게 생각해야 할 주제다. 우리가 할 일은 부족을 보호하고 부족의 안녕을 지키는 것이다. 그러므로 다른 부족이 우리를 지배하기 전에 우리가 다른 부족을 지배해야 한다. 정복자의 윤리는 축구 경기에 관한 윤리나 마찬가지다. 축구 경기를 보는 사람들은 자신이 응원하는 팀이 경기 내내 공을 차지하기를 바란다. 응원하는 팀 선수가 상대팀 선수를 때려눕히거나 쓰러뜨리면 즐거워한다. 『구약 성경』을 펼쳐보면 얼마나 이스라엘 민족이 적을 무찌르고 이스라엘이 거둔 승리를 명백한 선으로 생각하는지 알 수 있다. 승자는 그들 아니면 우리다. 따라서 우리가 승자가 되는 편이 낫다.

미국은 정복을 보편적인 윤리로 인정하는 동시에 새로운 윤리, 즉 부의 창출에 관한 윤리를 발전시켰다. 미국은 혁신과 기업 활동을 통해 부를 쌓아올릴 수 있다는 이해를 바탕으로 만들어졌다. 사람들은 기술 자본주의 체제를 이용해 다른 사람의 구슬을 차지하지 않고서도 구슬 열 개를 스무 개로 만들 수 있다. 분명 미국이 탄생하기 전에도 발명가와 상인은 존재했다. 그러나 미국은 발명과 상업에 바탕을 둔 최초의 사회다. 미국은 대단히 뛰어난 자본주의 사회다. 나는 부를 창출하는 이 새로운 체제가 얼마나 공평하고 올바른지, 자본주의 체제가 어떤 식으로 미국과 세계 다른 지역에 사는 힘없는 사람들의 삶을 더 나아지게 했는지에 대해 이야기할 것이다. 나는 소득은 착취 그 자체며 수익은 약탈의 결과물이고 전 세계를 상대로 벌이는 미국의 행위는 도둑질이 위장한 모습이라는 진보주의자들의 주장을 검토하는 데 주저하지 않을 것이다.

나는 진보주의자의 비판을 무너뜨리려 한다. 나는 진보주의자가 진짜 도둑이며 노력을 통해 부를 일군 사람들에게서 재산을 빼앗기 위해 국가 권력을 사용하고 있음을 보여줄 것이다. 진보주의자들은 평범한 시민이라는 이름을 내세워 부를 창출한 사람들을 상대로 전쟁을 선포했다. 그러나 진보주의자들은 평범한 시민의 편에 서 있지 않다. 이들의 정책은 경기 침체와 빈곤, 부채, 쇠퇴의 길로 미국을 인도하기 때문이다. 전부 오늘날 미국 사회에서 분명하게 모습을 드러내는 현상이다. 자신의 목표를 달성하고 힘을 키우기 위해 정부를 차지하고 관료들을 장악하는 데 의존하는 사람이 바로 진보주의자다. 우리가 일하면 그들은 먹는다. 앞으로 보겠지만 진보주의는 부를 일군 사람에게서 재산을 몰수하기 위해 정치적 지지 세력을 얻으려는, 속임수에 바탕을 둔 종합적인 이론이다. 최근 반대하는 목소리를 가라앉히기 위해 진보주의자들이 국민 감시와 선택적 고발이라는 무시무시한 정책을 실시하는 중이다. 다시 말해 경찰력을 동원해 반대 세력을 괴롭히고 억누르고 있다. 궁극적으로 진보주의자들은 국가 정체성이 스스로 무너지고 미국의 시대가 소멸하는 길을 추구한다. 미국이 축소될 뿐만 아니라 미국인이 힘을 잃는 결과로 향하는 길이다.

나는 오바마 대통령에서부터 시작해 힐러리 클린턴(Hillary Clinton)을 지나 모든 진보주의자 무리로 이어지는 사람들에게 경고하고자 한다. 윤리와 관련된 용어의 뜻이 어떻게 뒤바뀌었는지, 자신을 지지한다고 하던 사람들이 자신을 어떻게 속였는지 이해하는 순간 평범한 미국인들은 새 이름으로 위장했으나 다름 아닌 과거 자신을 억압하던 새로운 압제자에게 거세게 반발하고 이들을 강하게 거부할 것이다. 오늘날 미국은 오랫동안 그래왔듯이 전 세계가 겪는 부족 문제를 해결하는, 즉 어떻게 해야 부를 일구고 행복을 누릴 수 있는가라는 인간이 지닌 문제에 답을 제시하는 국가로 남아 있다. 세계에는 미국이 필요하다. 그리고 미국인만이 번영을 누리고 인류가 거둔 성공을 이 땅은 물론 다른 모든 곳에서 지금 살거나 앞으로 살 말로 표현하지 못할 만큼 수많은 사람에게 돌리기 위한 공식을 되찾을 수 있다.

# 제2장

—

## 두 프랑스인의 이야기

★

권리에 관한 생각은 그저 정치계에 도입된
덕목에 관한 생각에 불과하다.[1]

– 알렉시 드 토크빌(Alexis de Tocqueville), 『미국의 민주주의(Démocratie en Amérique)』

친미주의와 마찬가지로 반미주의 역시 미국 내부에서 자라난 현상이다. 나는 비난하고자 하는 의도가 아닌, 냉정하게 판단하고자 하는 의도에서 반미주의를 미국식 생각과 제도에 관한 강렬한 적대감이라고 정의한다. 이 책에서 나는 볼리비아의 일부 급진주의자나 러시아의 정부 관료 혹은 이란의 이슬람교 율법학자가 표현하는 반미주의에 관해 이야기하지 않는다. 이는 무지한 편견에서 혹은 상충하는 국가 이익에서 나온 생각일 수 있다. 정확히 말해 나는 자국에 대해 잘 알고, 자국의 행위에 대해 충분히 고민하고 반대하는 미국인들이 내세우는 반미주의에 대해 말하고자 한다. 때때로 불쾌하게 생각될 수 있지만 이런 종류의 반미주의는 기피할 대상이 아니라 오히려 환영할 대상이다. 비판이 옳은지 그른지 판단하기 위해서다. 에드먼드 버크(Edmund Burke)의 말처럼 "우리가 나라를 사랑하려면 우리나라가 사랑스러워야 한다."[2]

진보주의는 가끔 반미주의처럼 들린다. 그러나 진보주의자들은 단순히 멸망을 지지하는 사람이 아니다. 진보주의자들은 현재의 미국을 무너뜨리고 또 다른 미국을 건설하려는 사람이다. 다시 말해서 미국을 파괴하는 이들의 행위는 미국을 재건하기 위한 서곡이다. 따라서 진보주의자들이 확언하는 미국에 대한 비전이 존재한다. 그저 보수주의자들이 확언하는 미국에 대한 비전과는 정반대되는, 전혀 다른 모습의 비전일 뿐이다. 사람들이 들은 바와는 달리 미국에서 발견되는 거대한 분열현상은 자유를 옹호하는 보수주의자와 자유에 반대하는 진보주의자가서로 충돌하는 사건이 아니다. 정확히 말해 두 진영은 각각 특정한 형태의 자유를 이야기한다. 예를 들어 한쪽은 경제적 자유를 소중히 여기는반면 다른 쪽은 성이나 사회적 영역과 관련된 자유를 지지한다. 애국자와 반애국자 사이에서 벌어지는 충돌도 아니다. 양 진영 모두 미국을 사랑하지만 서로 다른 모습의 미국을 사랑할 뿐이다. 한쪽은 콜럼버스와 7월 4일(미국 독립 기념일), 혁신과 노동과 자본주의라는 '야성적 충동(animal spirit)', 보이 스카우트와 종교계, 사립학교와 전통적인 가족 및 참전 군인으로 대변되는 미국을 사랑한다. 다른 한쪽은 관용 및 사회적 권리와소득 및 부의 재분배, 소수자 우대정책 및 낙태와 페미니즘, 동성애자결혼으로 대변되는 미국을 사랑한다.

최근 나는 다트머스대학교에서 1960년대 활동한 급진주의자이자 오바마 대통령의 멘토인 빌 에어즈와 논쟁을 벌였다. 우리의 주제는 "미국의 어떤 점이 그토록 위대한가?"였다. 에어즈는 자신이 생각하는 미국의 위대한 점에 대해 칭찬하는 말로 시작했다. 그러나 이야기를 하는 동안 에어즈는 건국자들에 대해 어떤 언급도 하지 않았다. 에이브러햄 링컨에 대해서도 말하지 않았다. 오히려 에어즈는 19세기 사회주의자들의 활동에서 시작돼 20세기 진보주의 운동을 거쳐 자신에게 곧장 이어지는 미국의 시위 전통을 이야기했다. 이와 마찬가지로 하워드 진은 최근 발표한 책에서 건국자들 같은, 현재 미국인들이 위인으로 생각하는 인물을 세미놀족 지도자이자 미국 정부를 상대로 게릴라 활동을 전개한 오세올라(Osceola)나 무정부주의자이자 사회주의 활동가인 엠마 골드먼(Emma Goldman), 또는 이라크 전쟁 반대 시위를 주도한 신디 시핸(Cindy Sheehan) 같은 인물로 대체하라고 촉구했다.3) 이것이 진보주의자가 사랑하는 미국이자 7월 4일 진보주의자가 기념하는 미국이다.

애국심이 둘 사이를 가르는 선이 아니듯이 미국 예외주의(American exceptionalism)도 마찬가지다. 다시 말하지만 양 진영 모두 미국이 이례적인 국가라고 생각한다. 그러나 한쪽은 미국이 이례적으로 선하다고 생각하는 반면 다른 한쪽은 미국이 이례적으로 악하다고 생각한다. 한쪽 집단은 미국을 선한 사회라고 여기고 다른 집단은 미국을 악의 제국으로 간주한다. 이 부분에서조차 보수주의자는 현대 미국에서 나타나는 몇 가지 측면에 대해 한탄하는 반면 진보주의자는 정부가 운영하는 국가 건강보험 제도나 동성애자 생활 방식의 강제 인정 같은 보수주의자가 한탄하는 측면을 찬양한다.

이런 두 미국, 즉 보수주의자들이 옹호하는 미국과 진보주의자들이 아끼는 전혀 다른 미국을 어떻게 비교하고 대조할까? 아주 묘한 이야기지만 우리는 미국을 방문한 두 프랑스인을 비교하는 방법으로 이 작업을 수행할 수 있다. 두 이방인의 관점은 미국인이 자신을 더 명확하게 바라보도록 도와줄 것이다. 첫 번째 인물인 알렉시 드 토크빌은 19세기 초 미국 곳곳을 둘러본 귀족 출신 청년이었다. 19세기 중반 청년 시절을 보낸 토크빌은 같은 귀족 출신이자 친구인 귀스타브 보몽(Gustave Beau-mont)과 동행했다. 보몽은 특히 미국의 형법 제도에 대해 관심이 있었다. 두 사람은 함께 뉴잉글랜드에서 시작해 필라델피아를 거쳐 뉴올리언스와 위스콘신에 이르는 넓은 지역을 여행했다. 10개월이 넘는 기간 동안 11만 킬로미터 넘게 돌아다닌 여정이었다. 미국이 수립되고 30여 년이 지났을 때 방문한 덕분에 토크빌은 미국 독립에 관한 원칙이 미국인의 일상 속에 어떤 식으로 각인됐는지 관찰할 수 있는 상황에 있었다. 토크빌은 미국인의 관습에 대해 주의 깊게 살펴본 뒤 최종적으로 자신이 조사한 결과를 고전이 된 저서 『미국의 민주주의』 속에 넣어 발표했다. 본래 프랑스 독자를 대상으로 출간된 이 작품은 오늘날 미국에서 더 많이 읽히고 연구된다.

또 다른 프랑스인인 미셸 푸코(Michel Foucault)는 1975년에 처음 미국에 온 학자였다. 이후 푸코는 몇 년에 걸쳐 샌프란시스코 만 일대로 방문 지역을 확대했다. 그 동안 처음에는 캘리포니아대학교 버클리캠퍼스에서 학생들을 가르치다 1980년대 초에는 다트머스대학교로 자리를 옮겼다. 다트머스대학교는 내가 학부생 시절 푸코를 만난 장소였다. 푸코는 분명 토크빌이 여행한 시대와는 굉장히 다른 미국을 목격했다. 당시 미국은 1960년대 혼란스러운 시절을 거치며 다른 모습으로 바뀐 상태였다. 게다가 푸코는 토크빌과는 전혀 다른 분야에 관심이 있었다. 토크빌이 가장 매력적이라고 생각한 측면을 푸코는 가장 혐오스럽다고 생각했다. 실제로 미국은 전통적으로 푸코가 서양 문명에서 가장 불쾌하다고 생각한 많은 측면을 보여주었다. 그렇다고 푸코를 반미주의자로 치부해서는 안 된다. 오히려 푸코는 프랑스인 동료들이 푸코를 열렬한 친미주의자로 간주할 정도로 많은 부분에서 미국에 대해 열광했다. 푸코에게 1970년대 후반과 1980년대 초반의 미국은 위대한 국가였다. 사람들에게 모든 성적 제약을 초월할 수 있는 기회를 허락했기 때문이었다. 성인은 다른 성인뿐만 아니라 청소년과도 성관계를 맺을 수 있었다. 푸코는 이를 목숨을 내걸 만큼 숭고한 이상으로 여겼다. 이 두 프랑스인은 오늘날 보수주의자와 진보주의자가 이야기하는 전혀 다른 두 미국의 모습을 실례를 들어 설명했다.

먼저 토크빌에 대해 살펴보자. 토크빌은 미국은 처음부터 다른 어떤 국가와도 달랐다고 말했다. 미국은 토크빌이 '뚜렷하게 구분되는 인류의 한 종'이라고 칭한 사람들을 탄생시켰다. 토크빌은 이 부분에서 훗날 미국 예외주의라고 불리게 될 개념을 확인했다. 토크빌에게 미국인은 독특한 존재였다. 모두가 평등했기 때문이었다. 토크빌은 모든 사람은 평등하게 태어났다는, 뜨거운 논란을 불러일으킨 미국 독립 선언서 속 주장이 미국인이 처한 현실을 간단명료하게 설명한다고 생각했다. 토크빌은 미국인이 평등이라는 민주주의에 관한 원칙을 마음속 깊숙이 받아들였다고 적었다. 미국인은 타인을 우월하거나 열등한 존재로 여기기를 거부했다. 미국인은 다른 나라 사람들, 특히 프랑스인들이 한다고 알려진 방식에 맞춰 타인에게 머리를 조아리지 않았다. 유럽과 달리 미국에는 '소작농'이 존재하지 않았다. 자작농만이 있을 뿐이었다. 미국에는 '하인'이 아닌 피고용인이 있었다. 오늘날 미국은 종업원에게 마치 그 사람이 기사인 것처럼 '귀하(Sir)'라는 경칭을 붙이는 유일한 국가일 것이다.

토크빌에게 평등은 경제적인 개념이 아닌 사회적인 개념이었다. 토크빌은 경쟁이 능력을 기반으로 하는 불평등한 결과를 낳는다고 기술했다. "얼마 지나지 않아 천부적으로 타고난 능력의 차이가 자연스럽게 드러날 것이며 부는 가장 유능한 사람의 손에 넘어갈 것이다." 그러나 이는 정당하다. 부는 노력해서 얻는 대상이지 빼앗는 대상이 아니기 때문이다. 토크빌은 미국의 부자들이 한때 가난한 사람이었다는 사실에 특히 충격을 받았다. 토크빌은 약간 못마땅해하며 미국인들이 '지나치게' 돈을 사랑한다고 적었다. 그러나 토크빌은 미국인 사이에서 지칠 줄 모르고 끊임없이 노력하고 경제적으로 경쟁하는 모습을 확인하며 깊은 인상을 받을 수밖에 없었다. "무작위로 아무 미국인이나 골라보라. 그 사람은 분명 불타오르는 욕망과 진취적인 기상과 모험심으로 가득찬, 무엇보다 혁신적인 사람일 것이다." 토크빌은 성공을 가능하게 만드는 요인이 바로 평범한 사람의 있는 힘을 다한 노력이라고 적었다. 평범한 사람은 교양이 없거나 교육을 많이 받지 못했을지도 모르지만 실질적인 지식을 갖추고 성공을 향한 의지를 불태운다. "그 사람 앞에는 끝도 없이 넓게 펼쳐진 대륙이 놓여 있다. 그 사람은 마치 시간이 등을 떠밀듯 앞으로 돌진한다. 그 사람은 자신이 분발할 자리가 없을까봐 두려워했다." 토크빌은 자신이 '이중 이민'이라고 이름 붙인 사회현상을 목격했다. 유럽인들이 끊임없이 미국 동쪽 해안으로 몰려드는 동안 미국인들이 대서양 연안을 떠나 태평양 연안을 향해 서쪽으로 이동하는 모습이었다. 토크빌은 이 야심만만하고 활력이 넘치는 사람들이 미국 국경선을 확장하고 궁극적으로 거대한 국가를 건설할 것이라고 예측했다. "살면서 본 가장 특별한 광경이다. 한때 그저 거대한 숲에 불과했던 이 땅이 세계에서 가장 부유하고 가장 강력한 국가로 바뀔 것이다."

진취적이고 근면한 미국인을 지배하는 원칙에는 한 가지 예외가 있었다. 어느 날 토크빌은 오하이오 주와 켄터키 주를 나누는 경계선에 서 있었다. 토크빌은 북쪽과 남쪽을 바라본 뒤 대조적인 모습에 깜짝 놀랐다. 토크빌은 '부지런한 오하이오'와 '게으른 켄터키'를 대비시켰다. 오하이오에는 노동의 흔적이 드러나는 모든 신호와 잘 손질된 집과 밭이 있는 반면 켄터키에는 '활력이 없고 열정이 없고 기업가 정신이 없는 사람들'이 살고 있었다. 경계선을 기준으로 양쪽의 기후나 환경은 사실상 똑같은데 무엇으로 차이를 설명할 수 있을까? 토크빌은 노예제 때문이라는 결론을 내렸다. 노예제는 노예에게 작업에 대한 보상을 전혀 하지 않는다. 따라서 노예는 노동의 산물을 조금도 손에 넣지 못한다. 하지만 노예제는 일터에 나가도록 주인을 부추기지도 않는다. 노예가 자신을 대신해 일하기 때문이다. 희한하게도 노예제는 주인과 노예 모두에게 나쁘다. 노예제는 노동의 지위를 떨어뜨리며 따라서 수행되는 작업의 양이 줄어든다.

토크빌은 미국인이 자신의 자유를 소중히 여기기는 하지만 자신이 도덕적인 의무나 도덕률로부터 자유롭다고 생각하지는 않음을 강조했다. "미국에서는 자유 국가에 사는 국민에게 하고 싶은 일은 뭐든지 할 수 있는 권리가 있다는 생각이 존재한 적이 한 번도 없었다." 그러나 미국인들은 자신의 의무를 정부의 명령이 아닌 종교적 규범이나 사회적 압력에서 이끌어냈다. 미국에는 수많은 종파가 존재하지만 "모든 종파가 하느님의 이름에 따라 같은 도덕률을 설교한다." 게다가 종교 정신이 기업가적 노력과 균형을 이뤘다. 후자가 더 나은 삶을 살고 자신의 이익을 증진시키는 방법을 가르친 반면 전자는 타인에 대한 의무와 공동체의 이익에 관해 가르쳤다. 토크빌은 따라서 미국인들은 종교적 기능과는 완전히 별개로 종교를 "첫 번째 정치기구로 생각했음이 틀림없다."고 기술했다. 이 장을 시작할 때 인용한 문구에 적혀 있듯 토크빌은 '권리'를 올바른 일을 하도록 사람들을 움직이는 장치로 바라보았다. 토크빌에게 자유 사회는 사람들이 선을 행하면서 이와 동시에 성공할 수 있는 존경할 만한 사회이기도 했다.

토크빌은 미국 내 모든 곳에서 미국인들이 어떤 식으로 정부가 아닌 자신에게 일을 추진하도록 기대하는지 바라보며 감명받았다. 우선 사람들은 스스로 일을 처리하려고 했다. 그러다 혼자 하지 못하면 가족에게 의지했다(그는 미국을 안정시킨 주체는 처음부터 개인이 아니라 가족이었다는 사실에 주목했다). 미국인들은 토크빌이 말한 '협동에 관한 원칙'을 이용해 종교 단체와 취미 단체, 자선 단체, 교육 단체, 그 외 다른 단체 같은 수없이 많은 자원 단체를 구성했다. 토크빌은 유럽과 달리 미국에서는 "개인이 어떤 일을 계획했을 때, 하지만 그 일이 사회의 안녕과 직접적으로 연관이 있을지도 모를 때 그 사람은 절대 정부로부터 협력을 얻으려고 하지 않는다. 그 대신 다른 사람에게 자신의 계획을 알리고, 계획을 실행하자고 제안하고, 다른 개인의 도움을 얻으려고 하며, 모든 장애물과 씩씩하게 맞서 싸운다. 결국 이렇게 개인적으로 착수한 일들이 모이면 정부가 낼 수 있는 모든 결과물을 훨씬 능가하게 된다."고 자신이 목격한 모습을 기록했다.

어느 날 그는 엄청나게 많은 남자가 모여 알코올이 든 음료는 입에 대지 않겠다고 다함께 맹세하는 모습을 보고 깜짝 놀랐다(토크빌은 이것이 농담임에 틀림없다고 생각했다). 이때 토크빌은 강제적인 법 집행이 아닌, 이런 식의 자발적인 사회적 노력이 금주를 성공으로 이끄는 가장 좋은 방법임을 깨달았다. "여러 개인이 한 집단으로 뭉쳤을 때 발휘되는 복합적인 힘을 이용하는 경우 인간의 의지로 이루지 못할 목표가 없다."

토크빌은 민주주의, 즉 사람들이 직접 정치에 관여하는 제도에 대해 동일한 참여정신이 발휘되는 모습을 확인했다. 그러나 사람들의 참여는 지역 단계에서 가장 활발하고 효과적으로 일어났다. 뉴잉글랜드 주민 회의에서 확인된 모습이었다. 이곳에서는 민주주의가 효율적으로 작동했다. 사람들이 자신에게 어떤 문제가 있는지, 문제를 풀기 위한 가장 좋은 방법은 무엇인지 잘 알기 때문이었다. 그는 연방 정부에 대해서는 다른 관점을 취했다. 연방 정부를 '만족감을 보장하고 당신들의 운명을 보호할 것'이라고 약속함으로써 사람들을 통제할 길을 모색하는 '거대한 후견인 같은 권력 기관'이라고 칭한 것이다. 처음에는 연방 정부의 힘이 약해보일지도 모르지만 점점 커지다가 결국 '절대적'으로 변하며, 그들이 하는 약속은 환상에 불과하다며 이렇게 말했다. "마치 한편으로는 성인이 되도록 사람들을 준비시키려고 하지만 다른 한편으로는 이들을 영원히 어린아이로 남기는 방법을 찾는 권위적인 부모와 같다." 한마디로 말해 오만한 연방 정부는 자신을 미국인의 행복이 무엇인지 결정하고 미국인에게 행복을 제공하는 존재로 만들려고 하지만 실제로는 "생각해야 할 모든 걱정거리와 사는 동안 발생하는 모든 문제를 국민에게 떠넘긴다."[4]

미셸 푸코는 프랑스에서 눈부신 경력을 쌓은 뒤 1970년대 중반 처음으로 미국을 찾았다. 프랑스 서부 푸아티에에서 태어난 푸코는 명망 높은 파리 고등사범학교에 진학했다. 푸코는 이곳에서 좋은 성적을 거뒀지만 자살을 기도하기도 했다. 아마도 잠재된 동성애 기질로 인해 생긴 우울증 때문으로 보인다. 푸코는 사는 내내 죽음을 동경한 것 같다. 푸코의 전기 『미셸 푸코의 수난(In The Passion of Michel Foucault)』에서 저자인 제임스 밀러(James Miller)는 푸코가 순교자가 되는 환상을 품었다고 밝힌다. 하느님을 위한 순교자가 아닌 '인간의 아름답고 열정적인 마음과 자신의 보이지 않는 진실 및 눈에 보이는 비밀'을 위한 순교자였다. 푸코는 "한 개인이 자신과 하나가 되는 방법은 죽음이다. 죽음이 우리에게 우리 자신과 재결합하도록 허락하는 약속된 시간을 앞당기자."5)고 말했다. 다른 나라에서는 이런 생각을 진지하게 하는 사람에게 의학적인 치료가 실시된다. 하지만 프랑스에서는 이런 사람을 철학자로 떠받든다.

1950년대 초 푸코는 공산당에 가입했다가 후계자인 흐루시초프(Khrushchev)가 스탈린이 저지른 범죄를 폭로했을 때 공산당을 탈퇴했다. 이후 푸코는 튀니지에서 학생들을 가르쳤다. 이곳에서 푸코는 동성애 파트너인 다니엘 드페르(Daniel Defert)와 함께 살았다. 1968년 파리대학교로 돌아온 푸코는 철학과를 급진적인 좌파 세력의 중심지로 바꿔놓았다. 자신이 급진주의자를 능가하는 급진주의자가 될 수 있음을 보여준 순간 푸코는 일류대학인 콜레주드프랑스의 교수로 선출되는 영예를 안았다. 토크빌은 아무 명성도 얻지 못한 젊은 시절에 미국에 온 반면 푸코는 아마 유럽에서 가장 큰 영향력을 발휘하는 지성인으로 꼽히던 시절 미국을 방문했다. 장 폴 사르트르(Jean-Paul Sartre)의 죽음으로 얻은 지위였다.

푸코는 버클리캠퍼스에서 여러 차례 학생들을 가르쳤다. 1975년 처음 온 푸코는 이후 1979년에 한 번 돌아왔다가 1980년과 1983년에 다시 방문했다. 이 기간 동안 푸코는 샌프란시스코에 살면서 주기적으로 동성애자 이웃들과 관계를 맺었고, 결국 푸코는 에이즈(AIDS)에 감염됐다. 내가 푸코를 만난 시기가 바로 이때였다. 내가 학부생으로 재학 중이었을 때 푸코가 강의를 위해 다트머스대학교를 찾았다. 대학 홍보실에서 일하던 나는 푸코에게 학교를 안내한 뒤 공개 행사가 열리는 장소로 푸코를 데리고 갔다. 나는 푸코를 음울하고 강박증이 있는 인물로 기억한다. 푸코에게서는 불쾌한 냄새가 났다. 푸코는 우울함과 우월감을 동시에 보여주는 냉소적인 웃음을 지었다. 푸코는 부드럽고 단조로운 목소리로 강의를 진행했고 공책에 필기된 내용을 읽었다. 강의가 끝났을 때 나는 푸코가 무슨 말을 했는지 알지 못했다. 친구 중 한 명은 푸코에 대해 이렇게 혹평했다. "푸코는 헛소리나 지껄이는 악명 높은 철학자야." 이제 나는 어째서 푸코가 그토록 깨질 것처럼 보였는지, 어째서 푸코의 목소리가 그토록 약했는지 안다. 푸코는 에이즈에 걸렸고 이듬해 에이즈 합병증으로 사망했다.

푸코는 토크빌보다 더 오랜 시간을 미국에서 지냈으나 미국에 대해 관심을 보이거나 실질적으로 의미가 있는 글을 전혀 남기지 않았다. 글을 남기지 않은 이유 중 일부는 푸코가 미국을 따분하고 천박하다고 생각했기 때문일 수 있다. 푸코가 미국에 대해 이런 느낌을 받은 최초의 현대 프랑스인은 아닐 것이다. 하지만 나는 앞서 말한 이유가 깊이 작용했다고 믿는다. 푸코가 남긴 글을 읽다 보면 자신이 현대 서양세계에서 가장 억압적인 부분이라고 생각하는 요소가 어떤 식으로 미국의 특징으로 자리 잡았는지 확인하는 푸코의 모습을 발견할 수 있다.

푸코는 자본주의와 자유 무역을 혐오했으며 겉으로 보기에는 자유로운 상거래가 일어나는 장소에 보이지 않는 억압이 존재함을 감지했다. 푸코는 이렇게 말했다. "우리가 폭력을 동원해 자신의 의견을 강요하는 독재자 계급이 만든 체제 속에서 살고 있음은 너무나 자명하다. 심지어 폭력이라는 장치가 제도와 헌법이라는 이름을 하고 있을 때조차 이 사실은 명백하다." 그렇다면 독재자 계급이 있음을 알리는 징후는 정확하게 무엇인가? 푸코는 믿음과 사실이라는 말로 요약했다. 푸코가 말한, 자본주의 체제에서 부의 축적은 제로섬 게임이라는 믿음은 잘못된 믿음이다. 서양에 사는 많은 사람이 돈을 벌기 위해 어쩔 수 없이 직업을 구한다는 사실은 진실이다. 하지만 어쩌라는 것인가? 푸코는 자본주의가 급여를 받기 위해 일터로 나가도록 사람들을 내모는, 타인을 착취하는 무자비한 체제라고 생각했다. 푸코는 노동이 자아실현을 장려해야 한다고 주장했다. 이 대목에서 푸코는 마르크스의 초기 의견을 되풀이하며 자신이 진정한 1960년대의 아이임을 보여주었다. 푸코는 과거에는 많은 미국인이 일자리에 '꼼짝없이 묶인' 느낌을 받았으나 이제는 오바마케어 덕분에 직장을 그만두고 시를 쓰거나 아무것도 하지 않을 수 있게 됐다[6]는 뜻으로 한 민주당 의원 낸시 펠로시(Nancy Pelosi)와 해리 리드(Harry Reid)의 최근 발언을 예고하기도 했다. 푸코는 또한 마치 폭군처럼 강압적이라는 이유에서 미국의 대외 정책을 혐오했다. 푸코는 미국의 베트남전 참전을 맹렬하게 비난했으며 1960년대 후반과 1970년대 초반 프랑스 좌익 세력이 조직한 반전 시위에 참여했다.

푸코는 이렇게 주장했다. "우리와 같은 사회에서 수행해야 하는 진정한 정치적 과제는 중립적인 동시에 독립적인 것처럼 보이는 제도 운용 방식을 비판하고, 누구나 제도에 맞서 싸울 수 있도록 항상 제도를 이용해 눈에 띄지 않게 자신의 힘을 발휘하던 정치적 폭력의 가면을 벗기는 방향으로 제도를 비판하고 공격하는 것이다." 이것은 푸코가 평생 동안 주안점을 두고 수행한 과제였다. 그러나 푸코는 정당성에 근거해 권력을 재구성하라고 권하지는 않았다. 푸코는 '정당성' 자체가 환상에 불과한 개념이라고 생각했다. 푸코에게 정당성은 권력에 대한 모든 것이었으며 권력과 맞서는 유일한 방법은 권력을 차지하는 길뿐이었다. 동료 좌파학자인 놈 촘스키(Noam Chomsky)와 벌인 논쟁에서 푸코는 프롤레타리아 세력을 움직이는 가장 강력한 힘이 시기심임을 인정했다. 푸코는 시기심은 권력을 향한 욕망뿐만 아니라 복수를 향한 열망도 유발한다고 말했다. "프롤레타리아가 지배층을 상대로 전쟁을 벌이는 이유는 이런 전쟁이 정당하다고 생각하기 때문이 아니다. 역사적으로 가장 처음 프롤레타리아가 지배층에 맞서 벌인 전쟁은 프롤레타리아가 권력을 차지하고자 했기 때문에 일어났다. 프롤레타리아가 권력을 차지하는 순간 방금 획득한 폭력적이고 독재적이며 심지어 피비린내를 풍기기까지 하는 권력을 지배층에게 행사할 것임은 충분히 발생할 수 있는 상황일 것이다. 나는 이 말에 반대할 수 있는 의견을 내놓는 사람을 보지 못했다." 촘스키는 훗날 살면서 만난 가장 비도덕적인 사람이라고 말할 정도로 푸코에 대해 심한 혐오감을 느꼈다.[7]

폭력적인 독재 권력을 향한 푸코의 열광은 서양세계에서 프롤레타리아가 받는 보복적인 억압의 수준을 넘어섰다. 1970년대 후반 이란을 방문한 푸코는 아야톨라 호메이니가 친미주의를 고수하던 샤를 축출한 사건을 목격했다. 푸코는 호메이니와 만난 자리에서 후한 칭찬을 늘어놓았다. 이란 혁명을 찬미하기도 한 푸코는 이란 혁명이 신정 국가의 탄생으로 이어지지 않을 것이라고 주장했다. 푸코는 이렇게 기록했다. "이슬람 정부가 들어선 이란에서 종교 지도자가 국민을 감시하거나 통제하는 역할을 담당하는 정치 체제를 이야기하는 사람은 없다." 푸코는 이란이 자유의 원천이 될 것이라고 주장했다. "이란인들은 자신의 행위가 타인에게 피해를 주지 않는 범위 내에서 자유를 존중할 것이다. 약자는 보호받을 것이다. 남성과 여성 사이에 권리와 관련된 불평등은 존재하지 않을 것이다. 정치에 관한 결정은 다수의 손에 의해 내려질 것이다." 전반적으로 푸코는 호메이니가 일으킨 혁명을 도덕을 향한 열정이 자발적으로 모여 일어난 사건으로 생각했다. 푸코는 이란 혁명을 통상적인 정치와 비교해 '정신적인 정치'라고 불렀다. 푸코의 주장은 일반적으로 정치 행위를 통해 달성될 수 있는 목표의 한계를 이란이 넓혔다는 말이었다. '한계 넓히기'는 푸코가 서양 세계에서 벌어지는 억압적인 상황을 해결하기 위해 반드시 필요하다고 생각한 수단이었다.

푸코는 수십 년 동안 자신이 어떤 형태의 이슬람 정부를 지지하는지에 대해 아야톨라 호메이니가 설교한 내용을 모르는 것처럼 보였다. 호메이니의 생각은 호메이니가 권력자의 자리에 오르기 몇 년 전에 발표한 책 『이슬람 정부(Islamic Government)』에 종합적으로 정리됐다. 권력을 장악하자마자 호메이니가 자신의 계획을 실행에 옮기기 위해 재빨리 움직이면서 공포 정치 시대가 시작됐다. 푸코는 처음에는 전직 정부 관료나 샤를 지지하던 세력이 처형당하는 모습을 보며 대단히 기뻐했다. 푸코는 혁명이 일어나면 이런 사태가 벌어지리라 예상해야 한다고 말했다. 논조를 바꿔 푸코가 비난한 시점은 호메이니 정권이 다름 아닌 감시와 정치적 선전, 무력이라는 수단을 동원해 자유주의자와 좌익 세력,

동성애자를 사형에 처하기 시작하고 나서였다. 이 시점에 이르러서야 푸코가 열정을 잃었다. 푸코는 이란에 대해 언급하기를 중단하고 다른 주제로 관심을 돌렸다. 그러나 푸코는 미국의 그 어떤 제도보다 훨씬 더 나쁜 독재 체제를 지지한 데 대해 결코 사과하지 않았다. 푸코는 이슬람 국가에 건설된 독재 정권의 위험성에 대해 경고하는 대신 계속해서 자유 민주주의의 위험성에 대해 경고했다.8)

처음에 푸코가 호메이니에게 이끌린 이유는 무엇이었을까? 나는 그 이유가 이란과는 거의 관계가 없을 것이라고 추측한다. 분명 두 차례에 걸쳐 이란을 방문하기는 했으나 푸코는 자신의 편견으로 만들어진 렌즈를 통해 이란을 관찰한 것 같다. 이렇게 보면 푸코는 오랫동안 이어진, 전체주의 국가를 방문하고 전체주의 정부 체제를 찬양한 서양 지식인 대열에 속하는 사람에 불과했다. 한 세기 동안 진보주의 지식인들이 스탈린이 다스리는 소비에트 연방과 마오쩌둥(毛澤東)이 권력을 장악한 중국과 카스트로가 정권을 차지한 쿠바와 오르테가(Daniel Ortega)가 대통령으로 있는 니카라과를 방문하고 마주치리라 예상했던 농민들의 천국을 보며 넋을 잃는 흐름이 계속됐다. 어찌된 일인지 모르겠지만 이들의 눈에는 억압받는 사람들의 모습이 보이지 않았다. 구할 수 있었음에도 이들은 독재 정권과 관련된 정보를 외면했다. 진보주의 지식인들이 서양세계에 대해 느끼는 불만을 다른 나라에 투영하고 실제와는 상당히 다른 모습으로 이 나라들을 바라보았음이 분명하다.9) 아무튼 그래서 푸코도 미국과 서양세계를 보며 느끼는 증오를 미국에 치명적인 타격을 입힐 수 있는 적대국에 대한 존경으로 바꿨다. 푸코의 시선에서 보면 호메이니는 칭찬받을 만한 인물이었다. 미국을 '거대한 악마'라고 불렀기 때문이었다. 결국 이것도 푸코의 관점이나 마찬가지였다. 푸코의 무분별한 모습은 소설가 솔 벨로(Saul Bellow)의 발언으로 요약될 수 있다. "환상에 대한 욕망이 깊을 때 엄청나게 많은 지식이 무지로 바뀔 수 있다."

미국에서 직접 경험하지 않았더라면 푸코의 반미주의는 희석되지 않고 그대로 유지됐을 것이다. 실제로 푸코는 미국에서 여러 가지를 경험한 뒤 적어도 한 가지 결정적인 측면에서는 자신이 미국에 대해 잘못된 판단을 내렸음을 받아들였다. 푸코는 이전에는 유럽을 성해방 운동의 중심지로, 미국을 상대적으로 보수적이고 금욕적인 국가로 생각했다(아직도 많은 사람이 이렇게 생각한다). 샌프란시스코에서 겪은 경험은 푸코의 생각을 완전히 뒤바꿨다. 푸코는 미국을 통제와 억압의 근원으로 보는 대신 새로운 형태의 해방 운동이 벌어지는 곳으로 여기게 됐다.

푸코의 연구는 '정상'과 '비정상' 사이를 가르는 차이에 초점을 맞춘다. 초기에 발표한 글에서 푸코는 광기에 대해 기술했다. 푸코는 서양에서 한때 광기가 정상 상태로 간주된 까닭에 중세 시대에는 미치광이가 자유롭게 돌아다닐 수 있었으나 이제는 단순히 다르다는 이유로 미치광이를 보호 시설로 보내고 범죄자로 취급한다고 적었다. 푸코는 이어서 수감 제도를 검토했다. 이때 푸코는 단순히 '비정상'이라는 이유에서 사람들이 감옥에 갇힌다는 깜짝 놀랄 만한 통찰을 얻었다. 푸코는 수감 제도가 현대인의 삶을 빗대어 보여준다고 생각했다. 현대인은 자신이 자유로운 존재라고 생각하지만 실제로는 다양하고 교묘한 형태로 나타나는 감시 제도의 지배를 받는다. 현대인은 감시 제도로 인해 무엇이 정상적이고 사람들이 기대하는 바이며 해야 하는 일인지를 정한 기준에 순응하고, 비정상적이며 이상하다고 규정돼 금지된 일을 하지 않으려 한다. 푸코는 정신 병원과 감옥이 보여주는 모습에서 학교와 은행, 공장, 소매점, 보건 시설, 군대 같은 거의 모든 기관이 정신 병원과 감옥을 닮았다는 결론을 이끌어냈다. 푸코의 연구는 감춰져 있기는 하나 그다지 비밀스럽지는 않은 권력의 여러 가지 모습을 폭로하는 데에, 그리고 권력 체계를 무너뜨리는 장치로 일탈과 위반을 옹호하는 데에 온 힘을 바쳤다.

지금쯤 누군가는 이 길고 복잡한 이야기가 기본적으로는 동성애를, 논란의 여지가 있지만 본인의 경우에는 소아성애를 옹호하기 위해 푸코가 쓴 장황한 글임을 추측했을 것이다. 푸코는 10대 소년과 성관계를 맺기 좋아한 동성애자였다. 푸코는 서양 문명이 어떤 과정을 거쳐 이성애와 동성애 사이에, 또한 성인과 어린이 사이에 가짜 차이를 만들었는지, 그리고 어째서 모든 사람이 사실상 태어날 때부터 성적인 존재인지, 어떻게 이성애에서 동성애로 성적 취향이 유동적으로 움직일 수 있는지를 설명하는 정교한 이론을 고안하면서 한 가지도, 심지어 소아성애에 관한 설명도 빠뜨리지 않았다. 푸코는 동성애 문화가 남녀 차이에 관한 문제를 다루고 이전부터 내려온 낡은 도덕 체계를 부인하면서 기존의 도덕률을 자신이 이름 붙인 '성적 실험을 진행하는 실험실'[10]로 대체하는 과정을 찬양했다.

푸코의 전기를 쓴 제임스 밀러는 푸코가 낮에는 학생들을 가르치고 밤에는 샌프란시스코의 폭력적인 가학 피학성 변태 성욕 문화 속에 몸을 맡겼다고 전한다. 내용을 보면, 아침에는 편안한 바지에 트위드 재킷을 걸치고 밤에는 가죽으로 몸을 감싼, 그리고 국부 보호대와 유두 집게, 수갑, 채찍, 회초리, 말채찍, 남근에 끼우는 링을 완벽하게 갖춘 남

자가 나온다(이것은 내가 상상한 장면이 아니다. 밀러는 대단히 구체적으로 기술했다). 푸코
는 성관계를 맺기 전 약물을 복용하기를 좋아했다. 1975년 처음으로 환
각제인 LSD를 복용한 뒤 푸코는 이렇게 말했다. "살면서 겪은 일 중 이
경험과 비교할 수 있을 만한 사건은 낯선 이와 맺은 성관계뿐이다." 샌
프란시스코에 사는 동안 푸코는 둘 다 할 수 있었다. 그는 주인과 노예
를 연기하는 관계를 포함해 특히 가학 피학성 성관계를 즐겼고, 이를 일
종의 게임으로 생각해 이렇게 표현했다. "때때로 성관계가 주인과 노예
가 등장하는 장면으로 시작했다가 노예가 주인으로 바뀌는 장면으로
끝난다. 신체적인 즐거움을 주는 원천인 이 멋진 게임은 굉장히 흥미롭
다." 푸코는 가학 피학성 변태 성욕 문화를 규칙을 깨뜨리고 한계를 시
험하기 좋아하는 자신의 보편적인 철학적 성향과 어울리는 '제한된 경
험'으로 바라보았다. 한때 푸코는 이성애가 소외될까봐 슬퍼했다. 푸코
는 이성애의 경우 많은 힘이 '구애 행위를 하는 데 집중'되는 반면 동성
애의 경우 "성행위 자체를 더욱 격렬하게 하는 데 힘을 쏟는다."고 말했
다. 동성애자 전용 목욕탕 문화에 대해 푸코는 이렇게 기술했다. "아직
도 이성애자들을 위한 그런 공간이 없다는 사실이 유감스럽다."11)

　푸코는 자신의 건강이 위협받고 있음을 알았다. 에이즈가 동성애자
공동체를 파괴하는 무서운 병임을 알고 있던 1983년에조차 푸코는 "소
년을 사랑한 대가로 죽는 일, 무엇이 이보다 아름다울 수 있을까?"라고
말했다. 밀러는 푸코가 죽기 직전까지 자신이 에이즈 환자임을 인식하
지 못했을지도 모른다고 적었다. 푸코와 오랫동안 함께 지낸 파트너 다
니엘 드페르는 밀러의 말을 부인하면서 자신이 에이즈에 감염됐음을
푸코가 "실제로 알고 있었다."고 이야기한다. 그러나 중요한 점은 푸코

가 신경 쓰지 않는 것처럼 보였다는 사실이다. 에이즈는 자신의 삶을 위협하는 존재지만 푸코는 다른 사람의 삶 역시 위협하려던 것 같았다. 분명 푸코는 타인 또한 '제한된 경험'으로 인해 목숨을 빼앗기더라도 틀림없이 이 경험을 즐길 것이라고 생각했다.[12]

  토크빌과 푸코, 전혀 다른 두 프랑스인은 기질의 차이는 물론 한 세기 반이라는 시간 차이 덕분에 뚜렷하게 구별된다. 토크빌은 푸코와는 굉장히 다른 미국을 방문했다. 두 사람이 각각 특정 형태의 자유를 찬양하는 과정에서 토크빌은 1776년을 대표하는 정신, 즉 기업가와 자발적으로 구성된 조직과 종교적 자유로 표현되는 정신을 찬미했다. 푸코는 1968년을 대표하는 정신, 즉 기업 활동의 자유나 전 세계에 자유를 선사하기 위해 노력하는 미국의 모습이 아닌 성의 자유, 전통적이고 도덕적인 제약으로부터 자유를 축하했다. 두 사람이 이야기하는 자유의 차이점은 무엇인가? 무엇이 더 나은가? 이 물음에 대한 대답을 하려면 1776년을 이루는 뿌리와 1968년을 이루는 뿌리에 대해 더욱 깊게 탐구해야 한다.

# 제3장

---

# 세기의
# 새 질서

★

우리의 동의 없이 우리 주머니에 손댈 권리는
이제 더 이상 대영제국에 없다.
이는 돈을 얻기 위해 우리가 대영제국의 주머니에
손대지 못하는 이치와 같다.[1]

– 조지 워싱턴, 1774년

1978년 10대 청소년이었던 나는 인도를 떠났다. 내가 인도를 떠난 이유는 인도의 족벌주의와 부패에, 인도 정치인의 무지와 금품매수에, 누군가 매일 바쳐야 하는 뇌물에 지쳤기 때문이었다. 대다수 나라에서와 마찬가지로 인도에서도 사람의 운명은 타고나는 요소다. 운명은 내가 어떤 가정에서 태어났는가, 내가 여자인가 남자인가, 내가 어떤 계급에 속하는가에 달려 있다. 나는 내 운명을 내 손으로 설계하고 싶었다. 내가 태어난 나라에서는 실질적으로 불가능한 소원이었다. 무엇보다 나는 두뇌가 명석하고 열심히 노력하려는 의지가 있는 사람에게조차 기회가 오지 않는다는 사실에 좌절했다. 인도에 머무른다면 기본적으로 내게 미래는 없었다. 나는 다른 곳으로 시선을 돌려야 했다. 나만 그런 것이 아니었다. 내가 아는 사람 중 상당수가 인도를 벗어나려 했다. 이들은 캐나다로, 오스트레일리아로, 두바이로, 혹은 바다로 떠났다.

내게는 사실상 시선을 돌릴 곳이 한 군데뿐이었다. 내가 들은 미국은 나를 받아들일 만큼 충분히 크고 내 포부를 현실화할 기회를 제공할 수 있는 나라였다. 인도에서는 거의 모든 지역에서와 마찬가지로 삶이 누군가에게 그냥 일어나는 일이다. 미국에서는 삶이 직접 꾸려나가는 대상이다. 나는 그렇게 믿게 됐다. '이루다(making it)'라는 말은 그저 성공을 의미하지 않는다. 삶을 내 손으로 만든다는 의미다. 나는 홀로 미국에 왔다. 내게는 미국에 사는 가족이나 친척이 없었다. 돈도 없었다. 미국에서 나는 내 포부를 이루는 데 그치지 않았다. 처음 세운 목표를 훨씬 넘어섰다. 원래 나는 회사 중역이나 그 비슷한 부류가 되고자 했다. 그러나 곧 작가와 연설가, 영화 제작자가 진정한 내 천직임을 깨달았다. 나는 미국을 발견했고 이곳 미국에서 스스로를 발견했다. 이 나라에서 나는 성공이 무엇인지 깨달았을 뿐만 아니라 내 자신의 삶에 관한 글을 쓸 수 있었다. 미국에서 사람의 운명은 타고나는 요소가 아니다. 직접 만들어나갈 수 있는 대상이다.

어떤 측면에서 보면 내 이야기가 평범하지 않을지도 모른다. 하지만 더 많은 미국인에 관한 이야기이기도 하다. 수세기에 걸쳐 이민자 수천만 명이 미국으로 몰려들었다. 처음에는 유럽 곳곳에서 왔고 지금은 대부분 중국이나 한국, 스리랑카, 아이티, 멕시코 같은 다른 나라에서 온다. 이 모든 사람이 미국으로 오는 이유는 무엇인가? 첫째 이민자들은 자신이 태어난 나라에서 탈출하고자 한다. 출신 국가를 지배하는 어떤 요소가 이민자의 열망을 짓누르거나 자존감을 갉아먹는다. 둘째 이민자는 미국이 다르다는 사실을 알기 때문에 온다. 미국은 단순히 더 풍요로운 삶을 제공하는 나라가 아니다. 미국은 더 만족스럽고 더 훌륭한 삶을 제공하는 나라이기도 하다. 전 세계 다른 어떤 곳에서도 누리지 못하는 삶이다.

19세기 중반 식량 부족이 일상적으로 일어나는 시골에 살던 아일랜드 소작농들을 떠올려보자. 가족들은 작은 오두막에 살고 낡을 대로 낡은 옷을 입으며 거의 제대로 먹지 못한다. 기본적인 사회 구조는 봉건 제도를 따른다. 많은 지주가 자신의 땅에 기대 사는 사람들의 삶을 좌지우지한다. 지주들은 반대로 지방귀족에게 자신이 한 일을 설명해야 한다. 지방귀족은 훨씬 더 강한 힘을 지닌 중앙귀족 앞에서 머리를 조아린다. 마지막으로 중앙귀족이 복종하는 대상은 영국 국왕이다. 소작농들은 정해진 규칙에 따르라고 배운다. 일과 식량과 가족의 삶을 통제하는 규칙이다. 만약 어떤 사람이 순종적이지 않은 인물임이 드러나면 권력자가 그 사람을 완전히 무너뜨릴 것이다. 그나마 제일 나은 처분이 자신의 땅에서 내쫓는 일이다. 이런 경우 쫓겨난 사람은 또 다른 지주를 찾은 뒤 새로운 지주 앞에서 굽실거려야 한다. 이렇게 머리를 조아리는 행위는 굴욕적인 일임에 분명하다. 그러나 봉건 제도가 지배하는 사회에서는 쫓겨난 사람만 굽실대지 않는다. 가장 높은 계급의 삶을 누리는 사람조차 왕을 모시는 신하로서 갖춰야 할 덕목을 배운다. 이 말은 자신보다 훨씬 더 지위가 높고 강한 힘을 지닌 다른 사람 앞에서 머리를 숙인다는 뜻이다.

좀처럼 바뀔 것 같지 않은 방식에 맞춰 사람들의 삶이 흘러간다. 사람들의 눈에는 이런 사회가 영원히 계속될 것처럼 보일지도 모른다. 그런데 이때 감자 기근이 아일랜드를 덮친다. 그 어느 때보다도 심한 기근 사태다. 이제 굶주림 때문에 목숨을 잃을 위기에 처한다. 벌레를 잡아먹고 풀뿌리를 캐먹는 삶에 지친다. 하지만 얼마 지나지 않아 이런 먹을거리조차 귀해진다. 자녀의 눈을 들여다보던 사람들은 죽음이 아이들과 자신 가까이에 도사리고 있음을 깨닫는다. 사람들이 갖고 있던 모든 물건과 자신이 알던 유일한 삶의 방식을 버리고 가족과 함께 어떻게든 배를 타고 아일랜드를 빠져나간다. 이것이 아일랜드 이민자가 미국으로 건너온 경위다. 후손들은 자신의 조상이 이민자 출신이며 자발적으로 미국에 왔다고 말할 것이다. 아일랜드 이민자의 운명은 자신의 의지와 상관없이 사슬에 묶여 미국으로 끌려온 아프리카계 미국인의 운명과 비교될 것이다. 물론 이런 식의 구분은 논리적으로 타당하다. 그러나 아일랜드 이민자가 자진해서 왔다는 말은 그저 학술적인 관점에서나 적용되는 이야기다. 사실 아일랜드 이민자들은 태어난 나라에서 쫓겨났으며 배고픔과 절망을 원동력으로 삼아 다른 나라로 향했다. 이들이 미국을 찾은 이유는 꿈이 있었기 때문이 아니라 악몽을 피해 달아났기 때문이었다.

미국에서조차 쉬운 일은 하나도 없다. 어느 누구도 자신이나 자신과 같은 처지에 있는 아일랜드인을 미국에 오라고 초대하지 않았다. 특히 어느 누구도 아일랜드 이민자가 이곳에 있다는 사실에 열광하지 않는다. 모든 것이 낯설다. 풍경도, 사람들이 말하는 방식도, 음식도, 일도. 더욱 슬프게도 공공연하게 차별이 존재한다. 구인광고에는 다음과 같은 안내문이 붙는다. "아일랜드인은 필요하지 않으니 지원하지 마시오." 구할 수 있는 일자리는 몹시 힘들거나 때로 위험한 일이다. 아프거나 다치더라도 자신을 보호할 방법이 없다. 고용주의 기분에 따라 해고되거나 다른 사람에게 자리를 빼앗길 수도 있다. 이민자 사이에서 남부에 사는 노예의 형편이 더 낫다는 말이 돈다. 노예는 늙거나 병들면 보살핌을 받기 때문이다. 이에 반해 자신은 그런 처지에 처했을 때 스스로 헤쳐나가야 한다. 때로는 심한 좌절감에 빠져 돌아갈 수 있으면 좋겠다고 생각하지만 돌아갈 곳은 없다. 되돌릴 수 있는 일은 아무것도 없다. 그래서 계속 앞으로 밀고나간다. 더 나아지기보다는 묵묵히 참고 견디면서, 번영을 누리기보다는 그저 살아남으면서. 하지만 조금씩 상황이 나아진다. 천천히 (경우에 따라 두 세대 정도가 걸렸다) 자신의 가족과 새로운 나라에 정착한 다른 이민자 가족이 가난과 맞서 오랫동안 벌인 어려운 전투에서 승리를 거둔다. 이제야 미국에 '도착했다.' 어느 정도는 '미국 테두리 안으로 들어온 사람'이 됐다. 가슴 저미는 시선으로 자신보다 늦게 온 새로운 이민자를 바라본다. 그들 앞에 어떤 고생이, 또한 어떤 기회가 기다리고 있는지 정확하게 알기 때문이다.

아일랜드 이민자는 아일랜드에서는 토박이였지만 미국에서는 이방인이다. 이들은 크게 효력을 발휘하지 못하는 순간조차 예전 방식에 매달린다. 그래서 자신처럼 보이고 자신처럼 말하는, 오래된 아일랜드 민요를 아는 사람을 찾는다. 그러나 이윽고 새로운 나라의 일원이 되려고 노력해야 한다는 사실을 깨닫는다. 이것은 선택이 아니다. 반드시 해야 할 일이다. 더는 온전한 아일랜드인이라고 하지 못할 정도로 미국에서 오래 살았다. 그렇다고 온전히 미국인으로 바뀌지도 않았다. 마치 외줄을 타고 이 빌딩에서 저 빌딩을 건너는 사람 같다. 이제 아일랜드 이민자는 두 사회 사이에서 위태롭게 매달려 있다. 이들은 초조하게 뒤를 돌아본다. 되돌아가고 싶다는 유혹에 빠지지만 이 시점에 이르면 이미 지나온 길이 앞에 뻗어 있는 길보다 더 위험하다. 그래서 대담하게 앞으로 나아간다. 더는 자신을 아일랜드인이라 생각하지 않기로 굳게 다짐한다. 그 대신 고국에서 선조들이 불가능하다고 생각하던 방식에 따라 '미국인이 된다.' 그러고는 놀랍게도 이렇게 할 수 있음을 깨닫는다. 곰곰이 생각해보면 이 일이 얼마나 이상한지 깨달을 것이다. 다른 나라에서 아일랜드로 이주하는 경우 어느 누구도 '아일랜드인이 되지' 못한다. 인도로 이주하는 경우 '인도인이 되지' 못하는 이치와 마찬가지다. 아일랜드인이 되려면 아일랜드인 조상을 두어야 하며 몸에 아일랜드인의 피가 흘러야 한다. 인도인이 되려면 피부색이 갈색이어야 하고 인도인 부모를 두어야 한다. 아일랜드와 인도, 그리고 다른 나라와 달리 미국은 혈통이나 출생지가 아닌 미국의 헌법과 법과 공통된 생활 방식을 받아들이는지 아닌지에 따라 자국민을 결정한다. 이것이 아일랜드인과 이탈리아인, 유대인, 그리고 오늘날 한국인과 남아시아인, 서인도 제도인 모두가 이 나라로 건너와 얼마 후 '미국인이 될 수 있는' 이유다.

이번 장은 미국의 건국 정신, 즉 1776년을 대표하는 정신에 대해 다룬다. 나는 미국으로 건너온 이민자의 역사를 간단하게 다루는 글로 이번 장을 시작하고자 했다. 하지만 얼마 지나지 않아 미국의 역사가 이민의 역사임을 깨달았다. 수십 년 전 프랭클린 루스벨트(Franklin Roosevelt)는 미국혁명여성회(Daughters of the American Revolution) 회원 앞에서 연설하도록 초대받았다. 미국혁명여성회는 자신이 초기 이주민의 후손임을 주장하는 회원들로 구성된 보수적인 단체다. 그럼에도 불구하고 루스벨트 대통령은 '친애하는 이민자 여러분'이라는 말로 회원들을 불렀다. 노예라는 신분으로 미국에 끌려온 아프리카계 미국인을 제외하고는 모든 미국인이 이민자거나 이민자의 후손이다. 원주민인 인디언조차 다른 어딘가에서 미국으로 건너왔다. 아시아를 출발해 아시아와 북아메리카 대륙을 잇는 통로를 따라 베링 해협을 건넜을 가능성이 가장 높다. 엄밀하게 말하자면 인디언도 이민자다.

미국이 이민자들의 유산이라는 점이 1776년을 대표하는 정신과 무슨 관련이 있는가? 그것은 바로 미국이 처음부터 특별한 형태의 국가였다는 사실이다. 미국은 원래 아무도 살지 않던 지역이었다가 이후 불가피한 사정으로 다른 나라에서 건너온 사람들의 손에 건설된 국가다. 이민자는 일반적인 유형의 사람과 다르다. 첫째 이민자는 타고난 기질이나 처한 상황 때문에 한자리에 가만히 있지 못하는 사람, 즉 정해진 질서에 만족하지 못하는 사람일 가능성이 높다. 둘째 이민자는 위험을 무릅쓰는 경향이 강한 사람이다. 이민자는 자신의 삶을 새롭게 바꾸기 위해 기꺼이 거의 모든 것을 버리고 떠난다. 셋째 필요하기 때문에 이민자는 무엇이든 즉흥적으로 만들어내는 사람으로 바뀐다. 새로운 환경에서 적응하고 살아남고 성공하기 위해 필요한 내용을 배울 수 있는 사람이다. 넷째 이민자는 독립적인 사람이다. 이들은 오로지 자신의 노력에 의존해 새로운 삶을 꾸리고자 계급이나 가족 같은, 기존의 사회적으로 자신을 뒷받침하던 요소를 뒤에 두고 떠난다. 이들이 미국으로 향한 사람들이고 오늘날 미국을 있게 만든 사람들이다.

1776년을 대표하는 정신은 이민자의 정신이다. 낡은 세계에서 벗어나 다시 시작한 사람들의 정신이다. 1776년을 전후로 태어난 땅을 떠나 미국으로 오도록 사람들에게 힘을 불어넣은 바로 그 정신이 대영제국으로부터 독립을 선언한다는 결정을 내리도록 미국에 힘을 불어넣었다. 어떤 의미에서는 나라 전체가 짐을 꾸려 모국인 영국을 떠나기로 결정한 셈이다. 미국인들은 함께 모여 새로운 유형의 사람들을 위한 새로운 정치 제도와 경제 제도를 만들기로 다짐했다. 18세기 후반에 살던 미국인들은 나라를 세운다는 새로운 모험에 위험을 무릅쓰고 삶 자체를 포함한 모든 것을 건다는 말이 무슨 의미인지 정확하게 이해했다. 이들은 자신이 이민자의 피를 타고났기 때문에, 즉 지금 자신이 폭력적인 수단을 동원해 대영제국과 관계를 단절하고 세기의 새 질서를 수립하는 과정에서 공동으로 떠안을 위험과 똑같은 위험을 과거 자신이나 자신의 조상이 개인적으로 짊어진 적이 있기 때문에 이 말을 이해했다.

이민자라는 미국인과 미국을 건국한 사람들을 정의하는 특징은 1776년을 대표하는 정신에 대해 진보주의자와 좌파 세력이 하는 비판을 검토하고 평가해야 하는 가장 중요한 이유다. 진보주의자와 좌파 세력의 비판은 건국자들에게 대규모 토지를 소유하고 노예를 거느린 지주 계급이자 조상에게서 물려받은 상류 계급의 특권을 보호하기 위해 정부를 수립한 부유한 백인이라는 설명을 덧씌운다. 1960년대 들어 주류로 자리 잡았으며 오늘날 초 · 중 · 고등학교 및 대학교에서 널리 가르치는 내용이기는 하지만 원래 이 비판은 20세기 초 역사학자 찰스 비어드(Charles Beard)가 발표한 저서에서 시작됐다. 자신의 대표작인 『미국 헌법의 경제적 해석(An Economic Interpretation of the Constitution)』에서 비어드는 '건국자'라고 불리는 사람들이 농장을 경영하고 공장을 운영하는 일에 관심을 보이던 부유한 지주였으며 그중 많은 이가 노예를 소유했다고 주장했다. 비어드는 이 사실을 출발점으로 삼아 미국 헌법이 부유한 백인 무리가 자신의 특권을 보호하고 확대하도록 돕는 장치에 지나지 않는다는 결론을 이끌어냈다. 비어드는 필라델피아 제헌회의(Philadelphia Constitutional Convention)에 여성과 노예, 고용 계약을 맺은 하인을 대표하

는 사람은 없었음을 대단히 중요하게 생각했다.[2]

하워드 진이나 놈 촘스키 같은 진보주의 학자들이 비어드의 주장을 이어받았다. 촘스키는 영국인과 마찬가지로 건국자들도 평범한 노동자 계층을 경멸하고 이들을 '하층민'의 일부라고 생각한 부유한 귀족이었다고 주장한다. 촘스키는 그 결과 건국자들이 노예 소유주와 부유한 지주 및 상인을 보호하고 이들이 지닌 특권을 후손에게 물려줄 수 있는 길을 모색했다고 이야기한다. 촘스키가 말했듯 헌법을 제정하는 동안 벌어진 논쟁으로 '다수로부터 부유한 소수를 보호하려던' 제임스 매디슨(미국 헌법을 기초한 인물—옮긴이)의 계획이 탄로났다. 진도 건국자들이 부유층이었음을 강조한다. "조지 워싱턴은 미국에서 가장 큰 부자였다. 존 핸콕(미국 독립 선언서의 최초 서명자—옮긴이)은 보스턴에서 큰 성공을 거둔 상인이었고 벤저민 프랭클린은 부유한 인쇄업자였다." 진은 이렇게 결론짓는다. "미국을 건국한 시점부터 오늘날에 이르기까지 정부는 대체로 부유층의 요구를 대변하는 법률을 제정했다. 노동자를 상대하라는 기업의 요구를 수행했으며 경제 규모를 확대하고 정치적 야망을 달성하기 위한 전쟁 속으로 국가를 내몰았다."[3]

이 같은 비판이 어느 정도까지 타당할까? 분명 건국자들은 식민지 사회에서 다른 사람보다 더 큰 성공을 거두고 더 많은 교육을 받은 인물이었다. 다행스러운 사실이다. 만약 당시 성공과 가장 거리가 멀고 가장 무지한 사람들이 미국을 수립했다면 미국이 어떤 모습으로 바뀌었을지 아무도 모르기 때문이다. 필라델피아에 모인 대의원 55명 중에서 자그마치 30명이 노예를 거느렸음은 인정한다. 그렇지만 이들은 자신이 누리는 지위와 특권을 보호하고 확대할 방법을 찾던 대규모 토지 소유 귀족이 아니었다. 이 말은 간단하게 증명할 수 있다. 제헌회의에 참석한 대의원이 얻은 지위와 특권은 지금 어디에 있는가? 최근 조지 워싱턴의 옛 집인 마운트 버넌을 방문했을 때 나는 대가족이었던 워싱턴 일가의 후손들이 어디에 사는지 물어보았다. 안내원은 잘 알지 못하지만 이 지역에 살았던 친척이 한 명 있었다고, 그러나 지금은 다른 곳으로 이사했을지도 모른다고 대답했다. 다른 나라였다면 깜짝 놀랄 만한 일일 것이다. 사람들은 한 나라를 건설한 사람의 후손이라면 명예와 부를 누리며 잘 살 것이라 예상한다. 워싱턴에게는 가능했던 일이었다. 워싱턴은 본인이 원했더라면 군주가 돼 왕조를 일굴 수도 있었다. 하지만 군주정을 포기하고 워싱턴 가문의 일원에게는 어떤 특별한 혜택도 부여하지 않을 정치 체제를 선택했다. 제퍼슨의 후손들도 역사 속으로 사라지는 똑같은 길을 걸었다. 내가 제퍼슨의 후손에 대해 공개적으로 언급되는 장면을 본 적은 제퍼슨의 집에서 일한 노예 샐리 헤밍스(Sally Hemings)의 후손들이 오프라 윈프리 쇼에 나와 자신의 혈통이 미국 제3대 대통령(토머스 제퍼슨)과 관련 있음을 주장했을 때가 유일했다.

진보주의자들이 1776년을 대표하는 정신에 대해 잘못 판단했다면, 다시 말해 실제로 이 정신이 대규모 토지를 소유한 귀족의 정신이 아니라 이민자의 정신이라면 미국 건국 과정에 대한 비판은 사라질까? 그렇지 않다. 이와 반대로 훨씬 더 강력하고 흥미로운 공세를 취한다. 수정된 계획에 따라 진보주의자들은 비판의 칼날을 이민자에게 돌린다. 이전에는 귀족이나 다름없다고 이야기하던 사람들에게 씌우던 절도 혐의를 이제는 이민자와 이들의 후손에게 씌운다. 이민자들은 탐욕스럽고 욕심이 많다는 이유로, 자신만큼 탐욕스럽고 욕심 많은 사회를 건설했다는 이유로 비난받는다. 그런 사회니까 원주민인 인디언에게서 강제로 땅을 빼앗았음은 의심할 여지가 없다. 이것이 첫 번째 도둑질이었다. 그런 냉혹하고 이기적인 사람들이니까 공짜로 부리기 위해 아프리카인을 수입하는 노예무역을 이용했음은 의심할 여지가 없다. 이주민들이 무력을 사용해 멕시코 영토의 절반을 차지하고 이후 필리핀에 제국주의 정권을 수립하는 데 나섰음은 의심할 여지가 없다. 남아프리카공화국과 마찬가지로 미국도 지배 민족을 위한 민주주의 국가, 다시 말해 흑인과 다른 소수 민족을 배제하고 백인 이주민과 동료들만을 생각하는 민주주의 국가를 설립했다. 법률의 보호 아래 피부색이 검은 약자에게서 재산과 권리를 빼앗은 행위도 일종의 도둑질이었다. 많은 진보주의자가 이야기하듯 자본주의는 노동자가 생산한 재화를 조직적으로 약탈하는 체제로 이민자들이 보여주는 냉혹한 면모와 궁합이 잘 맞는다. 또한 이민자 출신으로 미국의 군사력을 이용해 전 세계 다른 지역을 점령하고 지배하고자 하는 자본가의 성향에 완벽하게 들어맞는다.

이 책에서 나는 지속적으로 이런 비판을 검토하고 대응하려 한다. 그러나 1776년을 대표하는 정신에 어떤 새로운 점이 있는지 묻지 않고서는 비판이 올바른지 아닌지 평가하지 못한다. 어떤 의미에서 비판에 대한 평가는 오바마 대통령의 무지에 대한 대답이다. 2009년 미국이 예외적인 존재라고 생각하는지 아닌지에 대해 물었을 때 오바마는 영국인이 영국을 예외적인 존재라고 생각하듯이 혹은 그리스인이 그리스를 예외적인 존재라고 생각하듯이 자신도 미국을 예외적인 존재라 생각한다고 대답했다. 오바마가 진짜 하고자한 말은 다른 나라와 마찬가지로 미국도 예외적이지 않다4)는 말이다. 대통령을 지도하는 마음으로 나는 과감히 대통령이 틀렸음을 증명하려 한다. 이를 위해서는 1776년 토머스 제퍼슨의 손을 거쳐 미국 독립 선언서(Declaration of Independence)에 명시되고 이후 미국 헌법과 미국 건국에 관한 정치적 틀 속으로 흡수된 두 가지 특별한 원칙을 제시하는 일만으로도 충분하다. 두 가지 원칙은 두 가지 중요한 문구로 표현된다. 바로 '평등하게 태어났다'와 '행복의 추구'라는 구절이다.

　토머스 제퍼슨은 '많은 사람이 등에 안장을 지고 태어나지 않았으며 부츠를 신고 박차를 달고 합법적으로 다른 이를 태우고 달릴 준비를 마친, 하느님의 은총으로 혜택을 누리는 얼마 되지 않는 사람도 마찬가지라는 명백한 진실'5)이 미국 독립 혁명(American Revolution)이 일어나도록 자극했다고 말했다. 제퍼슨의 말은 화려한 말장난처럼 보일지도 모른다. 하지만 유감스럽게도 미국 독립 혁명이 일어나기 전 모든 국가에 수립된 모든 정부는 혜택을 누리는, 다시 말해 부츠를 신고 박차를 달고 말에 안장을 얹고 말을 탄 채 많은 사람을 다스릴 권리를 주장하는 소수에 기반을 두었다. 이는 세상 어느 나라에서도 시민에게 권리를 부여하지 않았다는 말이 아니다. 예를 들어 영국은 마그나 카르타(Magna Carta)까지 거슬러 올라가는 전통에 따라 시민에게 여러 가지 권리를 허락했다. 그러나 여기서 중요한 단어는 '허락'이다. 다른 나라에서와 마찬가지로 영국에서도 위에서 권리와 특전을 수여하는 주체는 국왕이거나 지배 계급이었다. 어떤 사람이 권리를 누리고 보호받고 있다면 그 권리는 국왕이 아량을 베풀어 하사한 선물이었다. 영국에서 국왕은 왕국 내 모든 재산의 주인으로 간주됐으며 재산에 대한 권리는 그저 국왕이 내린 일시적으로 사용할 수 있다는 허가에 불과했다. 자력으로는, 그리고 국왕이 하사한 작위와 특권이 없다면 사람들은 어떤 권리도 누리지 못했고 어떤 재산도 소유하지 못했다.

미국 독립 혁명은 전 세계 최초로 통치권 및 다른 여러 권리가 국왕이나 지배 계급이 아니라 인민에게 있다는 원칙을 바탕으로 하는 정부가 수립됐음을 선포한 사건이었다. 때때로 사람들은 유럽 국가에서는 통치권이 신에게서 받은 '신성한 권리'에 있었지만 미국에서는 통치권이 '다스림을 받는 인민의 동의'에 있었다고 말한다. 하지만 이 말은 옳지 않다. 미국 독립 선언서에 나오는, "모든 사람은 평등하게 태어났으며 창조주에게서 양도할 수 없는 몇 가지 권리를 부여받았다."는 제퍼슨의 유명한 선언을 생각해보자. 제퍼슨이 계몽주의의 영향을 받았으며 결코 정통파 기독교인이라 부를 만한 인물은 아니었으나 그럼에도 불구하고 평등과 권리의 원천을 한 곳에, 즉 창조주에게 두었음을 주목하자. 어째서 제퍼슨은 평등에 관한 원칙을 인민에게, 즉 다스림을 받는 인민의 동의에 두지 않았을까? '모든 인민'이, 혹은 모든 사람이 평등에 관한 원칙에 결코 동의하지 않았기 때문이다. 게다가 사람들이 동의했다 하더라도 상호 협의에 따라 혹은 공동 합의에 따라 모든 사람이 똑같아지지는 않는다. 모든 사람이 키가 커지거나 똑똑해지거나 도덕적으로 선하게 바뀌지 않는 이치와 마찬가지다.

제퍼슨이 한 말은 모든 사람이 공통적인 인간의 본성을 지녔다는 점에서 평등하다는 의미다. 창조주의 눈에는 모든 사람이 인간이라는 똑같은 도덕적 가치를 지닌 존재로 보인다. 정통성 있는 정부의 통치 권한이 다스림을 받는 인민의 동의에서 비롯하는 이유는 이 평등함 때문이다. 제퍼슨은 신성한 권리를 부인하는 대신 오히려 이 권리에 호소했다.

하지만 미국의 경우 신은 통치권 혹은 궁극적인 권위가 국왕이 아닌 인민에게서 비롯하는 체제를 허락했다. 신의 이름 아래 국왕이 지니던 통치권이 신의 이름 아래 평범한 사람들이 갖는 통치권으로 대체됐다. 미국은 '우리 인민'을 기반으로 수립된 역사상 최초의 국가다.

이것은 중대한 변화다. 권리나 특혜가 국왕으로부터 인민에게로 '아래를 향해' 흘러 내려오는 대신 이제 인민으로부터 정부에로 '위를 향해' 흘러 올라간다. 예전에는 국왕이 제한된 권한이나 권력을 사람들에게 허락했다. 그러나 미국에서는 사람들이 제한된 권한이나 권력을 통치자에게 허락한다. 다른 곳에서는 사람들이 신민인 까닭에 법률에 지배됐고 정부의 명령이 있어야만 권리를 차지할 수 있다. 미국에는 신민이 없다. 오로지 시민만 있다. 시민은 자신의 손으로 선출한 대표를 통해 직접 제정한 법률에만 지배된다. 시민의 대표는 시민이 명령한 권력만을 행사하며 다른 사람과 마찬가지로 법률에 복종해야 한다.

따라서 인민을 다스리는 정부는 다수결 원칙에 따라 인민의 손에 선출된다. 그렇다면 누가 정부를 통제하는가? 이 질문에 대한 미국인들의 대답은 이렇다. 헌법이다. 다시 한 번 반복되지만 미국인들이 내놓은 해결책은 영국의 관습과 대조된다. 영국에는 성문 헌법이 없다. 그 대신 영국 법은 수세기에 걸쳐 발전한 관습법에 기반을 둔다. 하지만 미국의 건국자들은 '법 위의 법'을, 즉 다수결의 원칙까지 능가하는 법인 헌법을 제정했다. 어째서 이런 법이 필요할까? 정부가 민주주의적 절차를 거쳐 권력을 획득함에도 불구하고 법 위의 법이 정부를 제한하고 정부의 행위에 대한 최종 결정권을 가져야 하는 이유는 무엇일까? 그 이유는 건국자들이 다수결의 원칙에 한계가 있음을 깨달았기 때문이다.

민주주의 국가에서 다수결의 원칙에 대한 어떤 제한이 있어야 한다는 말이 이상하게 들릴지도 모른다. 제한이 필요한 이유는 국민 전체가 정부를 탄생시키고 전체 국민을 대신해 정부가 통치해야 하기 때문이다. 물론 미국이 처한 상황에는 '전체 국민'이라는 개념과 복잡하게 얽히는 부분이 존재한다. 건국 당시 사람들이 직접 나서는 대신 연방을 구성하는 주가 헌법을 승인했기 때문이다. 오늘날에조차 대통령 선거를 치를 때 사람들은 주를 거쳐 지도자를 선출한다("버지니아 주의 표가 버락 오바마에게 갔다."는 식이다). 그럼에도 불구하고 정부가 전체 국민에게서 자신의 도덕적 정당성을 얻는다는 주장은 여전히 유효하다. 어떤 의미에서 보면 완벽하게 정통성 있는 정부는 오로지 합의로 통치하는, 즉 국민 전체가 하나가 돼 결정하는 정부밖에 없다. 문제는 실질적으로 합의에 이르기가 거의 불가능하다는 사실이다. 다수결의 원칙이 그 다음으로 좋은 대안으로 꼽히는 이유다. 그렇지만 다수결의 원칙은 전체를 대신해 다수가 나라를 다스린다는 조건 아래 성립돼야 한다. 매디슨은 '다수의 뜻'이 '전체 사회의 뜻'을 '충분히 대변'할 수 있어야 한다고 썼다.[6]

　다수결의 원칙에 적용해야 하는 또 다른 조건으로 다수가 소수의 권리를 짓밟기 위해 권력을 사용해서는 안 된다는 조항이 있다. 미국의 건국자들은 이 같은 상황이 발생할까봐 대단히 걱정했다. 예를 들어 다수가 소수의 재산을 몰수하기로 결정한다면 무슨 일이 벌어질까? 그래서 그들은 '다수의 횡포'가 단 한 사람의 독재자만큼 위험하다고 주장했다. 어떤 점에서는 더 위험하다. 한 사람에게 탄압당하는 상황은 충분히 나쁘다. 하지만 동료 시민 무리에게 탄압당하는 상황은 훨씬 더 나쁘다. 『버지니아 주에 대한 비망록(Notes on Virginia)』에서 제퍼슨은 "선출된 사람들로 구성된 독재 정부는 우리가 대신 싸워야 할 정부가 아니다."[7]라고 선언했다.

결과적으로 건국자들은 (선출된 정부임에도) 중앙 정부의 권력을 제한하기 위한, 그리고 중앙 정부가 모든 시민에게 혹은 일부 시민에게라도 억압적인 모습을 보이지 못하도록 보장하기 위한 여러 가지 장치를 설치했다. 헌법은 정부를 제한하기 위한 선언문이다. 기본적으로 헌법은 연방 정부가 이런 일과 이런 일과 이런 일을 할 수 있다고 말한다. 헌법이 정한 범위를 넘어서면 연방 정부에는 행동할 권한이 전혀 없다. 토머스 제퍼슨과 훗날 제임스 매디슨이 헌법에 권리장전(Bill of Rights)을 덧붙이자고 제안했을 때 알렉산더 해밀턴(Alexander Hamilton)은 반대했다. 「더 페더럴리스트(The Federalist)」에 실린 논문 84호에서 해밀턴은 그런 권리를 열거함은 '불필요할 뿐만 아니라' '위험하기까지' 할 수 있다고 말했다. 해밀턴은 이렇게 물었다. "할 권한이 없는 일들을 하지 못할 것이라고 선언해야 하는 이유는 무엇인가?" 해밀턴은 이렇게 덧붙였다. "예를 들어 제한을 가할 어떤 힘도 없는 상황에서 언론의 자유가 제한되지 않을 것이라고 이야기해야 하는 이유는 무엇인가?" 해밀턴은 연방 정부의 권력에 대해 어떤 제한을 둘 것인지 구체적으로 나열한 문서가 정부가 구체적으로 어떤 제한이 있는지 명시되지 않은 부분에 대해 불필요한 권한을 요구하도록 부추기지 않을까 우려했다.[8] 그러나 다른 사람들은 정부가 몇 가지 기본적인 권리를 축소할 수 없음을 서면으로 남기기 원했기 때문에 미국 헌법의 수정조항 형식으로 권리장전이 채택됐다.

건국자들은 연방 정부의 규모와 권한을 제한했을 뿐만 아니라 힘을 둘로 나눠 하나는 연방 정부에 다른 하나는 주정부 및 지방 정부에 나뉘주었다. 이 원칙을 '연방제도'라고 부른다. 이들은 연방 정부를 입법부와 행정부, 사법부로 나누기도 했다. 우리가 '삼권 분립'이라고 알고 있는 원칙이다. 그들은 '견제와 균형'을 위한 제도를 도입하고(가령 백악관과 상원, 대통령과 의회, 혹은 의회와 법원 같은) 정부 내 서로 다른 기관에 같은 문제를 놓고 서로 대립할 수 있는 권한을 부여했다. 어떤 절차를 거치는 동안 폭넓은 지지를 받지 못하는 계획들을 저지하기 위한 제도적 장치다.

「더 페더럴리스트」논문 51호에서 매디슨은 이 모든 조치를 동원한 근본적인 이유를 설명했다. 매디슨은 인간의 타고난 도덕적 결함 때문에 정부가 억압적으로 변한다고 적었다. "천사가 인간을 다스린다면 정부를 통제할 외부적인 장치도 내부적인 장치도 필요하지 않을 것이다." 그러나 인간은 다르다. 우리에게는 천사 대신 조지 W. 부시나 버락 오바마 같은 인간 지도자가 있다. 이런 인간에게는 자신만의 계획이 있다. 서로 대립하는 계획으로 인해 매디슨이 '파벌'이라고 이름 붙인 갈라진 집단이 탄생한다. 어떤 파벌이든 정부 전체를 장악하고 자신들의 계획이 추진되도록 힘쓸 가능성이 높다. 따라서 파벌을 무너뜨리는 방식이 아닌, 파벌끼리 서로 등을 돌리게 만드는 방식으로 파벌을 형성하지 못하게 막아야 한다. 매디슨은 "야망에는 야망으로 대응해야 한다."고 적었다. 이것은 '서로 대립하고 경쟁하는 이해관계를 이용해 더 나은 동기에서 결함을 찾아 제공하는 전략'이나 마찬가지다. 이렇게 되면 대중에게 승인을 얻는 유일한 방법은 공익을 위해 봉사하는 길뿐이다. 모든 조치가 '모든 개인의 사적인 이해관계가 공권을 감시할 가능성이 있음'[9]을 보장하기 위해서다.

나는 주정부를 위해 준비한 권한을 빼앗고, 헌법이 정부의 행동 범위를 제약할 때 헌법의 권위를 인정하지 않고, 의회의 동의를 제대로 얻지 않은 채 전쟁터에 뛰어들고, 사법부를 정치적인 조직으로 바꾸는 등 최근 수십 년에 걸쳐 대통령과 연방 정부가 조심스럽게 고안된 많은 안전 장치를 버젓이 무시했기 때문에 이 모든 이야기를 거론하는 것이다. 그동안 민주당과 공화당이, 그리고 진보주의자와 보수주의자가 안전장치를 공격했지만 가장 노골적으로 공격한 주체는 시간이 갈수록 헌법의 제약을 받는 척조차 하지 않는 민주당과 진보주의자다. 그 결과 이제 미국은 과거 건국자들이 구상한, 제한된 정부를 둔 국가와는 거리가 먼 전체주의 국가로 변했다. 국민의 권리를 보호하기 위해 수립된 정부가 많은 면에서 국민의 권리에 위협을 가하는 존재로 바뀌었다. 나는 나중에 나올 장에서 이 문제에 대해 더 많이 이야기하고자 한다.

미국을 건국할 때 적용된 첫 번째 독특한 원칙이 모든 사람은 평등하게 태어났으며 창조주에게서 양도할 수 없는 몇 가지 권리를 부여받았다는 생각이라면, 두 번째 독특한 원칙은 사업을 국가적인 사명으로, 혁신가와 기업가를 아메리칸 드림의 화신으로 여기는 자유 시장 사회를 탄생시킨다는 생각이다. 마르크스는 이 원칙을 잘 알고 있었다. 19세기 중반에 쓴 글에서 마르크스는 미국을 '부르주아 사회를 보여주는 가장 근대적인 본보기'[10]라고 칭했다. 하지만 지금은 많은 사람이 미국이 상업에 주안점을 두었다는 사실을 낯설게 여길지도 모른다. 진보주의자들이 미국인의, 특히 젊은이의 역량을 민간 상업 부문에서 정부 부문으로 돌리려 하는 중이기 때문이다. 1970년대 후반 내가 처음 미국에 왔을 때 존 F. 케네디가 이런 풍조를 탄생시켰다. 케네디는 미국인들에게 이렇게 말했다. "젊은이라면, 이상을 꿈꾼다면 무엇을 해야 할까요? 평화 봉사단(Peace Corps)에 가입하십시오! 공무원이 되십시오!" 케네디는 이윤을 창출하는 기업을 위해 일하는 길보다 인생을 활용하는 더 고귀한 길이 존재한다고 생각했다. 기업을 위해 일한다면 그 사람은 탐욕스럽고 이기적인 사람이었다. 하지만 정부 관료가 되거나 평화 봉사단에 가입해 아프리카에 지어진 오두막집에서 산다면 그 사람은 도덕적으로 훌륭한 사람이었다. 우리는 오바마 대통령에게서 똑같은 말을 듣는다. 오바마는 졸업 연설을 하는 자리에서 젊은이들에게 자주 이렇게 말한다. "큰 돈벌이나 전망 좋은 고급 사무실이나 엄청난 승진을 좇지 마십시오."11) 오바마는 미국인이 지역사회 조직가나 노동조합 지도자가 되기를, 혹은 연방 정부를 위해 일하기를 바라는 것 같다. 진보주의자들의 단어 사전에서 '사업'은 조롱거리를 의미하는 용어고 정치 운동가나 연방 정부 관료는 아메리칸 드림이 의미하는 모든 것이다.

건국자들은 달랐다. 그들은 역사적으로 거의 모든 문화권에서 사업과 상업이 매도됐음을 잘 알았다. 2천 년에 가까운 세월 동안 전 세계에서 상인과 기업가를 사회 하층민이자 쓰레기 같은 인간으로 취급했다. 공자는 이렇게 말했다. "군자는 무엇이 덕인지 알고 소인은 무엇이 이익인지 안다." 일본에서는 왕실과 귀족이 사회 계층의 가장 윗자리를, 군인과 사무라이가 그 다음 자리를, 농부와 장인이 세 번째 자리를, 마지막으로 상인이 가장 낮은 자리를 차지했다. 인도의 카스트 제도에서는 승려가 가장 높은 지위를, 귀족이 다음으로 높은 지위를, 전사가 세 번째 지위를 차지했다. 서열상으로 나열된 신분 목록을 따라가다 보면 불가촉천민이라고 부르는 가장 낮은 계급의 바로 윗자리에서 상인을 찾을 수 있다. 중세 시대 가장 위대한 이슬람 철학자이자 역사가인 이븐 할둔(Ibn Khaldun)은 부를 얻기 위해 상업에 종사하는 사람보다 다른 사람의 물건을 약탈하는 사람이 도덕적으로 더 낫다고 주장하는 글을 썼다. 어째서 그럴까? 상업은 다른 사람의 욕구를 부당하게 이용하는 데 기반을 두며 따라서 비열하고 수치스러운 행위기 때문이다. 이와 반대로 약탈은 용감하고 남자답다. 공개적인 싸움에서 경쟁자를 물리치고 그 사람의 물건을 차지해야 하기 때문이다.[12] 오늘날까지도 유럽에서는 노력해서 번 돈보다 물려받은 돈을 더 좋게 평가한다. 물려받은 돈은 하늘에서 떨어진 만나(옛날 이스라엘 사람이 광야를 헤맬 때 신이 내려준 음식-옮긴이)처럼 때 묻지 않은 재산으로 보는 반면 노력해서 번 돈은 일종의 착취 행위에서 나온 결과물로 본다.

이런 사회 계급에 대해 잘 알고 있던 건국자들은 기존 계급 체계를 뒤바꿨다. 어떤 의미에서 보면 그들은 계급 제도를 완전히 뒤집은 셈이었다. 그래서 이들이 세운 새로운 체제에서는 밑바닥을 차지하던 기업가가 윗자리를 차지하게 됐다. 건국자들은 영국 사회의 밑바탕에 깔린 재산권을 뒷받침하는 전제를 무시하는 데서 시작했다. 영국 법률은 모든 재산이 국왕의 소유임을 규정했다. 역사학자 포레스트 맥도널드(Forrest McDonald)는 영국 관습법이 "모든 실질적인 재산에 대한 합법적인 권리는 궁극적으로 국왕의 허가에서 비롯한다."고 말한다는 사실을 지적한다. 이와 똑같은 원칙이 고용 계약을 맺고 한 사람이 이룬 노동의 대가를 차지하는 행위와 관련된 자유에까지 확대 적용됐다. 맥도널드는 그런 자유 역시 국왕의 허가를 받아야 하는 대상으로 생각됐다고 이야기한다.[13] 원래 미국이 정한 재산 및 계약에 관한 법은 영국 법에 기초를 두었으나 미국 독립 혁명이 모든 것을 바꾸었다. 세기의 새 질서 속에서 사람들은 자신의 재산과 자신의 노동 및 창조적인 행위로 얻은 대가에 대해 신이 부여한 자연권을 소유했다. 건국자들은 두 가지 방법으로 자연권을 보호하는 장치를 확보했다.

첫째 새로운 체제가 새로운 발명품과 기술을 개발하고 사용하도록 자극하기 시작했다. 이는 기업 자본주의에 동력을 공급하는 역할을 한다. 자본주의는 노동에 대한 동기를 부여하고 창출된 가치에 비례해 보상을 분배하는 체제일 뿐만 아니라 새로운 부를 일구는 데 필요한 체제이기도 했다. 새로운 부를 창출하는 데 발명과 기술보다 더 명확한 수단은 존재하지 않았다. 권리 장전이 추가되기 이전의 헌법, 즉 최초의 헌법은 단 한 가지 권리만을 언급한다. 바로 특허와 저작권에 대한 권리다. 미국 헌법 제1조 8절은 의회에게 '저자와 발명가에게 이들이 생산한 각각의 글과 발명품을 제한된 기간 동안 독점적으로 사용할 수 있는 권리를 보장함으로써 과학과 유용한 기술이 진보하도록 촉진할' 권한을 준다. 미국은 전 세계에서 특허와 저작권에 헌법적 지위를 부여한 유일한 국가일 것이다. 특허 소유자이기도 한 에이브러햄 링컨은 이 조항에 대해 언급하면서 건국자들이 '새롭고 유용한 것들을 발견하고 생산하는 특별한 재능이라는 불에 이익이라는 연료'[14]를 붓는 길을 모색했다고 말했다.

상업과 기업가 정신을 증진시키기 위해 건국자들이 찾은 두 번째 방법은 자신이 원하는 물건을 사고팔고 자신이 원하는 곳에서 일하는 동안 자신이 지닌 기술과 재능이 데려다주는 만큼 두각을 드러낼 수 있게 만드는 '자연권'에 관한 제도를 장려하는 길이었다. 다시 말해서 건국자들은 능력주의 시장 경제를 수립했다. 「더 페더럴리스트」 제20호는 미국의 새로운 정부가 '성실한 상인과 열심히 일하는 농부, 적극적인 기술자와 부지런한 제조업자'의 노력이 '모든 산업 부문에 생명을 불어넣고 활기를 북돋아 산업 활동이 더욱 크고 풍성한 움직임으로 이어질 수 있도록 하기 위해' 설립됐다고 말한다. 매디슨도 「더 페더럴리스트」 논문 제10호에서 비슷한 맥락으로 '정부의 첫 번째 목표'는 '종류나 양적인 면에서 사람들이 저마다 다르게 갖고 태어난 재산 취득 능력을 보호하는 것'이라고 이야기한다.15) 이것이 새로운 정부의 기본 목표임을 주목하자. 불평등한 결과는 정부가 해결해야 할 필요악으로 인식되지 않는다. 오히려 정부는 불평등하게 재산과 재물을 축적하는 시민의 권리를 보호하기 위해 존재한다.

일부 진보주의자들은 '능력주의'라는 용어에 의심스러운 눈초리를 보내며 능력주의가 미국 독립 선언서에 포함된 평등에 관한 조항을 부인한다고 생각한다. 그러나 토머스 제퍼슨은 이 주장에 동의하지 않았다. 제퍼슨은 "사람들 사이에는 타고난 특권 계급이 존재한다."고 선언하고 뒤이어 자신은 특권 계급을 '자연이 준 가장 귀중한 선물'이라 생각한다고 말했다. 특권 계급에 대한 제퍼슨의 옹호는 놀라운 행위로 보일지도 모른다. 다른 많은 건국자들과 마찬가지로 제퍼슨도 유럽의 특권 계급을 맹렬하게 공격한 인물이기 때문이다. 그러나 제퍼슨은 그 같은 계급 제도는 반대한다고 강조했다. 기회와 유산에 바탕을 두기 때문이었다. 제퍼슨은 유럽의 특권 계급을 '인위적인 특권 계급' 혹은 '겉만 번드르르한 특권 계급'이라고 불렀다. 이들이 주장하는 특별함은 비논리적이기 때문이었다. 제퍼슨은 업적과 능력을 기반으로 하는 다른 계급 제도를 지지했다.16) 이렇게 제퍼슨이나 건국자들의 관점에서 바라보면 미국 독립 선언서가 어떤 식으로 국민이 자질 면에서 평등한 것이 아니라 권리 면에서 평등하다고 이야기했는지를 명확하게 알 수 있다. 평등한 권리는 불평등한 성공이나 결과를 허용할 뿐만 아니라 불평등한 결과에 대해 도덕적으로 정당한 이유를 제공한다. 모든 사람이 같은 규칙에 따라 경쟁을 벌였을 때 어떤 사람은 금메달을, 어떤 사람은 은메달을 목에 거는 것은 당연하다.

미국이 건국된 이후 민주주의를 따르는 통치 체제가, 즉 국민이 통치자를 지배할 수 있게는 만들지만 반대는 불가능하게 만드는 통치 체제가 실질적으로 누구도 반대하지 못하는 표준으로 자리 잡았다. 민주주의를 위배하는 정부조차 마치 국민을 대신해 나라를 다스리는 것처럼 위장한다. 게다가 미국이 기업가에게 초점을 맞춘 결과 역사적으로 가장 창의적인 기업형 사회가 탄생했다. 기업 소유주뿐만 아니라 노동자와 서민에게도 이익이 돌아가는 사회였다. 역사학자 대니얼 워커 하우 (Daniel Walker Howe)가 지적했듯이 1815년에 이미 미국인은 경쟁 상대인 영국인에 비해 더 잘 먹고 더 건강했다. 1830년부터 1950년까지 미국은 전 세계에서 가장 빠르게 성장하는 국가였다. 20세기 중반에는 전 세계 인구의 약 5퍼센트에 해당하는 인구로 전 세계 경제의 4분의 1을 담당할 정도로 미국 경제의 생산성은 대단히 높았다.[17] 나는 미국에 살면서 상류층에 있는 사람들이 얼마나 좋은 삶을 누리는지를 보고서는 놀라지 않는다. 하지만 미국이 평범한 사람에게 얼마나 좋은 삶을 제공하는지를 보면서는 놀란다. 교육 수준이 낮고 평범한 능력을 지닌 사람조차 (나는 특별한 자질이 전혀 없거나 게으른 사람까지 포함시키고자 한다) 좋은 집에서 살고 근사한 차를 몰며 해마다 휴가를 떠난다. 앞으로도 이 모든 일이 현실로 남아 있을 것이라 믿지는 않지만 지난 반세기 동안에는 현실이었다.

오늘날에조차 1776년을 대표하는 정신은 대부분 살아있다. 미국의 기술이 계속해서 전 세계를 이끌고, 많은 미국인이 계속해서 정부의 탈취 시도에 맞서 자유와 재산을 지키기 때문이다. 그러나 이와 동시에 1776년을 대표하는 정신은 더는 미국에 존재하는 유일한 정신이 아니며 아마도 더는 미국을 지배하는 정신이 아닐 것이다. 이제 미국에는 1776년을 대표하는 정신을 영구적으로 대체하고자 하는 만만찮은 경쟁 상대, 즉 1968년을 대표하는 정신인 진보주의 정신이 있다. 만약 1776년을 대표하는 정신이 1968년을 대표하는 정신에 자리를 내준다면 미국은 어떤 의미에서는 파괴되고 재건될 것이며 새로운 사람들이 '건국자들'이라는 이름을 얻을 것이다.

# 제4장

—

# 용서받지
# 못할
# 미국

★

나는 내가 제국의 모든 체제를 전복하는 데 헌신하는
혁명가라고 생각한다. [1]

– 빌 에어즈, 『공공의 적(Public Enemy)』

미국 국방부(펜타곤)를 폭탄 공격한 테러리스트들은 자신에게는 조금도 잘못이 없다고 생각했다. 이들은 자신이 정당하다고 믿었다. 미국은 나쁜 국가고 거대한 악마이며 자신은 악의 제국에 맞서 싸우는 사람이기 때문이었다. 테러리스트들은 처음에는 미국의 부와 권력을 상징하는 건물을 향해 공격하려 했다. 하지만 궁극적으로는 권력 구조 자체를 해체할 길을 찾아야 할 터였다. 이렇게 융통성 없이 완고한 사람들에게, 그리고 이들이 모여 만든 테러리스트 단체에 대해 국가의 자유를 수호하기 위해 극단주의를 채택함은 범죄가 아니었고 온건하게 정의를 추구하는 행위는 미덕이 아니었다. 오늘날까지도 이들은 자신이 한 행동을 유감스럽게 생각하지 않는다. 나는 지금 2001년 9월 11일 무렵의 오사마 빈 라덴을 이야기함이 아니다. 1972년 무렵의 빌 에어즈를 말하는 중이다. 오사마 빈 라덴과 알카에다(al Qaeda)가 미국 밖에서 미국 국방부 건물과 미국 내 다른 목표물을 공격하기 30년 전, 빌 에어즈와 에어즈

가 이끌던 과격파 학생 운동 단체 웨더언더그라운드(Weather Underground)
가 미국 안에서 미국 국방부와 미국 내 다른 목표물을 폭탄 공격했다.
둘에게는 너무나 불운하게도 웨더언더그라운드와 알카에다는 만나지
못했다. 만약 만났더라면 두 단체는 공동의 목표를 향해 협력할 수 있었
을 것이다.

　"내가 미국 국방부를 향해 폭탄을 터뜨리던 날 모든 것이 절대적으로
완벽했다." 에어즈는 자신의 회고록 『도망자의 나날(Fugitive Days)』에서
이렇게 회상한다. "하늘은 파랬고 새들은 노래했다. 마침내 놈들이 자신
을 향해 다가오는 벌을 받을 예정이었다." 여기서 말하는 놈들이란 미
국 군인과 의회를 말했다. 에어즈는 이들이 다른 사람에게 저지른다고
여기는 행위를 이들에게 저지르려고 준비 중이었다. 웨더언더그라운드
의 목표물은 미국 국방부와 국회의사당이었다. 에어즈는 베트남 전쟁을
반대한다며 시위만 벌이는 데 넌더리가 난 참이었다. 이제는 행동에 나
서야 할 시점이었다. 에어즈는 이를 '행동을 통한 프로파간다'라고 칭했
다. 그렇다면 어째서 미국 국방부였을까? "미국 국방부는 전쟁을 일으
키고 정복 행위를 벌이는 원흉이며 돌아다니면서 사람들의 목숨을 빼
앗는 도둑 패거리를 위해 본부를 조직하는, 지구를 더럽히는 거대한 오
점이자 전 세계 모든 지역에서 증오의 대상이 된 존재였다." 그렇다면
어째서 국회의사당이었을까? "우리는 국회의사당을 공격했다. 국회의
사당은 백악관과 더불어 전 세계에 대한 미국의 지배를 알리는 기념비
적인 건물이기 때문이다." 알카에다도 이보다 더 그럴듯한 주장을 내놓
기가 거의 불가능했을 것이다.

　에어즈는 베트남 전쟁을 계기로 과격하게 바뀌었다. 에어즈는 베트

남 전쟁을 미국의 제국주의에 반대하는 전 지구적인 노력의 일환으로 보았다. 에어즈는 이렇게 말했다. "내 조국은 폭발적으로 증가하는 세계 혁명을 반대하는 쪽에 서 있다. 나는 내가 제국의 모든 체제를 전복하는 데 헌신하는 혁명가라고 생각한다." 자신을 준비시키기 위해 에어즈와 동료들은 혁명에 관한 안내서를 공부했다. "우리는 카스트로와 체 게바라, 레닌과 마오쩌둥, 카브랄(Amilcar Cabral, 기니의 민족주의 정치가-옮긴이)과 은크루마(Kwame Nkrumah, 가나의 독립 운동가이자 초대 대통령-옮긴이)에 대한 글을 읽었다. 하지만 이데올로기가 나타내는 의미를 파악할 때는 항상 호치민(胡志明)에게 가장 많이 의지했다." 에어즈에게 베트남 전쟁은 선인과 악인이 대결하는 단순한 이야기였다. "우리가 생각하는 기본 줄거리는 베트남은 기본적으로 서양에서 온 난폭한 침입자에 맞서 힘을 합쳐 싸우는 중이고, 서양 세력과 결탁한 베트남인들은 인위적으로 세워진 꼭두각시이며, 결국 베트남이 이길 것이라는 내용이었다." 에어즈는 베트남이 미국에 이기기를 바랐다. "나는 전쟁에 반대하기보다는 베트남의 승리를 원했다. 나는 평화를 바라기보다는 미국의 패배를 원했다."

그러나 베트남이 중요하다고 해도 에어즈는 더 큰 전쟁을 치르는 중이었다. "우리는 반미주의라는 이름을 내세워, 침략과 노예제, 미수에 그친 집단 학살 행위로 얼룩진 미국의 이야기에 반대한다는 우리의 입장을 계속해서 주장했다." 그리고 마침내 문제를 일으킨 장본인에게 설명을 요구했다. 에어즈는 이렇게 썼다. "나는 활활 타오르는 세상에 있었다. 남부에서 대규모 시위가 벌어지고, 라틴 아메리카에서 혁명이 일어나고, 아시아 곳곳이 격변의 시기를 맞이하고, 아프리카가 해방되고, 사회가 긴장과 갈등으로 얼룩지고, 핵무기 폐기와 대량 학살에 관한 이야기가 우리 머릿속을 떠나지 않는 세상이었다." 에어즈는 이렇게 결론 지었다. "한쪽 렌즈로 세상을 바라보면 어리석은 행동은 베트남 전쟁이었고 괴물은 전쟁에 관한 정치적 문제와 정책이었다. 다른 렌즈로 세상을 바라보면 어리석은 행동은 과한 욕심을 부리는 공격적인 대외 정책이었고 괴물은 군산 복합체였다. 세 번째 렌즈인 우리 렌즈로 세상을 들여다보면 어리석은 행동은 제3세계로 전쟁과 파시즘을 수출하고 인종주의와 백인 우월주의와 탐욕과 소외라는 타성적이고 빈곤한 문화를 국내에 퍼뜨리는 행위였고 괴물은 자본주의, 즉 제국주의를 대변하는 체제였다."

현재 에어즈는 시카고에 있는 일리노이대학교에서 교육학을 가르치는 존경받는 교수로 활동한다. 일반적으로 테러리스트는 감옥이나 관타나모 만에 건설된 수용소에 수감된다. 그러나 에어즈의 경우 종신교수에 임명됐다. 실제로 에어즈는 오늘날 미국에서 초등 및 중등 교육에 관해 주도적인 목소리를 내는 학자 중 하나다. 오사마 빈 라덴은 무덤 속에 있고 빈 라덴의 후계자 아이만 알 자와히리(Ayman al-Zawahiri)는 쫓기는 신세인 반면 에어즈는 학회에 참석하고 비싼 강연료를 받으며 발표자로 나선다. 최근 나는 다트머스대학교에서 에어즈와 논쟁을 벌였다. 에어즈는 발언 도중 자신이 과거 오리건대학교에서 퍼부었던 폭언에서 나온 주제들을 되풀이했다. 당시 에어즈는 이렇게 떠들어댔다. "미국이라는 제국은 몰락 중입니다. 경제적으로든, 정치적으로든. 어떤 면에서는 문화적으로든. 제국은 내리막길을 걷고 있고 게임은 끝났습니다."

에어즈가 눈물을 흘리며 잘못을 뉘우치고 신념을 철회했기 때문에 진보주의자들이 에어즈의 사회 복귀를 도왔을까? 사실을 말하자면 아니다. 2001년 9월 11일 빈 라덴이 미국 국방부와 세계무역센터(World Trade Center)를 공격한 비극적인 운명의 날, 「뉴욕타임스」는 우연히 같은 날 회고록을 출간한 에어즈를 소개하는 기사를 실었다. 에어즈는 기자인 디니샤 스미스(Dinitia Smith)에게 이렇게 말했다. "저는 폭탄을 설치한 일에 대해 후회하지 않습니다. 저는 우리가 제대로 해내지 못했다고 생각합니다." 에어즈는 다시 할지도 모른다고 말했다. "저는 오늘 제가 밖에 나가 어떤 건물에 폭탄을 설치할 것이라 생각하지 않습니다. 하지만 제가 폭탄 설치 가능성을 완전히 떨칠 것이라고도 생각하지 않습니다."[2]

에어즈는 자신만으로도 오바마 대통령에게 중대한 영향을 미치는 사람이지만 오바마와 연결된 고리를 통해서도 중대한 영향을 미치는 사람이다. 에어즈는 1995년 시카고에서 오바마를 위한 모금 행사를 주최했다. 두 사람은 20년 가까이 알고 지낸 친구다. 두 사람은 함께 일했고, 사회 활동에 함께 참여했으며, 여러 위원회에서 함께 활동했다. 그럼에도 불구하고 오바마와 에어즈의 관계가 언론을 통해 수면 위로 떠올랐을 때 오바마와 오바마의 보좌관들은 오바마가 에어즈에 대해 거의 알지 못하는 것처럼 행동했다. 두 사람을 잇는 유일한 연결고리인 대통령 보좌관 데이비드 액설로드(David Axelrod)는 두 사람이 같은 동네에 살았고 두 사람의 자녀가 같은 학교에 다녔다고 말했다. 물론 이 말은 뻔뻔한 거짓말이다. 오바마는 '내가 여덟 살이던 40년 전'에 에어즈가 저지른 일에 대해 자신에게 책임을 물어서는 안 된다고 말하며 자신의 행적을 덮으려 노력했다. 하지만 당연하게도 문제는 1970년대의 에어즈만이 아니라 오늘날의 에어즈와도 관련된다. 오바마는 에어즈가 자신의 과거 행적에 대해 사과하기를 거부했으며 현재의 자신을 똑같은 확신을 품은, 예전의 자신과 동일한 인물이라 생각한다는 말을 하지 않았다.

에어즈 자신이 한 말로 미루어볼 때 에어즈는 베트남 전쟁 때문에 충격을 받아 행동에 나섰음을 알 수 있다. 이곳 미국에서는 대체로 반공산주의 시각에서 베트남 전쟁을 바라보았다. 동남아시아에서 도미노 현상처럼 공산주의가 확산되지 못하게 막자는 시각이었다. 그러나 에어즈는 이런 시선으로 베트남 전쟁을 바라보지 않았다. 오히려 주로 반식민주의 시선으로 바라보았다. 북베트남의 지도자 호치민 역시 이와 정확히 똑같은 시선으로 베트남 전쟁을 바라보았다. 어떤 의미에서는 두 사람이 옳았다. 베트남은 프랑스의 식민지였고 1950년대 초반 프랑스가 베트남에서 철수했을 때 미국이 베트남에 진출했다. 에어즈가 활동하던 시기 아시아와 아프리카, 남아메리카에서는 또 다른 수많은 반식민주의 운동이 치열하게 벌어졌다. 에어즈는 솔직하게 자신이 반식민주의를 위한 게릴라 전사임을 밝혔다. 차이는 에어즈의 활동이 미국 국내에서, 즉 야수의 심장부에서 벌어졌다는 사실이었다.

에어즈, 즉 자신의 운명을 체 게바라나 호치민의 운명과 연결지어 바라보게 된 시카고 출신 청년의 시선을 통해 반식민주의가 제3세계를 대표하는 사회 현상으로 시작됐으나 어떤 식으로 베트남 전쟁을 거쳐 미국으로 흘러들어왔는지 알 수 있다. 베트남 전쟁 덕분에 과거 비(非)서구 세계에서 진행되던 가장 중요한 정치적 움직임이 미국 내 가장 중요한 정치적 움직임 중 하나로도 자리 잡았다. 반식민주의가 미국 내 좌익 세력 속으로 침투했다. 에어즈가 미국 밖으로 나가지 않은 채 미국을 공격하려던 전 세계적 움직임에 합류할 수 있었던 이유다. 더 정확히 말해 에어즈는 미국의 지하로 숨어들었다. 반식민주의 자체가 미국 진보주의

의 기저를 이루는 이데올로기로 바뀌었기 때문에 1960년대와 1970년
대에 활동한 흑인 운동가와 인디언 운동가, 페미니스트와 동성애자들은
자신이 어떤 의미에서는 베트남 전쟁 반대 운동을 벌이는 사람들과, 그
리고 게릴라 활동을 펼치는 베트남인들과 같은 전쟁을 치르는 중이라
고 생각했다. 이들 모두를 하나로 묶었던 생각이 바로 미국은 용서받지
못할 존재라는 확신이었다.

　이것은 1968년이라는 이름으로 분류된 사람들을 지배한 주제이자 이
들이 공유한 이데올로기였다. 이 이데올로기를 대표하는 사람으로 각양
각색의 인물을 꼽을 수 있다. 매사추세츠 공과대학교(MIT) 교수이자 사
회 운동가 놈 촘스키에서부터 반체제 청년 운동 단체 이피(Yippie)의 공
동 창시자 애비 호프먼(Abbie Hoffman)과 컬럼비아대학교 출신 열혈 반전
운동가 마크 러드(Mark Rudd), 포크 가수 조앤 바에즈(Joan Baez), 배우이자
급진파 행동주의자 제인 폰다(Jane Fonda), 제인 폰다의 전 남편이자 민주
사회를 위한 학생연합(Students for a Democratic Society)의 창시자 톰 헤이든
(Tom Hayden)까지 그 면면은 매우 다양하다. 80대에 들어서도 여전히 왕
성한 활동을 펼치는 촘스키를 제외한 나머지는 현재 과거와 무관한 삶
을 산다. 따라서 나는 이들 대신 빌 에어즈, 프랭크 마셜 데이비스, 에
드워드 사이드, 로베르토 망가베이라 웅거, 제러마이아 라이트 같은 다
른 인물을 조명하기로 결정했다. 앞서 내가 '오바마의 건국의 아버지'
라고 칭한 무리다. 이들은 1968년을 대표하는 이데올로기를 통해 하나
로 이어지는 동시에 1968년을 대표하는 이데올로기가 바로 지금 이곳,
미국의 지도자이자 하와이 출신으로 컬럼비아대학교와 하버드 로스쿨
을 거쳐 시카고에서 활동한 오바마 대통령에게 어떻게 흡수됐는지를

보여준다.

이전에 출간한『오바마의 미국(Obama's America)』에서 나는 이 인물들을 자세히 다뤘다. 따라서 이 책에서는 이들과 미국 사이에 심각한 갈등이 있었고 이들이 미국의 대외 정책과 자유 시장 경제 체제에 공공연하게 적의를 드러냈다는 사실이 무슨 의미인지만 간단하게 전달하고자 한다. 하와이에서 살았던 시절 오바마 대통령의 멘토였던 전(前) 공산주의자 프랭크 마셜 데이비스는 '백인 제국주의'를 유지하기 위한 장치라며 트루먼(Harry S. Truman) 대통령 재임 시절 진행된 마셜 플랜(Marshall Plan)에 반대할 정도로 급진적인 인물이었다. 데이비스는 트루먼과 마셜이 "휘청거리는 영국과 프랑스, 벨기에, 네덜란드, 그리고 착취자 수천만 명이 득시글거리는 다른 서구 제국주의 국가를 떠받치기 위해 수십억 달러를 사용한다."고 썼다. 사실 미국은 제2차 세계대전이 끝난 뒤 '피부색이 노란색이거나 갈색이거나 검은색인 사람들을 다시 노예로 만들고자' 했다. 데이비스는 미국을 거부하는 동시에 '자신의 친구'라며 '붉은 러시아(Red Russia, 소비에트 연방)'를 찬양했다.3) 어린 시절 오바마는 하와이에 있는 데이비스의 집에 앉아 데이비스가 하는 이야기를 모두 흡수하며 몇 년에 걸쳐 많은 시간을 보냈다. 전 공산주의자가 마리화나를 피우며 내뱉는 헛소리를 열심히 귀 기울여 듣는 어린 오바마의 초상화는 노먼 록웰(Norman Rockwell, 20세기 미국 사회가 지향하는 가치를 화폭에 담은 화가─옮긴이)이 그린 그림의 진보주의 버전이다.

컬럼비아대학교 시절 오바마는 팔레스타인 출신 학자이자 운동가인 에드워드 사이드 밑에서 공부했다. 2003년 사망하기 전 사이드는 '대규모 학살이나 다름없는 행위로 모든 사람과 모든 나라를, 심지어 모든 대륙을 파멸시킨 역사'를 지닌 국가라며 미국에 대해 맹렬하게 비판했다. 사이드는 제2차 세계대전이 끝난 뒤 미국이 영국과 프랑스를 밀어내고 세계적인 제국주의 강대국으로 떠올랐다고 주장했다. 팔레스타인 출신인 사이드는 이스라엘은 소형 식민국으로, 미국은 대형 식민국으로 간주했다. 이스라엘이 작은 악마(Little Satan)라면 미국은 거대한 악마(Great Satan)였다. 사이드는 이렇게 썼다. "미국은 사실상 요르단 강 서안 지구와 가자지구 점령에 동의했으며 실제로 팔레스타인인을 살해하는 데 사용한 무기 대금을 지불했다." 그 결과 팔레스타인인들은 사이드가 '현대에 전개된 대규모 반식민주의 운동 중 하나'라고 칭한 반격에 나서기 위해 폭력을 사용할 권리를 얻었다. "우리에게서 강제로 빼앗은 땅과 역사를 되찾는다."라는 맥락 속에서 팔레스타인인의 무력 사용은 정당화된다. 에어즈와 마찬가지로 사이드도 행동을 통한 프로파간다를 믿었다. 온라인에서 이스라엘을 향해 돌을 날리는 사이드의 모습을 담은 그림을 찾을 수 있다. 당연히 그림 속 사이드의 행동은 상징적이다. 그렇지만 팔레스타인 출신 게릴라들이 벌이는 행위를 지지한 까닭에 팔레스타인 민족평의회(Palestine National Council) 전 의원이자 야세르 아라파트(Yasser Arafat)의 동료였던 사이드는 '테러 교수(Professor of Terror)'[4]라고 불렸다.

하버드 로스쿨에서 오바마를 가르쳤으며 이후 계속해서 오바마와 친구로 지내는 로베르토 망가베이라 웅거는 오바마와 자신의 관계를 숨기려고 했다. 웅거는 오바마의 전기 작가에게 이렇게 말했다. "저는 괴팍한 사람인데다 정치적 신념 면에서 좌파이자 혁명가입니다. 버락 오바마 대통령과 나 사이에 어떤 관계가 있든 해를 끼칠 수 있을 뿐입니다." 웅거는 자신이 '세계 혁명'이라 부른, 금융기관의 기반을 장악하고 금융기관을 전 세계 경제 정의를 위해 이바지하는 조직으로 재편성하기 위한 움직임을 옹호한다. 예를 들어 웅거는 '사회 기부'에 찬성하고 '전통적인 재산권의 축소'를 주장한다. 무엇보다도 웅거는 미국의 영향력을 축소하기 위한 (미국 진보주의자들이 지지하는) 전 세계적인 국가 연합을 촉구한다. 웅거는 이 조직을 '미국보다 힘이 약한 국가들이 미국에 저항하기 위해 모여 만든 단체'라고 부른다. 특히 웅거는 중국과 인도, 러시아, 브라질에 반미 연합을 주도하도록 요청한다. 웅거는 단 하나의 초강대국이 지배할 때는 세계 정의 실현이 불가능하다고 말한다. 웅거는 '미국의 패권을 견제할 세력'이 등장하기를, 그리고 권력이 여러 곳으로 분산된 조직이 미국을 대체하기를 바란다. 웅거는 "현재 생각할 수 있는 다른 어떤 질서보다 미국이 패권을 차지한 현재의 질서가 낫다."라고 인정한다. "그러나 그보다 훨씬 좋은 쪽은 더는 어느 누구도 패권을 차지하지 않는 상태다."5)

마지막으로 오랫동안 오바마 대통령이 다닌 교회의 목사 제러마이아 라이트가 있다. 사람들은 오바마 대통령이 20년 동안 라이트 목사의 교회에 나가기는 했지만 어찌된 일인지 라이트 목사의 급진적인 이데올로기에 대해서는 전혀 듣지 못했다는 이야기를 들었다. 진보주의자들조차 이 말이 허튼소리임을 안다. 2001년 9월 16일에 한 라이트 목사의 파렴치한 설교 '예루살렘이 무너지는 날'에서 일반적으로 반식민주의가 주장하는 도둑질에 관한 교리를 확인할 수 있다. "우리는 테러를 저질러 수족과 아파치족, 이로쿼이족, 코만치족, 아라파호족, 나바호족에게서 이 나라를 빼앗았습니다. 이것이 테러리즘입니다. 우리는 우리가 갈 길을 편하게 닦고자 아프리카에서 흑인들을 데려와 줄곧 노예로 부리고 두려움에 떨며 살게 했습니다. 이것이 테러리즘입니다. 우리는 카리브 해에 있는 섬나라 그레나다에서 폭탄을 터뜨려 무고한 시민과 어린아이, 군인이 아닌 일반인들을 살해했습니다. 우리는 스텔스 폭격기를 출격시켜 파나마의 흑인 민간인 공동체를 공격하고 무장하지 않은 10대 청소년과 이제 막 걸음마를 배우는 아이, 임신부, 열심히 일하는 아버지들을 죽였습니다. 우리는 카다피(Muammar al Qaddafi, 전 리비아 국가원수)의 관저에 폭탄을 떨어뜨려 카다피 아들의 목숨을 빼앗았습니다. 우리는 이라크에 폭탄을 떨어뜨려 무기라고는 만진 적 없이 사는 데 급급한 시민들을 희생시켰습니다. 우리는 미국 대사관을 공격한 대가를 치르도록 하겠다고 수단에 있는 한 농장을 폭격했습니다. 부지런한 노동자들, 그날 일하기 위해 집을 떠났으나 다시는 집에 돌아오지 못할 것임을 결코 알지 못한 어머니와 아버지들이 세상을 떠났습니다. 우리는 히로시마에, 그리고 나가사키에 핵폭탄을 투하해 세계무역센터와 미국 국방부에서 희생된 사람들의 수보다 훨씬 더 많은 사람을 죽이고도 눈 하나 깜짝하지 않았습니다. 놀이터에서 놀던 아이, 학교가 끝나는 시간에 맞춰 자녀를 데리러 온 어머니, 군인이 아닌 민간인. 이들은 그저 생계를 꾸리기 위해 하루하루 노력하던 사람이었습니다. 우리는 그동안 팔레스타인과 남아프리카 지역에 사는 흑인들을 상대로 국가가 주도하는 테러 행위를 지지했습니다. 우리는 분노합니다. 그동안 우리가 나라 밖에서 저지른 일들이 이제 우리 앞마당으로 들어왔기 때문입니다."[6] 해석하자면 이 말이다. '미국은 나쁜 놈이라 9·11 테러를 당할 만했다.'

'오바마의 건국의 아버지'가 그저 그동안 미국이 취한 몇 가지 행동이 실수였다거나 역효과를 낳을지도 모른다고 생각해 미국의 정책에 반대하는 인물들이 아님을 주목하자. 더 정확히 말하자면 이들은 역사 속에서 그리고 전 세계에서 미국이 담당한 역할을 증오하고, 미국의 중심을 이루는 제도를 혐오하며, 미국의 기반을 무너뜨리고, 심지어 미국과 미국인에게 물리적으로 해를 입힐 길을 찾는 무리다. 그런데 이들이 바로 오바마를 가르치고 오바마의 생각을 만든 집단이다. 오바마가 전임 대통령과 다르다는 데는 의심할 여지가 없다. 오바마는 민주당 출신이지만 트루먼이나 존 F. 케네디는 물론 심지어 지미 카터(Jimmy Carter)와도 같지 않다. 어째서 그럴까? 오바마는 1960년대 급진적인 분위기 속에서 탄생된 이데올로기로부터 영향을 받은 최초의 대통령이기 때문이다.

1960년대에 성장기를 거친 최초의 대통령은 빌 클린턴(Bill Clinton)이지만 클린턴은 남부의 애국주의와 기독교 세력이 강한 미국 중서부 및 남부의 보수주의를 포함해 더 오래 전부터 미국을 지배한 여러 가지 힘으로부터도 영향을 받았다. 클린턴은 성혁명의 시대에 성인이 된 까닭에 개인적인 행동에서는 1960년대를 대표하는 방종한 모습을 보인다. 하지만 클린턴이 펼친 정책에서는 데이비스나 사이드, 웅거, 에어즈, 라이트에게서 발견한 미국을 향한 적대감 따위는 전혀 보이지 않는다. 나는 지금이라도 누군가 클린턴에게 미국이 세계 최고의 국가로 남기를 바라느냐고 물어본다면 클린턴은 단호히 그렇다고 말하면서 어째서 그런 질문에 대해 대답해야 하는지 깜짝 놀랄 것이라 확신한다. 하지만 자신이 어떤 말을 해야 하는지 잘 아는 오바마에게 질문한다면 무슨 말이 나오든 대통령의 대답은 실제 대통령의 생각과 상당히 다를 것이다. 오바마가 자신의 동료에 대해 언급을 피하거나 거짓말을 하는 이유는 자신이 이들에게서 무엇을 배웠는지, 미국에 대한 이들의 시선과 자신의 시선이 어느 정도까지 일치하는지에 대해 사람들이 모르기를 바라기 때문이다. 1961년에 태어난 오바마는 1960년대를 휩쓴 급진주의 운동에 참여하기에는 너무 어렸으나 그 시대를 대표하는 이론적 지도자에게서 배우고 조국인 미국이 용서받지 못할 나라라고 생각하게 된 최초의 대통령이다.

그렇다면 우리는 어떤 과정을 거쳐 1960년대에 도달했는가? 어떤 사람은 1960년대를 대표하는 이데올로기의 뿌리를 1930년대에 두고자 한다. 린든 존슨(Lyndon Johnson, 임기 1963~1969년) 대통령이 '위대한 사회(Great Society)'라고 칭한 복지 국가에 관한 설명은 30년 전 프랭클린 루스벨트 대통령이 펼친 뉴딜(New Deal) 정책에서 비롯한 것처럼 보인다. 루스벨트 대통령이 미국 건국 원칙을 무시하고 급진적인 내용을 주장한 연설을 몇 차례 했음은 사실이다. 과거 미국의 건국자들이 정부를 권리의 적으로 생각한 반면 (권리 장전에 있는 몇몇 조항은 "의회는 다음과 같은 법을 제정해서는 안 된다."라는 말로 시작된다) 루스벨트 대통령은 정부가 권리의 친구이자 보증인이라고 주장했다. 건국자들은 경제적 자유를 기본권이라고 생각한 반면 루스벨트 대통령은 모든 사람을 위한 경제 안정을 보장한다는 명분 아래 일부 사람들의 경제적 자유를 축소하는 조치를 정당화했다. 그럼에도 불구하고 뉴딜 정책을 통해 실제 시행된 계획은 상대적으로 온건했다. 뉴딜 정책은 이른바 대공황(Great Depression)이라는 응급 상황에 대처하기 위한 방안이었다. 역사학자 데이비드 케네디(David Kennedy)는 루스벨트 대통령이 대공황 사태 이후 미국의 경제가 다시는 성장하지 않을까봐 두려워했다고 말한다. 루스벨트 대통령은 재화의 총량이 고정됐다고 생각했다. 따라서 루스벨트 대통령이 실시한 재분배 정책은 훗날 잘못된 가정임이 드러난 조건을 기반으로 삼은 셈이다. 나는 루스벨트 대통령을 비난하지 않는다. 1930년대에 살았던 많은 이성적인 사람이 자본주의가 실패했다고, 그래서 새로운 다른 제도를 시험해야 한다고 생각했다.[7]

이와 반대로 1960년대에는 자본주의가 정상적으로 작동 중이었으며 경제는 호황을 맞이했다. 복지 국가 이론은 정책 시행 영역을 엄청나게 확대하고 시행 속도를 점점 높이는 정부의 모습을 변호했다. 그 결과 실제로 1776년을 대표하는 정신에서 벗어나는 변화가 일어났다. 게다가 1960년대에는 또 다른 새로운 현상이 등장했다. 불량 국가라는 미국에 대한 비판이나 전통적인 사회적·도덕적 가치관에 대한 부정 같은 1930년대에는 결코 나타나지 않았던 현상이었다. 따라서 이데올로기라는 측면에서 바라보았을 때 1960년대는 일부는 과거에서 오고 일부는 새롭게 탄생된, 미국에서 새로운 생활 방식을 낳은 다양한 급진주의적 충격이 한꺼번에 등장했다가 현실적으로 한계에 다다른 시기였다. 1968년을 대표하는 정신은 1776년을 대표하는 정신과 완전히 반대였다.

1960년대가 진정한 의미에서 미국에 '세대 차이'가, 즉 부모 세대와 자녀 세대 사이를 가르는 깊은 틈이 등장한 최초의 시대였음을 기억하자. 이전 세대에서는 아이들이 부모처럼 되기를 바랐다. 아이들은 될 수 있는 한 빨리 자라 성인이 되고자 했다. 그러나 1960년대에 들어서자 아이들이 자신을 부모보다 도덕적으로 우월한 존재로 여겼다. 심지어 부모 세대는 한 번도 생각한 적 없는, 무법 행위나 마약 복용 같은 무책임한 행동에 탐닉하는 동안에조차 마찬가지였다. 눈 깜짝할 사이에 아이들이 음악 면에서뿐만 아니라 가치 면에서도 부모가 이해하지 못하는 존재로 바뀌었다. 어떤 의미에서 보면 부모는 나이 먹는데 아이들은 자라지 않는 현상이 벌어졌다. 아이들은 영원히 사춘기 청소년으로 남았다. 이제 이들은 머리가 희끗희끗해지는 혹은 이미 백발이 된 청소년이다. 과거에는 이런 유형의 집단이 한 번도 나타난 적이 없었다. 따라서 현재 미국은 1960년대가 낳은 집단과 1960년대가 낳은 가치를 절대 받아들이지 않는 집단으로 나뉜다. 시간이 흐르는 동안 세대 차이는 이데올로기 차이로 바뀌었다. 어떤 의미에서 보면 1960년대의 부모는 1776년의 정신을 대표하고 1960년대의 아이들은 1968년의 정신을 대표했다.

우리는 1960년대가 그 시대를 살았던 사람들이 보인 자유분방한 기질과, 이들이 실시한 성적 실험과, 이들이 제기한 미국에 대한 회의론과 그 외 다른 요소를 반영한다고 생각한다. 그러나 이 모든 특징이 1950년대에 등장한 비트족[Beat 族, 기존 질서에 반발하고 개인의 스타일과 자유를 중시한 부류. 혁명가의 기질을 가진 힙스터(Hipsters)와 방랑자의 기질을 가진 비트닉(Beatniks) 두 종류로 나눌 수 있다. -옮긴이]에서도 분명하게 나타난다. 비트족을 대표하는 시인 중 하나인 앨런 긴즈버그(Allen Ginsberg)는 「미국(America)」이라는 제목을 붙인 시에서 "미국이여 나는 그대에게 모든 것을 주었다. 이제 나는 무(無)다."라고 노래했다. "미국이여, 그대는 언제 인간 영혼에 대한 파괴를 중단할 것인가?" 긴즈버그는 이 시에서 자신이 동성애자임을, 전통적인 종교에 대해 거부함을, 공산주의에 호감을 갖고 있음을 드러내는 데 부끄러움을 느끼지 않는다. "미국이여, 나는 한때 공산주의자였다. 나는 미안하지 않다." "나는 주기도문을 외우지 않을 것이다." "미국이여 나는 동성애자들을 위해 열심히 노력하는 중이다." 서사시 「울부짖음(Howl)」에서 긴즈버그는 '로봇이 사는 아파트'와 '사라진 교외'와 '악마 같은 공장'과 '가공할 위력을 지닌 폭탄'에 대해 분노한다. 「울부짖음」의 첫 줄은 방종과 오만을 단번에 묘사한다. "나는 우리 세대 최고의 지성인들이 광기로 파괴되는 광경을 보았다."[8] 최고의 지성인이란 자신과 인습을 타파하는 자신의 친구들을 이야기함이 분명하다. 긴즈버그와 잭 케루악(Jack Kerouac), 닐 캐서디(Neal Cassady)와 다른 이들이 '비트' 감성을 정의했다. 케루악의 소설 『길 위에서(On the Road)』는 유목민의 삶뿐만 아니라 유목민적 가치, 즉 전통적인 미국의 가치에서 탈피한 가치를 상징하게 됐다.

나는 1980년대 다트머스대학교에서 긴즈버그를 만났다. 당시 긴즈버그는 동성애 파트너인 피터 오를로프스키(Peter Orlovsky)와 동행했다. 무엇이 긴즈버그를 자극했는지, 즉 무엇 때문에 긴즈버그가 그토록 저항하게 됐는지에 대해 내가 긴즈버그로부터 알아내려 하는 동안 긴즈버그는 내게 오를로프스키가 발표한 새로운 작품집, 『깨끗한 항문 같은 시(Clean Asshole Poems)』를 읽으라며 계속 권했다. 긴즈버그는 내게 시집 제목이 인도에서, 물로 몸을 씻기 때문에 서양 사람들보다 엉덩이가 훨씬 깨끗한 그 나라에서 유래됐다고 장담했다. 긴즈버그는 인도 출신이라는 이유로 내게 특별한 호감을 느꼈다. 긴즈버그는 인도를 영적 자유 및 성적 자유와 연관짓는 것 같았다. 지참금과 중매결혼, ('자유'라는 이름을 절대 붙이지 못하는 인도 고유의 신분 제도인) 카스트 제도를 알리려는 내 노력은 긴즈버그의 흥미를 거의 끌지 못했다. 나는 긴즈버그에게서 비트족이 '시대를 앞선' 사람들임을, 1950년대에는 샌프란시스코와 그리니치빌리지라는 작은 지역에만 한정됐던 자유분방한 보헤미안 문화가 1960년대 들어 주류로 바뀌었음을 배웠다. 긴즈버그는 내게 이렇게 말했다. "갑자기 우리가 모든 곳에서 등장했습니다."

어떻게 이런 일이 일어났을까? 베트남 전쟁과 인권운동, 페미니즘, 성혁명 때문이라고 대답하고 싶은 유혹에 빠진다. 모두가 거대한 사건이었지만 이것만으로는 1960년대를 완벽하게 설명하지 못한다. 거꾸로 앞서 말한 여러 움직임이 우리가 역사책에서 본 대로 전개된 이유를 설명하는 요인이 바로 1960년대를 대표하는 정신이다. 베트남 전쟁을 생각해보자. 끔찍한 전쟁이었지만 그 이유로는 어째서 이 전쟁이 그토록 거대한 소외 현상을 일으켰는지 설명하지 못한다. 베트남 전쟁은 제2차 세계대전에 비해 훨씬 덜 끔찍했기 때문이다. 반대 세력의 눈에 베트남 전쟁은 '식민지 전쟁'이었다. 하지만 한국 전쟁(Korean War)과 비교했을 때 베트남 전쟁이 다른 점은 무엇인가? 어떤 일이 더 많이 진행 중이었다는 사실이다.

이와 마찬가지로 페미니즘과 성혁명 역시 1960년대를 설명하지 못한다. 사실 두 움직임은 1940년대 말과 1950년대에 일어난 기술 혁명 덕분에 실제로 시자되고 실현될 수 있었다. 페미니즘과 성혁명이 가능해진 이유는 기술이, 즉 피임약뿐만 아니라 진공청소기 같은 가사 노동에 필요한 힘과 시간을 줄이는 가정용 기기가 등장했기 때문이었다. 갑자기 여성들이 자신의 생식 능력을 통제할 수 있게 됐고 가사 노동에 하루 종일 시달리지 않아도 되었다. 새로운 도구가 1960년대 새로운 생활 방식을 가능하게 만들기는 했으나 근본적인 변화는 많은 사람이 새로운 생활 방식을 추구하도록 유도한 가치 속에서 일어났다. 인간의 본질은 변하지 않았는데 1960년대 말 들어 갑자기 여성들이 결혼 전에 성관계(와 아기)를 갖고 '남자와 똑같이' 대우해 달라고 요구하기 시작했다. 그리고 그 수는 계속해서 늘어났다. 우리는 무슨 이유에서 여성들이 스스로 이 같은 요구를 하게 됐는지 질문해야 한다.

1960년대에 활동한 많은 전 운동가가 이제 와서 과거 자신들이 제멋대로였음을 인정하기는 하나 한결같이 더 고차원적인 이유, 즉 인권 때문에 자신들이 행동에 나섰다고 주장한다. 하지만 1960년대 활동한 운동가들은 인권운동의 변방에 머물렀다. 당시 인권운동은 흑인이 주도하고 흑인이 지배한 움직임이었다. 분명 빌 클린턴과 힐러리 클린턴 같은 유형의 사람들은 남부에서 여름을 보내며 성관계를 맺고 피켓을 들고 시위에 참여했을지도 모른다. 하지만 이들이 인권운동(Civil Rights Revolution)에 미친 영향력은 미미했다. 영화 〈맬컴 X(Malcolm X)〉에서 감독인 스파이크 리(Spike Lee)는 젊은 백인 여성 운동가가 맬컴 X에게 다가가 흑인들의 대의명분을 돕기 위해 자신이 할 수 있는 일이 무엇인지 묻는, 실제 있었던 사건에 대해 묘사한다. 맬컴 X는 이렇게 대답했다. "아무것도 없소." 여성은 좌절했다. 지금은 맬컴 X의 말이 무신경하게 들릴 수 있겠지만 사실 정직한 대답이었다. 맬컴 X는 자신에게 접근한 백인 여성이 크게 이바지하지 못할 것임을, 그리고 흑인을 돕는 일이 실제 이 여성의 목표가 아님을 알고 있었다. 영화 속 여성이 행동에 나선 주요 원인은 자신에게 만족감을 느끼기 위해서였다. 그렇기 때문에 여성은 눈물을 흘리며 떠났다. 맬컴 X는 자신에게 접근한 여성에게 진실을 이야기했다. 이 여성은 도움이 되지도 않고 도움을 주지도 못하니 집에나 가야 했다.

맬컴 X의 대답에 젊은 여성이 보인 반응에서 1960년대에 불안감이 팽배했음을 알 수 있듯이 더 깊숙한 곳에 숨은 원인을, 1968년을 대표하는 정신이 등장한 이유에 대해 설명할 수 있는 원인을 찾아야 한다. 우리는 지금 이전의 어떤 세대도 (그리고 분명 이후 세대도) 가지 않은 길을 따라 베트남 전쟁과 페미니즘, 인권운동, 성혁명 같은 문제에 접근한 미국 내 새로운 감성이 어디에서 비롯했는지에 대해 탐구하는 중이다. 나는 몇 년 전 톰 브로코(Tom Brokaw)가 발표한 책 『위대한 세대(The Greatest Generation)』를 읽다가 질문에 대한 답을 찾을 수 있는 귀중한 단서를 발견했다. 이 책은 두 차례 벌어진 세계대전 사이에 성장한 세대가 추구한 덕목에 대해 찬양한다.[9] 나는 브로코의 책을 읽으면서 자문했다. 무엇이 '위대한 세대'를 그토록 위대하게 만들었는가? 대답은 두 가지로 구성된다. 대공황과 제2차 세계대전이다. 위대한 세대가 추구한 덕목은 부족과 전쟁이 낳은 산물이었다. 부족함에서 오는 어려움과 궁핍함이 용기와 희생, 연대라는 존경할 만한 자질을 갈고닦게 만들었다. 하지만 위대한 세대는 한 가지 중요한 부분에서 실패했다. 즉, 또 다른 위대한 세대를 낳지 못했다.

어째서 그랬을까? 나는 풍족함 때문이라고 분명히 말할 수 있다. 부모가 된 위대한 세대는 자녀가 자신이 결코 누리지 못한 혜택을 누리기를 바랐다. 검소하고 자제력 강하고 희생적인, 제2차 세계대전을 겪은 세대가 자녀가 원하면 무엇이든 아낌없이 자녀에게 준 까닭에 버릇없는 1960년대 아이들이, 바로 클린턴 세대가 탄생됐다. 아이러니하게도 자라서 자본주의를 매도하게 된 이 세대는 자본주의의 풍족함이 낳은 산물이었다. 이 같은 결과는 한 세대 이전 경제학자 조지프 슘페터 (Joseph Schumpeter)가 예견한 사태였다. 슘페터는 자본주의가 전통적인 제도와 전통적인 관습을 무너뜨릴 '창조적 파괴라는 돌풍'을 일으킬 것이라고 경고했다. 슘페터는 자본주의의 풍요로움이 근면과 자기 절제라는 인간이 지닌 좋은 자질을 약화시킬 것이라고 예언하면서 우선 이런 풍요로움을 만들어냈다는 만족감에 젖지 않으려 했다.

역사적으로 유례가 없는 수준의 안락함 속에서 성장한 젊은이들이 어째서 그토록 감사할 줄 모르고, 그토록 비열하며, 그토록 방탕하게 바뀌었을까? 나는 그 이유 중 많은 부분이 이들이 이전 세대를 지탱한 목적의식을 상실한 데서 비롯한다고 믿는다. 여기서 나는 종교적 가치를, 심지어 애국심을 이야기하지 않는다. 정확히 말해 끝도 없이 이어지는 요구에 맞서 노력하고 승리할 때 사람들이 얻는 진지함과 만족감이라는 단순한 감정에 대해 이야기하는 중이다. 이전 세대 미국인들은 자신과 자신의 자녀에게 음식과 의복, 주거지를 제공하기 위해 고군분투해야 했다. 의식주를 해결하기 위한 작업은 절대 끝나지 않는 힘들고 고된 일일 수 있지만 인생의 한계를 넓히고 인생에 목표를 부여하는 역할을 하기도 했다. 또한 존엄성을 높이는 동시에 삶에 진정한 의미와 성취감을 안겼다.

이와 반대로 1960년대 아이들은 살기 위해 부모 세대와 비슷한 일을 전혀 하지 않았다. 아무리 시야를 확대해도 요구에 맞서 노력하는 모습이 더는 보이지 않았다. 이들은 부모 세대가 겪은 경험을 인정하지도 않았다. 오히려 부모 세대를 진정으로 마음을 열거나 이상을 추구하지 않는, 무감각하게 체제에 순응한 사람들이라고 생각했다. 1960년대는 기존 방식에 대한 거부와 새로운 방식에 대한 탐구를 원동력으로 삼은 시대였다. '자유'는 이제 낡은 가치에서, 즉 1776년을 대표하는 정신에서 해방된 자유를 의미하게 됐다. 자유는 여러 가지 형태로, 예를 들어 시위와 약탈, 폭동의 자유는 물론 약물 복용의 자유와 종교적 실험의 자유, 무차별적 성행위의 자유로, 심지어 브래지어를 태울(여권 운동에 참여할) 자유로까지 나타났다. 아마 가장 추악한 모습은 젊은이들이 부모에게 보인, 조악하고 은혜를 모르는 배은망덕한 태도였을 것이다. 자녀들이 자신과 자신이 소중히 여기던 모든 것을 향해 가운뎃손가락을 들어 보인 순간 검소하고 근면성실하며 나라를 위해 헌신하던 부모 세대는 깊은 슬픔에 잠긴 눈으로 열심히 일하고 모아서 일군 모든 것을 바라보았다. 1960년대 후반 부모 세대의 시선으로 바라보았을 때 미국은 낯선 땅으로 변해 있었다.

그러나 1970년이 되자 이런 움직임이 이미 힘을 잃었다. 그리고 1980년이 되자 완벽하게 최후를 맞이했다. 미국은 베트남에서 철수했고 여성들은 기록적인 수준으로 노동 인구에 편입됐으며 인권운동은 평등에 관한 여러 가지 권리를 법률에 정식으로 명시하는 성공을 거뒀다. 미국인은 더는 히피족이나 브래지어를 태우는 움직임이나 폭동이나 공공장소에서 벌이는 성행위에 대해 관용을 베풀지 않았다. 1980년대 중반에 이르자 1960년대를 정의하던 농성이나 히피족의 사랑의 집회가 이해하지 못할 낡은 행위로 바뀌었다. 미셸 푸코는 세상을 떠났고 동성애자 전용 목욕탕은 문을 닫았다. 그렇다면 운동가들은 무슨 일을 했을까? 많은 이가 빌 에어즈가 간 길을 갔다. 즉, 교사로 변신했다. 자신의 이데올로기를 포기하는 대신 이들은 자신과 함께 이데올로기를 학교 안으로 끌어들였다.

에어즈가 언급했듯이 에어즈에게 교육은 또 다른 이름을 지닌 행동주의에 불과했다. 우리가 다트머스대학교에서 논쟁을 벌이는 동안 나는 에어즈에게 미국 정부건물을 향해 폭탄을 터뜨리는 빈 라덴식 방법을 포기하려 한 적이 있는지, 그렇다면 이 말은 에어즈 자신이 더는 혁명가가 아님을 의미하는지에 대해 물었다. 에어즈는 자신이 사회를 근본적으로 바꾸는 길을 모색한다는 면에서는 여전히 혁명가지만 이제 목표를 달성할 수 있는 더 나은 방법을 찾았다고 말했다. 즉, 교실을 이용한다는 말이었다. 빌 에어즈는 테러리스트로 활동한 과거의 삶과 교수로 활동하는 새로운 삶을 비교하며 이렇게 적었다. "당연히 혁명가는 세상이 변화하기를 바란다. 교사 역시 세상이 변화하기를 원함이 드러났다."10)

일시적으로 정치영역에서 철수한 1960년대 운동가들은 새로운 세대를 키우는 방법으로 자신의 힘을 강화하고자 했다. 새로운 세대는 자신들이 거둔 성공보다 훨씬 큰 성공을 거둘지도 모른다. 보수주의 시대가 다가오는 중이었다. 레이건이 대통령으로 선출된 사건은 이 사실을 명백히 보여주었다. 그러나 열성적인 추종자들의 노력을 통해 잿더미 속에서 1968년을 대표하는 정신이 다시 일어날 수도 있었다.

# 제5장

# ―

# 계획

★

우리는 세상을 우리가 원하는 모습이 아니라
있는 그대로 바라보아야 한다.[1]

– 솔 앨린스키(Saul Alinsky), 『급진주의자를 위한 규칙(Rules for Radicals)』

1968년이 저물었을 때 1960년대를 대표하는 정신이 정치적으로 죽음을 맞이했다. 급진주의자들은 깨닫지 못했지만 미국은 급진주의자를 향해 등을 돌렸다. 1960년대 영적인 고향이었던 캘리포니아 주에서 로널드 레이건(Ronald Reagan)이 주지사로 선출됐다. 레이건은 이후 두 번째 주지사 선거에서도 승리했다. 공공연하게 히피족을 멸시하던 레이건은 이들이 '타잔처럼 보이고 제인처럼 걷지만 치타 같은 냄새가 나는' 사람들이라고 말했다. 급진주의자들이 레이건이 탄 주지사 전용 리무진을 둘러싸고 "우리가 미래다."라고 적힌 피켓을 보여줬을 때 레이건은 자신의 대답을 종이에 휘갈겨 쓴 뒤 유리창을 향해 종이를 들어올렸다. "나는 내 채권을 팔 것이다."[2] 4년 뒤인 1972년 급진주의자들이 자신들의 영웅 중 하나인 조지 맥거번(George McGovern)을 민주당 대선 후보로 추대했다. 그러나 맥거번은 리처드 닉슨(Richard Nixon)에게 완벽히 패배하며 무너졌다. 닉슨은 법과 질서를 존중하고 소비에트 연방에 반대하는 공약을 내세웠다. 민주당에는 'LSD와 사면, 낙태'의 당이라는 새로운 이름이 붙었다. 워터게이트(Watergate) 사건으로 민주당이 일시적으로 구제받을 수 있는 예상치 못한 기회를 얻었으나 그 기회조차 오래 가지 못했다. 1980년 레이건이 대선에서 승리를 거두고 두 차례에 걸쳐 대통령직을 수행하면서 미국을 사반세기 동안 지속된 새로운 보수주의의 시대로 이끌었다. 1960년대를 휩쓴 급진주의가 어떤 형태로든 부활하려면 새로운 지도자를 찾아야 했다. 새로운 지도자가 나타나기 전이라도 죽은 이론에 다시 생명력을 불어넣을 전략은 필요했을 것이다. 전략을 수행하려면 전략가가 필요하고 전략을 수행할 전략가는 남다른 통찰력을 지닌 사람이어야 한다. 이런 전략가는 혼란스러워 하거나 착각에 빠지지 않고 1960년대가 남긴 잔해와, 즉 있는 그대로의 세상과 온전히 마주해야 한다. 이와 동시에 1960년대가 꾼 꿈을, 즉 자신이 바라는 세상의 모습을 간직한 채 지금의 현실과 미래의 가능성 사이의 격차를 메우는 작업을 수행해야 한다. 또한 감상에 젖지 말고 실패한 1960년대식 접근법을 물리치면서 이상과 계획을 보호하되 새로운 시대에 맞게 작동할 수 있는 새로운 기법을 도입해야 한다. 이런 전략가는 냉정하고 약삭빠르며 사람들을 기만할 수 있기까지 한, 권모술수에 능한 이상주의자여야 한다. 한 발 더 나아가 인내심이 강해야 한다. 그래야 적절한 시기가 됐을 때 자신의 접근법을 실행에 옮길 수 있다. 심지어 살아서 자신의 계획이 성과를 거두는 모습을 보지 못할 가능성이 상당히 높지만 이 전략가는 시간을 이용해 자신들의 공통된 이상을 권력의 심장부로 실어나르기 위해 전략가의 전략을 사용할 전향자들을 생산할 것이다. 만약 존재한다면 이런 전략가는 1960년대의 마지막 희망이 될 것이다. 시카고에 바로 그런 인물이 존재했다.

솔 앨린스키는 1909년 시카고에서 태어났다. 앨린스키의 부모는 러시아 출신 유대인 이민자였다. 시카고대학교에 진학한 앨린스키는 고고학 학위를 받았다. 그러나 대공황 기간 동안 앨린스키는 '고고학자란 말과 마차만큼이나 필요하지 않은 존재'임을 깨달았다. 앨린스키는 대학원에서 범죄학을 전공한 다음 노조 조직책으로 변신해 시카고 빈민가에서 활동했다. 앨린스키는 산업사회재단(Industrial Areas Foundation)을 설립하고 운동가를 위한 네트워크 조직을 탄생시켰다. 네트워크 조직은 얼마 지나지 않아 다른 도시로 확대됐다. 마지막으로 앨린스키는 노동 단체에서 시선을 돌려 가난한 사람들을 모아 체계적으로 조직을 구성하고 이들에게 정부로부터 정치적, 경제적 혜택을 이끌어내는 방법을 가르치는 데 주안점을 두었다. 1960년대 후반과 1970년대 초반 앨린스키는 사회변화를 일으킬 종합적인 전략을 개발했다. 부분적으로는 중산층, 즉 자신이 이름 붙인 '침묵하는 다수'의 지지를 얻어 리처드 닉슨이 실시한 정책에 대응하기 위해서였다. 빈민층과 약자를 옹호하기는 했으나 앨린스키 자신은 풍족한 생활을 누렸다. 앨린스키는 질 좋은 음식과 와인과 시거와 골프를 좋아했다. 가장 좋아한 장소는 캘리포니아 서부에 있는 도시 카멜이었다. 카멜은 1972년 앨린스키가 심장마비로 세상을 떠난 곳이다.

앨린스키는 역설적인 인물이었다. 앨린스키는 노조 조직책으로 활동하는 동시에 성직자와 마피아 우두머리, 재계 거물들과도 시간을 보냈다. 유대인 가정에서 태어났으나 종교적 신념상 무신론자였던 앨린스키는 가톨릭 주교 및 개신교 목사와 긴밀하게 협력했다. 무의식적으로 애국심을 품었지만 그럼에도 불구하고 미국을 상당히 증오한 까닭에 앨린스키는 자신이 사는 나라를 자신이 거리낌 없이 사랑할 수 있는 전혀 다른 나라로 대체할 길을 모색했다. 앨린스키는 겸손한 문체나 말투를 사용했지만 자신이 이룰 수 있는 일에 대해서는 거만한 태도를 취했다. 앨린스키가 이렇게 말한 적이 있었다. "내게는 월요일이 오면 분명 사형당하겠지만 일요일에 혁명 덕에 떼돈을 벌 테니 토요일에 혁명 자금을 대라고 금요일에 만난 자리에서 백만장자를 설득할 수 있다는 자신감이 있다."3) 앨린스키는 혁명의, 레이건 대통령이 일으킨 혁명은 물론 미국 독립 혁명(미국 독립 전쟁)까지 무로 되돌리려는 혁명의 설계자였다.

지도자에게 자신이 원하는 바를 달성하도록 요구하기 위해 앨린스키는 몇 년에 걸쳐 사회적으로 영향을 미치는 작가와 운동가를 자극하고 가르쳤다. 그중 한 명이 미국농장노동자연합(United Farm Workers)의 회장인 세자르 차베스(Cesar Chavez)였고 다른 한 명이 멕시코계 미국인을 위한 독립국을 건설하기 위해 싸운 아르만도 나바로(Armando Navarro)였다. 세 번째로 꼽을 수 있는 인물이 전(前) 학생 운동가이자 당시 배우였던 제인 폰다와 함께 베트남 전쟁에 반대하는 시위를 조직한 톰 헤이든이었다. 헤이든은 1965년 하노이를 방문해 북베트남 지도자를 만나고자 했다. 앨린스키의 또 다른 추종자이자 미국의 대외 정책에 맞서 적극적으로 사회주의 시위를 벌인 스토튼 린드(Staughton Lynd)도 같은 부류에 속했다. 앞서 언급한 인물들만으로도 충분히 인상적이다. 하지만 이 명단에는 앨린스키가 키운 가장 영향력이 큰 제자 두 명이 빠져 있다. 제자를 만나는 데 앨린스키보다 운 좋은 사람은 거의 없었다. 앨린스키는 두 사람을 발견했다. 남자 한 명과 여자 한 명으로 구성된 두 제자는 앨린스키가 세상을 뜬 지 30년도 더 지난 시점에 자신이 바라던 모습으로 현재의 미국을 바꾸고자 한 앨린스키의 목표를 실제로 현실화할 예정이었다.

하와이 출신으로 케냐인 생부와 인도네시아인 계부를 둔 버락 오바마는 1980년대와 1990년대 시민단체 운동가로 일하기 위해 시카고로 돌아가기를 반복했다. 하버드 로스쿨이 간행하는 하버드 로리뷰(Harvard Law Review)의 편집장으로 활동한 오바마는 고소득을 보장하는 로펌으로부터 구애를 받았음에도 시카고에 있는 저소득 직업을 택했다. 시카고에서 오바마는 정치 경력을 쌓았다. 지역사회 조직가로 시작한 오바마는 일리노이 주 상원의원을 거쳐 일리노이 주 출신 연방 상원의원으로 활동하다 이후 대선 경쟁에 나섰다. 영화 〈아메리카〉에 싣기 위해 진행한 인터뷰에서 나는 오바마를 가까이에서 연구한 사회학자 스탠리 쿠르츠(Stanley Kurtz)에게 시카고에 아무 연고가 없던 오바마가 어째서 시카고로 계속해서 되돌아갔는지에 대해 물었다. 쿠르츠는 오바마가 앨린스키 추종자가 됐기 때문에, 그리고 앨린스키가 개발한 기법을 통달하고자 했기 때문에 시카고를 자신의 새로운 고향으로 삼았다고 대답했다. 물론 나도 시카고에서 오바마가 처음 선택한 직업이 앨린스키가 조직한 네트워크를 위한 일임을 알고 있었다. 오바마와 복잡하게 얽힌 인물들이 동료 시민단체 운동가에게 앨린스키 기법을 가르치는 그림이 그려진다. 그러나 쿠르츠는 오바마와 앨린스키 사이에 형성된 더 깊은 관계에 대해 기록했다. 쿠르츠는 심지어 오바마가 1990년대 중반을 지나는 동안 뉴파티(New Party)라고 불리는, 앨린스키가 만든 파생 조직 에이콘(ACORN)이 창설한 급진적인 정당에 가입했음을 발견했다.[4] 하지만 이 사실은 언론의 조명을 거의 받지 못했다. 오바마에게 상처를 입힐 수 있는 모든 정보가 언론의 조명을 거의 받지 못했던 맥락과 같다. 오바마는 회고록 『내 아버지로부터의 꿈』에서 아무 언급도 하지 않으며 자신이 앨린스키에게 진 빚을 숨겼다.

이전에 내가 다뤘듯이, 그리고 오바마 자신이 회고록에서 분명히 밝혔듯이 오바마는 자신의 아버지에게서 꿈을 물려받았다. 하지만 이야기는 거기서 끝나지 않는다. 케냐에서 겪은 버락 오바마 시니어의 경험에서 비롯하기는 했겠지만 반식민주의를 지향하는 오바마의 꿈은 하와이에서 체험한 일과 인도네시아에서 몇 년을 보내는 동안 오바마 자신이 겪은 어린 시절의 경험에서 더욱 큰 힘을 얻었다. 이후 청년 오바마는 컬럼비아대학교가 있는 뉴욕에서, 하버드대학교가 있는 보스턴에서, 그리고 앨린스키가 만든 다양한 조직이 있는 시카고에서 반식민주의 이데올로기에 관해 자세하게 배웠다. 오바마는 앨린스키에게서 급진주의 이데올로기를 정치권력으로 바꾸는 방법을, 다시 말해서 선거에서 승리를 거두고 고위 선출직으로 진출하는 방법을 익혔다. 오바마는 앨린스키 기법을 가르치는 교사가 될 만큼, 궁극적으로 앨린스키 기법을 이용해 자신을 백악관으로 보낼 만큼, 그리고 재선에 성공할 만큼 훌륭한 학생이었다. 앨린스키의 전기 작가 샌포드 호윗(Sanford Horwitt)은 미국 공영 라디오방송 NPR과 진행한 인터뷰에서 앨린스키가 오바마 대통령에게 미친 영향에 대해 설명하며 이렇게 말했다. "버락 오바마 대통령이 백악관에 있는 이유는 시카고 거리에서 진짜 공부를 했기 때문입니다."5)

이제 일종의 준비된 계획에 따라 오바마 대통령이 자신과 같은 앨린스키 추종자 힐러리 클린턴에게 배턴을 넘기려 한다. 1960년대 초 힐러리는 공화당 후보로 대선에 출마한 배리 골드워터(Barry Goldwater)를 지지하던 소녀였다. 힐러리는 고등학교 시절 소득 재분배에서 동성애자 권리까지 좌파 세력이 내세우는 대의명분을 널리 알리는 한 감리교 잡지를 소개한 교사 때문에 급진적인 성향을 띠게 됐다. 1965년 웰슬리대학교에 입학할 당시 힐러리는 열성적인 좌파였다. 하지만 힐러리는 1960년대에 사용된 전략이 유치하다는 사실을 깨달을 만큼 충분히 영리했다. 이것은 텐트 밖에 있는 사람들이 텐트 안을 자세히 들여다보게 만드는 전략이었다. 힐러리는 텐트 안에 머무르면서 밖을 바라보고자 했다. 힐러리는 고등학교 시절 솔 앨린스키와 만나기는 했으나 앨린스키를 웰슬리대학교에 연사로 초청하고 학부 졸업 논문 주제로 앨린스키를 선택하는 등 대학교에 진학한 뒤에 둘 사이의 관계를 새롭게 다졌다. 힐러리는 앨린스키를 급진적인 생각을 주류에 편입시킬 수 있는 권력에 관한 이론가로 생각했다. 흥미롭게도 힐러리가 영부인이 됐을 때 웰슬리대학교가 힐러리의 논문을 공개 목록에서 제외했다. 힐러리를 가르친 교수 중 한 명이 백악관으로부터 힐러리의 논문을 공개하지 말아 달라는 요청을 받았고 웰슬리대학교 측은 누구든 대통령이나 영부인이 쓴 졸업 논문은 공개 열람 대상이 돼서는 안 된다는 규칙을 적용해 적절히 대처했다 물론 이 규칙은 단일 사례에만, 즉 힐러리에게만 적용됐다

대학교를 졸업했을 때 힐러리는 앨린스키에게서 일자리를 제안받았다. 힐러리는 제안을 거절하고 로스쿨에 진학하기로 마음먹었다. 자서전인 『살아있는 역사(Living History)』에서 힐러리는 자신의 결정이 자신이 앨린스키와 '근본적으로 다른 의견'을 가졌기 때문에 생긴 일이라고 설명한다. 힐러리의 말을 빌리자면 이렇다. "앨린스키는 오로지 밖에서만

체제를 바꿀 수 있다고 생각했다. 하지만 나는 아니었다."6) 힐러리는 교육 과정을 완벽히 마치고 최상의 경력을 쌓아 권력 기관의 중심에 진출할 수 있기를 바랐다.

초창기 힐러리가 걸은 길은 선구자적인 페미니스트가 걸은 길이 아니었다. 힐러리는 워터게이트 사건을 조사하던 연방 하원 법제사법위원회(House Judiciary Committee)에서 잠시 자문 변호사로 활동했다. 하지만 지나치게 열성적인 전략을 펼친 탓에 위원회에서 축출되면서 힐러리의 경력이 끝나는 것처럼 보였다. 이때 빌 클린턴과 결혼한 힐러리는 남편을 따라 아칸소 주로 갔다. 이후 빌 클린턴이 아칸소 주 주지사로 선출됐다. 1992년 빌 클린턴이 대통령으로 당선되자 힐러리는 남편과 함께 백악관에 입성했다. 힐러리는 탄핵 시도가 진행되는 동안 존경스러울 정도로 자신을 절제하며 남편의 불륜을 견뎠고 남편을 지지했다. 빌 클린턴의 임기가 끝난 뒤 힐러리는 남편의 그늘에서 벗어나 독립적으로 자신의 정체성을 쌓아나갔다. 처음에는 연방 상원의원으로, 이후에는 국무장관으로 활동한 힐러리는 민주당 경선을 거쳐 2016년 백악관에 입성할 인물을 뽑는 선거에서 강력한 후보로 자리 잡았다. 힐러리가 대통령으로 선출된다면 앨린스키 추종자인 힐러리가 같은 앨린스키 추종자인 오바마의 후계자가 되는 것이며 앨린스키는 잇달아 선출된 두 미국 대통령을 키운 책임을 적어도 부분적으로는 져야 하는 셈이다.

2008년 민주당 대선 후보 선출 과정에서 두 앨린스키 추종자, 즉 최초의 아프리카계 미국인 출신 대통령이 되고자 했던 한 남성과 최초의 여성 대통령이 되고자 했던 영부인이 맞대결을 벌인 순간 앨린스키라는 이름을 단 기차가 실제로 구르기 시작했다. 결국 흑인 앨린스키 추종자가 여성 앨린스키 추종자에게 패배를 안겼다. 부분적으로는 미국에서 인종에 관한 정치가 성에 관한 정치를 이겼기 때문이었다.

일부 미국인들은 자신이 2016년 대선에서 힐러리 클린턴에게 표를 던지면 빌 클린턴도 따라올 것이라 생각한다. 가끔씩 우리는 '빌러리(Bil-lary, 남편인 빌 클린턴 전 대통령과 힐러리를 함께 지칭하는 말-옮긴이)'가 다시 정권을 잡으면 얼마나 좋을지에 대해 이야기하는 소리를 듣는다. 심지어 보수주의 진영에서조차 이런 가능성을 즐기는 사람들이 있다. 이들은 오바마는 전혀 속을 보여주지 않는 인물이고 빌은 영리하기 때문이라고 말한다. 하지만 여기서 오바마와 (빌이 아닌) 힐러리가 마지막으로 웃는 사람이 되는 경우를 생각해보자. 물론 빌 클린턴은 백악관 중독자고 백악관에 있는 대통령 집무실에 드나들기를, 대통령 주최 만찬회에서 외국 지도자들과 어울리기를, 백악관의 거만한 논평을 발표하기를 바란다. 클린턴이 이렇게 할 수 있는 유일한 길은 아내가 대통령으로 선출되도록 돕는 일뿐이다.

자신의 목적을 위해 빌 클린턴은 오바마에 대한 의구심을 떨쳐버렸다. 빌 클린턴은 오랫동안 오바마가 민주당 출신 대통령이 될 만한 자격이 없는 가벼운 인물이라고 생각했다. 2008년 빌 클린턴은 연방 상원의원 테드 케네디(Ted Kennedy)에게 오바마가 내세울 수 있는 경력이라고는 흑인이라는 점과 '몇 년 전 이 친구가 우리에게 커피를 대접했다는 사실'뿐이라고 말했다.[7] 클린턴이 자신의 시각을 근본적으로 바꿨음을 알리는 증거는 없다. 그럼에도 불구하고 클린턴은 오바마가 재선할 수 있도록 부지런히 선거 운동을 펼쳤다. 어째서 그랬을까? 4년 뒤, 다시 대선에 출마하지 못하는 그때, 오바마가 호의에 보답해 조 바이든

(Joe Biden, 미국 부통령)이나 다른 누군가가 아닌 힐러리가 자신의 뒤를 이을 인물이 되는 데 동의할 것이라 확신했기 때문이다. 클린턴은 힐러리에게 자신만의 계획이 있음을 깨닫지 못한 것처럼 보인다. 클린턴은 백악관에 재입성하는, 그리고 사람들이 다시 자신의 말에 귀 기울이는 즐거움을 얻고자 하지만 오바마 대통령과 힐러리는 진보주의자들이 권력을 장악하고 미국을 바꿀 수 있도록 앨린스키가 고안한 계획을 실행에 옮기고자 한다.

청년 시절 앨린스키는 대공황이라는 힘겨운 시기를 경험했다. 앨린스키는 자신이 자본주의의 실패라고, 한층 더 나아가 자본주의의 부당함이라고 생각한 모습을 보았다. 많은 미국인이 저금한 돈이 증발하고 일자리가 사라지는 광경을 목격했다. 노조 조직책으로 활동하던 시절 앨린스키는 공장 노동자들이 사는 빈민가에서, 주로 시카고에 있는 이민자 공동체에서 '인민을 위한 조직'을 결성했다. 앨린스키는 사회주의자로 변신했다. 앨린스키는 1946년 발표한 책 『급진주의자를 위한 기상나팔(Reveille for Radicals)』에서 자신이 사회주의 신념을 품었음을 고백했다. 앨린스키는 자신과 같은 사회주의자들은 "자유방임주의, 자본주의라는 정글에서 벗어나 한발 더 나아가고자 한다. 사회주의자는 모든 사람이 생산 수단을 소유하는 미래를 꿈꾼다."[8]고 말했다.

그러나 앨린스키가 진짜 영향력을 발휘한 부분은 이데올로기와 관련된 부분이 아니라 전략과 관련된 부분이었다. 앨린스키는 '혁명에 관한 과학'이라고 이름 붙인 이론을 발전시켰다. 두 번째 책인 『급진주의자를 위한 규칙』에서 완벽하게 설명된 이론이다. 『급진주의자를 위한 규칙』은 앨린스키가 세상을 뜨기 한 해 전인 1971년까지 출간되지 않았다. 그러나 앨린스키는 책을 발표하기 훨씬 이전부터 자신의 가르침을 실행에 옮겼다. 1960년대가 다가올 무렵 앨린스키는 중년이었다. 정확히 말해 앨린스키는 1960년대가 낳은 인물이 아니었다. 앨린스키는 인권운동을 지지했으나 인권운동과 밀접한 관계를 맺지는 않았다. 앨린스키는 베트남 전쟁에 반대했으나 반전 이데올로기는 앨린스키를 움직이는 대의명분이 아니었다. 앨린스키는 전통적인 도덕률을 깨뜨리려는 1960년대 급진주의자들의 시도에 동조했으나 이와 동시에 급진주의자들을 나약하고 무지하고 미숙하고 무능한, 더 나은 행동 계획이 절실히 필요한, '제각기 떨어져서 행동하는 사상가 무리'라고 생각했다. 1960년대에 활동한 운동가들은 앨린스키가 아니라 자신이 혁명적인 사고로 무장한 선구자라고 생각했다. 하지만 자신이 만든 조직이 붕괴되고 자신이 수립한 전략이 실패하자 운동가 중 많은 이가 조언을 구하기 위해 앨린스키에게로 고개를 돌렸다.

『급진주의자를 위한 규칙』은 민주사회를 위한 학생연합이나 빌 에어즈가 창설한 웨더언더그라운드 출신 운동가를 포함해 앨린스키가 급진파 학생 운동가들과 맺은 밀접한 관계에서 영향을 받았다. 앨린스키는 아무것도 이루지 못하고 결국 폭력적으로 변한 '우스꽝스러운 좌파'를 대표한다며 웨더언더그라운드를 경멸했다. 앨린스키는 폭력을 이용하는 혁명은 괴물이며 미국 안에서 달성할 수 있는 혁명은 '평화로운 혁명'이라고 주장했다. 평화로운 혁명을 이룩하려면 조직화한 집단과 사회에 영향력을 행사할 수 있는 유력 인사가 합의에 도달해야 한다. 앨린스키는 민주사회를 위한 학생연합에 대해서도 깊은 인상을 받지 못했다. 이들을 장난삼아 혁명가가 된 중산층 출신 학생들이 모인 집단으

로 생각했기 때문이었다. 앨린스키는 민주사회를 위한 학생연합에 '룸
펠슈틸츠헨(Rumpelstiltskin, 농부의 딸이 왕비가 되도록 도와주고 대가를 요구하다 왕비가 이
름을 맞추자 화가 나 죽은 난쟁이-옮긴이)식 정치'[9]를 실천하는 단체라는 별칭을
붙이고 발을 구르며 정치적으로 '떼를 쓰는' 이들의 행위를 거부했다.
결국 이들은 모두 무능했고 진정한 변화를 가져오는 방법에 대해 알지
못했다.

앨린스키는 급진주의자를 두 가지 종류로 나눌 수 있다고 주장했다.
앨린스키는 '말만 앞서는 급진주의자'라고 부른 무리와 '행동하는 급진
주의자'를 대조했다. 말만 앞서는 급진주의자는 말하기를 좋아한다. 분
노는 이들이 갖춘 덕목을 판단하는 기준이다. 말만 앞서는 급진주의자
는 마르크스주의나 레닌주의가 내건 슬로건을 이용해 번드르르하게 말
을 늘어놓는다. 하지만 이들이 거두는 성과는 그다지 많지 않다. 앨린스
키는 이렇게 썼다. "나는 뜨거운 분노를 차가운 분노로 식히는 방법을
배웠다." 차가운 분노는 신중함과 경험을 바탕으로 한다. 두 가지 모두
'내 행동을 훨씬 더 계획적이고 목표 지향적이며 효과적이고 신중하게
바꾸는' 요인이다. 앨린스키는 사회 체제를 바꾸는 작업이 어렵기 때문
에 급진주의자에게는 일종의 청교도적 감성인 인내심과 훈련이 필요함
을 깨달았다.

앨린스키는 급진주의자가 어떤 사람인지 정확히 인식하는 데서 출발
했다. 아무리 희생자인 척 과장된 어조로 자신을 설명하더라도 급진주
의자는 사회적으로나 경제적으로 혜택을 받지 못하는 노동자 계급이거
나 억압당하는 소수가 아니다. 이들은 중산층 출신으로 충분히 교육 받
은 사람이다. "극히 일부를 제외하고는 사회 운동가와 급진주의자들은

중산층으로 태어나 중산층에 반대하는 세력이다." 앨린스키는 중산층이 추구하는 가치를 파괴한다는 급진주의자들의 목표에 동의했다. "모든 저항 세력은 자신이 속한 사회에서 영향력을 발휘하는 요소를 공격해야 한다. 지금까지 급진주의자들은 중산층이 추구하는 가치와 생활 방식을 모욕하고 거부했다. 이들은 중산층에게 물질만능주의를 따르고 도덕적으로 타락한 부르주아이자 비인간적이고 부패한 제국주의자이며 전쟁광이라는 낙인을 찍었다. 이들은 옳았다." 이와 동시에 앨린스키는 1960년대 급진주의자들이 사용한 전략에 이의를 제기했다. 이들은 습관적으로 경찰을 '돼지'로, 노동자 계급을 '인종차별주의자'로, 전통적인 가치를 '고지식한 관습'으로 불렀다. 앨린스키는 이렇게 지적했다. "변화를 위한 힘을 축적하고자 한다면 자신이 있는 곳에서부터 시작해야 한다. 권력과 사람은 다수를 차지하는 거대한 중산층에 존재한다. 따라서 급진주의자가 자신의 과거를 잊으려함은 이기적이고 쓸모없는 행동이다. 자신에게 면죄부를 주는 대신 중산층 생활을 겪으며 쌓은 대단히 귀중한 경험을 활용해야 한다. 이제 급진주의자는 거부라는 감정적이고 유치한 행동을 하는 대신 한 번도 사용한 적 없는 관점에 따라 중산층의 생활 방식을 분석하고 검토할 것이다. '고지식함'이 흔히 말하는 무시할 만한 그런 태도가 더는 아님을 깨달을 것이다. 오히려 사람들이 행동에 나서기 시작할 만큼 충분히 '고지식'하게 접근해야 한다. 급진주의자는 강력하게 반발하는 대신 소통하고 통합하기 위한 다리를 놓는 방법을 모색할 것이다. 급진주의자는 세심하고 전략적인 시선으로 무례하거나 공격적이거나 모욕적이거나 불경한 행동에 대해 강박 관념을 느끼는 중산층의 태도 속에 숨은 본질이 무엇인지 살필 것이다. 중산층

일원을 급진주의자로 바꾸기 위해서는 이 모든 과정을 그리고 더 많은 과정을 완벽히 이해하고 사용해야 한다."10)

가장 중요한 문제는 전통적으로 중산층에 속한 사람들은 급진적으로 바뀌기를 원하지 않는다는 사실이다. 중산층은 자신이 사는 나라의 기반을 무너뜨리려 하지 않는다. 중산층은 전쟁에서 지기보다는 차라리 전쟁에 이기고자하는 애국자다. 중산층은 반대편에 서서 싸우는 사람들이 좋은 사람일 것이라고 생각하지 않는다. 중산층은 자본주의를 좋아하고 그저 자본주의 체제 안에서 성공하기를 원한다. 중산층은 법과 질서를 믿고 법과 질서를 지키도록 경찰을 지지한다. 중산층은 가장 과시욕이 강한 히피들이 하는, 공공장소에서 성관계를 맺고 볼일을 보는 행동에 열광하지 않는다. 중산층은 항상 전통적인 가치에 부끄럽지 않게 살지는 않지만 이런 가치를 옹호한다. 앨린스키는 중산층이 서로에게 등을 돌리게 만들어 스스로 중산층을 무너뜨리는 도구가 되도록 함이 급진주의자가 해야 할 일임을 깨달았다. 쉽지 않은 일이 될 터였다.

그렇다면 앨린스키는 어떻게 승리 전략을 알아냈을까? 앨린스키는 『군주론(The Prince)』의 저자이자 정치 철학자 마키아벨리(Niccolò Machiavelli)에게서 해답을 얻었다고 말한다. 앨린스키는 이렇게 적었다. "『군주론』은 마키아벨리가 가진 자들이 권력을 차지하는 방법에 관해 쓴 책이다. 『급진주의자를 위한 규칙』은 가진 것 없는 자들이 권력을 빼앗아오는 방법에 관해 쓴 책이다." 하지만 나는 현실 정치에 관한 몇 가지 격언을 제외하고는 『급진주의자를 위한 규칙』에 실제로 마키아벨리의 책에서 이끌어 낸 요소가 거의 없음을 확인하고 깜짝 놀랐다. 나는 앨린스키가 마키아벨리를 언급한 목적이 사람들의 주의를 다른 곳으로 돌리기 위함이 아닌지 의심하기 시작했다. 만약 그렇다면 앨린스키는 진정으로 권모술수에 능한 사람일 것이다. 나는 좌절감을 느끼며 닥치는 대로 앨린스키가 쓴 책을 넘기기 시작했다. 그러다가 우연히 헌정사를 쓴 페이지를 보았다. 그곳에서 나는 미국 출판 역사상 아마도 가장 이상할 헌정사를 읽었다.

  미국에서 출판된 책은 대부분 가족이나 친구 같은 사랑하는 사람들에게나 자신에게 영향을 미친 멘토에게 헌정된다. 상당히 흥미롭게도 앨린스키는 자신의 책을 악마에게 바쳤다. 농담이 아니다. 『급진주의자를 위한 규칙』은 실제로 루시퍼에게 헌정됐다. 앨린스키는 루시퍼를 가리켜 '지배 계급에게 저항해 적어도 자신만의 왕국을 쟁취하는 대단히 효과적인 성공을 거둔, 인간이 알고 있는 최초의 급진주의자'라고 부른다. 이 말은 그 자체만으로도 주목할 만하다. 하지만 그동안 사람들의 주의를 거의 끌지 못했다. 헌정사를 접한 진보주의자는 처음에는 깜짝 놀랐다가 이내 눈동자를 굴리며 피곤한 목소리로 "아이고 맙소사!"라고 말하고는 헌정사를 무시하기 마련이다. 그러나 이런 태도는 지능적인 무관심이다. 앨린스키는 자신의 선택에 대해 진지한 태도를 보였다. 실제로 1972년 「플레이보이(Playboy)」와 한 인터뷰에서 앨린스키는 같은 주제로 되돌아왔다. 인터뷰에서 앨린스키는 이렇게 말했다. "만약 사후세계가 존재하고 누군가 제게 사후세계에 관해 무슨 말이라도 하라고 한다면 저는 조금도 거리낌 없이 지옥으로 가는 쪽을 선택할 것이라고 말하겠습니다." 기자가 어째서 그렇게 이야기하는지 이유를 묻자 앨린스키는 이렇게 대답했다. "제게는 지옥이 천국일 것입니다. 제가 지옥에 간다면 저는 그곳에 있는 가진 것 없는 자들을 모아 조직을 만들기 시작할 것입니다. 이들은 저와 같은 종류의 사람들이니까요."11)

다시 루시퍼에게 헌정된 헌정사로 돌아오자. 앨린스키가 이렇게 한 이유는 무엇일까? 앨린스키는 무신론자였다. 따라서 실제 사탄이 있다고 믿지 않았다. 하지만 앨린스키는 사탄을 가리켜 '최초의 급진주의자'라고 불렀다. 『급진주의자를 위한 기상나팔』과 『급진주의자를 위한 규칙』이라고 불리는 책을 쓴 급진주의자는 분명 최초의 급진주의자에게서 많은 가르침을 얻었을 것이다. 나는 해답에 관한 실마리를 얻기 위해 루시퍼를 주제로 삼아 세계 최고의 밀턴(John Milton) 연구자 중 한 명인 스탠리 피시(Stanley Fish)와 인터뷰를 진행했다. 밀턴이 쓴 『실낙원(Paradise Lost)』 속에서, 더 넓게는 서양 문화 속에서 루시퍼가 등장하기 때문이었다. 나는 피시에게 신에게 대항하기 위해 루시퍼가 사용한 전략에 대해 자세히 설명해 달라고 요청했다.

피시는 루시퍼의 전략을 간략하게 네 가지로 정리했다. 첫째는 대립이다. 사탄은 신과 심각한 불화를 겪는다. 사탄은 신과 화해할 길을 모색하지 않고 신과 대립한다. 사탄은 신에게 맞서 전쟁을 선언한다. 밀턴의 책에 등장하는 사탄의 말처럼 "그러니 전쟁을 공공연히 할지 비밀리에 할지 결정해야 한다." 둘째는 (상당히 역설적이게도 루시퍼가 시작한) 악마화다. 믿기 어렵겠지만 사탄이 신을 악마로 취급한다. 어떻게 이런 일이 가능할까? 사탄은 신을 폭군으로, 즉 '지배 계층'을 상징하는 존재로 만든다. 그 결과 사탄은 저항 세력과 반문화의 옹호자로 변신한다. 사탄은 '천국의 폭정'에 맞서 전쟁을 벌인다고 주장한다. 셋째는 조직이다. 사탄은 시기하는 무리를 동원한다. 사탄은 우선 신에게 반란을 일으키도록 타락천사를 자극한 바로 그 마음에 의존한다. 사탄은 신에 대한 시기를 엄청난 동기 부여 요인으로 생각한다. 사탄은 시기를 이용해 신에게 불만을 품은 다른 천사들에게 호소한다. 이렇게 하기 위해 사탄이 구사한 전략은 무엇일까? 사탄은 지역사회 조직가였다. 우리는 『실낙원』 앞부분에서 사탄이 반란을 일으킨 천사들을 모아 연합체를 구성하고, 자신과 함께 신과 신의 특별한 창조물인 인간에 맞서 사악한 전쟁을 벌이자고 천사들을 자극하는 모습을 본다. 사탄의 주장대로 '위대한 창조주를 괴롭히기 위해' 착수한 사업이다.

마지막은 기만 혹은 사탄이 이름 붙인 '은밀한 간계'다. 사탄은 힘으로는 신을 이기지 못함을 잘 안다. 사탄은 교활한 술책이나 속임수에 의존해야 한다. 에덴동산에서 이브에게 접근한 순간부터 사탄은 속임수에 기댄다. 사탄은 자신의 모습으로 등장하지 않는다. 약삭빠른 뱀으로 등장한다. 사탄의 화법은 음흉하다. 사탄은 이브가 사탄을 자신의 편으로 생각하도록 만들지만 사탄이 원하는 바는 이브의 파멸이다. 사탄은 이런 속임수가 나쁘다고 생각하지 않는다. 자신은 이미 신이 만든 도덕적 질서를 부인했기 때문이다. 그 결과 사탄은 도덕률에 얽매이지 않는다. "악이여, 그대 내 선이 돼라." 사탄의 전략이 현대 정치와 동떨어진 존재처럼 보일지도 모르겠지만 앞으로 우리는 앨린스키가 사탄의 전략을 얼마나 충분히 활용했는지 확인하게 될 것이다. 실제로 사탄이 전략은 앨린스키가 구상한 전략의 주춧돌이 됐다. 마틴 루서 킹(Martin Luther King)은 꿈을 꾸었다. 앨린스키는 계획을 발전시켰다. 그리고 그 계획을 루시퍼에게서 얻었다.

어떤 사람은 "시대에 맞춰 윤리적인 기준이 탄력적으로 조정돼야 한다."는 앨린스키의 주장 속에서 루시퍼가 미친 영향을 알아챌 수 있을 것이다. 앨린스키는 세상을 더 나은 방향으로 발전시킬 마음이 없는 사람들은 도덕과 윤리에 만족한다고 적었다. 그러나 세상을 개선하고자 하는 사람들은 항상 목표를 위해 수단을 정당화한다. 앨린스키는 이렇게 썼다. "행동에 나설 때 어느 누구도 개인의 양심과 인간의 행복을 모두 만족시키는 결정을 내리는 호사를 늘 누리지는 못한다. 선택은 언제나 후자가 돼야 한다." 이 말은 앨린스키가 도덕과 양심에 대한 호소를 멀리했다는 의미가 아니다. 앨린스키는 도덕과 양심에 호소했다. 하지만 전략적으로 효과가 있다고 판명됐을 때만 그렇게 했을 뿐이다. 앨린스키에게 도덕이란 자신에게 어울릴 때 운동가가 걸치는 망토였다. 앨린스키가 지킨 도덕률 중 한 가지가 바로 "내 능력으로 할 수 있는 일을 하되 내가 하는 일에 도덕적 논거라는 옷을 장만해 입혀라."[12]였다.

　1960년대 운동가들이 흐트러진 옷차림에 머리를 길게 기르고 악취를 풍기며 앨린스키를 만나러 왔을 때 앨린스키는 이렇게 말했다. "당신이 괴짜일 수는 있다. 하지만 사람들에게 당신이 괴짜라는 인상을 주어서는 안 된다. 당신이 혁명가일 수는 있다. 하지만 혁명가처럼 옷을 입거나 혁명가처럼 행동하거나 혁명가라는 냄새를 풍겨서는 안 된다. 목욕을 해라. 냄새 제거제를 사용해라. 머리를 잘라라. 마치 그래야 하는 것처럼 넥타이를 매고 옷을 단정하게 입어라. 외설스러운 말투를 사용하지 마라. 경찰을 '돼지'라고 부르지도, 미국 군인을 '파시스트'라고 부르지도 마라. 중산층의 취향에 관심이 있는 척 해라. 다시 말해서 당신이 증오하는 사람들처럼 행동해라. 중산층의 언어를, 심지어 중산층만 사용하는 구어와 속어까지도 사용해라. 그렇게 하면서 거대 기업과 군대와 권력 구조에 대해 중산층이 점점 분노를 느끼도록 창조적이고 부도덕하기까지 한 방법으로 일해라. 거짓말하는 데 주저하지 마라. 하지만 반드시 사람들이 쉽게 알아차리지 못하게 해야 한다. 절대 실현되지 못할 약속을 해 사람들에게 특권 의식을 심어라. 그러고 나서 실현되지 않는 약속으로 인해 생기는 좌절감을 사람들을 집결시켜 행동에 나서게 만드는 도구로 사용해라." 이 전략은 다음과 같은 말로 요약될 수 있다. '대립, 악마화, 조직 그리고 기만'이다. 다시 말해 루시퍼가 사용한 전략이다. 앨린스키는 이 과정을 통해 다수를 차지하는 백인 중산층의 힘을 백인 중산층의 가치와 이해관계를 약화시키는 일에까지 활용할 수 있다고 말했다.

급진주의자들은 대부분 앨린스키의 말에 귀를 기울이지 않았다. 오늘날까지도 우리는 1960년대 활동한 전임자들과 똑같이 흐트러진 옷차림에 꾀죄죄한 모습을 하고 주차장을 점령한 채 체제에 대해 저주를 퍼붓는 '월스트리트를 점령하라(Occupy Wall Street)' 같은 유형의 시위를 볼 수 있다. 그러나 말쑥하게, 심지어 '고지식하게' 보이라는 앨린스키의 충고가 얼마나 가치 있는지 깨달은 급진주의자가 있었으니 바로 힐러리 클린턴이었다. 힐러리가 앨린스키의 충고를 머릿속 깊숙이 받아들인 뒤 겉으로 드러나게 하기까지는 몇 년이 걸렸다. 젊은 시절 힐러리의 모습을 담은 사진이나 동영상을 보면 힐러리가 히피처럼 말하고 히피처럼 꾸미고 다녔음을 알 수 있다. 그러나 시간이 흐른 뒤 힐러리가 품위 있는 중산층 어머니처럼 옷을 입고 또박또박하면서 절제된 목소리로 말하기 시작했다. 젊은 시절 버락 오바마도 마찬가지였다. 오바마는 약간 불량배처럼 보였다. 오바마의 말을 빌리자면 그 자신은 트레이번 마틴

(Trayvon Martin, 2012년 플로리다 주에서 백인에게 살해된 흑인 소년. 마틴의 죽음으로 미국이 인

종차별 논란에 휩싸였다-옮긴이)이 될 수 있었다. 그러나 시간이 흐른 뒤 오바마는 흠 잡을 데 없이 깔끔하게 옷을 입고 다니기 시작했으며 심지어 목소리를 조절하는 훈련까지 받았다. 오바마는 "내가 동사를 활용해가며 전형적인 미국 중서부 출신 뉴스 진행자처럼 말한다는 사실이 내가 백인 청중과 원활하게 의사소통할 수 있도록 도와준다는 데는 의심할 여지가 없습니다. 그리고 흑인 청중과 이야기할 때면 내가 약간 다른 말투로 재빨리 갈아탄다는 사실도 마찬가지입니다."13)고 인정한다.

힐러리와 오바마는 모두 순수하게 이타심 때문에 자극받은 것처럼 행동하는 동시에 공격적으로 권력을 추구해야 한다는 앨린스키의 가르침을 배운 사람들이었다. 두 사람은 어떻게 앨린스키의 가르침을 실천할까? 두 사람은 돈에 대한 비난을 자신의 사회생활을 이끄는 원동력으로 삼고 자신이 돈 때문에 움직이지 않음을 대중에게 과시하는 방법으로 가르침을 현실화했다. 힐러리가 예일 로스쿨 출신임에도 빌 클린턴을 따라 순순히 아칸소 주로 내려가고 클린턴이 섹스 스캔들에 휩싸인 동안 '충실한 아내'의 모습을 보여주었다는 데 주목하자. 힐러리는 고소득을 올리는 법률가의 길을 따른 적이 없었다. 이는 오바마에게도 해당되는 사실이다. 오바마는 많은 돈을 주겠다며 자신을 유혹하는 대형 로펌의 제안을 뿌리치고 그 대신 지역사회 조직가로 활동하는 쪽을 선택했다. 사람들의 마음에 놀라움과 감탄을 가득 불어넣는 결정이다(앨린스키는 이 점을 잘 알았다). 하지만 사람들은 힐러리와 오바마가 자신의 입신양명만을 좇는 탐욕스러운 사람만큼이나 스스로 동기를 부여할 수 있는 야심만만한 인물임을 깨닫지 못한다. 힐러리 및 오바마와 입신양명주의자의 차이는 두 사람은 개인의 부 대신 권력을 좇는다는 점뿐이다.

두 사람은 권력을 이용해 사회에서 일어나는 일들을 지휘할 수 있다. 그리고 적절한 시기가 되면 권력자의 자리는 쉽게 개인의 부로 전환될 수 있다.

더욱 중요한 사실은 힐러리와 오바마 모두 주류에 속하지 않았을 때조차 주류처럼 말하라는 앨린스키의 전략적인 충고를 받아들였다는 점이다. 뉴욕에서 연방 상원의원 후보로 출마해 선거 운동을 벌였을 때부터 힐러리는 온건한 말투로 이야기해왔다. 언론이 붙인 별명처럼 '새로운 힐러리'의 모습이었다. 미국인 대부분이 새로운 힐러리에 속아넘어갔다. 이들은 힐러리가 '고지식하게' 옷을 입고 '고지식하게' 말하기 때문에 '고지식하게' 생각할 것임이 틀림없다고 믿는다. 오바마 대통령에 대해서도 똑같이 생각한다. 힐러리와 마찬가지로 오바마도 개인적으로 엄청나게 훈련을 쌓은 모습을 보여준다. 오바마는 완전히 다른 일을 하면서도 미국인에게 이들이 보고자 하는 모습을 보여주고 듣고자 하는 이야기를 들려주는 데 통달한 인물이다. 오바마는 급진적인 정책을 추구하지만 주류의 목소리를 낸 사람들이 자신에게 자신의 실제 모습이 아닌 다른 모습을 투영하도록 유도한다. 대통령 자신의 말을 빌리자면 "나는 정치적으로 엄청나게 다양한 유형에 속하는 사람들이 자신만의 관점을 비추는 검은 스크린 역할을 한다."14) 루시퍼가 옳았다. 겉으로 드러나는 모습은 손쉽게 실제 모습을 대체한다. 우리의 두 앨린스키 추종자가 미국 중산층의 구미에 맞게 자신을 바꾸고 힐러리와 오바마가 중산층이 추구하는 가치에 대해 얼마나 강한 반감을 품었는지를 오늘날까지 사람들이 알지 못하게 만든 방법이다.

힐러리 클린턴이 2016년 대선에서 대통령으로 선출된다면 한 앨린스키 추종자에게서 다른 앨린스키 추종자에게로 배턴이 넘어가는 셈이다. 이 경우 앨린스키의 영향력이 거의 상상하지 못할 만큼 엄청나게 커지고 중요해질 것이다. 오바마는 미국을 다시 만들기 위해 8년이라는 시간을 확보했다. 이제 힐러리가 미국 재건이라는 과업을 완성하기 위한 또 다른 4년, 어쩌면 8년을 확보할 가능성이 있다. 두 사람에게는 미국 건국 당시 추구한 이상을 대부분 무로 되돌릴 기회가 있다. 두 사람에게는 미국을 파괴하고 다시 건설하기 위한 힘과 시간이 있다. 두 사람에게 미국의 자살에 대한 책임은 없을지도 모르지만 두 사람은 분명 미국 안에서 특정한 생활 방식을 끝내는 데 힘을 보탤 것이며 미국인에게 워싱턴이나 제퍼슨뿐만 아니라 20세기에 성장기를 보낸 미국인조차 알아보지 못하는 나라를 남길 것이다. 두 사람이 성공한다면 아무것도 되돌리지 못할지도 모른다. 그렇게 되면 미국은 우리의 미국이 아니라 급진주의자의 미국이 될 것이며 우리는 나라를 잃고 되돌아갈 곳이 없는 사람이 될 것이다.

# 제6장

—

# 아메리카 인디언이 진 짐

처음에 미국이
잘못된 길로 가지 않게 하라.

– 크리스토퍼 뉴포트(Christopher Newport), 『신세계(The New World)』

러시모어 산(미국의 위대한 대통령 4명의 두상이 조각된 러시모어 국립공원이 있는 산-옮긴이)을 없애고자 했던 한 여성을 보러 가는 도중에 만난 산을 오르는 길은 구불구불하고 가팔랐다. 그 여성은 아메리카 인디언 출신 운동가이자 수족(Sioux 族)의 지도자였다. 인터뷰를 진행할 장소로 향해 가는 동안(이 인터뷰는 영화 〈미국〉에 실렸다) 나는 콜럼버스(Christopher Columbus)의 아메리카 대륙 상륙이 세상을 얼마나 많이 바꿨는지에 대해 생각했다. 만약 아메리카 대륙이 없었고 콜럼버스가 계속 전진했다면 어떤 일이 벌어졌을까. 콜럼버스는 자신이 가고자 한 목적지(바로 인도였다!)에 도착했을지도 모른다. 그러면 역사는 약간 바뀌었을 것이다. 하지만 아주 약간일 뿐이다. 왜냐하면 인도에는 이미 오래전부터 확고하게 기반을 다진 문명이 존재했기 때문이다. 콜럼버스는 기껏해야 무역 기지를 하나 더 건설하는 데 그쳤을 것이다. 이와 반대로 아메리카 대륙 상륙은 점령하고 이주할 뿐만 아니라 새로운 나라, 즉 미국을 건설할 새로운 대륙을 유럽인에게 개방한 사건이었다.

　오늘날 학교에서 진보주의자들은 콜럼버스가 아메리카 대륙을 '발견'하지 않았음을 강조한다. 콜럼버스는 최초의 발견자가 되지 못했다. 이미 이곳에 사람들이 존재했기 때문이다. 이들은 더 정확히 말해 콜럼버스가 아메리카 대륙을 '정복'했다고 이야기한다. 그렇다. 이 장에서는 정복에 관한 문제를 다룰 예정이다. 하지만 먼저 '발견'이냐 아니냐는 질문에 관한 고민에서 출발하자. 따지기 좋아하는 진보주의자 중에서 이곳 아메리카 대륙에 상륙한 사람들이 유럽인이고 유럽 해안에 상륙한 사람들이 아메리카 대륙에서 온 원주민이 아니라는 사실이 얼마나 중요한지에 대해 깊이 생각하는 사람은 거의 없다. 아메리카 인디언이 유럽을 정복하고 템스 강과 센 강을 거슬러 올라갈 수 있었는데도 그렇게 하지 않았던 것일까? 당연히 할 수 있었다면 했을 것이다. 하지만 하지 않았다. 하지 못했기 때문이다. 어째서 사건이 일어난 대로 일어났는지는 생각할 가치가 있는 질문이다.

　우리는 사우스다코타 주 남서부 블랙힐스 지역에 있었다. 바위에 조각된 조지 워싱턴과 토머스 제퍼슨, 에이브러햄 링컨, 시어도어 루스벨트의 거대한 얼굴이 산 밖으로 갑자기 튀어나오는 장소다. 이상하게 흥분되는 광경이다. 내게는 훨씬 더 특별하게 보였다. 헬리콥터를 타고 하늘에서 러시모어 산을 구경하는 도중 거의 얼굴이 맞닿을 정도로 네 대통령의 두상 조각에 가까이 다가갔기 때문이었다. 러시모어 산은 방문객에게 인기를 누리는 관광명소다. 마을은 카우보이모자와 가죽으로 만든 권총집, 그리고 거친 서부에서 사는 데 필요한 온갖 물품을 파는 일종의 '시장'으로 바뀌었다. 낮에는 총격전이 연출되다가 저녁이 되면 술

집에서 맥주가 흘러넘치고 컨트리송 가수가 "루실, 아주 때를 잘 맞춰 나를 버리는군." [케니 로저스(Kenny Rogers)가 부른 '루실(Lucille)'에 나오는 가사-옮긴이] 같은 예전에 발표된 노래를 부른다.

샤메인 화이트 페이스(Charmaine White Face)는 수족 인디언이자 전미수족협회의 대변인이다. 화이트 페이스는 러시모어 산을 증오하며 러시모어 산이 사라지는 모습을 보고 싶어 한다. 화이트 페이스가 체구가 작고 심지어 약간 연약해 보이는 여성인 까닭에 나는 화이트 페이스가 폭탄을 터뜨려 러시모어 산을 날려버리는 모습을 상상하기가 어려웠다. 화이트 페이스는 자신은 그런 식으로 러시모어 산을 없애지 않을 것이지만 기쁜 마음으로 도화선에 불을 붙일 다른 아메리카 인디언이 존재할지도 모른다고 말했다. 화이트 페이스는 러시모어 산을 관리하지 않는 쪽을 선호한다. 화이트 페이스는 기념물은 끊임없이 보수해야 한다는 점을 지적하고 그저 러시모어 산을 내버려두면 된다고 말한다. 그렇게 되면 자연이 알아서 할 것이다. 풍화가 일어나 처음에는 상징적인 네 인물의 얼굴을 알아보기 어렵게 만들다가 마지막에는 산에서 사라지게 할 것이다. 화이트 페이스에게 네 사람은 억압과 정복, 집단학살을 상징하는 얼굴이다.

집단하살은 강력한 단어다. 대규모로 사람이 목숨을 빼앗는 행위뿐만 아니라 종족 전체를 쓸어버리려는 욕망을 암시한다. 화이트 페이스는 집단학살이 일어났다고 믿으며, 사건의 발단이 콜럼버스의 상륙과 백인의 아메리카 대륙 이주까지 거슬러 올라간다고 믿는다. 화이트 페이스 혼자만의 생각이 아니다. 아메리카 인디언 출신 배우이자 인권운동가 러셀 민즈(Russell Means)는 이렇게 말했다. "콜럼버스를 보면 히틀러는 비행 청소년처럼 보인다." 인디언 출신 저술가 위노나 라듀크(Winona LaDuke)는 '500년 전 불행한 운명을 가져온 콜럼버스의 항해로 시작된 생물학적이고 기술적이며 생태학적인 침입'을 개탄한다. 불가리아 출신 프랑스 철학자 츠베탕 토도로프(Tzvetan Todorov)는 '인류 역사상 가장 거대한 집단학살'을 저질렀다는 이유로 콜럼버스와 다른 유럽인 침략자들을 비난한다. 역사학자 글렌 모리스(Glenn Morris)는 콜럼버스가 '살인자이자 강간범이며 오늘날까지 계속되는 집단학살 정책의 설계자'라고 고발한다. 문학평론가 스티븐 그린블랫(Stephen Greenblatt)은 콜럼버스가 "서양 역사에서 가장 큰 규모로 진행된 정치적 · 경제적 · 문화적 흡수 · 합병에 관한 실험을 개시했다."[1]고 주장한다. 아메리카 인디언의 비난은 이렇게 요약될 수 있다. 백인들이 조직적으로 우리를 몰살한 뒤 우리나라를 빼앗았다.

화이트 페이스는 이 나라가 원래대로 되돌아가기를 바란다. 구체적으로 말하자면 블랙힐스가 수족의 품으로 돌아가기를 바란다. 블랙힐스는 미국 정부가 조약 준수 의무를 위반하고 수족에게서 빼앗기 전까지 수족이 차지했던 땅이다. 이에 관해 소송이 제기됐다. 수족의 주장은 타당해 보인다. 1868년 체결된 라라미 조약(Treaty of Fort Laramie)은 블랙힐스가 '인디언이 어느 누구의 방해도 받지 않은 채 전적으로 차지하고 사용할 수 있도록 따로 확보된 땅'임을 확인한다. 하지만 라라미 조약은 1877년 미국 의회의 손에 폐기됐다. 법원은 조약이 일방적으로 폐기됐음을 인정하고 보상으로 수족에게 현금을 지급하라는 판결을 내렸다. 상당히 많은 액수였다. 현재 수족이 이용할 수 있는 돈은 10억 달러가 넘는다. 이 돈에는 계속 이자가 붙는다. 수족이 돈을 찾아가지 않기 때문이다. 수족은 돈을 원하지 않으며 블랙힐스는 "파는 물건이 아니다."[2]라고 주장한다.

화이트 페이스는 땅이 되돌아와야 한다는, 그러니까 블랙힐스가 다시 부족의 땅이 돼야 한다는 수족의 입장을 전한다. 화이트 페이스는 내게 '위대한 영혼이 깃든' 몇몇 고대의 신성한 땅이 과거 어떤 모습이었는지 보여주었다. 화이트 페이스는 수족이 위대한 영혼과 다시 교감할 수 있도록 신성한 땅이 반환되기를 원한다. 나는 화이트 페이스에게 수족 이전에 샤이엔족과 다른 부족이 블랙힐스에 살았음을 상기시켰다. 미국이 수족에게서 블랙힐스를 빼앗았다고 치자. 그렇다면 수족도 샤이엔족과 다른 부족에게서 블랙힐스를 빼앗은 셈이 아닐까? 만약 블랙힐스가 수족에게 반환된다면 수족은 다시 블랙힐스를 이전에 살던 부족에게 되돌려주어야 하지 않을까? 화이트 페이스는 당황한 것처럼 보였다. 화이트 페이스는 백인이 아메리카 대륙에 오기 훨씬 전 아메리카 인디언 사이에는 '유력' 부족이 존재했으며 수족은 그중 하나였다고 설명했다. 몇몇 부족이 인디언 전체를 이끄는 역할을 맡았고 그것이 전부였다. 화이트 페이스는 만약 블랙힐스가 수족에게 반환됐다면 아마도 수족은 샤이엔족과 다른 부족이 신성한 땅에서 숭배 의식을 행하게 두었을 것이라고 말했다.

하지만 '유력' 부족은 어떻게 힘을 얻었을까? 화이트 페이스가 부드럽고 설득력 있는 말투로 들려준 이야기로는 이들은 힘이 약하거나 규모가 작은 부족과 싸워 이기는 방법으로 힘을 얻었다고 한다. 실제로 수족은 인디언이 땅을 차지하던 전통적인 방식, 즉 이전에 살던 부족과 싸워 이긴 뒤 이들을 쫓아내는 방식에 따라 땅을 차지했다. 수족이나 아파치족(Apache 族), 코만치족(Comanche 族) 같은 강하고 호전적인 부족은 언제나 이런 식으로 행동했고 호피족(Hopi 族)이나 푸에블로족(Pueblo 族) 같은 약하고 평화를 사랑하는 부족은 언제나 이 사실을 알았다. 간단히 말해 이 대목에서 "우리가 먼저 이곳을 차지했다."라는 토지 소유권 주장에 어떤 문제가 있는지 확인할 수 있다. 거의 예상하다시피 그곳에는 당신보다 먼저 살아서 당신에게 똑같은 주장을 제기할 수 있는 어떤 사람이 존재한다.

나중에 이 문제를 다시 다룰 것이다. 지금은 콜럼버스와 집단학살에 관한 비난으로 화제를 돌리자. 역사적으로 콜럼버스는 기독교인 탐험가였다. 하워드 진은 이 말을 마치 콜럼버스가 오로지 금을 찾아 이곳에 왔다는 것처럼 들리게 만들었지만 콜럼버스는 탐험 정신과 모험심으로부터도 똑같이 힘을 얻었다. 콜럼버스가 쓴 일기를 읽으면 콜럼버스를 움직인 요인이 복잡함을 알 수 있다. 콜럼버스는 새로운 통상로를 발견해 부자가 되기를 원했으나 에덴동산을 찾고자 원하기도 했다. 콜럼버스는 에덴동산이 실제로 존재하지만 아직 발견되지 않은 땅에 있다고 믿었다. 물론 콜럼버스는 아메리카 대륙을 찾으러 떠나지는 않았다. 콜럼버스는 아메리카 대륙이 존재한다는 사실을 알지 못했다. 이슬람교도가 아라비아 해를 통과하는 통상로를 지배했기 때문에 콜럼버스는 극동 지역으로 가는 새로운 길을 찾는 중이었다. 구체적으로 말하자면 콜럼버스는 인도로 가는 길을 찾았다. 콜럼버스가 아메리카 대륙 원주민을 '인디언'이라고 부른 이유다. 콜럼버스의 순진함에 슬며시 웃음이 나오겠지만 콜럼버스는 완전히 틀리지 않았다. 인류학적 연구로 아메리카 인디언이 원래 아시아에서 왔음이 입증됐기 때문이다. 원주민인 인디언은 두 대륙이 긴 시간을 두고 떨어지기 전 베링 해협을 건너왔을 가능성이 가장 높다.

우리는 콜럼버스와 콜럼버스의 뒤를 따라 대서양을 건넌 유럽인들과 접촉하는 바람에 아메리카 대륙 원주민의 인구가 곤두박질쳤음을 알고 있다. 어떤 사람은 인디언의 80퍼센트 이상이 목숨을 잃었다고 추산한다. 이것이 사람들이 집단학살이라고 비난하는 근거다. 그러나 집단학살은 없었다. 인디언 수백만 명이 천연두와 홍역, 콜레라, 티푸스 같은 백인에게 노출됐을 때 걸린 질병 때문에 세상을 떠났다. 한 가지 드문 사례로 제프리 애머스트 경(Sir Jeffrey Amherst, 애머스트 칼리지는 애머스트 경의 이름을 딴 대학교다)이 천연두 균에 감염된 담요를 주는 방법으로 적대적인 인디언 부족을 격파한다는 전략을 승인한 경우가 있기는 하다. 하지만 이 경우에서조차 계획이 실제 실행됐는지는 명확하지 않다. 역사학자 윌리엄 맥닐(William McNeill)이 『전염병과 인류의 역사(Plagues and Peoples)』에서 기록했듯이 백인은 대개 의식하지 못하는 상태에서 전염병을 인디언에게 옮겼다. 그리고 인디언은 백인이 전파한 질병에 대해 면역력을 키운 적이 없었기 때문에 대량으로 목숨을 잃었다. 엄청난 규모로 일어난 비극이기는 하지만 집단학살은 아니다. 집단학살은 사람들을 완전히 몰살시키려는 의도를 내포한 말이기 때문이다. 맥닐은 유럽인들이 몽골 침략자가 전파한, 그리고 스텝(온대 초원)에 사는 아시아인이 전파한 폐렴과 선페스트를 비롯한 치명적인 질병에 걸렸었음을 지적한다. 유럽인에게는 이 질병에 대한 면역력이 없었기 때문에 14세기 '흑사병'이 유행하는 동안 유럽 인구의 3분의 1이 사라졌다.[3] 하지만 어느 누구도 이 사건을 집단학살이라고 부르지 않는다. 집단학살이 아니기 때문이다.

콜럼버스가 자신이 처음 맞닥뜨린 원주민에 대해 강한 편견을 키웠음은 확실하다. 콜럼버스는 이들에게 우호적인 편견을 품었다. 콜럼버스는 타이노족이 똑똑하고 너그러우며 간교한 속임수를 부리지 않는다고 칭찬하면서 타이노족의 자질을 스페인인이 지닌 결점과 비교했다. 페드루 알바르스 카브랄(Pedro Alvares Cabral)이나 아메리고 베스푸치(Amerigo Vespucci, 사람들은 베스푸치의 이름을 따서 새로운 대륙을 '아메리카'라고 불렀다), 월터 롤리(Walter Raleigh) 같은 콜럼버스 이후에 등장한 탐험가들도 콜럼버스와 비슷하게 긍정적인 느낌을 기록했다. 그렇다면 인디언이 '야만적'이라는 유럽인들의 생각은 어디에서 비롯했을까? 사실 유럽인들의 생각은 인디언과 함께한 경험에서 비롯했다. 콜럼버스가 첫 번째 항해에서 만난 인디언들은 낯선 이에게 우호적이고 친절한 반응을 보였다. 그러나 이어진 항해에서 콜럼버스는 자신이 남겨두고 떠난 선원들이 식인 풍습이 있는 아라와크족에게 살해돼 먹혔을 가능성이 있음을 확인하고 몸서리쳤다.[4]

에르난 코르테스(Hernán Cortés)가 지휘하는 불량배 집단 같은 군대와 함께 멕시코에 도착했을 때 베르날 디아스(Bernal Diaz)와 디아스의 스페인인 동료는 과거 한 번도 본 적 없는 장면을 보았다. 실제로 이들은 지금까지 본 광경 중 가장 소름끼치는 광경을 목격했다. 제2차 세계대전이 끝난 뒤 나치가 운영하던 집단수용소에 진입했을 때 미국 병사들이 본 모습과 비슷한 광경이었다. (대개 현대 학자들이 증거 자료를 넣어 보완한 설명 속에서) 디아스는 아스텍족에 대해 다음과 같이 묘사한다. "아스텍족은 단단한 돌로 만든 칼을 내리쳐 가련한 인디언의 가슴을 열고 힘차게 뛰고 있는 심장을 서둘러 잡아 뜯어냈다. 아스텍족은 피가 고인 심장을 희생제를 올리는 신의 이름을 붙인 우상 앞에 바쳤다. 그러고 나서 제물의 팔과 다리와 목을 자르고, 공식 만찬을 벌이는 자리에서 자른 팔과 다리를 먹었다." 대개는 전쟁에서 포로로 잡힌 엄청나게 많은 인디언이 희생제물이 됐다. 어떤 날은 하루에 수백 명이 희생되기도 했다. 하지만 하워드 진은 아스텍족이 저지른 행위에서 잔혹함을 덜기 위한 희극적인 시도에 나서 아스텍족이 저지른 대규모 살인이 아스텍족의 "순수함을 완전히 지우지는 못했다."고 말하고는 '아스텍족이 아스텍족에게 등을 돌리게 만든'[5] 사악한 행위를 저질렀다는 이유로 코르테스를 비난했다.

멕시코를 지배한 아스텍족이 특히 피에 굶주린 사람처럼 보이기는 하나 남아메리카에 살던 잉카족도 아스텍족에 뒤지지 않았다. 잉카족 역시 희생제물을 산처럼 쌓아올리고 그 위에서 인간을 제물로 바치는 정교한 의식을 치렀다. 이런 까닭에 잉카족의 제단은 피로 흠뻑 젖었고 곳곳에서 뼈가 굴러다녔다. 사제들은 희생자를 칼로 찌르다 탈진해서 쓰러졌다.

유럽인들이 이런 피에 굶주린 모습을 보며 질겁하고 몸서리를 치는 동안에조차 인디언이 갖춘 더 나은 자질을 흠모하는 반대되는 흐름이 존재했다. 콜럼버스의 상륙에서 시작돼 이후 몇 세기 동안 계속된 흐름 속에서 아메리카 인디언은 '고결한 야만인'으로 간주됐다. 인디언은 품위와 절제, 용기를 갖췄다는 이유로 존경받았다. 사실 아메리카 인디언이 갖춘 여러 자질 중 좋은 자질이 차지하는 비율은 아마 전 세계 나머지 지역에 사는 사람들의 비율과 같았을 것이다. '고결한 야만인'이라고 부르며 인디언을 이상화하는 행동은 유럽인들이 머릿속에 품은 원시적인 순수함에 관한 환상을 원주민에게 투영한 결과라고 생각된다. 현대인, 특히 현대 진보주의자들도 같은 환상을 품었다. 그러나 현대인과 달리 스페인인들은 어쩔 수 없이 아스텍족과 잉카족이 잔혹한 행위를 저지른다는 현실과 마주해야 했다. 오늘날 우리는 사회조직이나 사원 건축물 같은 아스텍족과 잉카족이 이룩한 문화를 보며 감탄한다. 하지만 대규모 살인을 목격하고 '혼란스러워했다'고 스페인인들을 비난하지는 못한다. 인디언을 향해 유럽인들이 품은 적대감이 모두 비논리적인 편견에서 생긴 결과는 아니었다.

스페인 정복자들은 무더기로 모여 있는 인간 제물을 보면서는 깜짝 놀랐지만 노예를 부리거나 여성을 구속하거나 전쟁에서 잡은 포로를 잔인하게 다루는 모습을 보면서는 충격받지 않았다. 자신이 속한 문화권에서도 충분히 목격하던 익숙한 풍경이었기 때문이다. 게다가 인디언을 정복하고 인디언에게 적용할 이질적인 규칙을 확립하는 동안 스페인인이 인디언에게 한 일은 그동안 인디언이 서로에게 한 일에 지나지 않았다. 원주민인 인디언의 관점에서 보면 한 제국, 즉 스페인인들이 세운 제국이 다른 제국, 즉 아스텍제국을 대체한 셈이었다. 인디언의 삶이 더 나빠졌을까? 굉장히 대답하기 어려운 질문이다. 이제 평범한 인디언이 질병에 걸릴 위험은 높아졌을지도 모른다. 하지만 흑요석으로 만든 칼이 자신을 겨누는 끔찍한 일을 당할 위험은 줄어들었음이 분명했다.

그렇다면 스페인인과 인디언의 차이는 무엇일까? 페루 소설가이자 노벨문학상 수상자 마리오 바르가스 요사(Mario Vargas Llosa)가 흥미로운 대답을 내놓았다. 바르가스 요사는 아메리카 대륙에 도착한 스페인 정복자들이 '제대로 배우지 못한, 탐욕스럽고 무자비한' 사람들임을 인정한다. 이들은 분명 "내가 차지할 수 있다면 그 땅은 내 것이다."라는 정복자의 윤리를 믿었다. 하지만 이 무자비하고 제대로 배우지 못한 검객들은 전혀 깨닫지 못한 채 아메리카 대륙에 새로운 문물을 가져오기도 했다. 이들은 아테네의 합리주의에서부터 인류애라는 유대교와 기독교가 공통적으로 주장하는 생각을 거쳐 자치와 인권, 재산권 같은 더욱 근대적인 개념에 이르기까지 서양 문명을 이루는 다양한 생각을 가져왔다. 이 가운데 일부는 서양에서조차 이제 막 등장해 새롭게 발전하는 중이었다. 그렇지만 상황이야 어찌됐든 생각이 서양에 존재했고 그렇게 할 의도는 없었지만 정복자들이 아메리카 대륙으로 새로운 생각을 가져왔다.[6]

바르가스 요사의 발언을 정확히 이해하기 위해서는 16세기 초 스페인에서 잇달아 벌어진 깜짝 놀랄 만한 사건을 고려해야 한다. 당시 스페인 국왕은 거듭되는 스페인 성직자 무리의 간청 앞에서 "아메리카 인디언에게 영혼이 있는가?"와 "아메리카 인디언을 정당하게 노예로 삼을 수 있는가?"라는 질문에 대한 답을 얻을 때까지 스페인이 아메리카 대륙으로 세력을 확장하는 사업을 중단하겠다고 선언했다. 오늘날 우리에게는 스페인 국왕의 발언이 이상하게, 심지어 어처구니없게 들린다. 그러나 스페인 국왕의 발언이 지니는 의미를 간과해서는 안 된다. 역사학자 루이스 한케(Lewis Hanke)는 이전이든 이후든 강력한 힘을 지닌 군주가 '정당한지 아닌지 결정날 때까지 정복 사업을 중단하라고 명령'한 적이 결코 없었다고 말한다. 스페인 국왕의 행동은 가톨릭 사제이자 역사학자인 바르톨로메 데 라스카사스(Bartolomée de Las Casas)가 이끈 성직자 무리의 탄원에 대한 대답이었다. 라스 카사스는 스페인 바야돌리드에서 벌어진 유명한 논쟁에서 아메리카 인디언을 옹호했다. 당시 라스 카사스의 반대편에 선 인물이 신학자이자 철학자인 후안 세풀베다(Juan Sepulveda)였다. 세풀베다는 아리스토텔레스(Aristotle)가 제시한 '천부적 노예'라는 개념을 토대로 아메리카 인디언은 열등한 존재며 따라서 정복 대상이 될 수 있다고 주장했다. 라스 카사스는 아메리카 인디언은 스페인인과 똑같은, 영혼을 지닌 고결하고 품위 있는 인간이라고 맞받아쳤다. 오늘날 라스 카사스는 대세를 따르지 않는 기이하고 영웅적인 인물로 묘사된다. 그러나 바야돌리드에서는 라스 카사스의 기본 입장이 승리를 거뒀다. 라스 카사스의 입장은 교황 바오로 3세(Paul III)의 지지를 얻었다. 교황은 「지극히 높으신 하느님(Sublimus Deus)」이라고 이름 붙인 교서에서 이렇게 말했다. "아메리카 인디언은 결코 우리가 함부로 자유와 재산을 빼앗을 수 있는 존재가 아니다. 어떤 식으로든 이들을 노예로 만들어서도 안 된다. 만약 이들을 노예로 만들더라도 그 행동은 아무 효력도 얻지 못할 것이다."[7] 하지만 수천 킬로미터 떨어진 곳에서는 교황의 교서가, 심지어 국왕의 포고령까지도 대부분 무시됐다. 교황과 국왕의 말이 효력을 발휘하게 만들 장치가 전혀 없었다. 아메리카 대륙에서는 정복자의 윤리가 승리했다. 그렇지만 시간이 흐르면서 바야돌리드를 지배하고 교황의 교서에 명시된 원칙이 아메리카 인디언 해방 운동을 위한 도덕적 기반을 제공했다. 아메리카 인디언은 지배 세력에 저항하고, 조약 이행을 강력히 주장하고, 조상이 물려준 땅 일부를 되찾기 위해 평등과 인간의 존엄성, 재산권이라는 서양에서 건너온 생각에 호소할 수 있었다.

백인이 "인디언에게서 아메리카 대륙을 빼앗았는가, 아닌가?"라는 질문에 대한 해답을 찾을 때 앞서 말한 배경을 고려해야 한다. 이런 맥락에 맞춰 먼저 '도둑질'이라는 용어가 얼마나 애매모호한지 정확히 인식하는 작업부터 시작하자. 노예제 폐지론자 프레더릭 더글러스(Frederick Douglass)는 자서전에서 노예로 사는 동안 어떤 식으로 자신이 주인에게서 음식을 훔쳤는지 이야기한다. 더글러스는 장난스러운 말투로 통에서 고기를 빼낸 자신의 행동이 실제로 도둑질이 아님을 지적한다. 사람들이 자신을 노예라고 생각하지 인간이라고 생각하지 않기 때문이다. 노예는 주인의 소유물로 간주됐다. 하지만 주인이 주는 음식 역시 주인의 재산이다. 그래서 더글러스는 자신은 주인에게서 음식을 훔친 것이 아니라 그저 '주인의 고기를 한쪽 통에서 꺼내 다른 쪽 통에 넣었을' 뿐[8]이라고 말한다. 더글러스의 이야기는 소유와 재산권, 도덕률을 뒷받침하는 기본적인 제도나 기반시설이 사회 속에 존재할 때 '도둑질'이라는 개념이 성립됨을 의미한다. '도둑질'이라고 말하려면 어떤 사람이 합법적으로 물건을 소유하고 그 결과 다른 사람이 불법적으로 그 물건을 취할 수 있는 상황이 필요하다. 만약 내가 다른 사람의 곡식을 빼앗았는데 빼앗은 곡식이 그 사람 곡식이 아니라면, 즉 그 사람도 다른 사람에게서 곡식을 빼앗았다면 곡식을 도둑질하기는 했지만 실제로 나는 첫 번째 사람에게서가 아니라 내가 도둑질한 곡식을 실제 소유했던 사람에게서만 도둑질한 셈이다.

아메리카 인디언이 제기한 도둑질에 관한 주장은 문제가 많다. 인디언에게는 재산권에 관한 개념이 전혀 없었기 때문이다. 인디언은 어느 누구도 실제로 땅을 소유하지 못한다고, 즉 땅은 모두가 공유하는 재산이라고 생각했다. 그렇다면 누가 땅을 사용하는가? 당연히 땅을 차지한 사람이다. 이 이야기는 인디언이 두 부류로, 즉 한 자리에 머무르며 농경 생활을 하는 부족과 떠돌아다니며 수렵생활을 하는 부족으로 나뉜다는 사실 때문에 더욱 복잡해졌다. 정착부족은 땅을 일구고 농사를 지었다. 어떤 지역을 차지하고 그곳에 머물렀기 때문에 이들이 땅에 대한 합법적인 소유자처럼 보였다. 수렵부족은 돌아다니며 산 까닭에 특정 지역을 차지하지 않았다. 하지만 시간이 흐르면서 수렵부족이 싸움 기술을 이용해 정착부족과 싸워 이기고 이들을 땅에서 쫓아냈다. 이후 수렵부족이 새로운 정착부족으로 바뀌었다. 땅에 대한 새로운 정착부족의 주장 또한 점유 사실을 기반으로 했다. 당연히 부족 사이에서는 충돌이 끊이지 않았다. 어느 부족도 자신의 땅에서 쫓겨나기를 바라지 않았다. 하지만 불평하거나 고발할 실질적인 근거가 전혀 없음을 누구나 잘 알았다. 우선 '부족이 소유한' 땅이 아니었기 때문이다. 모두가 빌려 쓰는 사람이라면 사용은 오로지 점유에 달린 문제다. 이것이 정복자의 윤리가 보이는 가장 순수한 모습이다.

미국으로 이주한 백인은 외부 침략자로 오지 않았다. 이들은 이주민으로 왔다. 멀리서 멕시코를 지배하던 스페인인과 달리 미국에 도착한 영국인은 모든 것을 버리고 떠나 새로운 세상에 목숨을 건 사람들이었다. 다시 말해서 이들은 이민자로 미국에 왔다. 물론 이민했다고 해서 이들에게 어떤 특권이 부여되지는 않는다고 말할 수 있다. 이주할 목적으로 미국에 왔다는 말이 미국에 있는 땅에 대한 권리를 얻는다는 의미는 아니기 때문이다. 하지만 당시 이 논리는 인디언에게도 적용됐을 것이다. 이 땅에 살던 인디언 역시 한때 이민자였음을 떠올려보자. 태초에는 이곳에 아무도 없었다. 그러다가 인디언이 아시아나 다른 지역에서 이곳으로 와 새로운 세상을 '발견'했다.

이 말이 인디언이 처음 미국에 왔기 때문에 미국을 '소유'했다는 의미인가? 이 문제를 명확히 밝히기 위해 성경에 등장하는 카인(Cain)과 아벨(Abel)의 이야기를 생각해보자. 아벨은 양치기인 반면 카인은 농부였다. 아벨이 양떼를 몰고 이리저리 돌아다니는 동안 카인은 땅을 일구었다. 이제 아벨이 가축을 돌보는 동안 카인이 날마다 울타리를 치고 이렇게 말한 장면을 상상하자. "이 땅은 내 땅이고 이 땅도 내 땅이야." 이 일은 아벨이 계속 양치기로 사는 동안 카인이 존재하는 모든 땅에 울타리를 칠 때까지 이어졌다. 그렇다면 이 이야기가 카인의 후손이 (태초부터 땅을 차지했으니) 온 세상을 소유한다는 의미일까? 『인간 불평등 기원론(Discourse on the Origin of Inequality)』에서 루소(Jean-Jacques Rousseau)는 어떤 물건 주변에 울타리를 치고 "이것은 내 것이다."라고 말한 최초의 인간이 최초의 거짓말쟁이라고 말했다. 루소는 어째서 사람이 물건을 차지하고 그것이 자신의 재산임을 내세우는 단순한 행위로 그 물건에 대한 영구적인 소유권을 주장할 수 있는지에 대해 의문을 제기했다. 재산권이 얼마나 정당한가를 이해하기 위해서는 정당성에 관한 루소의 발언을 살펴보아야 한다. 선착순이 땅 소유권의 기본 원칙이 아니라면 어떻게 한 개인이 (혹은 한 부족이나 국가가) 땅이 자신의 소유임을 선언하고 그 땅을 차지하거나 사용하려는 다른 사람을 가리켜 약탈자라고 주장할 수 있는가?

아메리카 인디언이 주장하는 재산권의 기원에 관한 원칙이 어디에서 비롯했는지 살펴보는 편이 좋겠지만 그런 출처는 존재하지 않는다. 인디언을 쫓아낸 백인이 원칙을 강요하는 법원은 말할 필요도 없고 궁극적으로 인디언에게 백인이 정한 원칙을 근거로 백인의 소유권에 맞서 싸울 기회를 제공한 원칙도 가져왔다. 그렇다면 그 원칙이란 무엇인가? 고대와 중세 시대에는 미국과 마찬가지로 재산권에 대한 명확한 개념이 존재하지 않았다. 사람들이 재산을 소유하기는 했으나 이들에게 재산에 대한 권리가 있다는 생각은 터무니없는 말로 간주됐다. 재산에 대한 고대인의 관점은 "땅이나 재산을 소유했다는 말은 극장에서 좌석 하나를 차지했다는 말과 같다."는 키케로(Cicero)의 비유로 요약할 수 있다. 당신 좌석이기는 하나 당신이 앉아 있을 동안만 당신 좌석이다. 좌석을 소유한 것이 아니며 심지어 좌석 소유에는 어떤 의무나 책임이 동반된다. 또한 고대인은 일반적으로 극장 좌석의 수와 마찬가지로 땅의 양도 고정됐기 때문에 필요한 공간보다 더 많이 차지함은 도덕적으로 올바르지 않다고 생각했다.[9]

철학자 존 로크(John Locke)는 재산권에 관한 일관성 있는 원칙을 정립한 최초의 인물이었다. 흥미롭게도 로크는 유럽과 신세계 간 차이를 심사숙고하는 방법으로 재산권에 관한 원칙을 발전시켰다. 로크는 인디언 추장이 부족민 수천 명에게 명령을 내리는 위치에 있음에도 '영국에 사는 날품팔이꾼보다 안 좋은 음식을 먹고 안 좋은 집에서 살며 안 좋은 옷을 걸치는' 모습을 관찰했다. 어째서 이런 일이 생길까? 로크는 땅 때문이 아니라고 판단했다. 땅이라면 인디언은 사용할 수 있는 양보다 많이 갖고 있었다. 그렇다면 차이는 땅이 아니라 사람들이 땅으로 어떤 일을 하는가에서 비롯한다. 로크는 차이가 인간의 노력에서 생긴다고 생각했다. 거의 쓸모없고 주인 없는 땅을 쓸모 있고 주인 있는 부동산으로 바꾸는 힘은 인간의 노력이다.

로크는 모든 사람이 자신을 소유한다는 단순한 전제에서 출발했다.

인간에게는 누구나 자기 자신이라는 재산이 있다. "이 재산에 대한 권리는 자신 외에는 어느 누구도 갖지 못한다." 로크는 이렇게 덧붙였다. "본인의 육체를 이용한 노동과 본인의 손으로 수행한 작업 역시 당연히 본인의 소유다." 그 뒤로 어느 누구도 다른 사람을 소유하거나 다른 사람이 얻은 노동의 결실을 강제로 차지할 권리가 없다는 말이 따른다. 그렇다면 재산권은 어디에서 비롯할까? 로크는 우리가 땅과 노동력을 '결합시킬' 때 땅도 소유하게 된다고 주장한다. 어째서일까? 땅은 널려 있지만 자연만으로는 거의 무가치하기 때문이다. 로크는 도토리와 낙엽과 이끼가 무슨 소용이냐고 물었다. 땅에 가치를 더하는 요소는 인간의 노동력이다. 자연이 생산하는 재료를 빵과 와인과 옷으로 바꾸는 노동이 실질적으로 모든 물건에 가치를 더함은 두말할 필요가 없다. 로크는 따라서 인간에게는 직접 개발하고 농사지을 수 있는 만큼 땅을 차지할 권리가 있다고 말한다.[10]

우리는 소문에 전하는, 맨해튼 섬을 사기 위해 네덜란드인이 지불한 금액을 생각하면서 로크가 어떤 결론에 도달할 것인지 알 수 있다. 아마도 네덜란드인은 24달러를 주고 인디언 무리에게서 맨해튼 섬을 샀을 것이다. 현재 가치로 환산하면 700달러 정도에 해당하는 금액이다. 이때가 1626년이었다. 지금 생각하면 믿을 수 없을 만큼 싸게 산 것처럼 보인다. 그러나 로크는 네덜란드인이 너무 많은 돈을 지불했다고 주장했을지도 모른다. 1626년에는 맨해튼이 없었다. 다른 땅덩어리와 다를 바 없는 땅덩어리 하나가 있을 뿐이었다. 섬에 있는 땅의 실질적인 가치는 전적으로 땅에서 어떤 일을 할 수 있느냐에 달려 있었다. 지금도 지구상에는 어떤 사람이 700달러를 주고 커다란 땅덩어리 하나를 살 수

제6장
아메리카 인디언이 진 짐

**150**
**151**

있는 지역이 존재한다. 하지만 맨해튼 지역의 땅값은 천문학적인 액수다. 오로지 350년이라는 시간이 흐르는 동안 사람들이 창의적인 재능과 선견지명을 발휘해 이곳에서 이룩한 모든 결과물 덕분이다. 맨해튼을 판 인디언은 도둑맞지 않았다. '맨해튼'은 섬을 차지하고 살던 원주민이 아닌 맨해튼을 건설한 새로운 사람들이 만든 창조물이다.

이 중에서 인디언에게 잔혹 행위를 저지르고 인디언을 살던 곳에서 내쫓고 인디언과 체결한 조약을 파기한 역사에 대해 변명을 늘어놓거나 역사를 정당화하기 위한 이야기는 없다. 나는 이민자고 내 조상은 당시 이곳에 살지 않았음에도 부끄러움이나 괴로움을 느끼지 않고서는 인디언과 관련된 역사를 읽지 못한다. 토크빌도 똑같은 감정을 느꼈다. 미국 곳곳을 여행하는 동안 토크빌은 1831년 겨울에 일어난, 촉토족 인디언 무리가 미시시피 강 너머로 강제 이주한 사건을 목격했다. "인디언은 가족과 함께 있었다. 이들은 부상자와 병자, 갓 태어난 어린아이와 죽음을 눈앞에 둔 노인이 포함된 무리를 이끌었다." 고통스러운 광경이었다. 이와 동시에 토크빌은 다음과 같이 기록했다. "사람이 땅을 자기 것으로 만드는 수단은 땅을 일구는 노력이다. 인디언은 소유하지 않은 채 미국을 차지했다. 인디언은 그저 다른 사람이 올 때까지 그 자리에서 기다리기만 했다." 토크빌은 '새로운 토대 위에 사회를 건설하려는 실험"을 실시하고 "아직 태어나지 않았지만 위대한 국가를'11) 건설한 사람은 새로 온 다른 사람들이었음을 깨달았다.

어떤 면에서는 비극적인 결과를 예측할 수 있었다. 자신의 노동력과 땅을 결합시키고 새로운 종류의 문명을 건설할 준비가 된 대담하고 활동적이며 기업가 정신이 강한 사람들이 파도처럼 끊임없이 밀려와 미국에 자리 잡았다. 인디언이 처음 이 땅에 살았지만 이들은 그저 드문드문 흩어진 채 땅을 차지하고 있었을 뿐이었다. 그 결과 많은 이주민이 미국을 대부분 비어 있는 땅이라고 생각했다. 하지만 분명 인디언은 이주민의 생각에 동의하지 않았다. 대단히 유감스럽게도 두 집단은 이 광활한 나라에서 나오는 이익을 사이좋게 나눠 가질 방법을 찾지 못했다. 나는 두 집단 모두 정복자의 윤리 중 적어도 몇 가지는 계속 지키려 했기 때문에 방법을 찾지 못했다고 생각한다. 두 집단은 땅을 빼앗기기를 바라지도 않았지만 힘과 그렇게 할 의향이 있다면 기꺼이 땅을 빼앗고자 했다.

역사적으로 볼 때 기회를 놓쳤다. 백인과 인디언의 관계를 다룬 역사를 공부하다 보면 18세기에는 인디언을 대하는 백인들의 태도가 대체로 호의적이었음을 알 수 있다. 실제로 미국이 건국되던 시기 몇몇 사회 지도층 인사[패트릭 헨리(Patrick Henry), 존 마셜(John Marshall), 토머스 제퍼슨]이 아메리카 인디언을 미국 주류에 편입시키는 방법으로 백인과 인디언 간 결혼을 제안했다. 정치학자 랠프 러너(Ralph Lerner)는 이렇게 기록했다. "흑인과 관련지었을 때는 불가능하다고 생각됐던 일들이 인디언과 관련지었을 때는 대단히 가치 있는 일로 보였다." 그러나 미국 독립 전쟁 기간 동안 인디언들이 영국 편에 서자 생각이 바뀌었다. 하워드 진은 이 기간 동안 "영향력이 큰 인디언 부족이 거의 전부 영국 편에 서서 싸웠다."[12]고 인정했다. 미국 독립 전쟁이 끝난 뒤 미국 지도자들은 당연히 영국 편을 들었던 부족을 전쟁 기간과 똑같이 적대적인 무리로 취급했다.

오늘날 우리는 인디언을 슬픔에서 벗어나지 못한 비극적인 집단으로 생각한다. 그러나 (인디언과 맞서 싸웠으며 이후 대통령으로 선출된) 앤드루 잭슨은 이런 식으로 인디언을 바라보지 않았다. 잭슨은 인디언이 영리하고 힘이 세며 조직적임을 잘 알았다. 인디언들은 재빨리 백인과 똑같은 총과 장비를 갖췄다. 인디언은 영토라는 개념을 알았고, 싸우는 방법을 알았다. 인디언은 처음에는 대등한 조건으로 이주민에게 저항했다. 우리는 인디언을 수동적인 약자로 생각해서는 안 된다. 많은 인디언이 쇼니족(Shawnee 族) 추장 테쿰세(Tecumseh)의 정신을 공유했다. 테쿰세는 유명한 외침을 남긴 인물이었다. "백인들이 사라지게 하자. 백인들을 왔던 곳으로 되돌려보내자. 피의 길을 따라 이들을 반드시 몰아내야 한다! 백인들의 집을 불태우고 백인들의 재산을 파괴하자. 백인의 씨가 마르도록 부인과 아이들을 죽이자. 이제 전쟁이다! 영원한 전쟁이다!"13)

테쿰세의 외침은 단순히 수사적인 표현이 아니었다. 인디언이 벌인 학살은 이주민들이 마주해야 했던 심각한 위협이었다. 인디언이 휘두른 폭력 중 일부는 정당한 이유 없이 벌어졌다. 인디언은 자신이 입은 피해 때문에 보복에 나선 것이 아니었다. 이들은 도둑질을 하고 강도 행위를 벌였다. 1840년대 멕시코를 출발해 북쪽으로 향하던 한 여행자가 이전 몇 달 동안 주기적으로 벌어진 코만치족의 습격에 대해 설명을 남겼다. "이미 만 마리가 넘는 말과 노새가 끌려간 상태였다. 접경 지역에 있는 대농장과 농장 노동자들이 살던 오두막집에는 사람의 흔적이 거의 없었다. 어디에서나 사람들이 살해되거나 잡혀가는 일이 벌어졌다."14) 습격받을 위협이 사라지고 이주민이 무력 면에서 결정적으로 우위를 차지한 이유는 오로지 시간이 흐르면서 서양 기술이 발전했기 때문이었다.

그렇게 이주민들은 인디언과 싸우고, 인디언과 협상하고, 인디언과 조약을 체결하고, 때로는 조약을 파기하다가 결국 자신이 원하는 땅을 차지했다. 인디언은 어쩔 수 없이 살던 곳에서 쫓겨나 보상금을 받고 보호구역으로 이주하는 데 만족해야 했다. 지금까지 100년이 넘는 시간 동안 미국 정부는 약속을 어기고 합의를 파기했다는 이유로 인디언에게 배상하려 노력했다. 하지만 불행하게도 미국 정부의 노력은 상당수 인디언이 연방 정부에 의존하는 결과를 낳았다. 오늘날 많은 인디언이 하는 일 없이 보호구역에서 살면서 연방 정부가 지급하는 실업수당으로 근근이 산다. 나는 차를 몰고 샤메인 화이트 페이스와 함께 파인리지 보호구역(Pine Ridge reservation)을 지났다. 우리는 인디언들이 사는 다 쓰러져가는 이동식 주택을 보았다. 마을마다 떠돌이 개들이 큰 소리로 짖었다. 나는 인디언들에게서, 특히 젊은이들에게서 뭄바이 빈민가에 사는 사람들의 얼굴에서 보았던, 미래에 대한 희망을 잃고 체념한 표정을 보았다. 화이트 페이스는 이렇게 말했다. "정말 살기 끔찍한 곳이에요." 나는 화이트 페이스에게 연방 정부를 신뢰하느냐고 물었다. 화이트 페이스는 코웃음을 쳤다. "전혀요! 연방 정부가 우리 인디언에게 어떤 짓을 했는지 보세요. 보호해준다고 약속하고는 우리를 파멸시키잖아요." 나는 '오바마 케어(Obama Care, 오바마 대통령이 주도하는 미국의 의료보험 시스템 개혁 법안. 2014년 1월부터 시행되었으며, 미 국민의 건강보험 가입 의무화를 기본 골자로 한다.-옮긴이)에 대해 언급했다. 화이트 페이스의 대답은 간단했다. "마음의 준비나 하세요."

화이트 페이스 같은 인디언 지도자들이 인디언이 부당한 대우를 받는다고 이야기할 때 나는 이들이 무슨 말을 하는지 이해한다. 인디언은 형편없는 대접을 받았다. 나는 지금 인디언이 제대로 된 대접을 받았다고 말하고 있지 않다. 이와 동시에 우리는 대안이 무엇인지 확실히 알아야 한다. "우리에게 맨해튼을 되돌려달라."는 요구는 이치에 어긋난다. 인디언에게 맨해튼을 돌려주기란 불가능하다. 맨해튼은 결코 인디언의 땅이 아니었기 때문이다. 인디언은 실질적으로 가치가 전혀 없는 땅 한 덩어리를 팔았고 그 땅에 다른 사람들이 거대하고 눈부시게 아름다운 도시를 건설했다. 애초에 한 번도 자신의 소유물이 아니었던 물건을 되돌려달라는 요구는 부당하다. 인디언은 또 "블랙힐스를 우리에게 되돌려달라."고 말한다. 인디언은 블랙힐스에 우라늄과 다른 광물이 매장돼 있는 까닭에 오늘날 블랙힐스의 가치가 엄청나다고 이야기한다. 다시 한 번 말하지만 우라늄을 채굴하는 방법을 아는 인디언 부족은 없었고 설령 알았다고 하더라도 우라늄으로 어떤 일을 할 수 있는지 아는 인디언 부족은 없었다. 블랙힐스에 묻힌 자원을 이용하는 방법을 알아내 블랙힐스에 가치를 더한 사람은 다른 미국인이었다. 이제 인디언은 다른 사람이 무슨 일을 할 수 있는지 알아낸 물건으로 본인들이 이득을 취할 수 있도록 땅을 도로 받고자 한다. 조약이 파기됐을 때 속임수에 넘어가 땅을 빼앗겼으니 인디언들은 정당한 보상을 받아 마땅하다. 그러나 법원이 단순하게 인디언에게 블랙힐스를 반환하라고 판결을 내린다면 인디언은 빼앗긴 땅보다 훨씬 더 가치 있는 땅을 되돌려받는 셈이다. 미국의 나머지 땅에 대해서도 같은 논리가 적용된다. 이제 그 땅은 예전의 그 땅이 아니다. 다른 사람들이 개발하고 다른 사람들이 가치를 올려놓은 땅을 되돌려달라는 요구는 부당하다. 이것은 도둑질이다.

인디언이 고를 수 있는 가장 좋은 선택지는 유럽인들이 미국으로 가져온 새로운 문명에 동화하고 물밀듯이 밀려든 이민자의 삶을 그토록 풍요롭게 만든 부를 창출하는 많은 기회를 활용하는 길인 것 같다. 동화라는 선택지는 2세기 가까운 시간 동안 흑인들에게는 불가능했으나 아메리카 인디언에게는 가능했던 방법이었다. 하지만 처음부터 아메리카 인디언이 거부한 바로 그 선택지이기도 하다. 오늘날 많은 인디언이 미국 사회에 동화했고 일부 인디언 부족은 게임 산업 관련 권한을 이용해 카지노를 운영하면서 막대한 수익을 올린다. 그러나 여전히 다른 인디언들은 자신을 둘러싼 미국과 정신적으로 동떨어진 채 보호구역 안에서 희망이 없는 삶을 산다. 보호구역에 사는 인디언은 마치 기업인다운 노력을 펼치는 기쁨을 누리기보다는 (이런저런 종류의 보상금을 요구하면서) 피해의식에 빠져 사는 쪽을 더 좋아하는 것 같다. 이들은 용감하고 슬기롭던 조상들의 이름을 내세워 이런 행동을 하는 중이다. 하지만 나는 가끔씩 이들의 용감하고 슬기롭던 조상들이 아메리카 인디언의 현재 상태를 볼 수 있다면 어떤 생각을 할지 궁금하다.

현실에 대한 경험 없이 탁상공론만 벌이는 진보주의 운동가들이 콜럼버스가 남긴 유산을 보며 개탄하기는 쉽다. 나는 샤메인 화이트 페이스의 눈에서 슬픔을 보고 슬픔에 동의하고 싶다는 유혹을 느낀다. 이때 나는 내 자신에게 질문을 던진다. 유럽인들이 미국에 오지 않았더라면 무슨 일이 벌어졌을까? 아메리카 인디언이 스스로 근대 문명을 발전시켰을까? 아메리카 인디언이 서양식을 따랐을까? 아니면 계속 예전처럼 살았을까? 그렇다면 인디언은 어떤 모습을 하게 될까? 이 경우 나는 인디언이 오늘날 우리가 오스트레일리아나 파푸아 뉴기니에서 볼 수 있는 원주민 부족과 비슷한 방식으로 생활할 것이라고 추정한다. 인디언은 기본적으로 내셔널지오그래픽에서 빠져나온 모습으로 살 것이다. 서양식 옷을 걸치지 않고, 서양식 약물을 사용하지 않고, 서양식 기술을 도입하지 않은 삶이다. 솔직하게 이야기하자면 이빨이 썩어가고 영아 사망률이 높고 기대 수명이 낮은 삶이다. 아직도 원뿔형 천막에서 살면서 끼니거리를 마련하기 위해 동물을 사냥하러 다니는 사람들을 상상해보라.

　나는 안다. 생각만으로는, 심지어 아마 짧은 휴가를 보내기에는 이런 삶이 근사하게 보일 수 있음을. 하지만 이렇게 살려고 해보자. 거의 경험하지 못한, 하루 종일 개구리처럼 이리저리 뛰어다니는 삶이 될 것이다. 아메리카 인디언은 이 사실을 안다. 인디언 중 어느 누구도 이런 식으로 살지 않는 이유다. 할 수는 있다. 보호구역은 거대하므로 원한다면 인디언은 조상들의 생활 방식을 흉내내 살 수 있다. 하지만 그렇게 하지 않는다. 인디언은 원래 방식대로 살기를 거부한 채 조상의 삶이 아닌 현재의 삶을 사는 쪽에 표를 던진다. 후회 없는 선택은 아니다. 인디언들은 오랫동안 엄청난 어려움에 시달렸다. 이들이 콜럼버스가 남긴 유산에 애도를 멈출 일은 결코 없을 것이다. 그렇다고 하더라도 인디언들은 내셔널지오그래픽에 나올 법한 삶으로 되돌아가는 데는 전혀 관심이 없다. 이들은 현대 미국에 살면서 콜럼버스와 후계자들이 아메리카 대륙으로 가져온 문명이 맺은 달콤한 과일을 즐기고자 한다.

# 제7장

—

# 아스틀란에
# 관한 신화

★

나는 보고 싶다,
미국이 사라지는 모습을.
나는 보고 싶다,
미국이 멕시코의 일부가,
다수인 치카노가 다스리는
새롭고 거대한 국가의 일부가 되는 모습을.

– 치카노(Chicano, 멕시코계 미국인) 학자이자 운동가 찰스 트룩시요(Charles Truxillo)

몇 년 전 나는 캘리포니아 주 남부에서 히스패닉(스페인어를 쓰는 중남미 출신)계 미국인 무리가 멕시코 국기를 흔들며 시위를 벌이는 모습을 목격했다. 이 미국인들은 미국보다는 멕시코와 일체감을 느낌이 분명했다. 나는 처음에는 어째서 미국인이 이런 식으로 생각하는지 이해하지 못했다. 이들이 멕시코로 돌아가고자 한다면 분명 그렇게 할 수 있었다. 나는 미국인이 멕시코로 들어가지 못하게 막는 국경선에 관한 어떤 제한 조치도 알지 못했다. 그러다가 나는 시위를 벌이는 히스패닉계 미국인들이 어째서 멕시코로 이주하지 않는지 깨달았다. 이들은 자신이 멕시코에, 즉 미국이 불법적으로 빼앗아 차지한 멕시코 영토의 일부에 산다고 생각한다. 많은 미국인이 19세기에 발생한 멕시코 전쟁을 까마득히 먼 역사 속에 존재하는 사건쯤으로 여기는 것 같다. 하지만 남부에 사는 일부 주민이 아직까지 남북전쟁이 준 충격에서 벗어나지 못했듯이, 시위를 벌이는 히스패닉계 미국인들도 멕시코 전쟁에 관한 기억에서 벗어나지 못했다. 자신들이 전쟁에서 패했다는 사실을 받아들인 것처럼 보이는 남부 주민과 달리 히스패닉계 미국인은 멕시코 영토의 절반을 미국에 이양한 조약인 과달루페 이달고 조약(Treaty of Guadalupe Hidalgo)을 무효로 돌리고 싶어 한다. 그럼에도 불구하고 이들은 다시 멕시코인이 되고 싶어 하지는 않는다. 더 정확히 말하자면 멕시코 북부와 미국 남서부를 아우르는, 자신들이 아스틀란이라고 부르는 지역에 새로운 국가를 건설할 방법을 모색한다. 아스테카에서 유래된 말인 '아스틀란(Aztlan, '흰 땅'이라는 뜻-옮긴이)'은 한때 거대한 아스테카 제국이 번영을 누리던 땅을 떠올리게 한다.

라틴 아메리카계 미국인들이 시위를 벌이는 동안 나는 멕시코에서 온 불법 이민자와 대화를 나눴다. 그 사람은 그때 이후로 내 머릿속을 떠나지 않는 열정적인 답변을 내놓았다. 그 사람은 이렇게 대답했다. "미국은 순전히 땅에 대한 욕심 때문에 멕시코 영토 절반을 가로챘습니다. 우리가 남서부라고 부르는 지역 대부분이, 즉 텍사스 주와 뉴멕시코 주, 애리조나 주와 캘리포니아 주 전역과 유타 주와 네바다 주, 콜로라도 주 일부가 멕시코 영토의 일부였습니다. 우리는 멕시코인입니다. 그리고 이 땅은 과거 우리 땅이었습니다. 미국이 우리나라를 침략해 차지하기 전까지는요. 우리는 여전히 이 땅을 당연히 우리 땅이라고 생각합니다. 하지만 미국인들은 우리가 한때 우리 소유였던 땅을 다시 찾아오거나 그 땅에서 농사짓도록 두지 않을 것입니다. 내 것인 땅을 차지하더니 심지어 내 아버지의 땅에서 일하면서 내 가족을 먹여 살리도록 놔두지 않으니 미국인들은 정말 사악한 존재입니다!"

나는 그렇게 말하며 안타까워하던 그 사람의 얼굴이 아직도 떠오른다. 그 사람이 제기한 문제는 이전에는 내가 한 번도 생각한 적 없었으나 이후에는 한 번도 내 머릿속을 떠나지 않은 주제였다. 오늘날 중견 히스패닉계 지식인과 운동가들이 동일한 주장으로 정부에 압력을 가하는 진보주의자 연합의 일부를 차지한다. 그러나 이들은 안타까워하지 않는다. 분노한다. 이들은 간청하는 대신 고집을 부린다. 앙헬 구티에레스(Angel Gutierrez), 로돌포 아쿠냐(Rodolfo Acuna), 아르만도 나바로(Armando Navarro)같은 현재 활동하는 운동가들은 미국이 광활한 영토를 차지하고 엄청난 부를 누리는 이유가 강한 정복욕 때문이라고 말한다. 아쿠냐가 집필한 표준 교과서이자 미국 내 수많은 초·중·고등학교와 대학교에서 채택한 책의 제목이 바로 『점령된 미국(Occupied America)』이다. 이 제목은 미국이 멕시코 영토의 반을 구입한 사건을 언급하는 동시에 라틴 아메리카계 미국인이 미국을 다시 점령하는 역사를 암시한다. 히스패닉계 미국인 운동가들은 빼앗긴 영토를 수복하기를, 그리고 되찾는 주체는 멕시코일 필요는 없지만 반드시 히스패닉계 미국인이기를 바란다. 운동가들은 만약 백인들이 되돌려주지 않는다 하더라도 조만간 미국 남서부 사회에서 히스패닉계 미국인 공동체가 다수가 될 것이라고 생각한다. 그렇게 되면 이들은 목표를 달성할 위치에 설 것이다. 합법이든 불법이든 이민은 오늘날 진보주의 지역사회 조직가가 멕시코 전쟁의 결과를 원래대로 되돌리고 아스틀란 건설이라는 꿈을 현실화하기 위해 사용하는 방법이다.

히스패닉계 운동가들은 아스틀란 건설에 관해 다른 해결안을 제시한다. 뉴멕시코 주 앨버커키에서 나는 영화 〈아메리카〉에 넣을 인터뷰를 진행하고자 뉴멕시코 대학교에서 교수를 지냈던 찰스 트룩시요를 만났다. 트룩시요는 엄밀히 말해 아스틀란에 관한 생각이 신화임을 인정했다. 트룩시요는 1960년대 치카노가 어째서 자신들이 원래 아스테카인이었는지, 어째서 자신들이 아스테카 제국 영토를 수복하기를 바라는지에 관해 이야기를 나누었다고 말한다. 트룩시요는 오늘날까지도 많은 히스패닉계 미국인이 아스테카 제국의 춤을 추며 아스테카 제국에 관한 환상을 되살리기 위해 모인다고 전한다. 트룩시요는 하지만 아스테카인들은 현재 미국 남서부에 속하는 지역에 살지 않았음을 지적한다. 이들은 훨씬 더 남쪽인 오늘날 멕시코 영토에 해당하는 곳에서 살았다. 그러나 트룩시요는 아스틀란이 '비유적인' 믿음을 대변한다고 이야기한다. 미국인이 남서부라고 부르는 그 남서부 지방은 사실 엘 노르테(El Norte, '북부'라는 뜻의 멕시코어), 즉 미국이 무력으로 빼앗은 멕시코 북부 지역이다.

트룩시요는 이 도둑질을 바로잡아야 한다고 말한다. 트룩시요는 오랫동안 무상토지불하라는 해결안을 만지작거렸다. 이 해결안은 미국이 멕시코인에게 스페인이 멕시코를 지배할 당시 스페인 정부가 최초에 멕시코 영토라고 인정한 땅을 되돌려주도록 요구한다. 그렇게 되면 히스패닉계 미국인은 기본적으로 미국에서 인디언 보호구역과 맞먹는 거대한 지역을 받게 될 것이다. 아메리카 인디언과 마찬가지로 히스패닉계 미국인들도 '국가 내 국가'를 운영할 자치권을 획득할 것이다. 그러나 트룩시요는 이제 새로운 해결안을 제시한다. 트룩시요의 새로운 해결안은 거대한 단일 국가가 되도록 미국과 멕시코를 합병하는 방안이다. 트룩시요는 흥분한 어조로 시간이 흐르면 새로운 나라는 앵글로색슨계 미국인 혹은 백인의 나라가 아닌 히스패닉계 주민의 나라가 될 것이라고 말한다. 게다가 이 해결안에는 전쟁이 필요하지 않다. 어떤 의미에서는 이민과 히스패닉계 미국인의 높은 출산율로 자연스럽게 일어날 일이다. 트룩시요는 내게 결국 미국과 멕시코를 가르는 국경선이 그냥 그렇게 사라질 것이라고 장담했다. 트룩시요는 역사에 해묵은 원한을 청산할 방법이 있다고 결론짓는다.

아르만도 나바로는 캘리포니아 주립대학교 리버사이드 캠퍼스의 민족학과 학과장을 맡고 있다. 나바로는 자신의 사무실에 체 게바라를 그린 그림을 자랑스럽게 걸고 있으며 피델 카스트로와 함께 찍은 사진도 내걸었다. 2001년 나바로는 멕시코시티에서 열린 사파티스타 행진[Za-patista March, 멕시코 원주민이 주도하는 시민 사회 운동(사파티스타 운동)의 일환으로 벌어진 침묵 시위-옮긴이]에서 치카노와 멕시코인으로 구성된 무리를 이끌었다. 나바로는 '멕시코 원주민과 우리 사이의 연대를 보여주고자'했다고 말했다. 나바로는 멕시코인이 '멕시코로부터 영토의 절반을 빼앗은 제국주의의 희생자'라고 주장했다. 나바로는 오늘날에 이르러 히스패닉계 미국인이 선거에 영향을 미치는 부동층이 될 만큼 충분한 힘을 지녔다고, 내일이 되면 아스틀란을 현실화할 위치에 설 것이라고 말한다. 어쨌든 소비에트 연방이 최후를 맞이했을 때 새로운 가능성이 탄생했고, 유고슬라비아 공화국이 해체된 사건으로 체첸이 다시 독립을 주장할 수 있는 길이 열렸다. 이 땅에서도 같은 일이 벌어질 수 있다. "멕시코가 잃어버린 영토를 되찾거나 새로운 아스틀란 공화국이 수립될 가능성에 대해 상상해 보십시오."

나바로는 히스패닉계 미국인에게 과거 미국인이 멕시코인의 조상에게 했던 일을 현재 미국인에게 하라고 촉구한다. 미국인이 무력으로 땅을 차지했으므로 이제 히스패닉계 미국인이 이 땅을 빼앗을 수 있다. 나바로는 자신을 분리독립주의자로 생각하지 않는다. 나바로는 남부인과 달리 멕시코인은 미국과 통합되는 데 결코 동의한 적이 없다고 주장한다. 애초에 미국의 멕시코 영토 점령이 불법이었으므로 어떤 식으로 달성되든 아스틀란 공화국의 건국은 정당하다. 히스패닉계 미국인은 미국으로부터 분리독립하지 않는다. 이들은 그저 원래 자신의 소유였던 땅을 되돌려 받으려는 것일 뿐이다. 미국은 빼앗은 땅을 되돌려줘야 하는 강탈자다.

그러나 영토 반환에 관한 이들의 주장에는 역설적인 부분이 존재한다. 앞 장에서 아메리카 인디언에 관해 이야기할 때 암시하기는 했으나 이 장에 와서 영토 반환에 관한 역설이 훨씬 더 강력하게 모습을 드러낸다. 미국은 어떤 의미에서 이중으로 도둑질했다는 비난을 받고 있다. 사람들은 미국이 인디언에게서 나라를 빼앗고 이후 히스패닉에게서 멕시코 영토의 상당 부분을 강탈했다고 주장한다. 그런데 만약 북아메리카와 남아메리카라는 두 대륙이 한때 아메리카 인디언의 소유였다고 치자. 그렇다면 히스패닉은 어떤 식으로 이 땅의 주인이 됐는가? 답은 간단하다. 이들은 아메리카 대륙을 정복했다. 역사학자 패트리샤 리머릭(Patricia Limerick)은 『정복이 남긴 유산(The Legacy of Conquest)』에서 "남서부에 히스패닉이 출현한 사건은 그 자체로 정복 활동의 산물이었다. 푸에블로족 인디언은 히스패닉이 출현하기 훨씬 전부터 점령된 미국에서 살고 있었다."[1]고 지적한다. '히스패닉(Hispanic)'이라는 용어는 스페인 출신임을 가리키고 '라티노(Latino)'라는 용어는 라틴(Latin, '라틴계 사람'이라는 뜻)이라는 단어에서 나왔다. 따라서 두 용어는 자신을 라틴어를 사용하는 로마인의 후손으로 생각하는, 유럽에서 온 스페인인을 가리키는 말이다. 아메리카 대륙으로 건너왔을 당시 스페인인은 원주민인 아메리카 인디언과 관계해 메스티소, 즉 라틴계 혼혈 인종을 낳았다. 히스패닉 혹은 라티노는 스페인인이 아메리카 대륙을 정복한 시대에 혈통의 뿌리가 시작되는 혼혈 집단이다. 하지만 스페인인이 불법으로 인디언에게서 땅을 빼앗았다면 그 땅은 실제로 히스패닉이나 라티노의 소유가 아니다. 미국이 정복 행위로 차지한 땅에 대해 소유권을 주장하지 못한다면 미국이 차지한 땅을 빼앗긴, 그러나 자신 역시 다른 누군가에게서 그 땅을 빼앗은 사람들도 땅에 대해 소유권을 주장하지 못한다.

사람들은 흔히 멕시코 전쟁을 강력한 미국과 방어할 능력이 없던 불쌍한 멕시코 사이에 벌어진 전쟁이라고 생각한다. 진보주의자들이 풀어나가는 이야기 속에서는 미국인이 먼로주의(Monroe Doctrine)와 명백한 운명(Manifest Destiny)에 도취돼 서쪽으로 영토를 확장하고 무력을 이용한 점령과 몰수라는, 오래 전부터 내려오는 방식을 이용해 새로운 국가를 건설한 뒤 중앙아메리카와 남아메리카에 있는 다른 국가들을 지배하고 착취하는 인물로 등장한다. 『버락 오바마, 담대한 희망(The Audacity of Hope)』에서 오바마 대통령은 먼로주의에 대해 분노한다. 오바마는 먼로주의를 '미국의 우방이 아닌 국가의 정부를 우선적으로 제거할 수 있다는 개념'이라고 정의했다. 최근 국무부장관 존 케리(John Kerry)가 미주기구(Organization of the American States) 연설에서 오바마 행정부가 우려했을 정도로 "먼로주의의 시대는 끝났다."[2]고 발언했다.

오바마 대통령과 케리 장관 모두 먼로주의가 진정으로 무엇을 의미하는지에 대해, 혹은 먼로주의가 어떤 맥락 속에서 표방됐는지에 대해 무지한 것처럼 보인다. 실제로 미국은 영국의 식민지 지배에서 벗어난 뒤 제국들의 놀이터였던 대륙과, 그리고 영토와 패권을 차지하기 위해 대륙에서 다툼을 벌이던 영국과 프랑스, 스페인과 씨름해야 했다. 먼로주의는 식민지를 건설하려는 유럽 국가의 새로운 시도로부터 아메리카 대륙에 건설된 국가들의 독립을 보호하기 위한 일종의 방어 장치였다. 먼로주의는 미국이 아메리카 대륙을 지배하려는 대륙 밖 국가의 이런 시도를 반드시 대응해야 할 적대적인 행위로 간주할 것이라고 선언한다. 먼로주의는 아메리카 대륙에 대한 미국의 소유권 주장이 아니라 신대륙에서 떠나라는 유럽 열강을 향한 경고였다.

진보주의자들은 미국이 카리브 해와 라틴 아메리카 일대를 자신의 '뒷마당'으로 생각하면서 사실상 서양의 거대 괴물로 바뀌었다고 주장한다. 그러나 이 주장이 사실이라면 미국이 자신의 뒷마당에서 그토록 작은 영향력을 행사하는 이유는 무엇인가? (멕시코는 말할 필요도 없고) 온전하게 자치권을 행사하면서 북쪽에 있는 강력한 이웃 국가에 빈번하게 맞서는 독립 국가가 중앙아메리카와 남아메리카에 그토록 많이 존재하는 이유는 무엇인가? 멕시코 전쟁이 끝날 무렵 미국 군대가 멕시코시티를 점령했다. 멕시코 전체가 미국의 수중에 떨어졌다. 따라서 어떤 관점에서 보면 미국은 멕시코 영토의 절반을 차지했지만 다른 관점에서 보면 미국은 자신만의 힘으로 충분히 유지할 수 있는 영토의 절반을 멕시코에 되돌려준 셈이다. 실제로 어떤 일이 일어났는지 검토하지 않고는 미국의 행동이 합법적인지 아닌지 (그리고 이 행동에 필연적으로 뒤따르는 보상에 대한 주장이 정당한지 정당하지 않은지) 평가하지 못한다. 이 같은 질문을 하는 내내 우리는 '아래에서 바라본 역사'를 실천하기 위한 우리의 노력을 떠올리며 약자가 맞이한 운명에 집중해야 한다.

'명백한 운명'은 1845년 「민주주의 비평(Democratic Review)」에서 존 오설리번(John O'Sullivan)이 처음으로 사용한 용어였다. 설리번은 미국이 대서양 연안에서 태평양 연안으로 영토를 확장한다면 미국의 안정과 번영이 모두 확대될 것이라고 주장했다. 설리번은 '대륙 전체로 영토를 확장함은 해마다 증가하는 수백만 인구가 자유롭게 발전할 수 있도록 신이 베풀어주신 미국의 명백한 운명'이라고 말했다. 설리번은 고난과 기아 탓에 수백만 명이 어쩔 수 없이 유럽을 떠났으며 더 나은 삶을 찾아 이들이 미국에 자리를 잡았다고 주장했다. 설리번은 아일랜드와 스칸디나비아 반도, 그리고 다른 곳에서 물밀듯이 쏟아진 수백만 명이 어째서 땅을 먼저 차지했다는 주장이 전부인 스페인인보다 땅에 대한 권리를 적게 행사하는지에 대해 물었다. 설리번이 이 글을 썼을 당시 멕시코가 스페인을 물리치고 독립 전쟁에서 승리했음은 인정한다. 하지만 여전히 멕시코는 집권층이자 스페인인 후손의 피가 섞인 메스티소에게 지배됐다. 에이브러햄 링컨은 멕시코 정부를 독재자와 무정부주의자가 뒤섞인 기관이라고 표현했다. 평범한 멕시코인의 삶은 어렵고 불안했다. 가난 때문이기도 했지만 정부의 묵인 아래 벌어지는 부패 행위 및 토지와 재화를 약탈하는 행위 때문이기도 했다. 재산권은 제멋대로 실시되는 낡은 무상토지불하 제도에 기반을 두었다. 참정권은 거의 없었고 인권은 존재하지 않았다. 따라서 멕시코가 독립을 얻었음에도 멕시코인에게는 실제로 기댈 수 있는 권리가 아무것도 없었다.

멕시코 전쟁은 텍사스에서 시작됐다. 1821년 스페인으로부터 독립을 쟁취한 이후 멕시코 정부는 무상토지불하 제도나 다른 우대정책을 이용해 앵글로색슨계 백인 이주민과 상인들이 텍사스로 이주하도록 장려했다. 미국 남부와 서부에 살던 많은 사람이 텍사스로 이동했다. 멕시코인은 앵글로색슨계 백인들이 자국 경제에 새로운 활력을 불어넣기를, 그리고 코만치족이나 호전적인 다른 인디언 부족과 맞서 싸울 때 (거칠고 공격적이라는 평판대로) 도움이 되기를 바랐다. 앵글로색슨계 백인들은 멕시코인의 바람을 모두 충족시켰다. 그러나 참정권 및 합법적인 권리에 관한 생각도 멕시코로 가져왔다. 멕시코인들이 독재 정부의 권한으로 생각했던 권리를 빼앗으려 시도했다.

1830년 멕시코 정부가 앵글로색슨계 백인들이 텍사스로 이주하도록 실시하던 장려 정책을 중단하고, 관세를 도입하고, 텍사스 정부 조직을 재편하고, 텍사스에 새로운 군사 기지를 건설했다. 당시 텍사스에 거주하는 사람들 중 대다수가 멕시코인이 아닌 앵글로색슨계 백인이었다. 역사학자 대니얼 워커 하우는 1830년 "텍사스에 거주하는 앵글로색슨계 백인의 수가 2대 1이 넘는 비율로 히스패닉계 텍사스 주민의 수를 능가했다."고 추산했다.[3] 테네시 주에서 텍사스로 이주한 샘 휴스턴(Sam Houston, 텍사스 공화국 당시 대통령-옮긴이)이 앤드루 잭슨 대통령에게 멕시코 정부를 상대하는 일이 얼마나 어려운지에 대해 편지를 썼다. "멕시코는 내전에 휘말린 상태입니다. 연방 헌법은 한 번도 시행된 적이 없습니다. 기본적으로 멕시코 정부가 횡포를 저지르고 있습니다." 휴스턴의 지휘 아래 텍사스인들이 멕시코로부터 분리독립하기로 결정했다. 이들은 성미가 고약하거나 순종적이지 않은 사람들이 아니었다. 역사학자 H.W. 브랜즈(H.W. Brands)는 텍사스로 이주한 미국인들이 여타 이주민과 마찬가지로 다른 사람의 권유에 따라 이동한 사람임을 상기시킨다. 새로운 이민자가 들어오지 못하게 막은 멕시코 정부의 조치는 "텍사스가 기한 없이 국경 지역으로 남을 수 있다."는 의미였다. 그러나 브랜즈는 "미국인 중에, 서부 사람들 사이에서조차 자신의 이익을 위해 기꺼이 국경 지역에 살 사람은 거의 없었다. 이들이 불안한 지역으로 이주한 이유는 형편상 그곳에 있는 땅을 살 수 있었기 때문이었다. 그러나 작은 부지를 매입하기가 무섭게 이들은 국경 지역이 동쪽에 있는 안정적인 지역처럼 바뀌기를 바랐다. 텍사스에 사는 거의 모든 미국인이 더 많은 동포가 자신의 뒤를 따라 텍사스로 이동할 것이라고, 변경 지역인 텍사스가 마을로, 궁극적으로는 도시로 가득 차 결과적으로 도시와 마을의 생활 수준이 향상될 것이라고 생각했다."4)고 말한다. 요약해서 말하자면 텍사스로 이주한 사람들은 더 나은 삶을 찾던 빈곤층이었고 멕시코의 불안한 상태를 이용해 중앙 집권화를 진행하던 멕시코 정부의 조치 때문에 이들의 예상이 빗나갔다는 의미다.

1836년 텍사스인들이 반란을 일으키고 텍사스가 '론스타 공화국(Lone Star Republic)'이 됐음을 선포했다. 이 반란은 온전히 백인 혹은 앵글로색슨계 미국인이 일으킨 사건이 아니었다. 역사학자 데이비드 몬테하노(David Montejano)는 텍사스인의 반란이 '새로 온 앵글로색슨계 이주민과 텍사스에 거주하던 기존의 멕시코 엘리트 계층이 연합해 벌인 사건'5)이라고 지적한다. 텍사스인은 원래 분리독립할 의도로 반란을 일으키지 않았다. 오히려 반란 세력은 멕시코 정부에 1824년 제정된 멕시코 헌법을 따르라고 요구했다. 멕시코 헌법은 연방을 구성하는 주에 막대한 자치권을 보장했다. 그러나 1829년부터 멕시코에서 독재 권력을 휘두르던 안토니오 로페스 데 산타 아나(Antonio Lopez de Santa Ana) 장군은 헌법에 명시된 조항을 따를 생각이 없었다. 텍사스인이 멕시코에서 완전히 분리독립하기로 결정한 시기는 오로지 멕시코가 텍사스인의 요구를 무시하고 무력으로 화답한 순간에 이르러서였다. 영국 정부의 실정에 맞서 항의하는 데서, 즉 '영국인의 권리'를 박탈하는 데서 시작됐으나 결국 완전한 독립을 얻기 위한, 그리고 보편적인 '인간의 권리'를 확인하기 위한 움직임으로 바뀐 미국 독립 전쟁을 떠올리게 하는 흥미로운 대목이다. 독립 전쟁 당시 미국인과 마찬가지로 텍사스인도 선한 멕시코인이 되고자하는 시도에서 출발했으나 자신들의 시도가 효과를 발휘하지 못하자 멕시코에서 떨어져나와 미국 헌법을 모델로 한 새로운 헌법 초안을 작성했다.

텍사스인은 멕시코 정부에 맞서 싸우는 자신들을 도와달라고 미국에 간청했다. 하지만 정말 이상하게도 아무 도움도 없었다. (팽창주의자라는 평판을 듣고 있음에도) 앤드루 잭슨 대통령은 텍사스인의 요청을 물리치고 분쟁에 개입하지 않기로 결정했다. 텍사스인이 승리를 거두고 공화국이 수립된 이후에조차 미국은 텍사스를 국가로 인정하기를 거부했다. 텍사스를 인정하는 경우 노예를 기반으로 하는 남부의 힘이 커질 것이라는 북부인들의 우려가 크게 작용했기 때문이었다. 그 결과 텍사스는 10년 가까이 독립 공화국으로 남았다. 1845년 결국 텍사스가 미국의 한 주로 합병됐다. 이제 텍사스와 멕시코 사이의 경계선을 확정하는 문제가 남았다.

멕시코 전쟁이 발발한 계기는 텍사스와 멕시코 사이에 벌어진 국경 분쟁, 즉 어디에서 멕시코가 끝나고 어디부터 텍사스가 시작하느냐에 관한 문제 때문이었다. 멕시코는 누에세스 강을 국경으로 삼아야 한다고 주장한 반면 텍사스는 리오그란데 강이 국경선이라고 주장했다. 전후사정을 감안할 때 멕시코가 자신의 주장을 뒷받침할 더 강력한 논거를 갖고 있는 듯 보였지만 10년 가까운 세월이 흐르는 동안 이를 실천에 옮기는 어떤 노력도 하지 않은 까닭에 텍사스가 자신의 주장대로 더 넓은 영토를 자유롭게 확보하는 길이 열렸다. 포크(James Polk) 대통령은 텍사스의 연방 가입을 인정하는 동시에 국경을 '순찰'하도록 미국 군대를 리오그란데 강으로 파견했다. 그러다가 멕시코 기병 부대가 미국 순찰대를 습격하는 사건이 벌어지면서 멕시코 전쟁이 발발했다.

미국 대중은 열광했지만 미국 지도층은 멕시코 전쟁 때문에 양편으로 나뉘어 뜨거운 논쟁을 벌였다. 노예 해방론자인 프레더릭 더글러스는 멕시코 전쟁에 반대하는 입장에 서서 멕시코 전쟁이 미국의 '탐욕과 지배에 대한 열망'에서 시작됐다고 주장했다. 랠프 월도 에머슨(Ralph Waldo Emerson)은 멕시코 전쟁을 어리석은 제국주의자들이 일으킨 사건이라고 생각했다. 소로(Henry David Thoreau)는 멕시코 전쟁에 필요한 자금이 될 것이라는 이유로 매사추세츠 주 인두세를 내지 않겠다고 거부했다(한 친척이 세금을 대신 납부하고 석방시키기는 했으나 소로는 하룻밤 동안 감옥에 갇혔다). 이와 반대로 월트 휘트먼(Walt Whitman)은 멕시코가 먼저 공격을 했으며 따라서 "멕시코는 철저하게 벌을 받아야 한다."[6]고 주장했다.

당시 연방 하원의원이었던 에이브러햄 링컨은 자신의 멘토인 헨리 클레이(Henry Clay)와 마찬가지로 전쟁에 반대했다. 휘그당은 영토 확장에 반대하는 입장이었다. 휘그당은 대체로 미국이 국경선을 확장하기보다는 자유 공화국의 본보기를 보여야 한다고 생각했다. 1844년 치러진 대통령 선거에서 휘그당 대선 후보였던 헨리 클레이가 민주당 후보 제임스 포크에게 패했다. 부분적으로는 클레이가 텍사스의 연방 가입 승인을 반대했기 때문이었다. 클레이는 훗날 정복욕과 '전 세계를 지배하겠다는 열망'[7]에서 비롯한 사건이라며 멕시코 전쟁을 비난했다. 이와 반대로 민주당은 가능한 경우 땅을 매입하거나 조약을 체결하는 방법으로, 정당한 경우 무력을 사용하는 방법으로 미국의 국경선을 확장함으로써 자유를 확대하는 정책을 지지했다. 노예제와 관련된 문제가 끼어들면서 이 논쟁이 복잡하게 변했다. 남부인들은 노예주가 더 많아질 수 있도록 나라가 더 커지기를 바랐다. 북부인들은 연방에 추가되는 모든 지역이 노예주보다는 자유주가 되기를 바랐다.

링컨은 포크 대통령이 멕시코인 때문에 미국 영토에서 미국인이 피를 흘렸다는 거짓된 이야기를 내세워 멕시코와 전쟁을 치를 구실을 찾았다고 주장했다. 링컨은 빈정거리는 듯한 '지점 결의안'을 내놓고 포크 대통령에게 피가 흐른 정확한 지점이 어디인지 확인하라고 요구했다. 그렇지만 링컨의 입장은 다른 사람과 미묘하게 달랐다. 링컨은 멕시코 정부가 폭정을 휘두른다거나 텍사스인에게 독립을 주장할 권리가 있다는 점에 대해서는 결코 이의를 제기하지 않았다. 미국인에게 영국의 통치에 맞서 반란을 일으킬 권리가 있었다면 분명 텍사스인에게도 멕시코 집권층의 독재 정치를 떨쳐낼 권리가 있었다. 이후 1848년 1월 12일에 한 멕시코 전쟁에 관한 연설에서 링컨은 미국의 독립 선언이 '가장 귀중하고 가장 신성한 권리, 즉 우리가 그렇게 되기를 희망하고 믿는 전 세계를 해방시킬 권리'[8]라고 주장했다. 멕시코 전쟁을 반대하는 링컨의 주장은 멕시코 전쟁이 잘못된 명분에서 시작됐음을, 포크 대통령이 텍사스를 방어하는 수준을 넘어 멕시코 영토를 갈망하는 단계에 이르렀음을 이야기할 뿐이었다.

멕시코 전쟁은 짧은 시간 안에 결론에 도달했다. 멕시코인은 스페인에 맞서 일어난 멕시코인의 반란을 성공적으로 이끈 산타 아나 장군의 지휘를 받았다. 그러나 산타 아나 장군은 미국 군대를 이끄는 재커리 테일러(Zachary Taylor) 장군과 윈필드 스콧(Winfield Scott) 장군의 맞수가 되지 못했다. 테일러는 훗날 미국 대통령으로 선출됐고 스콧은 육군에서 가장 높은 지위에 올랐다. 당시 미군을 지휘한 하급 장교 명단에는 율리시스 그랜트(Ulysses Grant)와 조지 매클렐런(George McClellan), 스톤월 잭슨(Stonewall Jackson), 로버트 E. 리(Robert E. Lee), 제퍼슨 데이비스(Jefferson Davis) 같은 익숙한 이름이 포함됐다. 앞으로 벌어질 남북 전쟁에서는 적이 돼 싸우겠지만 당시에는 같은 편에 서서 전쟁을 치른 인물들이었다.

멕시코 전쟁은 1847년 멕시코 수도가 미군에게 함락되면서 끝났다. 멕시코시티의 하늘 아래 미국 국기가 휘날렸다. 멕시코시티는 미군에게 9개월 동안 점령됐다. 최종적으로 미국인들이 철수하고 과달루페 이달고 조약이 체결되면서 평화가 찾아왔다. 과달루페 이달고 조약은 텍사스 경계를 확정짓고 미국에 오늘날 뉴멕시코 주에서부터 캘리포니아 주를 지나 와이오밍 주에 이르는 거대한 지역으로 영토를 확장할 권리를 인정했다. 사실 미국은 멕시코 영토를 몽땅 차지할 수 있었다. 그렇지만 영토의 반만 차지하고 반은 돌려주기로 결정했다.

멕시코 전쟁에 대해 어떤 평가를 내려야 할까? 나는 전쟁을 시작하고 끝낸 당사자인 멕시코 정부에 대해서는 미안한 감정이 들지 않는다. 또한 멕시코 전쟁이 미국에 136만 제곱킬로미터라는 광활한 영토를 안긴, 미국이 펼친 정복 전쟁의 일부였음을 부인하지도 않을 것이다. 전쟁의 결과로 고통받은 사람은 누구인가? '아래에서 바라본 역사'를 실천한 하워드 진은 미국의 전쟁 개입에 반대한 까닭에 멕시코인과 맞서 싸우기를 거부한 얼마 안 되는 미국 병사에게 초점을 맞춘다. 전쟁에 반대한다는 이유에서, 또한 탈영병에게 무상으로 땅을 주겠다는 멕시코 정부의 제안에 힘을 얻어 300명에 가까운 미국 병사가 멕시코군에 합류했다. 즉, 전장에서 이탈하거나 편을 바꾼 병사의 수는 대단히 적었다. 어쩌자는 것인가? 진짜 문제는 전쟁 때문에 직접적으로 영향을 받은 멕시코인에게 있다. 우리는 멕시코인과 이들의 후손에게 어떤 일이 벌어졌는지 생각해야 한다.

오늘날 미국인의 귀에 들리는, 어째서 멕시코인이 부당하게 빼앗긴 자신들의 땅을 돌려받고 그 땅에서 일하기를 바라는지에 관한 주장을 곰곰이 헤아려보자. 하지만 이들이 빼앗긴 땅은 전혀 없다. 전쟁이 끝난 직후 미국은 이제 미국 영토의 일부가 된 지역에 사는 멕시코인의 재산권이 정당하다고 인정했다. 변화는 개인의 토지 소유권이 아니라 한때 멕시코인이었던 사람이 이제 미국인이 됐다는 사실에 있었다.

일반적으로 미국 시민이 되려면 지루한 과정을 거쳐야 한다. 나는 잘 안다. 내 자신이 이민자라서 그 과정을 거쳤기 때문이다. 그러나 과달루페 이달고 조약은 최종적으로 미국에 속한 지역에 살게 된 멕시코인은 즉시 미국 시민이 된다고 명시했다. 과달루페 이달고 조약의 4항은 신규 미국 영토에 거주하게 된 멕시코인에게 '미국 시민이 누리는 모든 권리'를 부여했다. 역사적으로 독특한 조항이다. 아메리카 인디언과 흑인, 멕시코인이라는 '비자발적인' 세 주요 소수집단 중에서 오로지 멕시코인만 즉시 미국 시민권을 받았다. 이들은 더욱 안전한 재산권을 비롯해 과거 그 어느 때보다 많은 권리를 누릴 수 있었다.

멕시코 전쟁의 결과 "미국에 살게 된 멕시코인 대부분이 자신이 원하는 대로 살 수 있는 자유를 잃었다."는 로버트 로젠바움(Robert Rosenbaum)의 주장이 어느 정도는 진실일지도 모른다. 로젠바움은 『남서부에서 전개된 멕시코인의 저항(Mexicano Resistance in the Southwest)』의 저자다. 로젠바움은 멕시코인들이 미국의 점령에 반대해 투쟁한 (많지 않지만 중요한 의미를 지닌) 몇몇 사례를 기록했다. 로젠바움은 "완전한 시민권과 재산권이 멕시코인이 경제적으로 기회를 얻고 사회적으로 통합되는 결과로 이어지지는 않았다."고 이야기하기도 했다. 멕시코인들은 언어 및 문화적 차이 외에도 이민자를 배척하고 차별하는 분위기와 맞서 싸워야 했다. 그럼에도 불구하고 멕시코계 미국인은 생활 수준을 향상시킬 기회를 멕시코에 살았더라면 누렸을 수준보다 더 많이 누렸다. 이제 멕시코계 미국인은 미국 헌법의 보호 아래 자치권을 포함해 완전한 권리를 누렸다. 정치학자 해리 재파(Harry Jaffa)는 "멕시코 영토 일부가 미국에 합병된 사건은 이 지역 거주자의 자치권이 부정됐다는 의미가 아니라 이들이 보유했던 자치권을 처음 실질적으로 확인받았다는 의미를 지녔다."[9]고 기록했다.

멕시코인은 항상 미국 이민 정책에서 우선적인 지위를 누렸다. 그 이유는 단지 멕시코가 미국과 국경을 맞대고 있어서가 아니었다. 1920년대 미국은 이민 제한법을 통과시키고 거의 모든 국가에서 들어오는 이민자 수를 제한했다. 그러나 멕시코인 이민자 수에는 제한을 두지 않았다. 실제로 이민 정책상 멕시코인들은 인종적으로 '백인'으로 분류됐다. 오늘날 멕시코에서 미국으로 들어오는 합법적인 이민자 수가 많음에도 불구하고 불법 이민자의 대다수 역시 멕시코에서 들어온다. 주목할 점은 미국이 멕시코 전체에 대한 지배권을 차지했다면 불법 이민자들은 국경을 넘지 않아도 됐을 것이라는 사실이다. 이미 미국 시민일 것이기 때문이다. 진보주의자들이 미국의 침략 행위에 대해 개탄하는 동안 어떤 사람은 "미국이 더욱 공격적이었길 바라는 멕시코인이 존재하지 않을까?"라는 의문을 제기한다. 우리는 멕시코 전쟁이 끝난 뒤 국경선을 사이에 두고 최종적으로 미국의 영토에 거주하게 된 멕시코인의 대다수가 멕시코로 돌아가려 한 적이 결코 없었음을 잘 안다. 이들의 후손도 마찬가지였다.

# 제8장

---

# 그들이
# 말하는
# 7월 4일

★

다른 혁명은 반대 세력이 일으킨 반란이었다.
그러나 이것은 폭정에 대한 참회였다.[1]

– 랠프 월도 에머슨

1862년 에이브러햄 링컨 대통령이 아프리카계 미국인 무리 앞에서 남북 전쟁이 끝난 뒤 흑인이 '우리나라'라고 부를 수 있는 새로운 나라로 흑인을 이동시킨다는 자신의 계획을 발표했다. 링컨은 자유 흑인 1만 명이 이미 라이베리아로 이주했음을 언급했다. 링컨이 알고 있었듯이 미국 의회는 대통령의 요청에 따라 이미 흑인 이주를 위한 자금 60만 달러를 책정한 상태였다(당시에는 이주가 아니라 '식민'이라고 불렀다). 링컨은 내무부에 특별식민부를 설치했다. 특별식민부는 이주를 장려하는 동시에 이주를 위해 몇 차례 제안서를 받았다. 정착지로 고려되는 지역 중에는 영국령 온두라스와 영국령 기아나, 콜롬비아(현재 파나마가 있는 지역), 그리고 아이티 해안에서 떨어진 한 섬이 있었다.2)

링컨 대통령은 흑인 청중들 앞에서 '제가 판단하기에 여러분은 인간이 겪을 수 있는 가장 큰 고통에 시달리는 중'임을 인정했다. 그럼에도 불구하고 (북부 편에 서서 싸우는 백인을 포함해) 많은 백인이 흑인을 혐오하고 흑인은 이에 대응해 백인을 그토록 증오한다고 말했다. 링컨은 "따라서 백인과 흑인이 따로 떨어져 사는 쪽이 모두에게 낫습니다."라고 밝혔다. 링컨은 자진해서 이주할 최초의 지원자를 모집하기 위해 자유 흑인들을 초청했다. 링컨은 자유민에게 다른 나라로 이주하도록 요청함이 부담스러운 일임을 잘 알았다. 그러나 "여러분의 동포를 위해 여러분이 현재 누리는 편안함을 다소 희생해야 합니다."라고 말했다. 결국 "미국 독립 전쟁에서 희생당한 사람은 전쟁에 참여한 사람이었습니다."[3]

에이브러햄 링컨이 현대인이 보기에 잘못됐다고, 심지어 인종 차별이라고 생각되는 식민 계획을 장려하는 모습을 접하고 놀랍다고 느낄지도 모른다. 하지만 식민은 링컨 대통령의 재임 시기보다 한 세기 가까이 먼저 나온 생각이었다. 사실 식민은 흑인들이 먼저 제시한 생각이자 몇몇 건국자들이 지지한 생각이었다. 토머스 제퍼슨은 식민이 가능성 있는 해결안이라고 언급했고, 제임스 매디슨과 대니얼 웹스터(Daniel Webster)는 식민에 관한 초안을 제시했다. 매디슨의 계획은 아메리카 인디언에게서 얻은 땅을 미국에 새로 도착하는 유럽 출신 이민자에게 팔고 그 돈을 사용해 흑인들을 아프리카로 송환한다는 내용을 담았다.[4]

1816년 미국식민협회(American Colonization Society)가 설립됐다. 백인과 흑인 회원을 거느린 미국식민협회는 오늘날 라이베리아라고 부르는 나라를 건설하는 데 힘을 보태도록 대리인을 파견하라고 먼로 대통령을 설득했다. 라이베리아의 수도는 당시 미국 대통령이던 먼로의 이름을 기리기 위해 몬로비아(Monrovia)라고 명명됐다. 링컨 대통령의 멘토 헨리 클레이는 미국식민협회의 회원이었다. 식민에 관한 생각은 노예 해방 운동의 지도자 새디어스 스티븐스(Thaddeus Stevens)를 포함해 많은 북부 공화당원의 지지를 얻었다. 「뉴욕타임스」와 「시카고 트리뷴(Chicago Tribune)」 같은 저명한 신문은 식민 정책을 지지하는 사설을 실었다. 식민을 지지한 흑인으로는 노예제 폐지론자이자 평론가인 존 윌리스 메너드(J. Willis Menard)와 펜실베이니아 주 출신 의사이자 저술가 마틴 딜레이니(Martin Delany), 매사추세츠 주 출신 정치 운동가 찰스 밥콕(Charles Bab-cock), 뉴요커 저널리스트 주니어스 모렐(Junius Morel), 노예제 폐지론자이자 실로 장로교회 목사인 헨리 하일랜드 가닛(Henry Highland Garnet) 등이 있었다.5)

가장 널리 알려진 흑인 출신 노예 해방 운동 지도자 프레더릭 더글러스는 식민 계획에 반대했다. 1894년 한 연설에서 더글러스는 식민은 흑인들이 도무지 받아들일 수 없는 생각이라고 주장했다. '흑인에게 자신이 태어난 땅에서 죽을 때까지 이방인이자 임시 체류자로 살 운명이라는, 그리고 이 땅에는 자신이 영원히 머무를 곳이 없다는 생각을 강요하기 때문'이었다. 식민은 흑인들에게 미국이 아닌 어디든 다른 곳으로, '불확실한 고향'으로 돌아가라고 선고한다. "이것은 속죄가 아니라 유배입니다." 더글러스는 목소리를 높여 "미국 흑인의 조국은 미국입니다. 우리는 이곳에 존재하며 이곳에 머물 것입니다."6)라고 결론지었다.

그러나 몇 십 년 전, 바로 그 더글러스가 미국 독립 기념일에 백인 청중 앞에서 유명한 연설을 하는 도중 이렇게 말했다. "이 독립 기념일은 여러분의 날이지 제 날이 아닙니다. 여러분은 큰 기쁨을 느끼겠지만 저는 애도하지 않으면 안 됩니다. 차꼬를 찬 사람을 번쩍번쩍 빛나는 거대한 자유의 전당으로 끌고 가 나와 함께 기쁨의 노래를 부르자고 하는 것은 그 사람을 조롱하는 잔혹한 처사이자 하느님을 욕되게 하는 역설적인 행위입니다. 제게는 애국심이 없습니다. 제게는 나라가 없습니다. 제게 어떤 나라가 있습니까? 이 나라의 제도는 저를 알지 못하고 저를 사람으로 인정하지 않습니다. 저는 이 나라에 대해, 엄밀히 말해 이 나라의 헌법에 대해 어떤 애정도 없습니다. 아니 애정을 품지 못합니다. 저는 최대한 빨리 이 나라가 쓰러지는 모습을 간절히 보고 싶습니다."[7] 이 연설에서 더글러스는 반역죄를 저지른다. 하지만 존경할 만한 반역죄다. 더글러스는 나쁜 나라에서는 사람들이 좋은 시민이 되지 못한다고 말한다. 많은 노예제 폐지론자가 더글러스의 의견에 동의하면서 일상적으로 미국 건국을 비판하고 미국 헌법이 적힌 종이를 불태웠다. 노예 해방 운동을 이끈 윌리엄 로이드 개리슨(William Lloyd Garrison)이 '죽음과 한 약속이자 지옥과 한 합의'라고 칭한 행동이었다. 개리슨과 더글러스가 공유한 노예제 폐지론자의 시선에서 보면 노예제와 타협한 까닭에 미국 건국에는 정당성이 없었고 건국자들은 비겁한 위선자였다.

사람들이 주장하는 건국자들의 위선적인 모습은 미국 독립 전쟁 당시 영국이 미국을 모욕할 때 주로 사용하던 주제였다. 영국 시인 새뮤얼 존슨(Samuel Johnson)의 공격이 대표적이다. "어째서 흑인을 혹사시키는 사람들 사이에서 자유를 열망하는 가장 큰 외침이 들리는가?" 드레드 스콧(Dred Scott) 사건에서 미국 연방 대법원 수석판사 로저 토니(Roger Taney)가 건국자들에 대해 동일한 비판을 제기했다. 토니는 건국자들이 "모든 사람은 평등하게 태어났다."고 말하기는 했으나 사람들이 생각하는 그런 의미로 말했을 리가 없다고 판단했다. 건국자들은 헌법 속에서 노예제를 허용했고 그중 몇몇은 개인적으로 노예를 소유했기 때문이었다. 토니는 따라서 미국 헌법은 흑인에게 '백인이 존중해야 할 어떤 권리도' 부여하지 않았다고 결론지었다. (남부가 주장한 노예제 찬성 원칙에 지적인 기반을 제공한) 상원의원 존 칼훈(John Calhoun)은 "모든 사람은 평등하게 태어났다."는 말이 '가장 잘못되고 가장 위험한 정치적 오류'[8]를 야기한다고 선언했다.

　오늘날 진보주의자들은 남부 연합이 내세운 대의명분은 부인하는 반면 미국 헌법에 대한 북부 노예제 폐지론자의 비판과 건국자들이 모든 사람은 평등하게 태어났다는 말을 그런 의미로 했을 리가 없다는 남부 노예제 찬성론자의 주장에는 대체로 동의한다. 많은 진보주의자가 더글러스의 의견에 발맞춰 노예제는 미국의 '원죄'며 노예제를 허용했기 때문에 건국자들이 유죄라고 주장한다. 지금까지 논쟁이 계속되는 노예제는 대가를 지불하지 않은 채 흑인의 노동력을 갈취하며 2세기 반 동안 이어진 정책을 상징한다. 미국은 노예 노동력으로 건설됐고 노예제가 가한 불이익 때문에 흑인들은 부의 창출이나 기회 면에서 줄곧 백인보다 훨씬 뒤진 상태다. 일부 진보주의자들은 오늘날 미국이 아프리카계 미국인에게 막대한 보상금을 지급해야 한다고 생각한다. 조상들이 노예로 끌려온 까닭에 아프리카계 미국인이 단체로 엄청나게 형편없는 삶을 살기 때문이다.[9]

　보상금을 지급하라는 진보주의자들의 주장이 계속될 수 있을까? 실제로 노예제는 노동력을 착취하는 제도다. 역사적으로 사람들은 전쟁에서 잡힌 포로를 노예로 삼았다. 한 국가 혹은 한 부족을 정복한 뒤 승리자는 패배한 무리를 죽이거나 노예로 만들었다. 인류가 탄생했을 때부터 모든 문화권에 노예제가 존재했다. 고대 그리스와 로마, 중국, 아프리카, 그리고 인도에 노예제가 있었다. 아메리카 인디언도 콜럼버스가 아메리카 대륙에 도착하기 훨씬 전부터 노예를 거느렸다. 서양 역사에서 찾을 수 있는 독특한 사건은 노예제 출현이 아니라 노예제 폐지였다. 역사학자 J.M. 로버츠(J.M. Roberts)는 이렇게 적었다. "한 번이라도 노예제에 의존한 적이 있는 경우 어떤 문명도 노예제를 영원히 뿌리 뽑지 못했다. 서양을 제외하고는."10)

게다가 건국될 때부터 남북 전쟁이 끝날 때까지 미국에는 흑인이면서 노예를 거느린 사람들이 있었다. 나는 지금 흑인 노예를 소유한 자유 흑인에 대해 이야기하는 중이다. 노예를 소유한 흑인이 존재했다는 사실이 알려지기는 했으나 규모를 보면 깜짝 놀랄 정도다. 관련 부문을 연구한 학자가 작성한 보고서는 1830년 당시 미국에 있는 흑인 출신 노예 소유주의 수가 3,500명이고 이들이 거느린 흑인 노예의 수가 통틀어 10,000명이 넘는다는 사실을 밝히고 있다. 『검은 주인(Black Masters)』에서 마이클 존슨(Michael Johnson)과 제임스 로아크(James Roark)는 윌리엄 엘리슨(William Ellison)에 관한 놀라운 이야기를 들려준다. 사우스캐롤라이나 주에 거주하는 대농장주이자 조면기 제작자인 엘리슨은 노예를 100명 이상 거느린 자유 흑인이었다. 엘리슨은 자신이 노예의 후손이었음에도 노예를 사들이고 백인 노예 소유주와 똑같은 방식으로 노예를 부리는 데 주저하지 않았다. 존슨과 로아크는 이렇게 말한다. "엘리슨은 자신이 운영하는 공장과 플랜테이션 농장을 자유를 얻기 전 흑인들이 거치는 중간 시설이라고 생각하지 않았다. 엘리슨은 단 한 명이라도 자신과 똑같은 길을 걷는 노예가 나오도록 허용하지 않았다. 모든 상황이 엘리슨이 백인 노예 소유주의 목적과 똑같이 착취하고 이익을 얻기 위해 노예를 소유하고 있음을 암시한다." 남북 전쟁이 발발하자 엘리슨과 같은

흑인 노예 소유주들은 대부분 백인 노예 소유주와 힘을 합쳐 남부 연합을 지지했다.[11]

전체 노예 소유주의 수에 비했을 때 미국에 존재했던 흑인 노예 소유주의 수가 극히 일부였음은 명백하다. 내가 흑인 노예 소유주에 대해 언급하는 이유는 이들에 대해 알려진 바가 극히 적기 때문이며 이들이 노예제가 시작됐을 때부터 제도를 뒷받침한 보편적인 정복자의 윤리를 분명히 보여주기 때문이다. 정복자의 윤리는 19세기 초반부터 중반까지 영국과 프랑스가 노예제 폐지 제안을 검토하던 기간에 노예무역으로 번영을 누리던 잠비아와 콩고, 다호메이(오늘날 베냉) 및 다른 아프리카 국가의 부족 지도자들이 노예제 폐지에 대해 격렬하게 항의하기 위해 파리와 런던으로 대표단을 파견했다는 사실 속에서 한층 더 확실하게 모습을 드러낸다.[12] 한 아프리카 부족의 추장은 자신이 세 가지 물건(식량과 술, 무기)을 원하고 이 물건과 맞바꿀 세 가지 물건(남자, 여자, 아이)을 가졌다는 오랫동안 기억에 남을 만한 발언을 남겼다.

노예제가 논란의 대상이 된 이유는 단 한 가지, 즉 기독교의 힘 때문이다. 가끔씩 기독교 옹호자로 활동하는 나는 이 주제를 두고 주도적인 역할을 하는 무신론자들과 논쟁을 벌인다. 이들은 기독교의 힘에 대해 마지못해 인정한다. 무신론자들은 수세기 동안 기독교가 노예제를 허용했으며 근대(계몽주의 시대)에 와서야 사람들이 노예제에 대해 의문을 품게 됐다고 말한다. 무신론자들의 주장은 기독교가 아닌 계몽주의가 주장한 평등주의가 노예제 반대운동을 이끌었음을 암시한다. 그러나 이 주장은 정말 잘못됐다. 노예제는 로마 제국 시절 광범위하게 퍼졌다. 로마 제국은 기원후 5세기까지 존속했다. 5세기는 기독교가 로마 제국 영토를 장악하기 이전이었다. 이후 5세기부터 10세기까지 유럽에서 노예제가 자취를 감췄다. 노예제는 농노제로 대체됐다. 농노제가 농노에게 부담을 안기는 제도이기는 하지만 농노는 노예가 아니다. 농노는 자신을 소유했고, 계약을 맺을 수 있었으며, 일하고 결혼할 수 있는 정도의 자유가 있었다. 그야말로 노예에게는 존재하지 않는 자유였다. 농노제의 출현은 엄청난 변화이자 커다란 발전이었다. 농노제는 소위 암흑시대라 불리는 시기에 등장했다. 유럽이 완전하게 그리고 철저하게 기독교의 지배를 받던 시기다. 기독교가 아니라면 도대체 무엇이 유럽에서 노예제의 소멸을 이끌어냈단 말인가?

불행하게도 근대에 이르러 노예제가 부활했다. 유럽이 아닌 미국에서 일어난 사건이었다. 노예제 부활은 경제적인 이유에서 발생한 사건이었다. 신대륙에서는 해야 할 일이 있었다. 그리고 임금을 받지 않고 일할 수 있는 사람들이 존재했다. 당시 아프리카에서는 노예무역이 성행했다. 아프리카는 노예 사냥꾼에게 붙잡혀와 팔리기를 기다리는 사람들을 무궁무진하게 확보한 채 아시아와 중동으로 노예를 공급했다. 이 '공급자'가 북아메리카와 남아메리카에 건설된 플랜테이션 농장에서 새로운 '수요'를 발견했다. 노예제는 플랜테이션 농장주에게, 그리고 노예무역에 참여하는 아프리카인에게도 커다란 수익을 안겼다. 하지만 노예제가 다시 한 번 논란에 휩싸이게 됐다. 노예제 폐지운동을 시작한 주체는 또 다시 기독교였다. 오로지 서양에서만, 즉 공식적으로 기독교가 장악했다고 알려진 지역에서만 노예제에 반대하는 운동이 발생했음은 엄청나게 중요한 의미를 지니는 사실이다. 서양 밖에서는 노예제 반대운동에 관한 역사가 전혀 없다.

무신론자들조차 영국과 미국에서 벌어진 노예제 반대운동이 기독교도의 지휘 아래 진행됐음을 인정한다. 내 말은 기독교도가 노예제에 반감을 품은 유일한 사람들이라는 의미가 아니다. 고대에서부터 노예제를 반대하는 또 다른 집단이 존재했다. 사람들은 그 집단을 노예라고 불렀다. 즉 도망 노예나 노예 반란, 혹은 노예에 관한 다른 기록은 항상 존재했다. 기독교는 전혀 다른 사회 현상을, 즉 주인이 될 자격이 있으나 노예제에 반대하는 사람들을 탄생시켰다. 이 생각은 링컨이 남긴 명언 속에서 아름답게 표현된다. "나는 노예가 되고 싶지 않기에 주인도 되지 않을 것이다."[13] 링컨은 이 말이 "남에게 대접받고자 하는 대로 너희도 남을 대접하라"는 예수 그리스도가 말한 황금률을 적용하는 데 지나지 않음을 잘 알았다.

　링컨이 깨달았듯이 노예제를 폐지하기 위한 움직임과 미국 건국 사이에는 깊은 관계가 있다. 이 자리에서 밝히듯이 두 사건 모두 동일한 기독교적 기반 위에 전개됐다. 기독교는 항상 하느님의 눈에는 모든 사람이 평등하다고 주장했다. 18세기 초에 결성되기 시작한 (처음에는 퀘이커 교도가, 나중에는 복음주의 기독교도가 주축을 이룬) 기독교도 집단이 예수 그리스도가 전한 믿음을 아프리카와 신대륙 사이에서 벌어지는 노예무역에 직접적으로 적용했다. 이들은 하느님의 눈에는 모든 사람이 평등하다는 말을, 동의 없이는 어느 누구에게도 다른 사람을 지배할 권한이 없다는 뜻으로 이해했다. 이 대목에서 우리는 노예제 반대운동의 도덕적 뿌리가 민주주의 및 미국 건국의 도덕적 뿌리와 같음을 알 수 있다. 두 움직임 모두 동의 없이는 어느 누구도 다른 사람에 대한 지배를 정당화하지 못한다는 생각에 기반을 둔다.

동의에 관한 생각은 노예제가 어째서 그토록 나쁜지를 이해하는 데 중요한 역할을 한다. 또한 건국자들이 어째서 노예제를 즉각 폐지하지 못했는가를 이해하는 데도 중요한 역할을 한다. 링컨 대통령은 노예제 폐지론자와 현대 진보주의자들이 한 번도 시도한 적 없는 방식에 따라 이 사실을 이해했다. 링컨은 노예제가 혐오감을 자아낸다는 주장에 대해서는 노예제 폐지론자와 의견을 같이했다. 그러나 싸우는 방법에 대해서는 의견을 달리했다. 실제로 링컨은 노예제 폐지론자의 전략이 노예제를 도울 것이라고 생각했다. 링컨은 두 가지 원칙을 바탕으로 노예제를 이해했다. 두 가지 원칙이란 자기 소유에 관한 원칙과 동의에 관한 원칙을 말한다. 링컨은 이렇게 이야기했다. "나는 늘 옥수수를 재배한 사람이 수확한 옥수수를 먹어야 한다고 생각했다." 링컨의 생각에 미국이 위대한 이유는, 즉 미국을 '전 세계가 존경하고 감탄하는 나라'로 만드는 요인은 '우리 중에서 영원히 고용된 노동자로 남는 사람은 없기 때문'이고 '누구나 자신을 자신이 원하는 모습으로 만들 수 있기 때문'이었다. 링컨은 사람들이 노동에 대한 대가를 당연히 받을 뿐만 아니라 스스로 사업을 일굴 수 있는 사회를 꿈꾸었다. 다시 말해 '어제는 다른 사람을 위해 일하던 고용 노동자가 오늘은 본인을 위해 일하고 내일은 자신을 위해 일할 다른 사람을 고용하는' 사회였다. 노예제가 유해한 이유는 '모든 노동자가 누려야 할 권리를 두고 벌이는 전쟁'이기 때문이다. 흑인 노예에게는 "다른 어떤 사람의 허락 없이도 자신의 손으로 돈을 벌어 산 빵을 먹을 권리가 있다." 이런 측면에서 "그 사람은 나와 평등하고 더글러스 판사와 평등하며 살아있는 모든 사람과 평등하다." 노예제는 링컨이 "당신이 열심히 힘들게 일해 돈을 벌어 빵을 사면 내가 그 빵을 먹을 것이다."14)라는 말로 설명한 '횡포에 관한 원칙'을 바탕으로 한다.

링컨 대통령의 주장을 분석해보자. 우리는 자신을 소유한다. 따라서 우리는 자신의 노동력을 소유하며 자신의 힘으로 행복을 추구할 권리가 있다. 우리가 이용하는 수단은 동의다. 우리는 우리가 동의한 금액을 받고 우리의 노동력을 파는 데 동의한다. 우리는 우리가 자유롭게 선택해 뽑은 지도자가 우리를 다스리는 데 동의한다. 대의민주주의에서는 동의가 다수결의 원칙이라는 형태를 취한다. 자유 시장에서는 동의가 돈을 받고 일한다는 합의서 혹은 양측이 약속한 계약서 형태를 취한다. 동의가 없다면 횡포다. 노예제가 잘못된 이유는 일이 힘들고 대우가 굴욕적이기 때문이 아니며 (북부에 거주하는 이민자들도 노예 못지않게 힘들게 일하면서 굴욕적인 대우를 받았다) 노예들이 노동에 대한 정당한 대가를 받지 못하기 때문도 아니다. 내가 다른 사람을 위해 일하는 데 동의했다가 일에 대한 대가를 받지 못할 수도 있다. 그렇지만 이런 일로 내가 노예가 되지는 않는다. 노예제가 잘못된 이유는 노예가 고용 계약 조항에 동의한 적이 없기 때문이다. 노예는 자신의 의지를 거슬러가며 대가 없이 일해야 한다. 이 대목에서 우리는 링컨이 어떤 식으로 민주주의와 자본주의와 해방에 관한 주장을 하나로 묶었는지 알 수 있다. 근본적으로 세 가지는 모두 개인의 동의에 관한 원칙에 기반을 둔다.

이제 우리는 다음 질문에 대답할 수 있다. 건국자들이 "모든 인간은 평등하게 태어났다."는 말을 실제로 믿었다면 어째서 노예제를 허용할 수 있었을까? 건국자들이 자신의 이익을 추구하는 결점이 있는 사람들이었음은 부인하지 못하는 사실이다. 건국자들 중 많은 이가 노예 소유주였다. 제퍼슨은 가장 많은 노예를 거느린 사람이었다(제퍼슨은 200명이 넘는 노예를 거느렸으며 워싱턴과 달리 한 명도 해방시키지 않았다). 그러나 제퍼슨의 사례는 흥미로운 사실을 보여준다. 행복한 노예에 관한 주장을 끌어와 플랜테이션 농장에 거주하는 노예의 삶을 합리화한 남부인들과 달리 (같은 남부에 속한) 버지니아 주민인 제퍼슨은 노예제가 부당하고 비도덕적인 제도라고 맹렬히 비난했다. "하느님이 공정한 분임을, 하느님의 정의는 영원히 잠들지 못함을 깨닫고 나는 내 조국을 생각하며 몸을 떤다."15) 주목할 만한 점은 남부 플랜테이션 농장주가 노예를 소유했다는 사실이 아니라 그럼에도 불구하고 이 노예를 소유한 농장주가 "모든 인간은 평등하게 태어났다."고 주장했다는 사실이다.

제퍼슨과 건국자들이 모든 인간은 평등하게 태어났음을 알았다면 어째서 처음부터 노예제를 법으로 금지하지 않았을까? 간단히 대답하면 이렇다. 만약 건국자들이 노예제 금지를 법에 명시했다면 연방은 결코 존재하지 못했을 것이다. 역사학자 유진 제노비즈(Eugene Genovese)는 이 점은 누가 보아도 분명하다고 말한다. "미국 헌법이 노예제를 인정하지 않았다면 남부에 있는 주들은 결코 연방에 합류하지 않았을 것이다." 따라서 필라델피아에 모인 건국자들이 해야 할 선택은 노예제를 보유하느냐 마느냐가 아니었다. 더 정확히 말해 일시적으로 노예제를 허용하는 연방을 구성하느냐 아니면 연방을 아예 구성하지 못하느냐였다. 만약 연방을 구성하지 못한다면 북아메리카 대륙은 작은 나라가 옹기종기 모인, 대륙 밖 제국들이 약탈하기 쉬운 지역으로 바뀔지도 모르며 그렇게 되면 노예제는 실제 존재할 수 있는 기간보다 더 오랫동안 지속될 수도 있었다.

건국자들이 풀어야 했던 난제를 한층 더 깊게 설명해보자. 미국 독립 선언서는 "모든 인간은 평등하게 태어났다."고 말하고 건국자들은 이 말을 믿었다. 그러나 미국 독립 선언서는 또한 다스림을 받는 인민의 동의를 토대로 정부가 수립돼야 한다고 말한다. 두 가지는 민주주의에 관한 핵심 원칙이다. 문제는 상당히 많은, 아마도 심지어 다수에 해당하는 사람이 "모든 사람은 평등하게 태어났다."는 명제에 동의하기를 거부하는 상황에서 발생한다. 현명한 정치가라면 이 사태에 대해 어떻게 대처했을까? (노예제 폐지론자들의 대답이기도 한) 진보주의자들의 대답은 간단하다. 민주주의에 대해 잊어라. 사람들이 노예제를 없앨 준비가 되지 않았다면, 즉 사람들이 무엇이 옳고 선한지 알지 못한다면 사람들을 밀어붙여라. 건국자들은 사람들을 밀어붙일 방법이 없음을 알았다. 하지만 만약 할 수 있다 하더라도 그렇게 한다면 민주주의가 태어난 시점에 민주주의를 파괴하는 일이 될 것이었다. 노예제는 폐지되겠지만 그렇게 하려면 독재 정부가 수립돼야 했다.

건국자들은 다른 길을 가기로 결정했다. 이들은 몇 해 앞서 노예무역을 끝내는, 더는 노예를 수입하지 않는 날짜를 정했다. 그리하여 노스웨스트 준주(기본적으로 오늘날 미국 중서부 북쪽에 해당하는 지역이며 위스콘신 주, 미시건 주, 일리노이 주, 인디애나 주, 오하이오 주를 포함한다)에서 노예제를 금지했다. 무엇보다 건국자들은 노예제 반대 원칙에 의거하는, 그렇지만 일시적으로 노예제 실시를 허용하는 연방을 설립했다. 미국 헌법의 어디에서도 '노예제'라는 용어가 사용되지 않는다. 노예는 항상 '사람들'이라고 표현돼 이들이 자연권을 지녔음을 암시했다. 오늘날 일부 사람들이 흑인의 가치에 대한 건국자들의 시각을 대변한다고 생각하는 5분의 3 조항(인구를 토대로 연방 의원 수를 정할 때나 세금을 징수할 때 흑인은 자유인의 5분의 3으로 취급한다고 명시한 미국 헌법의 한 조항—옮긴이)은 실제로 노예를 소유한 남부인들의 투표권을 제한하기 위한 조치였다. 시간이 흐른 뒤 이 조항은 자유주 쪽으로 권력의 추를 넘기는 데 힘을 보탰다. 건국자들 중 많은 이가 노예제가 갈수록 매력을 잃고 서서히 사라질 것이기 때문에 이런 식으로 처리해도 충분할 것이라고 생각했다. 이런 면에서 건국자들은 실수를 저질렀다. 1793년 일라이 휘트니(Eli Whitney)가 조면기를 개발한 사건이 노예제에 대한 남부인들의 요구를 부활시켰기 때문이다.

그럼에도 불구하고 건국자들의 노력은 노예제의 기반을 약화시켰다. 1776년 이전에는 미국 전역에서 노예제가 합법이었다. 그러나 1804년이 되자 메릴랜드 주를 기준으로 북쪽에 있는 모든 주가 노예제를 전면적으로 혹은 점진적으로 폐지했다. 1808년 미국 의회가 노예무역을 법으로 금지했다. 노예제는 더는 전국적이 아닌 특정 지역에서만 시행되는, 그리고 도덕적으로나 정치적으로 공격당하는 제도가 됐다.

링컨 대통령은 건국자들이 풀어야 했던 문제가 무엇인지 이해하는 데 그치지 않고 문제를 이어받았다. 링컨은 미국 건국의 원칙과 타협안을 구분하는 길을 모색했다. 하지만 링컨은 타협안이 그저 사욕을 더욱 채우기 위한 비도덕적인 계산에서 나온 결과가 아님을 알았다. 오히려 타협안은 신중함에서, 그리고 민주적 자치를 위한 주춧돌이 되는 인민의 동의에서 나온 합의였다. 링컨은 기존의 노예주에서 노예제가 실시됨을 반대함이 아니라 그저 새로운 주에서 노예제가 시행되지 못하게 막을 뿐이라고 말하며 건국자들이 내놓은 타협안을 따르기도 했다.

링컨-더글러스 논쟁이 벌어지는 동안 (칼훈과 동일한 목소리를 내고 현대 진보주의자와 똑같이 이야기한) 연방 상원의원 스티븐 더글러스(Stephen Douglas)는 미국 건국의 아버지가 모든 사람은 평등하게 태어났다는 말을 믿었다는 생각을 비웃었다. 칼훈은 여기서 훨씬 더 나갔다. 칼훈은 독립 선언서에 있는 평등 조항이 자명한 참이 아니라 오히려 자명한 거짓이라고 생각했다. 분명 사람은 크기와 속도와 지적 능력 면에서, 심지어 품성 면에서까지 엄청나게 다르기 때문이다. 링컨은 이런 비난에 맞서 건국자들을 옹호할 방법을 찾았다. 링컨은 독립 선언서에 담긴 뜻을 설명하며 건국자들을 대신해 비판에 대응했다.

> 미국의 건국자들은 모든 사람을 포함시킬 생각이었다. 하지만 모든 사람이 모든 면에서 평등하다고 선언할 생각은 아니었다. 건국자들은 자신들이 어떤 측면에서 모든 사람이 평등하게 태어났다고 생각하는지 그런대로 명확하게 설명했다. 즉 모든 사람은 어떤 양도하지 못하는 권리 면에서 평등하다. 건국자들은 당시 모든 사람이 그런 평등함을 실제로 누리고 있다거나 이제 곧 평등함을 얻을 것이라는 명백한 거짓을 주장하려 하지 않았다. 이들이 한 말은 그저 양도하지 못하는 권리가 있음을 선언한다는 의미였다. 그래야 상황이 허락하는 대로 빨리 권리가 도입될 것이기 때문이었다.16)

놀랍게도 프레더릭 더글러스가 링컨과 같은 입장을 취하게 됐다. 앞서 살펴보았던 바로는 프레더릭 더글러스는 한때 미국 헌법을 맹렬히 비난한 인물이었다. 그러나 결국 미국 헌법이 노예제에 반대하는 원칙을 담고 있다는 결론에 도달했다. 더글러스는 "내일 노예제가 폐지된다면 헌법은 문장이든 단어든 하나도 바꿀 필요가 없다." 더글러스는 노예제가 '거대한 구조물에 설치된, 건물이 완공되면 곧바로 제거될 비계'에 불과하다고 결론지었다. 더글러스는 19세기 노예제 폐지론자와 20세기 진보주의자는 이해하지 못한 사실, 즉 가장 좋은 노예제 반대 프로그램은 가장 원대하지만 비현실적인 계획이 아니라 '특정 시기가 됐을 때 동원할 수 있는 가장 치명적인 일격을 노예제에 내리치는 계획'[17]임을 이해하게 됐다.

노예제를 폐지하기 위해서는 남북 전쟁이 필요했다. 그리고 남북 전쟁에서 약 60만 명에 달하는 백인이 목숨을 잃었다. 역사학자 C. 반 우드워드(C. Vann Woodward)는 우리에게 '노예 여섯 명을 풀어줄 때마다 자유민이 한 명씩 희생된 셈'임을 상기시킨다. 남북 전쟁의 진정한 영웅은 진보주의자들이 우상시하는 더글러스 같은 해방 노예나 월트 휘트먼, 그림케 자매(Sarah Grimké and Angelian Grimké), 찰스 섬너(Charles Sumner) 같은 북부에서 활동한 노예제 폐지론자가 아니다. 해방 노예는 노예제에 반대해야 마땅했으며 더글러스가 노예제 폐지론자로 고군분투한 끝에 그에 어울리는 명성과 부를 쌓았음은 놀라운 일이 아니었다. 북부 노예제 폐지론자들이 교회와 회의실에서 엄청난 욕설 세례를 받기는 했지만 양심이 인도하는 대로 자신의 인생을 바친 존 브라운(John Brown, 노예제를 철폐하기 위해 무장 봉기를 일으켰다가 사형당한 인물—옮긴이)의 사례를 제외한다면 자신의 신념 때문에 근본적인 대가를 치른 사람은 거의 없었다. 근본적인 대가를 치른 사람들은 노예제를 폐지하기 위한 전쟁에서 목숨을 잃은 평범한 이였다(그중 많은 이가 최근에 이민 온 외국인이었다). 나는, 한 번도 노예를 거느린 적 없지만 노예제를 없애기 위해 사력을 다해 싸운 30만 명가량

되는 북부 연방군에 대해 생각하려 한다.

최근 내가 게티즈버그에 방문했을 때 안내자는 우리에게 전쟁이 벌어지는 동안 북군을 위한 병원으로 사용된 교회를 보여주었다. 의료진이 병사들이 입은 상처에 붕대를 감고 치료와 절단 수술을 실시했던 곳이다. 당시 의료진이 고인 피를 빼내기 위해 바닥에 구멍을 뚫어야 했을 정도로 엄청나게 많은 병사가 희생됐다. '아래에서 바라본 역사'를 적용한다면 노예를 해방시키기 위해 목숨을 잃은 백인 병사들을 기억해야한다. 이들은 노예에게 어떤 것도 빚지지 않았다. 하지만 노예는 이들에게 자유를 빚졌다. 처지상 자신들의 힘만으로는 얻지 못하던 자유였다.

그렇다면 노동력을 착취당한 노예들에게 미국이 갚을 빚이 있었을까? 나는 그렇다고 생각한다. 하지만 하고많은 사람 중에서 프레더릭 더글러스가 이 생각에 전반적으로 반대했다. 남북 전쟁이 일어나기 불과 며칠 전 미국 노예제 폐지협회 매사추세츠 지부(Massachusetts Anti-Slavery Society)에서 연설하는 동안 더글러스는 다음과 같은 질문을 던졌다. "해방 노예를 위해 어떤 조치를 '취해야' 하는가?" 더글러스의 답은 이렇다. "우리에게 아무것도 하지 마십시오! 여러분이 우리에게 하는 행동 때문에 이미 우리는 엉망이 됐습니다. 제발 우리에게 아무것도 하지 마십시오. 흑인들이 자신의 두 다리로 서지 못한다면 쓰러지게 두십시오. 제가 요청드리는 바는 자신의 다리로 설 수 있도록 기회를 달라는 것뿐입니다! 우리를 혼자 있게 내버려 두십시오. 저는 여러분이 우리의 손을 놓고 기회를 주기만 한다면 우리가 살 수 있을 것이라 생각합니다."[18]

현재는 어떠한가? 오늘날 미국이 노예제 때문에 흑인에게 생계용 보상금을 지급해야 하는가? 남북 전쟁에서 희생된 백인 후손에게 미국이 보상금을 지급할 필요가 없듯이 흑인에게도 지급할 필요가 없다. 끝난 일은 끝난 대로 두자는 몰인정한 의미에서 하는 말이 아니다. 정확히 말하자면 남북 전쟁에서 목숨을 잃은 북군 병사에게 갚아야 할 빚이 훨씬 더 많다는 뜻이다. 그러나 남북 전쟁의 영웅들은 죽었고 후손들은 뿔뿔이 흩어졌다. 갚아야 할 빚은 돈으로 지불할 수 있는 수준을 훌쩍 넘어선다. 우리는 영웅들에게 경의를 표하고 이들을 기억함으로써 마음의 빚을 내려놓는다. 이와 마찬가지로 부당하게 노동력을 착취당한 노예들에게도 갚아야 할 빚이 있다. 이 빚을 갚는 가장 좋은 방법 역시 기억이다. 노예들은 이미 죽었고 (진보주의자들은 받아들이기 어렵겠지만) 후손은 조상들이 아프리카에서 아메리카로 끌려온 결과 더 나은 삶을 살기 때문이다.

"더 나은 삶"이라는 주장은 아프리카계 미국인 출신의 위대한 권투선수 무하마드 알리(Muhammad Ali)가 한 말이다. 1970년대 초 무하마드 알리는 헤비급 챔피언 자리를 놓고 조지 포먼(George Foreman)과 대결했다. 경기는 아프리카 중부에 있는 자이르에서 개최됐다. 무감각하게도 이 경기에는 '정글의 혈투(rumble in the jungle)'라는 이름이 붙었다. 경기에서 승리를 거두고 미국으로 돌아왔을 때 알리는 기자에게 다음과 같은 질문을 받았다. "챔피언, 아프리카를 보고 무슨 생각을 했습니까?" 알리는 이렇게 대답했다. "하느님 감사합니다. 조상님을 배에 태워주셔서." 알리의 발언은 특유의 짓궂음과 신랄함을 담고 있지만 폭넓게 퍼진 어떤 정서를 표현하기도 한다. 알리는 그 모든 끔찍한 일을 일으킨 원흉이기는 하나 아프리카인들을 서양식 자유를 누리는 길로 이끈 요인 역시 노예제였음을 인정했다. 노예들은 더 나은 삶을 살지 못했다. 알리가 언급한 배는 무시무시한 중간 항로(Middle Passage)를 이용해 아프리카인을 고통스러운 노예의 삶으로 실어날랐다. 하지만 현재 노예의 후손은, 비록 이들은 인정하지 않지만 더 나은 삶을 산다. 알리는 이 사실을 인정할 만큼 정직했다.

흑인 페미니스트 작가 조라 닐 허스턴(Zora Neale Hurston)도 마찬가지였다. 노예제에 대해 쓴 글에서 허스턴은 이렇게 말했다. "내가 배운 바로는 슬픈 사건이었다. 그것은 분명했다. 하지만 노예제 속에서 살고 죽은 내 조상은 이미 세상을 떠났다. 내 조상의 노동력과 생명을 담보로 돈을 번 백인 역시 죽어서 세상에 없다. 나는 개인적으로 그 시대에 관한 어떤 기억도, 조상에 대한 어떤 책임도 없다. 내 조상을 거느렸던 사람의 후손들도 마찬가지다. 나는 낡은 무덤에 대고 주먹질을 하면서 내 시간을 낭비할 생각이 조금도 없다. 노예제는 내가 문명을 누리기 위해 치른 대가다. 나는 조상을 통해 이를 위한 모든 대가를 치렀다."[19]

노예제에 대한 이 책의 주장은 알리나 휴스턴의 발언이 아닌 남북 전쟁이 끝난 시점부터 현재에 이르기까지 아프리카계 미국인이 실제 한 선택으로 정리된다. 이 대목에서 미국식민협회로 되돌아가 보자. 식민에 관한 생각을 지지한 많은 자유 흑인이 오늘날 사람들이 진보주의자기 주장한다고 생각하는 전제를 내세웠다. 식민을 지지한 흑인은 미국이 백인을 위한 국가로 건설됐으며 백인을 위한 나라로 남을 것이라고 목소리를 높였다. 이들은 흑인이 결코 미국을 고향이라고 부르지 못할 것이라고, 양심상 결코 미국 독립 기념일을 축하하지 못할 것이라고 믿었다. 그리고 흑인을 진정 자유롭게 만드는 유일한 길은 흑인만을 위한 국가를 건설하고 흑인만을 위한 독립 선언서를 작성하고 스스로 완성하는 것이라고 주장했다.

　남북 전쟁이 끝난 뒤 식민에 관한 생각이 자취를 감췄다. 프레더릭 더글러스 같은 흑인 지도자가 자신들의 전제가 잘못됐음을 깨달았기 때문이었다. 미국은 백인의 손에 건설됐으나 백인을 위한 나라로 건설되지는 않았다. 미국은 모든 사람이 똑같이 존엄할 뿐만 아니라 자신을 다스리고 자신을 발전시키고 자신의 노동력을 자유롭게 판매할 수 있는 권리를 똑같이 지닌다는 평등에 관한 원칙을 밑바탕 삼아 건설됐다. 미국은 평등에 관한 원칙을 받아들이고 평등에 대한 서약을 노예가 된 아프리카계 미국인에게까지 확대하기 위해 쓰라린 전쟁을 겪었다. 하지만 백인 수십만 명이 전쟁에 나가 싸웠고 노예제라는 국가가 진 죄를 갚기 위해 피를 흘렸다. 아프리카 출신 노예들은 미국으로 향하는 과정에서, 그리고 미국에 도착한 뒤 지나칠 만큼 자주 당한 가혹한 처우 때문에 끔찍한 고통을 겪었다. 그러나 이들의 후손은 과거 어떤 아프리카인도 누리지 못한, 그리고 현재 거의 모든 아프리카인이 누리지 못하는 어떤 이익을 누린다. 오늘날 아프리카계 미국인은 다른 모든 미국인과 마찬가지로 사람들이 꿈을 실현할 수 있을 만큼 훌륭한 국가에서 자유와 기회가 있는 삶을 산다는 헤아릴 수 없는 혜택을 받았다.

# 제9장

—

## "고맙습니다, 제퍼슨 씨!"

★

그들은 모든 미국인이 물려받을
약속 어음에 서명했습니다.[1]

– 마틴 루서 킹, 「내게는 꿈이 있습니다」

1895년 9월 18일 흑인 교육자 부커 T. 워싱턴(Booker T. Washington)이 애틀랜타에서 개최된 국제 면화 박람회(Cotton States and International Exposition) 기간 중 백인들로만 구성된 청중 앞에서 연설했다. 워싱턴은 남부인이 모인 자리에서 연설하도록 초청된 최초의 아프리카계 미국인이었다. 연설에서 워싱턴은 이렇게 말했다. "흑인 중에서 가장 현명한 이는, 사회적 평등에 관한 질문으로 불안감이 조성되는 이유가 과격분자들이 어리석은 행동을 하기 때문임을, 우리가 누리게 될 모든 특권이 주는 즐거움 속에서 이루는 발전이 인위적인 힘이 아니라 엄격하고 꾸준한 노력의 산물이 돼야 함을 잘 압니다. 법이 정한 모든 특권이 우리 것이 된다는 점은 당연하고 중요하기는 하나, 우리가 이런 특권을 행사하기 위한 준비를 해야 한다는 점이 훨씬 더 중요합니다." 놀랍게도 미국에서 가장 중요한 위치에 있던 흑인 정치가는 사실상 흑인은 법률이 말하는 권리에 관한 평등보다는 자기 계발에 더 초점을 맞춰야 한다고 말하면서 인종 격리를 지지했다.

앞 장에서는 노예제에 초점을 맞췄다. 이번 장에서는 노예제 이후에 등장한 제도, 즉 인종 격리와 인종주의에 대해 검토하고 이런 행위가 도둑질의 한 형태인지 살펴보고자 한다. 해방 노예와 이들의 후손이 겪은 고난에 대해 생각해보자. 이들은 미국에, 즉 자신이 아는 유일한 땅이자 아프리카로 돌아가거나 다른 어떤 곳으로 가기보다는 낫다고 생각한 땅에 남았다. 그럼에도 불구하고 미국에 남은 흑인들은 이 땅에서, 특히 남부에서 법과 개인적인 행동이라는 두 가지 모습으로 나타나는 조직적이고 지독한 차별 때문에 고통을 겪었다. 이런 분위기는 한 세기 동안 계속됐다. 1950년대와 1960년대 인권운동의 시대에 들어서서야 마침내 법으로 규정된 차별 정책이 철폐됐으며 마침내 법의 보호 아래 평등한 권리가 확인됐다.

그렇지만 인종주의는 여전히 존재한다. 영화 〈아메리카〉에 담기 위해 나는 아프리카계 미국인 학자 마이클 에릭 다이슨(Michael Eric Dyson)을 인터뷰했다. 다이슨은 조지타운대학교에서 사회학을 가르치는 교수다. 나는 몇 년 동안 두 차례에 걸쳐 다이슨과 논쟁을 벌였다. 다이슨은 내게 "여보게, 더수자"라고 친근하게 말 거는 사교적인 학자다. 다이슨은 인종 문제가 개선되기는 했지만 흑인들은 과거부터 지금까지 존재한 극심한 편견의 산물이라는 데 반박의 여지가 없는 심각한 장애와 줄곧 부딪힌다고 이야기한다. 다이슨은 부분적으로는 미국에 사는 흑인이 백인만큼 성공하지 못한다는 사실을 바탕으로 이런 결론을 유추한다. 그리고 백인이 아닌 유색 인종 이민자조차 아프리카계 미국인보다 더 큰 성공을 거둔다는 점을 지적한다. 다이슨은 성공이라는 측면에서 흑인과 다른 인종 간 차이는 흑인이 얼마나 많이 빼앗겼는지, 그리고 빼앗기는 중인지를 알리는 척도라고 생각한다. 다른 많은 진보주의자와 마찬가지로 다이슨도 미국이 지금까지 그랬듯 앞으로도 계속해서 아프리카계 미국인에게서 기회와 노동에 대한 대가를 빼앗은 데 대해 죄책감을 느껴야 한다고 주장한다. 다이슨은 도둑질이 사실이라면 도둑은 책임지고 대가를 치러야 마땅하다고 말한다.

부커 T. 워싱턴에 대해 말하자면 진보주의자들은 워싱턴을 일종의 변절자, 이른바 '엉클 톰'으로 간주한다. 다이슨은 대단히 상냥한 사람이라 이렇게 말하지는 않지만 그렇다고 워싱턴의 팬은 아니다. 심지어 당시에도 워싱턴의 맞수 W.E.B. 듀 보이스(W.E.B. Du Bois)가 워싱턴을 변절자라고 비난했다. 나는 워싱턴-듀 보이스 논쟁에 대해 초점을 맞추려한다. 두 사람의 논쟁이 노예제가 존재하던 시대에서 시작돼 현재까지 이어지는 인종주의에 관한 미국 역사를 명확히 보여주기 때문이다. 이 작업은 도둑질이라고 간주되는 인종 격리와 인종주의가 무엇인지 이해하도록 도와준다. 게다가 밑바닥에 있는 사람들이 어떻게 사다리를 타고 오를 수 있는지에 관해 명쾌하게 알려준다.

우선 인종 격리부터 시작해보자. 인종 격리는 남북 전쟁이 끝난 뒤 시작된 백인과 유색 인종, 특히 흑인을 격리하던 관행을 말한다. 노예제가 있던 시절에는 당연히 각 인종이 대단히 가까이 살았다. 그러나 남북 전쟁이 끝난 뒤 북군이 철수하자 굴욕을 당한 남부인들이 흑인에게 화풀이를 했다. 예를 들어 (남북 전쟁 이후) 재건(Reconstruction)에 반대하는 불법 무장 비밀 저항 단체로 시작됐으며 이후 20세기 초반 공공연하게 활동을 재개한 악명 높은 KKK(Ku Klux Klan, 큐 클럭스 클랜)가 린치나 다른 끔찍한 벌을 가하기 위해 아프리카계 미국인을 찾아다녔다. 19세기 후반에는 남부의 보수적인 지배층을 포함해 남부 지역 주민 연합이 두 인종의 격리를 명령하는 법을 통과시켰다. 그 결과 기차와 증기선, 연락선이 백인과 흑인을 별도로 수용할 수 있도록 공간을 분리했다. 우체국과 감옥, 식당, 극장, 수영장, 볼링장, 교회에서도 같은 일이 벌어졌다. 학교와 병원, 퇴직자 수용 시설도 인종에 따라 분리됐다. 흑인과 백인은 분리된 공중화장실과 식수대를 사용했다.

놀랍게도 남부 보수주의자 중에 인종 격리가 KKK나 다른 인종 차별주의자 집단의 분노에 맞서 흑인을 보호하는 길이라고 생각하는 사람들이 있었다. 역사학자 조엘 윌리엄슨(Joel Williamson)은 이렇게 적었다. "보수주의자들이 흑인과 흑인의 존엄성을 보호하기 위해 인종 격리를 요구했다. 보수주의자들에게 인종 격리는 흑인에게 보호받을 수 있는 대단히 특별한 공간을 제공함을 의미했다. 보수주의자의 인종 격리는 결코 흑인들의 자부심을 깔아뭉개는 행위가 아닌, 흑인들의 자부심을 보호하고 더욱 향상시키기 위해 고안된 조치였다."[2] 지금은 이 말이 믿기지 않을 것이다. 남부인은 다 같은 인종 차별주의자라는 진보주의자들의 프로파간다와 완전히 반대되는 이야기이기 때문이다. 그러나 윌리엄슨은 남부에 과격파와 보수파라는 서로 다른 부류가 있었음을, 그리고 보수파에 속한 사람들은 인종 격리가 린치와 불을 품은 십자가(KKK의 상징)에 휘둘리게 흑인들을 내버려두는 쪽보다 낫다고 생각했음을 지적한다.

그렇다면 누가 인종 격리와 맞서 싸웠을까? 진보주의자들은 아니었다. 남부에는 거침없이 자신의 의사를 밝히는 진보주의자들이 거의 없었고 이들의 의견은 사회적으로 영향을 미치지 못했다. 오히려 민간 전차회사가 성공은 거두지 못하고 오로지 의미만 있는 반대 운동을 시작했다. 민간 기업들은 인종 격리 정책에 맞춰 회사를 운영하는 경우 비용이 더 많이 든다는 점에 대해 우려했다. 경제학자 제니퍼 로백(Jennifer Roback)은 인종별 전차 구역 분리에 관한 연구에서 전차회사가 객차를 인종에 따라 분리하기 원하지 않았음을 보여준다. 몇몇 회사는 심지어 정부가 벌금을 부과하며 순순히 따르도록 강제할 때까지 인종 격리에 관한 법령을 준수하지 않겠다고 거부했다. 정부 입장에서 인종 격리는 '돈이 들지 않는' 조치였다. 추가적으로 발생하는 비용은 납세자에게 떠넘기면 되기 때문이었다. 따라서 인종 격리는 자유 시장에 맞서 정부의 규제가 거둔 승리를 대표했다.[3]

흑인에게는 인종 격리 정책에 대해 순응하는 길 외에 아무 대안이 없었다. 증거 자료는 흑인들이 그대로 따랐음을 보여준다. 가장 지혜로운 흑인들은 인종 격리가 비뚤어진 방법으로 경제적 기회를 창출할 수 있음을 깨달았다. 흑인 공동체를 상대로 하는 사업이나 직종에서 백인을 배제시켰기 때문이다. 경제학자 토머스 소웰(Thomas Sowell)은 이렇게 적었다. "백인이 흑인의 머리카락과 몸과 영혼을 위해 봉사하기를 꺼린 덕분에 흑인 이발사와 흑인 의사, 흑인 장의사, 흑인 목사가 탄생했다." 흑인 석공과 흑인 보석 세공인, 흑인 재단사, 흑인 수리공, 흑인 교사가 인종 차별법인 짐 크로 법이 시행되는 세상에서 적당하게 살 만큼 수입을 올렸다. 몇몇 남부 도시와 마을에서는 흑인들이 금융업과 부동산업, 보험 산업을 엄청나게 발전시켰다. 몇몇 분야에서는, 특히 연예나 운동 분야에서는 흑인들이 인종 격리 조치에도 아랑곳하지 않고 백인 관객

들을 즐겁게 하며 명성을 얻고 부를 쌓았다.[4]

인종 격리가 흑인이 짊어진 짐과 부담을 보여주기는 하지만 이 사실만으로는 인종 격리가 도둑질이나 다름없다는 결론에 이르지 못한다. 분명 자발적인 인종 격리에는 도둑질을 연관시키지 못한다. 사람들은 누구든 자신이 원하는 사람과 자유롭게 어울릴 수 있다. 사람들이 어떤 사람과 어울리지 않겠다고 결정하더라도 사람들의 선택이 어울리지 않으려 하는 사람에게서 권리를 박탈함을 의미하지는 않는다. 당연히 이 원칙은 흑인과 백인에게 똑같이 적용된다. 예를 들어 어떤 흑인이 흑인 이웃이 대부분인 마을에서 살기 원한다 하더라도 그 결정으로 흑인이 다른 사람의 재산이나 권리를 빼앗는 결과가 야기되지는 않는다. 이와 마찬가지로 백인이 오로지 백인 친구만 사귀기를 원한다 하더라도 그 행동으로 백인이 흑인이나 누구든 다른 사람에게서 어떤 것을 빼앗는 결과가 만들어지지는 않는다. 자발적인 인종 격리는 불쾌감을, 심지어 혐오감을 불러일으킬 수는 있겠지만 도둑질은 아니다.

정부가 실시하는 인종 격리는 다른 문제다. 우리는 법의 이름 아래 시민으로서 동등한 권리를 부여받는다. 따라서 합법적으로 시행되는 경우 인종 격리는 함께 살 수 있고, 함께 식사할 수 있고, 함께 일할 수 있는 모든 권리를 지닌 무리를 강제로 분리시킨다. 인종 격리로 흑인이 백인과 자유롭게 교류하는 길이 막히고 경제적으로 불이익을 당하는 수준에 이르자 법에 의거해 시행되는 인종 격리가 흑인에게서 '박탈'을 초래했다. 구체적으로 수량화하기는 어렵지만 '박탈'이 있었음은 부인하지 못하는 사실이다. 물론 인종 격리가 정한 틀 덕분에 흑인들이 생산성 있는 틈새시장을 탄생시킬 수 있었을지도 모른다. 그러나 적어도 일부 흑인이 흑인과 백인을 모두 상대하는 훨씬 더 생산성 있는 기업을 설립할 수 있었다는 데는 의심할 여지가 없다. 다행스럽게도 인종 격리는 잇따른 정부 및 법원의 결정을 통해 1960년대에 폐지됐다.

이제 인종 격리는 반세기 전에 우리 곁에서 사라졌지만 인종주의는 진행 중이다. 따라서 인종주의가 계속해서 도둑질을 유발하는 것처럼 보인다. 하지만 우리는 단어의 의미를 정확히 따져야 한다. 엄밀히 말해 인종주의는 도둑질의 한 형태가 아니다. 인종주의는 대상을 바라보는 관점 혹은 시각이기 때문이다. 인종주의는 그저 자신들에 비해 다른 집단이, 이 경우 아프리카계 미국인이 열등하다는 관념 체계 혹은 믿음에 불과하다. 어떻게 다른 사람에 대한 좋지 않은 생각을 품음으로써 그 사람을 상대로 도둑질을 할 수 있는가? 따라서 우리가 우려하는 대상은 인종주의가 아니라 차별이다. 인종주의는 생각이고 차별은 행동이다. 흑인을 대상으로 도둑질이 자행됐는지 확인하기 위해 우리가 검토해야 할 대상은 인종주의가 아니라 차별이다.

인종 격리와 마찬가지로 인종 차별도 자발적으로 혹은 비자발적으로 일어날 수 있다. 다르게 표현하자면 인종 격리와 마찬가지로 인종 차별도 개인적으로 혹은 정부의 허가 아래 일어날 수 있다. 개인이 하는 차별은 자발적이다. 그리고 차별하겠다고 결정한 주체가 민간인 혹은 민간단체다. 정부가 하는 차별은 강제적이다. 그리고 차별하는 주체가 법이다. 자발적인 격리와 마찬가지로 자발적인 차별이 어떤 형태로든 도둑질을 초래했다고 보기는 어렵다. 인도에서 온 사람을 고용하지 않거나 이 사람에게 세놓지 않겠다고 거부한 개인 혹은 기업에 관한 사례를 생각해보자. 이렇게 했다고 해서 그 개인 혹은 기업이 인도 출신 사람에게서 도둑질했다고 할 수 있는가? 분명 아니다. 임대 혹은 고용 계약에 들어갈 때는 서로에게 이득이 되기 때문에 양쪽 당사자가 계약에 임한다. 임대 혹은 고용 계약은 한쪽 당사자인 집주인 혹은 고용주와 다른 쪽 당사자인 임차인 혹은 피고용인에게 이익을 안긴다. 어떤 이유에서든 양쪽 중 한 당사자가 계약 체결을 거부할 수 있다. 피고용인이 자신의 의지를 거슬러가며 억지로 고용주를 위해 일하지 않아도 되듯이 민간 고용주 역시 억지로 피고용인을 고용하지 않아도 된다.

만약 고용주가 어떤 집단을 차별한다면, 혹은 해당 집단에 속한 사람을 고용하지 않겠다고 거부한다면 이는 분명 해당 집단에 속한 사람에게 해를 입히는 행위다. 하지만 사람들은 이런 행위가 고용주에게도 손해가 된다는 사실을 자주 간과한다. 새로운 직원이 될 가능성이 있는 사람이 최대한 많이 모여야 고용주에게 이득이 됨은 분명하다. 가장 생산성이 높고 경쟁력 있는 피고용인을 선택할 수 있기 때문이다. 차별주의자는 특정 집단을 심사 대상에서 제외함으로써 선택의 폭을 좁힌다. 따라서 차별은 고용주에게도, 피고용인에게도 이익이 되는 행위가 아니다.

그렇다면 특정 기업을 위해 일하지 않겠다고 거부한 노동자가 기업에서 '도둑질'한 사람일까? 분명 아니다. 하지만 어째서 그럴까? 아마 거부한 노동자에게는 기업에 이익이 될 수 있는 귀중한 능력이 있을 것이다. 노동자는 기업에 자신이 공헌할 기회를 주지 않음으로써, 즉 기업을 '차별'함으로써 기업이 완벽하게 이익을 창출하지 못하게 막을 수 있음이 거의 확실하다. 그렇지만 노동자에게는 다른 사람의 이익을 극대화할 의무가 없다. 노동자는 누구든 자신이 원하는 사람을 위해 일할 수 있다. 노동자가 '차별'을 이용해 기업에 해를 입히지 못하는 이유는 그렇게 하더라도 이전에 비해 기업의 형편이 더 나빠지지 않기 때문이다. 똑같은 논리에 따라 노동자를 차별하는 고용주는 분명 노동자의 선택권을 제한할 수 있을지도 모른다. 그러나 고용주가 이유 없이 노동자를 고용하지 않겠다고 거부하더라도 고용주의 결정으로 노동자의 형편이 이전보다 나빠지지는 않는다.

정확하게 정의를 내리자면 도둑질은 어떤 사람의 형편을 더 나빠지게 만듦을 의미한다. 만약 내가 여러분에게 대단히 큰 이익을 줄 수 있지만 혹은 여러분과 이로운 거래를 할 수 있지만 어떤 이유에서든 이익을 주지 않거나 거래를 거부한다 하더라도 이전과 비교해 여러분의 처지는 변하지 않는다. 여러분에게는 거래를 좌우할 자격이 없다. 여러분은 내 동의에 따라 거래를 이끌어낼 자격을 얻었을 뿐이다. 만약 내가 동의하지 않겠다고 거부한다면 여러분은 당연히 실망하겠지만 그렇다고 "도둑이야!"라고 소리 지르지는 못한다. 내게는 여러분에게 이익을 주거나 여러분과 거래해야 할 '의무'가 없다. 주는 것은 내 몫이다. 원한다면 노력해서 가져가는 것은 여러분의 몫이다. 양측에게 동의라는 똑같은 권리가 있지만, 어느 쪽도 동의하기를 거부한다고 해서 상대방에게서 도둑질하는 것은 아니다.

물론 우리는 모든 사람이 특정 개인이나 특정 집단을 고용하지 않겠다고 거부하는 경우 발생하는 심각한 문제에 대해 상상할 수 있다. 이를 조직 차원의 차별이라고 부르자. 특히 이제 자유의 몸이 됐으나 광범위하게 벌어지는 차별 때문에 일자리를 구하거나 집을 얻거나 혹은 다른 사람은 당연히 생각하는 혜택을 받지 못하는 나라에 사는 이전의 노예가 처한 기구하고 곤란한 처지를 고려하는 경우 문제가 심각해진다. 많은 사람이 흑인들이 바로 이런 상황에 있었기 때문에 미국이 필사적으로 인권운동을 전개해야 했다고, 그리고 차별 금지를 명하는 엄격한 법을 제정해야 했다고 생각한다. 그러나 남부에서조차 모든 사람이 흑인을 고용하거나 흑인과 어울리는 데 반대하지는 않았다. 어떻게 이 사실을 알 수 있을까? 바로 짐 크로 법과 인종 격리법을 실시하려던 의도 때문이다. 만약 모든 사람이 흑인을 고용하거나 흑인과 어울리지 않겠다고 동의했다면 이런 종류의 법은 필요하지 않았을 것이다. 짐 크로 법과 인종 격리법은 남부 백인들에게 법을 따를 것을 강요하기 위해 필요했다. 그렇지 않으면 사람들이 합의를 어겼을지도 모른다. 남북 전쟁이 끝난 뒤 흑인들이 개인적인 차별에만 시달렸다면 아마 인권운동에 대한 요구 없이도 차별이 서서히 사라졌을 가능성이 상당히 높다. 실제로 인종을 차별하던 백인들은 사람을 고용하거나 손님을 받으려고 경쟁할 때 불이익을 당할 것이기 때문이다. 기본적으로 프로 스포츠 분야에서 일어났던 일이다.

그러나 흑인들은 또 다른, 그리고 더욱 부당한 종류의 차별 대우를 받았다. 바로 정부가 실시한 차별이었다. 이 대목에서 나는 남부 주에서 실시된 인종 격리법에 대해, 또한 군대에서나 다른 조직에서 실시된 연방 정부 차원의 인종 격리 조치에 대해 언급하고자 한다. 개인적인 차별과 달리 정부 차원의 차별은 아프리카계 미국인에게서 '박탈'을 야기한다. 어째서 그럴까? 국가는 독점적인 존재다. 만약 국가가 여러분을 상대하지 않으면 여러분에게는 주나 국가를 떠나는 길 외에 다른 대안이 없다. 우리는 시민으로서 우리를 평등하게 대하라고 정부에, 즉 중앙 정부와 지방 정부 모두에 명령할 자격이 있다. 시민의 요구를 따르지 않는 정부는 사실상 시민의 권리를 침해하는 정부다. 일부 시민을 차별하는 정부는 사실상 차별받는 시민이 누려야 할 자격이나 권리 등을 이들에게서 '박탈'하는 정부다. 물질적인 박탈이 존재한다면 당연히 이 행위는 '도둑질'이라고 표현될 수 있다.

1950년대와 1960년대 등장한 인권 관련 판결이나 법률은 법의 이름 아래 평등권을 확립하는 데 필요했고 충분한 근거가 있었다. 다소 이상하게 들리겠지만 1964년 제정된 민권법(Civil Rights Act)은 정부가 실시하는 차별을 금지했을 뿐만 아니라 개인이 하는 차별을 대부분 금지했다. 나는 개인적인 영역에 대한 규제가 불필요하고 지혜롭지 못한 조치라고 생각하지만 이해할 수 있는 대책이기도 하다. 당시 흑인을 백인과 동등한 위치로 올려놓으라는 강력하고 끈질긴 요구가 존재했다. 사람들은 개인적인 차별을 법으로 금지하는 것을 치를 만한 대가라고 생각했다. 게다가 연방 정부는 닉슨 대통령 재임 시절부터 지금까지 줄곧 과거에 저지른 잘못이나 도둑질을 보상하기 위해 흑인들에게 도움이 되는 일련의 인종 우대정책을 실시했다. 다시 한 번 말하지만 이런 우대정책은 불공평하고 지혜롭지 못한 조치였다. 연방 정부는 우대정책을 실시해 차별을 바로잡으려 했다. 하지만 처음에는 인종 우대정책이 정부의 보호 아래 단단하게 닫힌 차별이라는 문을 걷어찰 극단적인 수단으로 옹호될 수 있었다.

그러나 오늘날에는 이런 우대정책을 계속해서 실시할 이유가 거의 없다. 가장 큰 이유는 이제 인종주의가 발휘하는 힘이 예전에 비해 굉장히 약해졌기 때문이다. 이를 뒷받침하는 명확한 증거의 하나로 오바마 대통령의 당선과 재선을 들 수 있다. 백인 인종 차별주의자가 지배하는 나라에서 국가의 안보와 번영을 책임질 행정부 최고 우두머리로 아프리카계 미국인이 두 차례나 선택되는 사건은 그야말로 상상할 수 없는 일이기 때문이다. 흥미롭게도 오바마는 자라는 동안 실제로 어떤 차별도 참고 견딘 적이 없는 것 같다. 가장 좋은 증거는 오바마의 출신 인종이 오바마에게 유리하게 작용했다는 점이다. 예를 들어 어떤 사람이 옥시덴털 칼리지를 다니다가 컬럼비아대학교 같은 아이비리그 대학교로 편입하는 경우는 매우 드물다. 하지만 오바마는 그다지 좋지 않은 성적을 받고도 이렇게 했다. 아마 아프리카계 미국인이라는 점이 결정적인 요인으로 작용했을 것이다. 출신 인종은 오바마가 컬럼비아대학교와 하버드 로스쿨에서 전액 장학금을 받는 데 중요한 역할을 했을지도 모른다. 재임 기간 동안 오바마는 과거 미국 정치가들이 한 번도 겪지 못한 수준으로 언론이 자신의 비위를 맞추는 호사를 누렸다. 오바마가 백인이었다면 현재의 자리에 있지 못했을 것이라는 데 의심할 여지가 있을까? 이 중에서 오바마의 능력을 입증하는 이야기는 없다. 오늘날 미국인들이 아프리카계 미국인이 자신들을 대표하고, 최고의 자리에 올라 성공을 거두는 모습을 얼마나 보고싶어 하는지를 입증할 뿐이다.

　인종주의 혹은 인종주의의 부재는 흑인 열등주의 뿐만 아니라 인종 간 결혼을 대하는 백인들의 태도를 보여주는 조사 결과에서도 포착할 수 있다.5) 흑인 역시 이 사실을 안다. 요즘 흑인들에게 언제 개인적으로 인종 차별을 경험했는지 떠올려보라고, 예를 들어 어떤 사람이 자신을 향해 '깜둥이'라고 불렀던 적은 언제인지 기억해보라고 물어보면 많은 사람이 머리를 쥐어짜다가 가까스로 한 가지 사례를 내놓는다. 오랫동안 활동한 운동가들은 수십 년 전부터 내려온 끔찍한 이야기를 계속 재활용하지만 사회학자 올랜도 패터슨(Orlando Patterson)의 발언은 새로운 여론을 반영한다. "인종 간 관계 면에서 여전히 문제가 있기는 하지만 이제 미국은 전 세계에서 백인이 다수를 차지하는 동시에 인종 차별주의자가 가장 적은 사회입니다. 흑인 사회든 백인 사회든 다른 모든 사회에 비해 소수집단을 법적으로 보호하는 데 관한 더 많은 기록을 보유하고, 모든 아프리카 사회를 포함해 다른 모든 사회에 비해 더 많은 흑인에게 더 많은 기회를 제공하며, 인종 간 출산을 향한 사회의 태도가 극적으로 변하는 경험을 겪은 사회입니다."6) 패터슨이 글을 쓴 시기는 1991년이었다. 그리고 이 글은 이제 현실과 훨씬 더 가까워졌다.

젊은 세대에서는 인종주의가 사실상 문제가 되지 않는다. 이 말은 초·중·고등학교나 대학교에서 열리는 다양성에 관한 워크숍이나 법과 의무에 관한 세미나에서 인종주의가 쭉 거론되지 않는다는 의미가 아니다. 그러나 이런 행사들은 현실과 동떨어진 느낌을 준다. 젊은 세대가 실제로 경험하는 인종에 근거한 차별은 흑인과 히스패닉에게는 이익을 안기고 백인과 아시아계 미국인에게는 불이익을 안기는 차별철폐정책뿐이다. 인종 차별주의자들이 활동하는 나라라면 흑인이 대통령으로 선출되는 사건은 벌어지지 않는다. 다수 집단을 제치고 소수집단에게 특혜를 주는 우대정책을 실시하지도 않는다. 따라서 오바마 대통령이 성공을 거둔 결과에서 볼 수 있듯이 한 세대보다 더 오랜 시간 동안 소수자 우대정책이 지속됐다는 사실은 미국에서 인종주의가 어느 정도까지 힘을 잃었는지를 보여주는 증거다.

어째서 인종주의가 몰락했는가? 이렇게 대답하고 싶을 것이다. 인권

혁명 때문이라고. 그러나 실제로 '혁명'은 거의 모든 측면에서 존재하지 않았다. 여러분 자신에게 물어보라. 만약 실제로 혁명이 일어났다면 어째서 죽은 사람이 거의 없었을까? 우리가 사건들을 따로 분리해서 기억한다는 것은 사건들이 매우 산발적으로 발생했다는 증거다. 마틴 루서 킹은 남부 분리주의자와 인종 차별주의자에게 맞서 지적이면서 손쉬운 승리를 거뒀다. 킹 목사를 상대로 분리주의자와 인종 차별주의자가 취할 수 있었던 최상의 조치는 경찰견을 풀고 호스로 물을 뿌리는 일이었다. 하지만 경찰견과 호스는 결국 법원이 내린 판결을 집행하고 연방 정부가 제정한 법률을 시행하기 위해 파견된 연방 정부군의 상대가 되지 못했다. 그렇다면 어째서 남부가 마틴 루서 킹에게 대답하지 않았을까? 어째서 남부 사람들은 마틴 루서 킹에게 "물론 우리는 흑인이 열등하다고 생각한다. 우리가 그런 식으로 생각하는 것은 당연하다."고 말하지 않았을까? 답은 간단하다. 인권운동이 시작되기 전에 이미 인종주의가 크게 힘을 잃었기 때문이다. 인종주의가 힘을 잃게 만든 가장 큰 요인은 제2차 세계대전이다. 인종 우월주의에 관한 생각이 신빙성을 잃는데 기여한 사람이 바로 히틀러였다. 인종주의는 1945년 이후 줄곧 수세에 몰렸다.

믿기 어렵겠지만 인종 문제에 관해 커다란 진전이 있었고 흑인에 대한 차별이 엄청나게 줄어들었음을 부인하는 인권운동가들이 존재한다. 나는 미국이 '인종주의의 종말'의 시대에 도달했다고 이야기하는 것이 아니다. 내가 이전에 쓴 책의 제목이기도 한 이 문구는 인종주의가 사라졌음을 알리기보다는 우리의 목표가 무엇인지를, 즉 우리가 어디로 향하는 중인지를 전달하고자 사용했다. 분명 미국처럼 거대한 국가에서는 인종주의를 보여주는 사례를 찾을 수 있다. 하지만 다음을 생각해보자. 범죄 기록에 관한 통계를 살펴보면 흑인이 백인을 공격하는 사건은 매일 무수히 일어나지만 어느 누구도 인식하지 못한다. 하지만 트레이본 마틴의 사례처럼 흑인이 총을 맞는 사건이 발생하면 전국이 충격으로 들썩거린다. 아마 과거에는 인종주의가 조직적으로 퍼졌으나 지금은 어쩌다 가끔씩 있는 일에 불과하다는 말이 가장 정확한 요약일 것이다. 오늘날 인종주의에는 꿈을 이루지 못하도록 흑인이나 다른 인종 집단을 막을 만한 힘이 없다.

그렇지만 인종주의는 과거 미국에서 대단히 강력한 힘을 발휘했다. 20세기 전반기를 지나는 동안 굉장히 많은 사람이 흑인 열등주의를 당연하게 받아들였다. 1920년대 초에는 KKK가 200만 명이 넘는 회원을 거느렸다. KKK는 뉴욕에서 5만 명이 넘는 회원을 끌어들인 행진을 기획했다. 지금은 행진 참가자 100명을 간신히 모을 수 있을 뿐이다. KKK의 행진 참가자 수보다 KKK에 반대하는 시위 참가자 수가 훨씬 더 많을 것이다. 따라서 상황이 더 좋은 쪽으로 변했다. 그러나 인종주의가 절정에 달했던 기간 동안 두 가지 굉장히 다른 전략이 인종주의와 맞서 싸우기 위해 등장했다. W.E.B. 듀 보이스가 전개한 시위 전략과 부커 T. 워싱턴이 세운 자립 전략이었다.

듀 보이스는 미국에 거주하는 흑인들이 단 한 가지 문제, 즉 백인 우월주의에 직면한다고 주장했다. 듀 보이스는 이에 맞서기 위해 간단한 전략을 추천했다. 프레더릭 더글러스가 처음 사용한 문구, "요구하고, 요구하고, 또 요구하라."로 요약되는 전략이다. 듀 보이스가 직접 기록했듯이 "우리는 우리를 위해 자유로운 미국인이 갖는 모든 단일 권리,

즉 정치적 권리와 사회적 권리, 시민으로서 권리를 요구한다. 이런 권리를 얻을 때까지 우리는 절대 시위를 멈추지 않고 미국의 귀를 향해 이의를 제기하고 공격을 가할 것이다."[7] 이런 식의 접근법을 유지한 듀 보이스는 전미유색인지위향상협회(National Association for the Advancement of Colored People, NAACP)의 창립자였다. NAACP는 미국 내 주도적인 인권 단체로 자신의 지위를 빠르게 다졌다. NAACP의 접근법은 "요구하고, 요구하고, 또 요구하라."는 슬로건으로 쉽게 요약할 수 있다.

부커 T. 워싱턴은 미국에 거주하는 흑인이 두 가지 문제에 직면한다고 주장했다. 하나는 인종주의고 다른 하나는 흑인 문화의 후진성이었다. 워싱턴이 주장했듯이 "부당한 수단을 써서 흑인에게서 참정권을 빼앗아서는 안 된다. 그러나 정치적 요구만으로는 흑인을 구하지 못할 것이다. 흑인에게는 재산, 산업, 기술, 경제, 지혜 그리고 인격이 있어야 한다. 이런 요소를 갖추지 못한다면 어떤 인종도 영원히 성공하지 못한다." 워싱턴은 능력주의가 결국 승리를 거둔다고 믿었다. "피부색이 무엇이든 사람들은 결국 능력을 알아보고 그에 맞는 합당한 대우를 한다. 미래에는 있든 없든 백인은 현재 2층짜리 벽돌집을 소유한 흑인을 정중하게 대한다."[8] 이 대목에서 워싱턴은 권리만큼이나 중요한 요인이 효과적으로 경쟁에 뛰어들고 권리를 이용할 수 있는 능력이라고 말한다. 워싱턴은 게다가 흑인의 성공과 성취가 흑인 열등주의가 사실일지도 모른다는 백인들의 의심을 떨치는 가장 좋은 방법이라고 덧붙였다.

워싱턴이 높은 흑인 범죄율 같은 흑인 공동체가 지닌 문제점을 지적하자 듀 보이스가 폭발하듯 분노를 터뜨렸다. 듀 보이스는 포효했다. "지금 흑인들이 도둑질을 한다고 치자. 그렇다면 수세기 동안 흑인의 노동력을 도둑질하며 흑인에게서 고결한 모습을 빼앗은 사람들은 누구인가?" 워싱턴은 이런 역사 속에서 나쁜 습관이 쌓였음을 결코 부인하지 않았다. 워싱턴은 나쁜 습관이 존재하기는 하지만 고쳐야 한다고 주장했다. "모든 이야기를 참작하더라도 우리 흑인들이 저지르는 범죄가 너무나 많다. 우리는 단지 흑인이 저질렀다는 이유로 우리가 범죄 사실을 감추지 않을 것임을 세상이 깨닫게 해야 한다." 듀 보이스의 좌우명을 "요구하고, 요구하고, 또 요구하라."로 요약할 수 있다면 워싱턴의 좌우명은 "일하고, 일하고, 또 일하라."로 요약할 수 있다.9)

NAACP와 마틴 루서 킹이 지휘한 인권운동은 시위를 이용한 정치에 기반을 둔다. 인권운동은 미국인들이 생각하는 원칙에서 혁명적으로 벗어나는 행위를 대변했기 때문이 아니라 이런 원칙에 직접적으로 호소했기 때문에 성공을 거뒀다. 마틴 루서 킹이 자신은 '약속 어음'을 내미는 중이라고 선언하면서 어음을 현금으로 바꿔달라고 요구하던 장면을 볼 때 사람들이 잠시 이런 생각을 할 수도 있다. 무슨 어음? 남부에 거주하는 인종 분리주의자들이 킹에게 약속했다가 약속을 어겼나? 물론 아니다. 약속어음이란 다름 아닌 미국 독립 선언서였다. 다시 말해서 마틴 루서 킹은 새로운 권리가 아니라 이미 1776년에 인정받은 권리를 흑인들이 누릴 수 있도록 나서달라고 호소했다. 놀랍게도 20세기에 등장한 이 흑인 지도자는 자신이 도덕적으로 혹은 법적으로 누릴 수 있는 권리를 주장하기 위해 남부 출신이자 노예를 소유했던 백인이 쓴 선언문에 의존했다. 그야말로 "고맙습니다, 제퍼슨 씨!"다.

오늘날 우리는 인권운동이 '끝나지 않았다'는 진보주의자들의 이야기를 듣는다. 진보주의자의 말은 옳다. 하지만 이들이 생각하는 이유 때문이 아니다. 진보주의자들은 여전히 인종주의라는 낡은 바람개비를 좇으며 약간 애매한 사건이 일어날 때마다 채찍을 휘둘러 국민을 흥분의 도가니로 몰아넣는다. 그러나 지금까지 흑인이 백인보다 뒤처지는 이유는 인종주의와는 거의 관련이 없다. 아프리카계 미국인의 문화적 후진성과 관련이 있다. 마틴 루서 킹은 이 사실을 인정했다. 사람들이 대부분 무시한 한 연설에서 마틴 루서 킹은 이렇게 말했다. "우리는 우리가 부당함의 희생자라는 사실 때문에 우리 자신의 생계를 책임지지 않아도 된다는 안일한 생각을 하지 않도록 해야 합니다. 우리가 평범하고 나태한 이유에 대해 변명하려고 우리가 차별받았다는 이야기를 늘어놓아서는 안 됩니다. 우리는 지금 이 지점에서부터 우리의 수준을 발전시키면서 인종 분리주의자의 주장을 깨부수는 기나긴 길로 나아가야 할 것입니다. 흑인은 자신의 내면 깊숙한 곳에 이르러 자기주장이 있는 인간임을 알리는 펜과 잉크로 자신만의 노예해방령(Emancipation Proclamation)에 서명했을 때 비로소 자유의 몸이 될 것입니다."10)

이런 측면에서 마틴 루서 킹은 부커 T. 워싱턴의 계보를 직접적으로 잇는다. 그러나 워싱턴이 제시한 전반적인 철학과 마찬가지로 마틴 루서 킹이 한 충고 역시 인권운동 지도자들에게 대부분 무시됐다. 지금까지도 인권운동 지도자들은 "요구하고, 요구하고, 또 요구하라."는 주장을 고수 중이다. 하지만 오늘날 미국인들은 법의 보호 아래 평등권을 누린다. 학교에서든 시장에서든 실질적으로 흑인 미국인이 도전해야 할 과제는 경쟁이다. 권리 그 자체만으로는 가치가 제한돼 있다. 빠르게 달리거나 제대로 수영하는 방법을 모르는데 올림픽에 나가 경쟁할 수 있는 권리를 준다고 해서 무슨 소용이 있는가? 요즘 식으로 바꿔 말하자면 소프트웨어 프로그래밍 방법에 대해 알지 못하는데 구글이나 오라클에서 일할 수 있는 권리가 있다고 해서 무슨 좋은 점이 있는가? 권리는 성공하기 위한 전제조건이지만 성공하기 위해서는 이런 권리를 활용하는 기술도 필요하다.

듀 보이스는 이 같은 사실을 알고는 있었지만 강조하지는 않았다. 듀 보이스가 강조한 행위는 차별과 도둑질이었고 듀 보이스가 제시한 해결안은 도둑은 희생자에게 갚아야 할 빚이 있으며 대가를 치러야 한다는 내용을 담았다. 부커 T. 워싱턴의 통찰력은 더 심오했다. 워싱턴은 도둑질이 벌어지기는 했지만 때로는 피해를 줄이고 기회를 회복할 수 있는 가장 좋은 위치에 있는 사람이 바로 피해자임을 알았다. 다시 말해서 사회가 어떤 사람을 깔아뭉갤 수도 있지만 그 사람이 자신을 일으켜 세울 수 있는 가장 좋은 위치에 있다는 의미다. 궁극적으로 듀 보이스는 미국에 대해 혐오감을 느끼게 됐다. 흑인이 백인이나 다른 인종 집단과 똑같은 지위로 올라서는 모습을 보지 못했기 때문이었다. 그 결과 듀 보이스는 소비에트 연방에 대한 열렬한 지지자가, 심지어 스탈린에 대한 추종자가 됐다. 듀 보이스는 1945년 아프리카에 있는 여러 독립국 지도자와 함께 범아프리카회의(Pan-African Congress)를 조직하고 제3세계에서 벌어지는 반식민주의 운동에 직접 뛰어들려고도 했다. 1961년 듀 보이스는 미국 시민권을 포기하고 가나로 이민했다. 비록 세상을 떠나기 2년 전인 93세의 나이에 실행에 옮기기는 했으나 듀 보이스는 실제로 아프리카로 돌아가는 과정을 밟은 보기 드문 미국 흑인 중 한 명이었다.[11]

인권운동 지도자 중 주류에 속한 사람들 사이에서는 부커 T. 워싱턴이 무시당하거나 매도됐지만 "일하고, 일하고, 또 일하라."라는 워싱턴의 전략을 소리 소문 없이 따른 한 무리가 존재했다. 이 집단이 미국에 온 비(非)백인 이민자였다. 나는 지금 한국인과 아이티인과 서인도 제도인과 남아시아인과 멕시코인을 떠올리는 중이다. 나와 마찬가지로 이 사람들도 모두 인권운동의 수혜자였다. 하지만 아프리카계 미국인은 알지 못하는 사실, 즉 미국이 변했음을 비백인 이민자는 알고 있는 것 같다. 이들은 남아 있는 장애물에 대해 항의하는 대신 기회가 존재하는 드넓은 미래를 기대한다. 백인의 동조와 정부의 아낌없는 후원을 요구하는 대신 자신의 방식대로 성공으로 향하는 단계를 밟아오른다.

오늘날 우리는 항의 전략이 더 나은지 아니면 자립 전략이 더 나은지 확인하는 차원에서 간단하게 아프리카계 미국인과 비백인 이민자들을 비교할 수 있다. 이는 다문화주의가 주는 여러 이점 중 하나다. 다문화주의는 오스트리아계 영국 경제학자 프리드리히 하이에크(Friedrich Hayek)가 말한 '경쟁하는 유토피아를 위한 틀'을 제공한다. 사람들은 무엇이 효과적으로 작동하고 무엇이 그렇지 않은지 알기 위해 두 전략을 비교할 수 있다. 현재 결과는 자명하다. 이미 권리를 누릴 수 있다면 항의 전략은 수명을 다했다. 21세기 미국의 현실에 비출 때 듀 보이스의 주장은 현실성이 없는 반면 부커 T. 워싱턴의 주장은 소홀히 넘기지 못한다. 약자들은 출신 인종 및 피부색과 상관없이 워싱턴의 철학에 따를 때 밑바닥에서 위로 이동할 수 있고 "일하고, 일하고, 또 일하라."는 전략을 이용할 때 자신만의 노예해방령에 서명할 수 있다.

# 제10장

---

# 번영에 관한 미덕

★

돈 벌기보다 사람을 더 정신없이 바쁘게
만들 수 있는 방법은 거의 없다.[1]

– 새뮤얼 존슨(Samuel Johnson), 『존슨의 생애(The Life of Samuel Johnson)』

1893년 역사학자 프레더릭 잭슨 터너(Frederick Jackson Turner)가 미국 개척지가 소멸했음을, 그리고 새로운 땅을 취득하는 전략을 바탕으로 하는 아메리칸 드림이 마침내 최후를 맞이할 수밖에 없음을 선언하는 유명한 글을 발표했다. 잭슨은 개척지는 건국될 때부터 미국을 정의하는 요인이었다고 주장했다. 그러나 태평양 연안에 도달한 지금은 더는 발견하고 차지할 땅이 없다고 말했다. 잭슨은 개척지가 미국인에게서 이끌어내는 몇 가지 분명한 특징을 확인했다. "날카로움과 호기심을 겸비한 거칠고 강인한 기질, 실질적이고 창의적인 사고방식, 빠르게 해결책을 찾는 능력, 능수능란하게 재물을 움켜쥐는 손, 예술적 감각은 결여됐으나 훌륭하고 효과적인 결말을 도출하는 강력한 힘, 촉각을 곤두세운 채 쉴 새 없이 움직이는 에너지, 남을 지배하고자 하는 성향, 좋든 나쁘든 목표를 위한 노력, 게다가 자유로움에 따르는 쾌활함과 패기까지. 이 모두가 개척지를 나타내는 특징이다." 우리는 잭슨이 개척지가 보여주는 특징에 대해 비판하고 있음을 알 수 있다. 하지만 잭슨은 미국을 건설하는 과정에서 개척지의 특징이 어떤 역할을 했는지 잘 알기도 했다. 잭슨은 개척지의 소멸이 한 시대의 종말을 의미한다고 선언했다. "아메리카 대륙을 발견한 시점부터 4세기 만에, 미국 헌법의 보호 아래 사람들이 살기 시작한 뒤 100년이라는 시간이 끝나는 시점에 개척지가 사라졌다. 그리고 개척지의 소멸과 함께 미국 역사의 첫 번째 시기가 끝났다."[2]

   잭슨의 주장은 뜨거운 논쟁을 불러일으켰다. 내가 첫 번째로 고민하고자 하는 의문은 이렇다. 더는 개척지가 존재하지 않는다는 잭슨의 말은 옳은가 그른가. 나는 잭슨이 옳다고 생각하지 않는다. 잭슨은 아메리칸 드림이 땅을 기반으로 만들어졌다고 생각했다. 한 세기가 넘는 기간 동안에는 잭슨의 말이 사실이었다. 가진 것이 얼마 없는 사람들은 새로운 땅을 찾기 위해 서쪽으로 이동했다. 그러나 이제 새로운 개척지가 존재한다. 새로운 부와 새로운 기술이다. 사람들은 새로운 땅을 발견하는 대신 새로운 상품을 만든다. 오늘날 사람들이 일군 부는 대부분 땅에서 나오지 않는다. 이전에는 존재하지 않던, 중요한 물건을 만드는 과정에서 나온다. 나는 새로운 통신 기술을 이용해 창출한 부뿐만 아니라 (우리에게는 1893년에는 존재하지 않았던 컴퓨터와 휴대전화가 있다) 의료와 오락, 작업 효율성, 가사 부문에서 셀 수 없이 쏟아지는, 사람들을 편리하게 만드는 창의적인 아이디어에 대해서도 생각한다. 이런 일을 하려면 누군가 등장해야 한다. 어떤 의미에서는 단순히 서쪽으로 사람들을 내몰고 새로운 땅을 개척하기보다 어려운 일이다. 내 말은 땅이 사라졌을 때 미국에 기업 자본주의에 맞춰 부와 기회를 창출하는 새로운 길이 열렸다는 의미다. 개척지는 결코 소멸하지 않는다.

잭슨의 글에 대한 진보주의자들의 비판은 역사적으로 미국이 발견되기를 기다리는 새로운 땅을 제공했다는 잭슨의 가정에 이의를 제기하는 데 초점을 맞춘다. 우리가 알고 있듯이 진보주의자들은 이미 미국은 온전히 다른 사람들이 차지한 땅이었으며 따라서 '이주'는 '도둑질'의 또 다른 이름이라고 생각한다. 우리는 앞 장에서 진보주의자들의 주장을 살펴보았다. 이제 우리는 미국 및 전 세계 시장에 힘을 불어넣는 자본주의와 혁신과 자유 무역과 부를 창출하는 여러 가지 새로운 방식 역시 도둑질의 한 형태인지 아닌지 검토하려 한다. 만약 도둑질의 한 형태라면 현재 미국이 소유한 엄청난 부는 불법 행위의 산물이므로 국내 차원에서든 전 세계적인 차원에서든 재분배라는 진보주의자들의 처분에 따라야 할 것이다.

1965년 버락 오바마 시니어가 「동아프리카 저널(East Africa Journal)」에 논문을 발표했다. 논문에서 버락 오바마 시니어는 세율 100퍼센트가 가능한지에 대해 검토했다.[3] 물어볼 만한 가치가 있는 질문이다. 어떻게 제정신인 사람이 사람들에게 100퍼센트라는 세율을 적용할 수 있을까? 1980년대 경제학자 아서 래퍼(Arthur Laffer)는 만약 정부가 100퍼센트 세율을 시행한다면 정부의 수입은 0퍼센트 세율을 시행할 때와 똑같아질 가능성이 높다고 지적했다. 세율이 0퍼센트라면 분명 정부는 한 푼도 거둬들이지 못한다. 그러나 래퍼는 세율이 100퍼센트인 경우 어느 누구도 일할 의욕을 느끼지 못한다는 점에 주목했다. 번 돈을 모두 세금으로 내야 하는데 도대체 일할 이유가 어디 있겠는가? 이 경우 결과적으로 아무도 생산 활동에 참여하지 않으니 정부는 한 푼도 수입을 올리지 못한다.

그렇다면 지식인들이 100퍼센트 세율을 제안하는 이유는 무엇인가? 이런 세율이 납득이 되는 시나리오가 하나 존재한다. 만약 여러분이 내 집에 와 내가 가진 모든 물건을 도둑질하는 상황을 가정해보자. 이 경우 여러분이 적용받아야 할 적정한 세율은 얼마인가? 그렇다. 100퍼센트다. 여러분의 재산이 아니기 때문이다. 도둑질과 관련된 경우라면 훔친 물건을 되돌려주는 행위가 한 사람이 일하도록 동기를 부여하는 데 어떤 효과를 발휘할 것인지 어느 누구도 상관하지 않는다. 훔친 물건은 여러분의 소유가 아니므로 되돌려줘야 한다. 만약 거부한다면 정부가 훔친 물건을 원래 주인에게 되돌려주기 위해 모든 권한을 동원할 것이다. 반식민주의자들은 자본주의를 토대로 쌓은 부가 훔친 물건이라고 생각한다. 따라서 버락 오바마 시니어는 훔친 물건을 압수하기 위해 국가 권력을 사용해야 한다고 아무 거리낌 없이 제안했다.

이 모든 이야기가 오바마 대통령과 상당히 거리가 멀게 보일지도 모른다. 하지만 오바마가 2012년 벌인 선거 유세에서 한 이야기를 다시 떠올려보자.

> 여러분, 만약 여러분이 성공을 거뒀다고 하더라도 그 자리는 혼자 힘으로 오른 자리가 아닙니다. 저는 늘 제가 정말 너무나 똑똑해서 성공했다고 믿는 사람들과 마주칩니다. 세상에는 똑똑한 사람이 엄청나게 많이 있습니다. 제가 다른 어떤 사람보다 더 열심히 일해서 성공했음은 확실합니다. 자, 그럼 중요한 이야기를 들려드리겠습니다. 세상에는 열심히 일하는 사람이 한가득 있습니다. 만약 여러분이 성공했다면 이는 성공하는 과정에서 누군가 여러분에게 어떤 도움을 준 결과입니다. 여러분의 인생 어디인

가에 훌륭한 선생님이 있었습니다. 누군가 지금 우리가 누리고 여러분이 성공할 수 있도록 만든 이 믿기 어려운 미국의 제도를 탄생시키는 데 힘을 보탰습니다. 누군가 길과 다리를 놓는 데 투자했습니다. 여러분이 사업을 일으켰다고는 하지만 여러분이 제도를 탄생시키고 길과 다리를 놓지는 않았습니다. 누군가 다른 사람이 그 일이 일어나게 했습니다. 인터넷은 혼자 힘으로 개발되지 않았습니다. 정부의 연구가 인터넷을 탄생시켰고 그래서 모든 기업이 인터넷으로 돈을 벌 수 있었습니다.[4]

진보주의자들의 총아인 엘리자베스 워런(Elizabeth Warren) 상원의원이 비슷한 주제에 대해 자신의 의견을 명확히 밝혔다. "이 나라에서 자기 혼자만의 힘으로 부자가 된 사람은 없습니다. 아무도요. 당신이 공장을 건설하셨다고요? 훌륭하시군요. 하지만 저는 이 점을 명확히 하고자 합니다. 당신은 우리가 낸 돈으로 닦은 길을 이용해 당신의 상품을 시장으로 실어나릅니다. 당신은 우리가 낸 돈으로 교육받은 노동자를 고용합니다. 당신은 당신 공장에서 안전하게 있을 수 있습니다. 우리가 낸 돈으로 경찰관과 소방관이 일하기 때문입니다."[5]

여기에서 오바마 대통령과 워런 상원의원이 진짜 이야기하는 바는 무엇인가? 기업가들에게 고향으로 돌아가 옛 은사를 찾아 이들에게 적절한 보너스를 지급하라는 이야기가 아님은 분명하다. 정확히 말하자면 두 사람은 부의 원천에 대한 허무주의를 양산하려, 즉 노력과 보상을 떼어놓으려 하는 중이다. 어떤 의미에서 보면 우리가 거둔 성공이 오롯이 우리만의 몫이 아니라는 두 사람의 주장에는 반론의 여지가 없어 보인다. 모든 성공에는 필수 조건이 따르고 (예를 들어 집을 지으려면 집을 짓기 위한 허가를 받아야 한다.) 기반시설도 갖춰져야 한다.(길이 없다면, 우리를 보호할 경찰이 없다면, 우리를 교육할 학교가 없다면, 그리고 다른 여러 가지 조건이 없다면 집을 짓지 못한다.) 이런 의미에서 보면 우리가 거둔 성공은 부분적으로만 우리 노력에서 기인한다는 주장에는 논란의 여지가 없다.

그러나 사실이라고 하더라도 사람들은 이런 말을 거의 하지 않는다. 공용도로는 모든 사람이 사용할 수 있는 공공물이기 때문이다. 분명 기업가는 다른 모든 사람보다 공용도로를 더 많이 사용한다. 성공한 기업가를 가르친 교사들은 학교에서 다른 학생들도 가르쳤다. 그렇다면 다른 학생들이 기업가보다 적게 배웠을까? 다른 학생들이 배운 내용을 제대로 활용하지 못한 것은 아닐까? 이 질문은 기업가는 자신이 배운 내용을 잘 활용했으며 그에 대한 보상을 받을 자격이 있음을 암시한다. 물론 기업가는 정부가 제공하는 몇 가지 기반시설 없이는 기업을 운영하지 못한다. 기업가는 국방이나 소방 같은 정부가 기본적으로 제공하는 서비스에 의존한다. 그러나 다시 한 번 말하지만 모든 국민이 정부가 제공하는 서비스를 누릴 수 있다. 우리가 정부를 수립하는 첫 번째 이유다. 그렇다면 어째서 기업가가 단지 성공한 기업을 소유했다는 이유만으로 정부에 대해 추가적으로 의무를 져야 하는가? 기업을 일군 주체는 정부가 아니다. 기업가다.

또 다른 맥락에서 보면 오바마 대통령과 워런 상원의원의 발언은 정신 나간 소리처럼 들릴 수 있다. 내가 이제 막 대학에 입학한 딸에게 "네 SAT 점수는 네가 얻은 점수가 아니야."라고 말한다면 무슨 일이 벌어질지 생각해보자. 설명을 요구하는 딸에게 SAT 시험을 보러 가기 위해 공용도로를 이용했음을 지적한다. 혹은 어린 시절 장티푸스에 걸리지 않도록 예방주사를 맞지 않았더라면 시험을 치르지 못했을 것이라고 이야기한다. 물론 여기서 더 나아갈 수도 있다. 만약 제3세계에서 태어난 고아였다면 내 딸은 자신이 이룬 일을 이루지 못했을 것이다. 만약 지구 대기에 산소가 없었다면, 혹은 태양과 지구 사이의 거리가 지금보다 더 떨어져 있어서 지구가 인간이 살 수 있을 만큼 따뜻하지 않았다면 딸은 SAT 시험에서 좋은 성적을 거두지 못했을 것이다. 내가 딸에게 이런 말을 한다면 딸은 내가 정신이 나갔다고 생각할 것이다. 분명 성공하기 위해서는 전제조건이 필요하기는 하지만 그렇다고 성공이 노력 없이 거둔 결과라는 이야기는 아니다. 이런 관점에서 보면 오바마 대통령과 워런 상원의원의 발언은 완전히 어리석은 것 같다.

하지만 어떤 어리석은 발언을 한다고 해서 그 발언으로 지식인들이 멍청해지지는 않는다. 정확히 말하자면 사실 지식인들은 다른 관점을 이야기하고자 하는 중이다. 이제 오바마 대통령과 워런 상원의원이 진짜 이야기하려는 내용을 밝힌다. 두 사람의 발언은 자본주의를 토대로 쌓은 부가 (전부) 공동체의 소유라는 뜻이다. 특별히 어느 누구도 그 부를 차지하지 못하며 어느 누구도 부에 대한 독점권을 갖지 못한다. 부는 한 집단에 속한 모든 사람이 모여 만든 결과물이다. 따라서 집단에 속한 모든 사람에게 부를 누릴 자격이 있다. 이런 관점에서 볼 때 모든 사람이 부에 대해 주장하고 부를 골고루 나눠가질 수 있기 전에 탐욕스러운 기업가가 재빨리 달려가 부를 거머쥔다는 문제가 생긴다. 이 이기적인 기업가들은 이익이 자신의 몫이라고 생각한다. 하지만 이익은 기업가의 몫이 아니다. 정부에는 이익을 회수하고 자신이 원하는 대로 나눠줄 수 있는 모든 권한이 있다. 정부는 당신 몫을 가져가지 않는다. 정부는 결코 당신 소유가 아니었던 이익을 가져간다. 이런 식으로 생각하면 아버지 오바마와 아들 오바마가 주장하는 이데올로기 사이에서 유사한 부분이 발견된다. 실제로 두 사람은 같은 신념에 대해 이야기한다.

진보주의자들의 주장에는 탐욕스럽고 이기적인 사람들이 현대 경제에서 창출되는 부와 이익을 도용하고 자신이 받아야 할 '정당한 몫'보다 더 많이 가져간다는 전제가 깔려 있다. 자본주의에 대한 새로운 형태의 공격이다. 20세기에는 부를 창출하는 데 어떤 체제가 더 효율적인가라는 문제를 두고 자본주의 사회와 사회주의 사회 사이에서 활발한 논쟁이 벌어졌다. 이 논쟁에서 자본주의가 승리를 거뒀다. 그러나 자본주의는 경제적인 논쟁에서는 이겼지만 도덕적인 논쟁에서는 한 번도 이기지 못했다. 오늘날 오바마 대통령이 주도하는 자본주의에 대한 비판은 자본주의가 얼마나 효율적으로 작동하는가에 관한 문제를 다루지 않는다. 자본가가 얼마나 나쁜 인간들인가에 관한 문제를 다룬다. 오바마에게 대답하기 위해 우리는 자본주의를 움직이는 원동력에 대해 생각해야 한다. 또한 기업가와 노동자가 실제로 하는 일이 무엇인가와 두 집단이 자신이 버는 돈을 차지할 자격이 있는가에 대해 더 면밀하게 검토해야 한다.

많은 성공한 기업가가 자본주의에 대한 진보주의자들의 비판을 마음속 깊이 받아들인 것처럼 보인다. 그 결과 기업가가 방어적인 자세를 취하게 됐다. 몇 년 전 CNN 창립자 테드 터너(Ted Turner)가 존 스토셀(John Stossel)이 진행하는 TV쇼에 나와 다양한 질문을 받았다. 스토셀은 터너가 UN에 10억 달러를 기부하기로 약속한 사실을 언급하며 터너에게 다음과 같은 질문을 던졌다. 그렇게 수상쩍은 행동을 하는 이유는 무엇입니까? 어째서 본인 사업에 투자하지 않지요? 본인 기업에 투자하면 일자리를 창출하거나 상품을 생산할 수 있고 틀림없이 훨씬 더 많은 사람에게 이익이 될 텐데요. 터너는 촬영장을 박차고 나갈 정도로 흥분했다. 스토셀은 터너를 계속 괴롭혔다. 마침내 터너가 폭발했다. "난 그저 공동체에 환원하려고 할 뿐이오."[6] 이것은 자선 활동에 대한 일반적이고 타당한 이유다. "나는 공동체에 환원하는 중이다." 하지만 이 말을 들을 때마다 나는 마음속으로 이렇게 생각한다. "당신들이 공동체로부터 빼앗은 돈은 얼마인가?" 터너의 말에는 이익은 불법이며 다른 사람에게서 빼앗은 이익의 일부는 의무적인 자선 활동을 통해 되돌려줘야 한다는 의미가 담겨 있다. 마치 터너 같은 기업가들이 도둑질을 했다는 혐의가 사실임을 인정하는 것처럼 보인다. 이들은 가장 마지막 순간에 이르러 자신이 성공할 수 있게 만든 체제를 도덕적으로 옹호하지 않으려 하는 혹은 못하는 것 같다.

어떤 관점에서 보면 자본주의에 관한 도덕적 난제는 21세기에 등장한 문제다. 하지만 다른 관점에서 보면 자본주의의 기원까지 거슬러 올라가는 문제다.

자본주의에 대한 고전적인 옹호는 1776년 애덤 스미스(Adam Smith)가 쓴 『국부론(The Wealth of Nations)』에서 등장했다. 놀랍게도 스미스는 이 책에서 기업가를 달갑게 생각하지 않는다. 스미스는 기업가들이 가격을 결정할 때를 제외하고는 사적으로 만나는 일이 드물다고 말한다. 게다가 스미스는 자본주의가 자기이익에 기반을 둔다는 데 동의하는 것처럼 보인다. 스미스는 이렇게 썼다. "우리가 저녁식사를 기대할 수 있는 이유는 푸줏간 주인이나 맥주 양조업자나 빵집 주인에게 자비심이 있어서가 아니라 이들이 자신의 이익에 관심이 있어서다. 우리는 이들의 인간애가 아니라 자기애에 대고 호소해야 한다. 절대 우리에게 무엇이 필요한지가 아니라 이들이 어떤 이익을 얻을 수 있는지에 대해 이야기해야 한다."[7]

스미스의 주장은 사회 전체가 이익을 얻는 쪽으로 개인의 이기심을 돌릴 수 있다는 역설에 근거를 둔다. 어떻게 이런 일이 가능할까? 스미스보다 반세기 먼저 활동한 버나드 맨더빌(Bernard Mandeville)은 스미스의 글보다 훨씬 더 대담한 견해를 제시했다. '꿀벌의 우화(The Fable of the Bees)'라는 제목이 붙은 긴 시에서 맨더빌은 '개인의 악덕'이 '사회의 이익'을 생산한다고 주장했다. 맨더빌은 미덕은 그저 '가난하고 어리석은 국민'이 관심을 갖는 분야일 뿐이라고 말한다. 맨더빌은 실제로 탐욕과 이기심, 자만심, 질투 같은 악덕을 찬양했다. 맨더빌은 이런 악덕이 없다면 상업을 움직이는 엔진이 서서히 작동을 멈출 것이라고 이야기했다. 악덕은 근대 문명을 가능하게 만든 원동력이다.[8]

스미스는 맨더빌의 생각을 부인하고 맨더빌이 이야기한 '탐욕'과 '이기심'이라는 용어 대신 더욱 정확한 용어, 즉 '자기이익(self-interest)'을 사용했다. 스미스에게 자기이익은 선하지도 않지만 그렇다고 나쁘지도 않았다. 그럼에도 불구하고 자기이익이 중요한 이유는 어떤 작용을 하기 때문이다. 자기이익은 사람과 자원을 적절한 방향으로 몰아 거대한 번영을 이룩한다. 그러나 자기이익 혼자 하는 일이 아니다. 이 부분이 스미스가 '보이지 않는 손(invisible hand)'이라는 유명한 개념을 도입한 대목이다. 개인은 철저하게 자기이익을 추구하겠지만 경쟁이라는 '보이지 않는 손'이 품질을 향상시키고 가격을 낮추고 그렇게 함으로써 사회 전체가 물질적으로 행복해지도록 개인을 자극한다. 스미스는 기업가가 경쟁이라는 장치를 이용해 자기이익을 작동시킴으로써 '실제로 본인이 하려고 마음먹었을 때보다 훨씬 더 효율적으로'[9] 사회의 번영을 촉진한다고 기록했다. 알아차리지 못할 정도로 미세하지만 분명 개인의 자기이익 추구가 공공의 이익을 증진한다. 노벨상 수상자인 경제학자 게리 베커(Gary Becker)는 애덤 스미스가 제시한 이론을 지난 2세기 반을 지배한 가장 중요한 생각이라고 칭했다. 그러나 스미스의 자유 시장 옹호는 불완전한 것처럼 보인다. 스미스는 자본주의, 즉 자본주의 제도의 정당성은 입증했으나 자본가, 즉 자본주의를 따르는 사람들의 정당성은 입증하지 않은 것 같다.

스미스는 탐욕과 자기이익이 자본주의에서 비롯한 요소가 아님을 인식했다. 탐욕과 자기이익은 인간의 본성에서 비롯한 요소다. 스미스는 자본주의가 '상품이나 서비스를 서로 주고받거나 사고팔고자 하는 인간의 성향'에서 나온 제도라고 적었다. 고용주나 투자자와 마찬가지로 노동자도 탐욕과 자기이익 때문에 자극을 받는다. 두 가지는 인간의 보편적인 성향이다. 카를 마르크스는 탐욕과 자기이익이 사유재산을 인정하는 사회가 낳은 산물이라고 이야기하며 스미스의 생각에 반박했다. 마르크스는 공산주의 사회에서는 사유재산이 허용되지 않기 때문에 탐욕과 자기이익도 존재하지 않는다고 주장했다. 마르크스는 공산주의 사회에서는 사람들이 자신의 이익이 아닌 공공의 이익을 위해 일하도록 자극받을 것이라고 웅변을 토했다. 아마 마르크스는 자신의 말이 얼마나 어리석게 들릴지 깨달았을 것이다. 그래서 단발적으로 가볍게 일하는 미래상을 제시했다. 마르크스가 상상한 사회에서는 사람들이 아침에는 육체노동을 하다가 오후에는 물고기를 잡고 저녁에는 비판하는 삶을 살 수 있다.[10] 마치 미국 대학교에서 로망 어(라틴 어에서 유래한 프랑스 어, 이탈리아 어 따위의 언어-옮긴이)를 가르치는 교수의 삶을 묘사하는 소리처럼 들린다. 그렇지만 오늘날 사람들은 마르크스가 이야기한 공산주의가 제 대로 작동하지 않음을 잘 안다. 마르크스가 말한 사회는 기껏해야 '글 속 에서나 존재하는 사회', 즉 유토피아일 뿐이다. 현실에 존재하는 어떤 사 회도 저런 식으로 작동하지 못한다. 현실 사회는 틀림없이 사람들이 바라 는 인간 본성이 아닌, 있는 그대로의 인간 본성 위에 건설되기 마련이다.

이 말은 공산주의가 절대 작동하지 못한다는 의미가 아니다. 공산주 의가 훌륭하게 작동하는 장소가 존재한다. 바로 가족이다. 결과적으로 가족은 "능력에 따라 일하고 필요에 따라 분배 받는다."[11]는 공산주의 원칙에 기반을 둔다. 우리는 곧바로 사람들이 자신만을, 즉 자신의 탐욕 과 자기이익만을 위해 일한다는 비판이 수정돼야 함을 깨닫는다. 사람 들은 대부분 자신의 가족을 뒷받침하기 위해 일한다. 경우에 따라 나이 든 부모나 다른 친인척까지 포함하는 확대 가족으로 지원 범위가 넓어 지기도 한다. 가족 안에서 공산주의가 작동하는 이유는 무엇인가? 가족 이라는 공동체를 하나로 묶는 애정이라는 단단한 매듭이 존재하고 이 로 인해 한 사람의 이익이 사실상 다른 사람의 이익과 동일하게 취급되 기 때문이다. 더 큰 공동체에서는 이런 식으로 구성원을 하나로 묶기가 훨씬 더 어렵다. 가족에서 친척으로, 같은 지역에 사는 이웃으로, 국민 이라는 더 큰 공동체로 동심원을 확장할 때 바깥쪽으로 갈수록 우리의 애정은 줄어들기 때문이다. 애국심은 느낄 수 있겠지만 우리에게 가까 운 사람에게 느끼는 애정만큼 우리가 모르는 사람에게 애정을 느끼기 란 대단히 어렵다.

탐욕과 자기이익은 인간의 본성을 구성하는 특징일지도 모른다. 하지만 이런 악덕을 권장하는 경제 체제는 도덕적으로 비난받아야 하지 않을까? 이 질문에 대답하기 위해 우리는 자본주의를 움직이는 원동력에 대해, 또한 기업가가 실제 하는 일이 무엇인지에 대해 면밀히 살펴봐야 한다. 이 장에서 우리는 서로 모순되는 다양한 주장에 대해 다룬다. 예를 들어 철학자 아인 랜드(Ayn Rand)는 『이기심이라는 미덕(The Virtue of Selfishness)』이라는 제목을 단 책을 썼다. 랜드의 입장은 이렇다. 당연히 자본주의는 이기심에 기반을 둔다. 자본주의는 놀랍다. 왜냐하면 이기심이 놀랍기 때문이다. 랜드는 이렇게 썼다. "이기심에 대한 공격은 인간의 자부심에 대한 공격이다." 물론 랜드의 주장은 자극적이었다. 랜드도 이기심이라기보다는 자기이익이라는 의미에서 이렇게 말했다. 그렇다면 어째서 '이기심'이라는 단어를 사용했을까? 랜드의 대답은 이렇다. "사람들이 그 단어에 대해 두려워하기 때문이다." 랜드는 두려워하지 말라고 충고한다. 랜드는 자신의 이익을 위해 하는 사람들의 행동이 윤리적인 행위임을 주장하고자 했다.[12] 어떤 의미에서 보면 랜드는 기업가에게 반대하는, 즉 기업가는 탐욕스럽고 이기적인 놈들이라고 말하는, 그리고 기업가의 유죄를 인정하는 익숙한 역할을 맡았다. 랜드는 자기이익을 추구하는 행위가 어째서 잘못됐는지 질문을 던졌다. 나는 랜드의 공격적인 모습을 존경한다. 그러나 궁극적으로는 2,000년 동안 이어진 서양의 윤리를 뒤집으려는 랜드의 시도가 비현실적이라고 생각한다. 고든 게코(Gordon Gekko)의 주장과 달리 탐욕은 선하지 않다. 자기이익과 마찬가지로 탐욕은 악덕도 아니겠지만 미덕도 아니다. 우리는 주로 혹은 오로지 자신만을 생각하는 사람을 이해할 수는 있다. 그러나 자신만을 배려한다는 이유 때문에 그런 사람을 존경하지는 못한다.

신기술 전문가 조지 길더(George Gilder)가 자본주의를 움직이는 원동력에 대한 또 다른 생각을 제시한다. 길더는 자본주의가 이타심을 기반으로 한다고 주장한다. 길더는 누군가에게 주는 행위가 자본주의 체제의 도덕적 중심이라고 말한다. 길더는 많은 성공한 기업가가 이미 돈을 벌었기 때문에 매일 일하러 회사에 나오지 않아도 된다는 사실을 지적한다. 예를 들어 테드 터너나 버진그룹 회장 리처드 브랜슨(Richard Branson), 페이스북 CEO 마크 저커버그(Mark Zuckerberg) 같은 사람들을 떠올려보라. 하지만 이 사람들은 계속 일한다. 어째서 그럴까? 길더는 이들이 창의력이라는 재능을 타고났으며 자신의 재능을 사회와 공유하고자 하기 때문이라고 말한다. 성공한 기업가가 움직이는 이유는 주로 돈 때문이 아니다. 주로 자신이 하는 일을 사랑하는 마음 때문이다. 이를 가리켜 기업가의 에로스라고 부른다. 분명 재계의 거물은 지속적으로 엄청난 수입을 올린다. 하지만 수입은 (적어도 지금은) 이들이 끊임없이 일하도록 만드는 원인이 아니다. 길더는 오히려 재계의 거물은 엉뚱한 생각이나 혁신적인 생산품을 세상에 내놓고 사람들이 자신의 제품을 얼마나 잘 받아들이는지 확인하며 흐뭇해하는 창의적인 재능 기부자라고 말한다. 어떤 의미에서 보면 소비자는 기업가의 너그러움에 대해 보답하고 기업가는 자신이 내놓은 제품을 시장이 얼마나 잘 받아들이는지 보며 자신의 창의력을 측정하는 셈이다. 길더는 진짜 성공한 기업가는 "다른 사람의 행운이 결국 자신의 행운이기도 하다."는 사실을 인정한다고 주장한다.

생계를 꾸리기 위해 일하지 않아도 되는 재계의 거물은 분명 흔하지 않은 부류다. 나는 재계의 거물이 아니라 사업을 시작하고 운영하는 평범한 사람들에게 초점을 맞추고자 한다. 평범한 사람들이 사업하는 이유는 무엇일까. 이들은 생계 때문에 일한다. 이런 측면에서 평범한 기업가를 움직이는 힘은 기업가가 고용한 노동자와 동일하다. 하지만 차이점이 존재한다. 노동자가 성공하려면 고용주를 만족시키기만 하면 된다. 하지만 고용주가 성공하려면 소비자라는 훨씬 더 큰 공동체를 만족시켜야 한다. 나는 그저 자본주의 체제 아래서 성공하려면 자아도취에 빠져서는 안 되며 다른 사람의 필요와 욕구를 만족시켜야 함을 이야기할 뿐이다. 큰 수익을 올리는 자본가는 이들이 자기이익을 특별히 잘 추구하기 때문이 아니라 다른 사람과 공감하고 다른 사람에게 상품과 서비스를 제공하기를 특별히 잘하기 때문에 성공한다.

아이러니하게도 공감을 자신의 또 다른 책 『도덕감정론(A Theory of Moral Sentiments)』의 중심 주제로 삼은 사람이 바로 애덤 스미스다. 스미스는 이 책에서 놀라운 의견을 이야기한다. "다른 사람은 너무나 불쌍히 여기고 자신은 거의 불쌍하게 여기지 않는 행위가, 이기심을 억제하고 다른 사람에 대해 자비심과 애정을 마음껏 베푸는 행위가 인간의 본성을 완성한다."13) 보이지 않는 손과 자본가의 자기이익 추구를 옹호한 위대한 철학자 애덤 스미스는 인간이 지닌 최고의 본성이 향하는 방향이 자신이 아니라 타인임을 인정한다. 도덕은 사람들에게 자기이익을 추구하려는 본능을 뛰어넘으라고, 경우에 따라 유혹을 물리치기까지 하라고 요구한다. 그러나 스미스는 이것이 정확히 성공한 노동자나 기업가가 하는 행동이라는 말을 덧붙이지 않았다. 성공한 사람들은 자신을 다른 사람의 입장에 둔다. 이들은 이렇게 묻는다. 어떻게 해야 내가 다른 사람에게 실질적으로 도움이 되는 서비스를 제공할 수 있을까? 어떻게 해야 소비자가 원하는 바를 더 훌륭하게 만족시키도록 내 제품을 개발하고 개선할 수 있을까?

자기이익이 자본주의를 움직이는 힘이라면 공감은 자본주의 체제 아래서 성공을 거두기 위해 필요한 중요한 미덕이다. 나는 이 말이 어째서 그토록 많은 기업가와 노동자가 자신이 하는 일을 좋아하고 자신의 일에 대해 자부심을 갖는지를 이해하는 열쇠라고 생각한다. 어떤 측면에서는 안내인이 되거나, 바닥을 청소하거나, 숫자를 더하거나, 위젯 (widget, PC나 휴대폰, 블로그·카페 등에서 날씨, 뉴스, 일정, 시계 등 사용자가 자주 사용하는 기능만을 모아 놓은 미니 응용프로그램-옮긴이) 판매하는 데 자부심을 느끼는 사람들을 찾는 일이 이상하게 보인다. 상류 계급은 이런 하찮고 굴욕적인 행위를 비하하는 태도를 취한다. 과거 오스카 와일드(Oscar Wilde)는 건물 관리인이 하는 그런 종류의 육체노동은 사람을 충분히 우울하게 만든다고, 이런 일에 대해 자부심을 느끼라니 정말 끔찍하다고 썼다. 마르크스도 노동자와 일의 관계가 좋지 않다고 불평했다. 나는 노동자가 무기력함과 따분함을 느끼고, 시계를 바라보며 퇴근시간을 기다리고, 주말을 고대하는 모습을 충분히 이해할 수 있다고 생각한다. 그러나 많은 미국인이 '마음 자체가 자신의 자리'며 직업에 대해 자신이 어떻게 느끼는지는 직업을 대하는 자신의 태도에 달려있음을 이해한다. 많은 기업가와 노동자가, 심지어 '매력적이지 못한' 일을 맡은 사람까지도 자신의 일을 훌륭히 완수하는 데 자부심을 느낀다. 깨끗한 바닥과 정확한 계산, 유용한 위젯은 모두 다른 사람의 삶의 질을 향상시킨다. 이런 일을 할 때는 도덕적으로 만족감을 느낀다.

다른 사람에 대해 공감함은 그렇게 큰 일이 아닌 것처럼 보일 수도 있다. 우리는 인간이기 때문에 직업적으로 다른 사람을 대할 때 공감을 표시하지 않을까? 실제로는 그렇지 않다. 나는 성직자나 의사를 제외하고 기업가만큼 타인과 공감하는 부류를 알지 못한다. 지식인들의 사고 방식과 대조해서 생각해보자. 몇 년 전 이른바 '싱크탱크'라고 부르는 한 연구재단에서 일할 때 나는 동료에게 동료가 쓰던 책의 마지막을 어떤 인물이 장식하는지 물었다. "어떤 주제에 대해 쓴 책인가요?" 동료는 내게 '중농학파가 제시한 이론에 관한 책'이라고 알려주었다. 나는 동료에게 이렇게 물었다. "당신을 제외하면 누가 중농학파를 다루는 글에 흥미를 느낄까요?" 동료는 어리둥절한 표정으로 나를 바라보았다. 분명 동료는 이런 질문에 대해 생각한 적이 없었다. 다시 말해 동료는 자신이 관심 있는 분야에 관해 책을 썼다. 실제로 자신의 책이 팔릴 만한 시장이 있는지 없는지는 부차적인, 거의 상관없는 질문이었다. 물론 나는 책이 출간됐을 때 어째서 사람들이 자신의 책을 사려고 반스앤노블(Barnes and Noble, 미국 최대 서점 체인)에 길게 줄을 서지 않는지 한탄하는 사람을 보더라도 놀라지 않을 것이다. 하지만 설령 저런 지식인은 있더라도 저런 식으로 생각하는 기업가는 없을 것이라는 생각이 든다. 어떤 기업가도 먼저 "내 물건을 사는 사람은 누구일까? 어떻게 해야 내가 소비자의 필요와 요구를 최대한 만족시킬 수 있을까?"라고 질문하지 않고는 사업에 뛰어들지 않을 것이다.

　가장 창의적이며 궁극적으로 가장 많은 수익을 올리는 기업가는 다른 사람의 요구를 만족시키는 수준을 넘어 다른 사람과 공감하는 사람들이다. 아니 그보다도 심지어 다른 사람이 생각하기도 전에 이미 다른 사람의 요구와 필요에 대해 생각하는 사람들이다. 나는 오래 전 〈포브스〉가 주최하는 CEO 회의에서 소니 워크맨을 개발한 모리타 아키오[盛田昭夫]를 만났다. 아키오는 내게 자신이 워크맨에 관한 아이디어를 떠올리기 전에는 어느 누구도 작고 휴대할 수 있는, 이어폰을 이용해 개인직으로 음악을 들을 수 있는 뮤직 박스를 요구하지 않았다고 말했다. 심지어 어느 누구도 자신의 생각이 좋은 아이디어가 될 것임을 알지 못했다. 모리타는 가족과 함께 해변에 놀러갔을 때 10대 청소년들이 가져온 대형 휴대용 카세트가 내뿜는 끔찍한 음악 소리를 참고 들을 수밖에 없었던 순간 아이디어가 떠올랐다고 말했다. 모리타는 기술자에게 사람들이 다른 이를 괴롭히지 않고 좋아하는 음악을 들을 수 있도록 자동차 오디오를 작게 줄이는 방법을 찾아달라고 요청했다. 소니 워크맨은 엄청난 성공을 거뒀다. 이것이 '공급 중심' 경제학을 보여주는 고전적인 사례다. 수요가 공급을 앞서지는 않는다. 공급이 수요를 앞선다. 이 나이 든 일본인은 미국 젊은이 수백만 명이 무엇을 원하는지 알아차리는 천재적인 면모를 보였다. 하지만 소니 워크맨이 제작되고 시장에 공급되기 전까지 미국 젊은이들은 자신이 워크맨을 원했는지 몰랐다.

소니 워크맨에 관한 사례를 제시하기는 했지만 위 이야기를 페이스북이나 페더럴 익스프레스 혹은 아이폰에 관한 사례로 손쉽게 대체할 수 있다. 바퀴 달린 여행용 가방 같은 아주 간단한 발명품을 추가할 수도 있다. 누가 발명했는지 모르지만 나는 어떤 사람이 여행용 가방에 바퀴를 단다는 묘안을 떠올리기 전까지 수십 년 동안 사람들이 거대한 여행용 가방을 끌면서 힘들게 공항 안을 돌아다녔음을 잘 안다. 이 모든 사례에서 기업가들은 어느 누구도 요구하지 않은, 그러나 사용할 수 있게 된 순간 수백만 명이 요구한 제품을 시장에 소개함으로써 수요를 창출했다. 나는 이런 경우를 '극단적인 공감'이라고 부른다. 소비자가 자신이 무엇을 원하는지를 미처 깨닫기도 전에 소비자가 원하는 물건을 제공하는 기업가를 보여주는 사례이기 때문이다. 이런 기업가를, 그리고 일반적인 기업가를 생각할 때 이익은 이들이 얼마나 탐욕스럽거나 이기적인지를 보여주는 잣대가 아니다. 이익은 소비자의 필요와 요구를 이들이 얼마나 잘 충족시켰는가를 보여주는 잣대다.

앨버트 허시먼(Albert Hirschman)은 자신의 책『열정과 이해관계(The Passions and the Interests)』에서 역사적으로 어떤 과정을 거쳐 자본주의가 절대 도둑질과 약탈을 위한 체제가 아닌, 도둑질과 약탈을 방지하는 대안으로 떠올랐는지를 보여준다. 실제로 자본주의는 다른 사람의 물건을 도둑질하거나 강탈하고자 하는 욕망과는 전적으로 다른 인간의 성향을 토대로 만들어졌다. 허시먼은 고대에는, 심지어 지금도 전 세계 많은 지역에서는 사람들이 약탈과 정복을 통해 부를 얻었다고 이야기했다. 여러분이 속한 집단이 혹은 부족이 어떤 물건을 원하는 경우 그냥 가서 빼앗으면 됐다. 정복하고자 하는 욕구는 아우구스티누스(Augustine)가 말한 권력욕(libido dominandi), 즉 다른 사람을 지배하려는 욕망에서 비롯한다. 이 강력한 열정은 물건을 향한 욕망뿐만 아니라 노예와 첩에 대한 욕망까지 포함했다.

허시먼은 자본주의를 옹호한 근대 초기 사상가들은 권력욕이 파괴적이기는 하나 강력하기도 함을 깨달았다고 말한다. 이들은 그저 권력욕에 맞서라고 설교하는 일만으로는 충분하지 않음도 잘 알았다. 따라서 이들은 똑같이 강력한 힘을 발휘하는 욕망, 즉 축적하고자 하는 욕망에 대비시켜 정복하고자 하는 욕망을 제한하거나 억제하는 방법을 모색했다. 근대 초기 사상가들의 관점에서 보면 약탈을 목적으로 정복에 나서는 '열정'은 자본주의식 축재에 대한 '관심'을 이용해 줄일 수 있는, 궁극적으로 완전히 없앨 수 있는 마음이었다. 히시먼은 몽데스키외(Montes-quieu)가 『법의 정신(Spirit of the Laws)』에서 말한 "열정이 사악해지도록 사람들을 부추기기는 하지만 그럼에도 불구하고 사람들이 그렇게 되지 않는 데 관심을 보일 만한 상황이 있어서 다행이다."는 구절을 인용했다. 두 가지 경우 모두 물건을 취득하는 결과로 이어지지만 전자는 폭력적이고 강제적이며 사회에 해로운 영향을 미치는 반면, 후자는 평화적이고 합의를 기반으로 하며 사회에 건설적인 영향을 미친다.[14]

다시 말해서 자본주의는 결혼이 성욕을 교화하듯이 똑같은 방법으로 탐욕을 교화한다. 성욕과 마찬가지로 탐욕도 인간을 이루는 조건 중 하나다. 분명 수도 생활을 중시하는 몇몇 종파에서 시도하기는 하나 이런 감정은 뿌리 뽑기가 불가능하다. 탐욕이 노력으로 이어지고 성욕이 즐거움으로 이어지는데 어째서 우리가 이 감정을 뿌리 뽑아야 할까? 이와 동시에 인간의 욕망이 파괴적인 효과를 유발할 수 있음은 널리 알려진 사실이다. 따라서 우리와 사회에 최대한 도움을 주는 방향으로 욕망의 방향을 돌려야 한다. 결혼 제도는 오로지 상대방에 대한 사랑을 키우고 아이 양육을 장려하는 맥락 안에서만 성욕을 충족시킬 수 있는 길을 열었다. 결혼은 성욕을 세련되게 다듬고 고상하게 만든다. 이와 마찬가지로 자본주의는 다른 사람의 욕구와 필요를 충족시키는 그런 쪽으로 탐욕의 방향을 돌린다. 자본주의 체제 안에서 타인을 돕는 것은 자신을 돕는 가장 좋은 방법이다. 자본주의는 번영에 한 가지 미덕을 제공한다.

# 제11장

—

## 누가
## 누구를
## 착취
## 하는가?

★

사람들은 정의가 곧 평등이라고 말한다.

맞는 이야기다.

그러나 모든 사람에게가 아니라

평등한 사람에게만 해당되는 이야기다.

– 아리스토텔레스, 『정치학(Politics)』

2011년 오바마 대통령이 주기적으로 되풀이하는 자본주의에 대한 불평을 늘어놓기 시작했다. 오바마는 '거의 모든 나라'에서 교사들이 의사와 '동등한' 급여를 받는다고 말하고 미국에서는 그렇지 않다는 사실을 애석해했다. 사실에 입각해 오바마의 주장이 잘못됐음을, 즉 거의 모든 나라에서 의사가 교사보다 급여를 훨씬 더 많이 받음을 보여주는 연구는 거의 없다. 그러나 우리는 오바마가 이 주장을 이용해 어디로 가고자 하는지 알 수 있다. 오바마는 자본주의가 풍요로움을 낳을지는 모르지만 자본주의가 주는 보상은 공헌도와 상관없이 배분된다고 이야기하는 중이다. 오바마는 교사와 의사는 모두 사회에 없어서는 안 될 서비스를 제공하기 때문에 비슷한 수준의 급여를 받을 만하다고 암시한다. 『버락 오바마, 담대한 희망』에서 오바마는 CEO가 받는 급여에 대해 비슷한 주장을 펼친다. 오바마는 회사를 위해 일하는 노동자와 비교했을 때 현재 CEO가 과거 CEO보다 훨씬 더 많은 급여를 받는다고 말한다.

그러고는 경제적으로 볼 때 이렇게 할 이유가 전혀 없다고 선언한다. "문화적인 이유에서입니다."1) 오바마가 대통령으로서 달성하고자 하는 핵심적인 목표 중 하나가 공헌도를 기준으로 보상하고 사람들이 '정당한 몫'을 받을 수 있도록 문화를 바꾸는 일이다.

'정당한 몫'에 관한 오바마의 발언 중에서 이해하기 어려운 부분이, 우리의 현명한 대통령께서 어떤 사람이 받아야 할 정당한 몫이 실제로 얼마인지에 대해 한 번도 이야기하지 않았다는 사실이다. 어떤 사회에서 진보주의자가 보수주의자가 되는가? 이것은 진보주의자에게 대답을 요구하기에 불합리한 질문이 아니다. 사람들이 더 많이 갖기를 원한다면 진보주의자는 그 양이 얼마인지 구체적으로 명시해야 한다. 그러나 오바마는 최고천(고대 우주론에서 가장 높은 하늘로 사람들이 신이 살고 있다고 믿는 곳-옮긴이)에서 나온 '정당한 몫'에 관한 어떤 관념적인 정의가 존재한다고 생각하는 것 같다. 오바마는 단순히 사람들이 응당 받아야 할 몫을 받지 못하고 있다고 알고 있다. 이 문제에 대한 오바마의 확신은 아마도 미국 사회에서 보상 분배가 대단히 불평등하게 진행된다는 강한 신념에서 비롯하는 것 같다. 미국인은 상위 1퍼센트 안에 드는 사람이 전체 부의 3분의 1 이상을 소유하는 나라에서 산다. 상위 10퍼센트 안에 드는 사람이 부의 3분의 2를 소유한다. 당연히 이 말은 하위 90퍼센트가 3분의 1 정도 되는 나머지 부만을 차지한다는 의미다. 그러나 교사와 의사에 관한 오바마의 발언은 불평등이 존재하며 우리가 불평등을 줄이기 위해 노력해야 한다는 주장보다 더 많은 뜻을 담은 것 같다. 더 정확히 말해 오바마는 어떤 사람은 자신이 한 일에 비해 지나치게 많은 몫을 가져가는 반면 어떤 사람은 지나치게 적은 몫을 가져간다고 이야기하는 듯 보인다. 결과적으로 결과를 평등하게 분배하기 위해서뿐만 아니라 사람들에게 진짜 받아야 할 몫을 주기 위해서라도 파이는 서로 다른 크기로 잘려야 한다. 오바마의 주장은 동정심 많은 사람에게도, 심지어 순수한 평등주의자에게까지도 매력적으로 다가가지 못한다. 그저 무미건조한 사람에게나 다가갈 뿐이다.

교사와 CEO에 대한 오바마의 주장은 "자본주의 사회가 어떤 식으로 보상을 배분하는가?"라는 한층 더 광범위한 난제와 맞닿는다. 언뜻 보기에는 공헌도와 보상 사이에 전혀 관계가 없는 것 같다. 교사와 의사에 비해 없어서는 안 될 이유가 훨씬 적은 서비스를 제공하는 운동선수와 연예인이 두 전문직 종사자 중 어느 쪽과 비교하더라도 훨씬 더 많은 돈을 번다. 이 책 앞부분에서 나는 휴양시설에서 일하며 모든 차를 주차하고 돈을 벌지만 버는 돈에 비해 급여를 터무니없이 적게 받는 주차요원에 관한 사례를 언급했다. 주차요원의 관점에서 보면 노동과 보상 사이에는 아무 관계가 없다. 주차요원이 일하면 '그 사람들'이 이익을 가져간다. 세상에는 다양한 직업이 존재하지만 노동자의 생각은 거의 이렇다. 노동자는 '만드는 사람'이고 고용주는 '가져가는 사람'이다. 공헌도를 기반으로 하는 정말 공정한 사회에서는 분명 노동자가 더 많이 받을 것이고 고용주가 더 적게 받을 것이다.

지지자들이 인식하든 인식하지 못하든 이런 주장은 '잉여가치'라는 카를 마르크스가 제시한 개념에 기반을 둔다. 이제는 사람들이 대체적으로 마르크스의 이론을 믿지 않는다. 공산주의가 실패한 사상임이 드러났고 마르크스의 예언이 완전히 틀렸음이 입증됐기 때문이다. 그럼에도 불구하고 자본주의 사회에서 일어나는 분배가 불공정하다는 마르크스의 핵심 주장은 여전히 지대한 영향을 미친다. 상식적인 상황을 반영한 것처럼 보이기 때문이다. 마르크스는 자본주의 체제에서 생산된 상품과 서비스는 모두 노동자의 손으로 생산된다고 주장한다. 마르크스는 기계나 기술조차 과거에 일어난 노동의 산물에 불과하다고 지적한다. 기계와 기술을 탄생시키기 위해 인간의 노력이 투입됐기 때문이다. 숙련됐든 숙련되지 않았든 생산되고 판매되는 모든 상품과 서비스는 노동자의 몫이다.

마르크스는 기업가가 초기 자본을 제공하고 노동자에게 노동에 대한 대가를 지불하기 위해 초기 자본을 이용함이 자본주의가 작동하는 방식이라고 말한다. 초기 자본은 사업을 운영하기 위해 투입해야 하는 비용이다. 그러나 상품은 생산하는 데 투입된 비용에 판매되지 않는다. 상품은 시장이 수용할 수 있는 가장 높은 가격에 판매된다. 상품을 생산하는 데 투입된 비용과 상품이 판매된 가격 간 차이가 마르크스가 이야기하는 '잉여가치'다. 또 다른 말로 '이익'이라고 부른다. 마르크스는 (돈에는 '이자'라고 부르는, 다른 사람에게 빌려주었을 때 발생하는 대단치 않은 가치만 있기 때문에) 자본만으로는 가치가 거의 없으며 따라서 일단 이자가 지급되면 상품이 갖는 전체 가치는 노동자의 몫이 된다고 주장한다. 그렇지만 실제로 노동자는 해당 상품에 책정된 인건비만을 받고 차액은 기업가나 자본가가 재빨리 차지한다.

마르크스는 기업가가 고정된 금액, 예를 들어 100달러를 투자한 새로운 기업에 관한 사례를 제시한다. 기업가가 투자한 돈은 노동자를 고용하는 비용이다. 물론 임대료와 자재비, 기계 구입비 같은 다른 비용도 존재한다. 인건비를 제외한 나머지 비용을 400달러라고 가정해보자. 그렇다면 총 투자금액은 500달러다. 이후 생산된 제품을 600달러에 판매했다. 당연히 이익은 100달러다. 이러면 거의 모든 사람이 이익이 20퍼센트라고 말할 것이다. 총 투자금액을 기반으로 이익을 계산하기 때문이다. 하지만 마르크스는 이익이 100퍼센트라고 계산한다. 노동자들에게 지급된 비용의 두 배이기 때문이다. 마르크스는 노동자들이 노동 가치의 절반을 빼앗겼다고 주장한다. 어떤 의미에서 보면 노동자들은 하루치 노동력을 제공하고 한나절치 급여를 받은 셈이다. 이를 가리켜 마르크스는 '노동 착취의 진정한 수준'이라고 부른다. 마르크스식 계산법은 의심스러울 수도 있지만 그의 주장은 아직까지 전반적으로 남아 있다. 기본적으로 마르크스의 관점에서 보면 자본가는 노동자의 기여로 창출된 진정한 가치를 노동자에게서 빼앗는 도둑이다. 마르크스는 오바마 대통령이 내세우는 '정당한 몫'에 관한 원칙을 처음 주장한 인물이다.[2]

많은 지식인이 '정당한 몫'에 관한 원칙에 자연스럽게 공감한다. 몇 년 전 나는 자유 시장이라는 주제에 관해 (바로 그 1960년대가 낳은 산물인) 정치학자와 논쟁을 벌였다. 우리가 나눈 이야기는 지식인들이 자본주의를 혐오하는 가장 큰 이유를 분명히 보여준다. 토론을 벌이는 동안 나를 상대하던 정치학자가 자유 시장이 자신과 같은 지식인들을 조직적으로 과소평가한다고 말했다 하지만 정치학자는 자신이 대단히 좋은 차를 몰고 유모를 고용했음을 인정했다. 그럼에도 불구하고 "가슴에 금목걸이를 늘어뜨린 뚱뚱한 로터리클럽 회원은 해충방제나 정기생명보험 상품을 팔며 한 해에 200만 달러를 챙긴다."며 씩씩거렸다. 즉 여러 차례 책을 출판한 이 박사님은 어째서 사회가 충분히 교육 받지 못한 사람에게 돈을 지불하고자 하는지, 교양이 풍부하지도 않고 세련되지도 못한 기업가는 그토록 많은 돈을 받고 자신 같은 사람은 그토록 적게 받는지 도무지 헤아리지 못했다. 정치학자가 하는 불평은 단순히 부러움에 관한 문제가 아니었다. 정확히 말하자면 상처 입은 가치에 관한 문제였다. 정치학자는 '정당한 몫'을 받지 못했다(물론 실제로 교수 대부분이 보조금 형태로 자신의 몫을 받는다. 납세자들이 공립학교에 근무하는 모든 교수의 급여 일부를 지불하고 연방 정부가 연방 보조금을 지급하기 때문이다. 해충방제나 정기생명보험 상품을 파는 영업사원들은 누리지 못하는 '혜택'이다).

시장에서 보상을 분배하는 방식에 관한 이런 불만은 대개 속에서 부글부글 끓기 마련이다. 우리 시대에 보상 분배에 대한 불만이 중요한 정치적 문제로 떠오른 이유는 미국에서 일어나는 경제적 불평등이 이전보다 훨씬 더 큰 것 같기 때문이다. 미국인은 지금 CEO는 한 해에 수백만 달러를 받는 반면 이들이 고용한 저임금 노동자들은 간신히 먹고 살만큼의 돈을 버느라 고생하는, 첨단 기술 기업을 운영하는 기업가는 순식간에 억만장자가 되는 반면 (저축한 돈은 다 써버리고 생활이 어려워진) 평범한 가족은 사실상 전혀 부를 축적하지 못하는 나라에서 산다. 엄청나게 많았던 미국 중산층이 사라져버린 것 같다. 이제 미국은 한쪽에는 재벌이, 다른 한쪽에는 임금을 받는 노예가 있는 나라가 됐다. 기술 자본주의가 이 같은 불평등을 유발한, 의심할 여지없이 분명한 범인으로 등장한다. 불평등으로 부가 불공정하게 분배되는 만큼 기술 자본주의가 조직적인 도둑질의 한 형태로 보일 수 있다. 꼭대기에 있는 사람들이 밑바닥에 있는 사람들을 등쳐먹는 것 같다. 이것이 오바마 대통령의 성공을 뒷받침하는 도덕적인 힘이다.

주차에 대해 생각해보는 것에서부터 시작하자. 주차요원은 자신이 주차와 관련된 일을 하는 유일한 사람이라고 생각한다. 그러나 사실 차를 주차하는 일에서 발생하는 실질적인 가치는 0에 가깝다. 주차할 때 드는 육체적 노력은 무시해도 될 정도로 작으며 차를 소유한 사람에게 돌아가는 혜택은 사실상 0이다. 만약 어떤 사람이 내가 귀가할 때마다 우리 집으로 와서 차를 주차해 주겠다고 제안한다면 나는 그 사람에게 주차 서비스 대가로 1달러나 2달러 정도를 지불할 것이다. 그렇다면 어째서 휴양시설에 온 손님은 25달러나 지불할까? 휴양시설에 왔기 때문이다. 손님은 휴가를 즐기러 왔다는 느낌을 받고 싶어 한다. 혹은 업무 회의가 열리는 장소로 재빨리 달려갈 수 있도록 편의 시설을 요구한다. 이런 상황이 되면 사람들은 주차 서비스를 받기 위해 기꺼이 평소보다 훨씬 더 많은 비용을 지불한다. 이런 편리함의 가치는 단순히 차를 주차하는 데 드는 노동의 양을 따지는 방법으로는 정확히 산출하지 못한다. 어떤 사람은 휴양시설에 대한 계획을 세웠고 어떤 사람은 돈을 마련했다. 어떤 사람은 건설 허가를 받고 이에 대한 비용을 지출했으며 어떤 사람은 주차장을 포함해 휴양시설 전체를 설계했다. 어떤 사람은 주차장에 문과 구조물을 설치했고 어떤 사람은 보험에 가입하고 보험료를 지불했다. 주차요원뿐만 아니라 서열을 이루며 휴양시설 전체가 제대로 운영되는지 확인하는 감독 및 관리자들을 고용하는 작업은 그 다음에 진행됐다.

여기서 몇 가지 짚고 넘어갈 만한 부분이 있다. 첫째, 기업이 단순히 자본에 노동력을 더한 존재에 불과하다는 마르크스의 생각은 잘못됐다. 마르크스는 기업가가 지닌 부가 가치를 계산하지 않았다. 우선 기업가는 사업 계획에 아이디어를 제공했다. 사업을 시작하는 데 필요한 독창적인 아이디어, 이것은 그야말로 무슨 사업을 하든 가장 중요한 요인이다. 물론 아이디어의 가치를 측정하기란 대단히 어렵다. 이 아이디어는 추상적이고 비현실적이며 실체가 없는 존재이기 때문이다. 그러나 하룻밤 사이에 편지를 배달하겠다는 아이디어가 없었다면 페더럴 익스프레스는 탄생되지 않았을 것이다. 둘째, 기업가는 기업을 체계적으로 조직하는, 아이디어 제공만큼 가치 있는 공로를 세운다. 아이디어는 그 자체로 가치가 높지만 아이디어만 있어서는 일이 완성되지 않는다. 우리는 (사업을 위한, 새로운 발명품을 탄생시키기 위한, 새로운 책을 쓰거나 영화를 제작하기 위한) 굉장히 좋은 아이디어는 있지만 아이디어를 현실화하는 데 필요한 과정을 지나지 못하는 사람들을 안다. 세 번째로 기업가가 이바지하는 부분은 위험 부담이다. 노동자는 고정된 급여를 받는 반면 기업가는 모든 위험을 떠안는다. 기업가는 성공을 거둘 수도 있지만 돈을 잃다가 결국 사업을 시작하기 전보다 훨씬 더 형편이 나빠질 수도 있다. 노동자가 안는 위험은 훨씬 적다. 기껏해야 노동자는 직업을 잃고 더는 급여를 받지 못하는 상황에 처할 뿐이다. 그러나 어느 누구도 노동자에게 회사가 잘 운영될 때만 급여를 받으라고 하거나 회사가 마땅히 할 일을 다 할 수 있도록 회사에 급여를 되돌려주라고 요구하지 않는다.

기업가만이 세울 수 있는 독특한 공로, 즉 아이디어 제공과 조직 구성과 위험 부담은 '노동'과는 매우 다르다. 실제로 기업가는 이후 노동자가 자신의 직무를 정상적으로 수행할 수 있도록 돕는 어떤 체계를 수립한다. 노동자가 노동을 제공한 대가로 '임금'을 받는다면 기업가는 자신이 세운 공로에 대한 대가로 '이익'을 취한다. 기업가가 가져가는 이익이 상당히 많더라도 이 부분에 관해 본질적으로 불공정한 점은 없다. 기업가가 없었다면 노동자는 일자리를 구하지 못했을 것이기 때문이다.

게다가 주차요원은 착시 현상에 시달리는 것 같다. 주차요원은 자신이 주차와 관련된 모든 일을 한다고 생각한다. 그러나 주차요원은 자신이 맡은 특별한 임무를 완성시키는, 사슬처럼 이어진 직원들의 줄에서 마지막 자리에 서 있는 사람일 뿐이다. 주차요원은 궁금하다. "내가 받는 돈은 100달러가 전부야. 대체 나머지 돈은 어디로 가는 것이지?" 그렇다. 나머지 돈은 사람들이 하루 동안 주차하는 데 25달러를 내도록 만든 휴양시설에 관한 아이디어를 처음 제시하고, 시설을 설계하고, 끊임없이 시설을 유지하고 관리하는 다른 모든 사람에게 돌아간다. 불만 속에서 헤어나지 못하고 오바마에게 표를 던지는 대신 "어떻게 해야 내가 관리자가 될 수 있을까?"나 "어떻게 해야 내가 주차장을 건설하고 운영하는 회사를 설립할 수 있을까?" 같은 질문을 던진다면 주차요원은 스스로 더 나은 방향으로 나아갈 수 있을 것이다.

어느 정도는 주차요원이 어째서 혼동하는지 이해할 수 있다. 이런 현상은 분업에 관한 원칙을 기본적으로 잘못 이해하는 데서 비롯한다. 우리는 애덤 스미스가 설명한 핀 제조 공정에 관한 유명한 사례를 떠올림으로써 이 문제를 더 정확하게 이해할 수 있다. 스미스는 숙련된 핀 제조업자 열 명이 따로 작업한다면 각자 하루에 핀 한 개 혹은 두어 개를 만들 수 있는 반면 핀 제조공장에 모여 일한다면 핀 수천 개를 만들 수 있음을 보여주고자 했다. 스미스는 "핀을 하루에 최대 4만 8,000개까지 만들 수 있다."고 추산했다. 어떻게 이런 일이 가능할까? "한 사람이 철사를 뽑고 다른 사람이 철사를 펴면 세 번째 사람은 철사를 자르고 네 번째 사람은 한쪽 끝을 뾰족하게 만들고 다섯 번째 사람은 머리를 붙이기 위해 다른 쪽 끝을 간다."는 식이다. 스미스는 "핀을 제조할 때 중요한 작업은 제조 공정을 약 18가지 단계로 나누는 일이다."라고 말했다. 여기서 핀을 만드는 18개 공정 중 마지막 단계가 핀의 머리를 붙이는 작업이라고 가정하자. 이 일을 하는 노동자는 다음과 같이 말하기가 쉽다. "내가 작업을 끝냈어. 내가 핀을 만들었어." 이때 (주차요원과 같은 입장에 있는) 마지막 단계 노동자가 핀을 판매한 데서 나온 거의 모든 혹은 모든 이익이 자신에게 돌아와야 한다고 주장한다. 마지막 단계 노동자의 관점에서 보면 자신이 작업을 완성하고 핀을 만들었다. 그렇지만 핀을 만드는 전체 공정을 이해한다면 마지막 단계 노동자가 얼마나 근시안적이고 잘못 판단했는가를 알 수 있다. 핀 제조 공정의 마지막 단계를 맡은 사람에게 지급된 돈은 주차요원에게 지급된 100달러와 마찬가지로 노동자들이 노동력을 투입하는 각각의 단계를 아우르는 훨씬 큰 전체 공정에 주차요원이나 마지막 단계 노동자가 덧붙인 가치를 정확히 대변한다.

그러나 마지막 문장은 명확한 설명이 필요하다. 100달러가 주차요원이 투입한 노동력의 '가치'를 대변하는지 어떻게 알 수 있는가? 이 대목에서 우리는 '칭찬할 만한 가치(merit)'와 '경제적 가치(value)'를 가르는 중요한 차이점을 알아야 한다. 프리드리히 하이에크는 『자유헌정론 (The Constitution of Liberty)』에서 이렇게 썼다. "자유 사회에서는 일반적으로 사람들이 가치(merit)라고 인정하는 기준에 맞춰 물질적 보상이 이뤄져야 한다는 생각이 바람직하지도 않고 실현 가능하지도 않다." 하이에크는 "처음에는 이런 주장이 이상하게, 심지어 충격적으로 들릴지도 모른다."는 사실을 인정했다. 하이에크는 새로운 사업을 시작하거나 새로운 것을 발견하기 위해 똑같은 지식과 똑같은 수고를 투입해 열심히 노력한 몇몇 사람에 관한 사례를 제시했다. 하이에크는 모두 칭찬받을 만큼 열심히 애썼지만 여전히 성공한 사람에게만 모든 보상이 돌아간다고 적었다.3) 왓슨(James Watson)과 크릭(Francis Crick)이 DNA 분자구조를 밝혔을 때처럼 새로운 발견이 일어난 경우에는 성공이 객관적으로 측정될 수 있을 것이다. 그러나 새로운 기업이나 새로운 제품이 탄생된 경우에는 그 성공이 소비자가 기꺼이 지불하는 돈의 양을 이용해 주관적으로 측정된다.

극단적인 사례를 생각해보자. 예를 들어 내가 뾰족한 물건을 하늘을 향해 던졌다가 이빨로 물건을 잡을 수 있다고 하자. 이 기술로 내가 부자가 될 수 있을까? 어떤 장소에 가면 내 기술은 전혀 쓸모가 없을지도 모른다. 기껏해야 술집에서 사람들이 내게 호기심을 보이게 만드는 정도일 것이다. 그러나 자본주의 사회에서라면 나는 대중들이 소비할 수 있도록 내 기술을 내보일 수 있다. 어떤 이유에서든 수백만 명이 내 기술에 열광한다면 (더욱 중요하게도 사람들이 나를 보기 위해 기꺼이 돈을 지불한다면) 내 기이한 재능은 본질적으로 '가치(merit)'가 있는지 없는지 상관없이 시장성 있는 상품이 된다. 이렇게 되면 내 기술에 나를 부자로 만들 잠재적인 힘이 생긴다. 이때 행운도 한 요인이 될 수 있을 것이다. 20세기 초반에는 훌륭한 수학적 재능을 보유한 사람에 대한 수요가 대체로 많지 않았을 것이다. 그러나 오늘날에는 수학적 재능을 보유한 사람에 대한 수요가 엄청나게 많을 가능성이 높다. 헤지펀드 애널리스트나 컴퓨터 프로그래머에게 필요한 재능이기 때문이다. 물론 후자는 전자에 비해 행운을 타고났을 뿐이다. 하지만 그럼에도 불구하고 후자에게는 행운을 누릴 자격이 있다. 단순히 커다란 행운이 있었을 뿐이지만 복권 1등 당첨자에게 당첨금을 받을 자격이 있는 말과 같은 이치다.

모든 사례에서 볼 수 있듯이 어떤 사람이 기여한 바에 대한 금전적 가치(value)는 소비자의 손에 결정된다. 소비자가 최종 판결을 내린 뒤 다른 말로 달러라고도 불리는 무기명 투표 용지를 이용해 결정적인 표를 던진다. 그렇다. 이것이 운동선수나 가수가 그토록 많은 돈을, 즉 교사나 의사에 비해 훨씬 더 많은 돈을 버는 이유다. 운동선수나 가수가 제공하는 서비스의 '가치(merit)'를 거론하는 오바마 대통령의 관점은 수준이 낮다. 그러나 수백만 명에 달하는 팬은 오바마와 다르게 생각하며 끊임없이 경기장이나 콘서트 입장권을 삼으로써 자신의 관점이 다름을 드러낸다. 이런 맥락에서 나는 위대한 야구선수 베이브 루스(Babe Ruth)의 대답을 떠올린다. 예전에 루스는 어째서 자신이 후버 대통령보다 훨씬 많은 연봉을 받을 만한 자격이 있는지를 묻는 질문을 받았다. 루스는 이렇게 대답했다. "대통령보다 더 나은 해를 보냈으니까요."4)

자유 시장이 아름다운 이유는 공급자의 '가치(value)'가 공급자에게 돈을 지불할 사람들의 손에서 정확하게 결정되기 때문이다. 예를 들어 CEO는 일반적으로 기업에 큰돈을 투자한 사람들로 구성된 이사회로부터 급여를 받는다(여기서 나는 CEO가 어떤 식으로든 자신의 친구를 이사회에 집어넣을 수 있는 기업에 대해 이야기하는 것이 아니다). 대형 투자자들은 훌륭한 CEO를 데려오는 경우에는 돈을 벌지만 형편없는 CEO를 데려오는 경우에는 돈을 잃는다고 주장한다. 경쟁시장에서는 훌륭한 CEO와 형편없는 CEO의 차이가 중요하게 작용할 가능성이 높다. 어떻게 보면 훌륭한 쿼터백과 형편없는 쿼터백의 차이와 비슷하다. 따라서 기업은 흔히 제대로 된 '쿼터백'을 끌어오기 위해 기꺼이 높은 급여를 지불한다. 자신이 급여를 주는 사람도 아니면서 CEO가 얼마를 받아야 한다고 거들먹거리며 이야기하는 오바마 대통령의 모습은 얼마나 가당찮은가! 이 주제를 논할 때 오바마는 적대감만을 드러낸다. 오바마는 어떤 감독이나 쿼터백이 팀의 가치를 얼마나 높이는지에 관해 아는 바가 없듯이 CEO가 기업의 가치를 얼마나 높이는지에 대해서도 아는 바가 없다. 이것은 팀의 주인이 결정할 문제지 밖에서 팀을 바라보기만 할 뿐 팀에 무엇이 필요한지도 모르고 '팀이 이기는지 지는지'에 전혀 관심 없는 어떤 사람이 결정할 문제가 아니다.

지식인들은 이런 추측에 특히 민감한 반응을 보인다. 최근 나는 MIT에 있는 저명한 좌파 언어학자 놈 촘스키의 널찍한 사무실을 방문했다. 촘스키는 미국에 사는 노동자들이 정말 어느 정도로 '월급 노예'인지에 대해 분노했다. 촘스키는 노동자 범주에 지식인을 포함시켰다. 나는 놀라워하며 자리에 앉아 있었다. 여기 언어학 연구에 기꺼이 자신의 하루 중 일부를 투자하는 사람이 있다. 이 사람은 이스라엘을 맹비난하는 일에서부터 다른 좌익 세력이 갖가지 명분을 붙여 추진하는 '점거' 운동을 찬양하는 일에 이르기까지 온갖 정치 활동에 나머지 시간을 쏟는다. 이런 활동을 위해 MIT는 촘스키에게 여섯 자리 수 연봉을 지급하고 비서와 학생으로 구성된 연구팀을 제공한다. 그런데 누가 누구를 착취하는가? 물론 MIT는 적어도 일부 시간은 언어학을 연구하는 뛰어난 언어학자를 채용했다. 그러나 촘스키는 누군가 자신에게 돈을 주지 않았더라도 했을 어떤 일을 하기 위해, 즉 학문적으로 흥미를 느끼는 분야를 뒤

쫓고 자신이 특별히 애정을 쏟는 여러 사회 운동을 추진하기 위해 보수가 좋은 일자리를 구했다. MIT가 촘스키에게서 '정당한 몫'을 빼앗았는가? 어느 누구든 촘스키가 상당히 좋은 직업을 갖고 있음을 똑같이 입증할 수 있다. 1년 중 9개월 동안 일주일에 두어 차례 강의를 진행하고 학생을 가르치는 대가로 편안하게 돈을 받는 교수들이 왜 그런지 모르지만 어떻게든 자신을 억압당하는 계급 속에 포함시키려 한다.

촘스키가 MIT로부터 당연히 받아야 할 몫을 받고 있는가? 물론 그렇다. CEO도 마찬가지다. 주차요원도 마찬가지다. 어떻게 이 사실을 알 수 있는가? 이들이 고용 조건에 동의했기 때문이다. 만약 자신이 급여를 더 많이 받을 만하다고 생각한다면, 예를 들어 자신에게 현재 연봉의 2배를 받을 자격이 있다고 생각한다면 촘스키는 하버드대학교나 다트머스대학교와 접촉해 두 학교가 자신이 원하는 연봉을 지불할 것인지 알아볼 수 있다. 아무도 그렇게 하지 않는다면 촘스키는 현재 연봉의 2배를 받을 만한 자격이 없다.

이 대목에서 핵심은 민주주의와 관련된 도덕률과 똑같이 자본주의와 관련된 도덕률도 동의에 뿌리를 둔다는 사실이다. 무엇이 오바마에게 대통령으로서 정통성을 부여했는가? 미국인들이 오바마에게 표를 던졌다는 사실, 즉 우리의 동의가 대의 정치를 위한 도덕적 기반이다. 이와 마찬가지로 고용 조건에서부터 우유 가격까지 자본주의식 거래에 합법성을 부여하는 요인은 모든 당사자가 계약에 동의하지 않으면 거래는 성사되지 못한다는 사실이다. 고용 조건에 만족하지 않았다면 촘스키는 교수직을 수락하지 않았을 것임이 분명하다. 고용주로서 MIT도 같은 조건에 동의했음이 분명하다. 상호 동의는 자본주의와 거래에 합법성을 부여한다. 어째서일까? 동의는 모든 당사자가 자신의 사정이 더 나아짐을 확인하고 내린 결정이기 때문이다. 만약 사정이 더 나아지지 않는다면 당사자들은 거래하지 않았을 것이다. 자본주의에는 전혀 모르는 사람들이 상호 이익을 위해 상대방과 거래할 수 있도록 만드는 교묘한 장치가 존재한다. 사회 전반에 걸쳐 자본주의식 상거래가 크게 증가하는 경우 우리에게는 시장이라고 부르는 훌륭하고 적절하게 작동하는 제도가 생긴다.

이제 불평등이라는 보편적인 주제로 돌아가보자. 오바마 대통령이 '우리 시대를 정의하는 결정적인 도전 과제'라고 선언한 주제다. 여기서 사람들 사이에 널리 퍼진 진보주의자들의 슬로건이 등장한다. "부유한 사람은 더 부유해지고 가난한 사람은 더 가난해진다." 불평등은 노벨상을 수상한 경제학자이자 저널리스트인 폴 크루그먼(Paul Krugman)이 끊임없이 이야기한 주제이며 경제학자 리처드 울프(Richard Wolff)가 쓴 『경제를 점령하라(Occupy the Economy)』에서 다룬 주제이기도 하다. 울프는 '부자와 빈자 사이의 간격이 벌어지는 현상'에 대해 분노했다. 빈부 격차와 사람들 사이에 떠도는 미국 중산층의 실종에 관한 이야기는 클린턴 정부 시절 노동부장관을 지낸 로버트 라이시(Robert Reich)가 쓴 책, 『모두를 위한 불평등(Inequality for All)』과 동명의 다큐멘터리 영화의 주제다.5)

모두 입을 모아 말하는 익숙한 이야기다. 20세기 초 소스타인 베블런(Thorstein Veblen)은 "돈을 기준으로 등급을 매겼을 때 상위 계급이 부를 축적한다는 말은 하위 계급이 궁핍해짐을 암시한다."6)고 적었다. 똑같은 의미를 담은 오래된 슬로건이다. 과거에는 이 말이 사실이었을지도 모른다(내 말은 아주 먼 옛날, 주로 땅에서 부가 생산되던 시절을 의미한다). 그러나 지난 5년이나 10년, 혹은 50년에 걸쳐 미국에서 수집된 데이터를 살펴보면 다른 그림을 볼 수 있다. 실제로 부유한 사람은 더욱 부유해졌고 같은 속도는 아니지만 가난한 사람도 부유해졌다.

인정하건대 불평등은 더욱 커졌다. 하지만 불평등이 문제인가, 아니면 불평등을 가난의 동의어로 사용하는 사람들의 행동이 문제인가? 예를 들어 나는 재규어를 몰고 다른 사람은 현대를 모는 상황이 문제가 되는가? 나는 방 3개짜리 집에서 사는데 이웃이 방 7개짜리 집에서 산다고 화가 나는가? 이런 종류의 불평등에는 이의를 제기할 여지가 없다. 심지어 인정할 만한 타당한 근거가 있을 것이다. 미국이 어떤 식으로 더욱 불평등해졌는지 살펴본다면 형평성에 어긋나지 않아 다행임을 알 수 있다. 내가 말하고자 하는 의미는 이렇다. 모든 사람이 한 해에 2만 달러를 버는 사회를 상상해보자. 2만 달러는 우리가 앞으로 빈곤선이라고 부를 기준 금액이다. 모든 사람이 가난한 진정으로 평등한 사회다. 이제 시간이 흐르는 동안 이 중 절반의 상황이 나아져서 한 해에 (앞으로 '중산층' 선이라고 부를 기준 금액인) 3만 달러를 번다고 상상해보자. 나머지 절반은 계속 빈곤선(한 해 수입 2만 달러)에 머무른다. 이제 이 사회가 더 불평등해졌음은 분명하다. 사회가 한 해 2만 달러를 버는 '빈곤층'과 3만 달러를 버는 '중산층'으로 나뉘기 때문이다. 그럼에도 불구하고 결과는 긍정적이다. 첫 번째 집단의 형편은 이전보다 나빠지지 않은 반면 두 번째 집단의 형편은 더 나아졌기 때문이다. 게다가 두 번째 집단이 번 돈은 첫 번째 집단을 희생시킨 대가가 아니다. 오히려 사회가 보유한 부의 총합은 증가했다. 공평하게 분배되지 않았다고는 하지만 좋은 현상이다. 불평등한 번영은 평등한 빈곤보다 낫다.

지난 수십 년 동안 미국에서 이 같은 일들이 벌어졌다. 제2차 세계대전 이후 미국인 대부분이 중산층에 속했다. (가령 10퍼센트 정도로) 빈곤층에 속한 사람의 비율은 적었고 (가령 5퍼센트 정도로) 부유층에 속한 사람의 비율도 적었다. 오늘날 빈곤층에 속한 사람의 비율은 거의 같다. 하지만 빈곤층의 형편은 예전보다 훨씬 더 나아졌다. 일찍이 미국도 현재 저개발국가에서 볼 수 있는 그런 종류의 빈곤을 겪었다. 경제학자들은 이런 빈곤을 '절대적 빈곤'이라고 부른다. 오늘날 미국에는 절대적 빈곤이 사실상 존재하지 않는다. 상대적 빈곤만이 존재할 뿐이다. 실제로 미국에서 빈곤층에 속한 사람들이 누리는 생활 수준은 전 세계 인구 75퍼센트보다 높다.[7] 현재 미국 빈곤층은 20세기 전반 평균적인 생활을 하던 미국인보다 더 좋은 집에서 더 나은 옷을 입고 더 좋은 음식을 먹으며 살 뿐만 아니라 (생활공간 크기를 포함해) 몇 가지 측면에서는 오늘날 평균적인 생활을 하는 유럽인보다 더 나은 삶을 산다. 미국 빈곤층은 자동차와 텔레비전, 전자레인지와 중앙난방 시스템, 휴대전화를 갖고 있다. 나는 몇 년 동안 미국으로 이민하려 했으나 실패한 사람을 안다. 내가 마지막으로 어째서 그토록 미국으로 오고 싶어 하는지 물었을 때 그 사람은 이렇게 대답했다. "저는 정말 가난한 사람들이 뚱뚱한 나라에서 살고 싶습니다."

부유층 비율을 보면 여전히 전체 인구의 5퍼센트 부근을 맴돌고 있음을 알 수 있다. 하지만 '부자'의 의미가 예전과 완전히 달라졌다. 1945년에는 보유한 순자산이 100만 달러면, 즉 백만장자면 부자였다. 하지만 오늘날 부유층에 속하려면 연간 수입이 100만 달러여야 한다(지난 이삼십년 동안 해당되던 이야기이기도 하다). 미국에서는 순자산이 수억 달러, 심지어 수십억 달러로 집계되는 슈퍼리치(초고액 자산가)라고 불리는 또 다른 하위 범주까지 등장했다. 슈퍼리치에 속한 사람들이 보유한 자산은 작은 국가의 국내 총생산(GDP)과 맞먹는다. 수십 년 전 나는 버지니아 주 제임스 강 강변에 면한 대저택에 사는 부호를 방문했다. 내가 도착했을 때 부호는 본채를 옮기는 중이었다. 내 말은 그 사람이 다른 집으로 이동하는 중이었다는 의미가 아니다. 본채를 들어올려 부지 내 다른 곳으로 옮기는 중이었다는 의미다. 내가 상상 속에서나 나올 법한 이런 일을 하는 데 얼마나 많은 비용이 드는지 묻자 부호가 이렇게 대답했다. "물어볼 수는 있겠지만 하지는 못할 거요." 이 정도로 부유한 사람들은 톰 울프(Tom Wolfe)의 말을 빌자면 '태양왕(루이 14세)을 깜짝 놀라게 만들'8) 정도로 어마어마한 부의 기준을 충족시킨다.

미국에서 일어난 커다란 변화는 빈곤층이나 부유층이 아니라 중산층 내부에서 비롯했다. 그렇다. 진보주의자들이 주장하는 바대로 중산층이 쪼개졌다. 그러나 진보주의자들은 미국 중산층이 위쪽으로 쪼개졌음을 인정하지 않는다. 이 말은 이전에 중산층에 속했던 많은 사람이 위쪽으로 이동했음을 의미한다. 이들은 부유층으로 분류되는 계급에 편입됐다. 단순히 부유층 비율이 갑자기 늘어난 현상만 살펴보더라도 이 사실을 알 수 있다. 1980년에 발표된 연방준비제도이사회(Federal Reserve Board) 자료는 순자산이 100만 달러를 초과하는 미국 가정이 대략 60만 가구임을 보여준다. 오늘날 순자산이 100만 달러를 초과하는 가정은 1,000만 가구가 넘는다.9) 인플레이션이 일으킨 효과를 감안하더라도, 즉 현재 100만 달러로는 1980년에 100만 달러로 살 수 있었던 물건을 사지 못함을 고려하더라도 부유층이 엄청나게 증가했다는 뜻이다.

이 사람들은 누구인가? 최근 비행기를 탔을 때 나는 델타 플래티넘 회원이었던 덕분에 좌석을 1등석으로 승급시킬 수 있었다. 내 옆자리에는 두 번째 부인과 함께 서인도 제도 동부에 있는 세인트 키츠 섬으로 가던 히스패닉 출신 배관공이 앉아 있었다. 통로 하나를 사이에 두고 건너편 좌석에 두 번째 부인이 자리를 잡았다. 실제로 이 남자는 단순한 배관공이 아니었다. 배관공으로 시작하기는 했으나 지금은 작은 배관 회사를 운영하면서 배관공 몇 명을 거느리고 일했다. 미국에 사는 부유층을 생각할 때 우리는 특권층에서 태어났거나 의사나 소프트웨어 엔지니어가 된 사람들을 떠올린다. 그러나 미국에서 부유층에 속하는 전형적인 인물은 미시건 주 플린트나 애리조나 주 투손 출신으로 나이는 62세고 자동차 영업소나 이동주택 단지를 소유했거나 용접, 건설 혹은 해충방제 회사를 운영하는 사람일 가능성이 훨씬 높다. 이 사람들 중 대다수가 백인이기는 하지만 놀랄 만큼 많은 수가 이민 1세대이거나 2세대다. 실제로 미국 부유층의 출신 인종은 다양하다. 미국 부유층을 대표하는 인물은 운 좋은, 즉 '부모를 신중하게 고른' 사람이 아니다. 자신의 직업이나 사업 종목을 신중하게 선택한 사람이다. 이들은 전통적인 방식, 즉 노력해서 돈을 버는 방법으로 부를 얻었다.

많은 진보주의자가 불평등을 촉진시킨다는 이유로 미국식 자본주의를 비난하지만 실제로 미국식 자본주의는 전 세계 역사상 처음으로 대규모 부유층을 탄생시키는 데 힘을 보탰다. 서양세계가 이전에 이룬 거대한 업적은 중산층의 탄생이다. 중산층은 필수품 부족에 시달리지는 않지만, 즉 밥을 먹고 옷을 입고 적당한 기간 동안 연차 휴가를 즐길 수는 있지만 수입이 엄청나게 많거나 상당 수준의 부를 축적하지는 못한 사람들을 의미한다. 전 세계 대부분이 기본적인 의식주 문제를 해결하느라 고군분투했던 반면 서양 국가는 국민 대다수에게 안락한 중산층 생활을 제공할 수 있었다. 하지만 현재 미국은 대규모 부유층을 탄생시키고 이전에는 극소수에게만 가능했던 수준의 삶을 대다수에게까지 확대하는 그보다 더 높은 단계에 이르렀다. 대규모 부유층이 탄생했다는 말은 커다란 부엌이 딸린 커다란 집에 살고, 좋은 차를 몰고, 값비싼 크루즈 여행을 즐기고, 먼 곳으로 쇼핑 여행을 떠나고, 사립학교 학비를 지불할 수 있으며 그러고도 돈이 남는 사람들이 많아졌다는 의미다. 과거 중산층에 속했던 수백만 미국인이 이제 부유층이 누리는 호화로운 삶을 즐기는데 어떻게 이 현상을 나쁘다고 할 수 있는가?

오늘날 중산층에 속한 일부는 그대로 있지만 일부는 부유층으로 올라간 이유는, 경제적 변화나 기회를 이용해 돈을 버는 데 필요한 기술이나 재능을 보유한 사람들은 언제나 이런 변화에서 이익을 얻기 때문이다. 과거 중산층은 제조업에 종사하면서 안정적으로 살던 사람들이었다. 그러나 제조업은 지난 이삼십년 동안 몰락의 길을 걷던 바로 그 분야다. 예전 기술이 갑자기 더는 쓸모가 없어졌다. 그러나 제조업의 몰락이 기회의 감소를 의미하지는 않았다. 오히려 (주로 과학 기술이나 통신, 그리고 다양한 서비스 분야와 관련된) 새로운 산업이 등장하면서 기회가 늘어났다. 교육 과정을 통해 기술을 쌓았거나 새로운 분야로 이동하는 데 필요한 적응력을 갖춘 미국인들이 커다란 혜택을 누렸다. 다른 사람들은 정체된 채 남았고 심지어 일부는 뒤에 처지기까지 했다. 강조해야 할 부분은 이 결과가 기술 자본주의와 관련된 이례적인 사례가 아니라는 점이다. 정확히 말해 자본주의 체제가 '야성적 충동'에 따르도록 사람들을 부추기는 '창조적 파괴라는 거센 바람'을 일으키며 작동하는 방식이다.

그러나 이 모두가 단기간에 그친다. 사람들이 단기적인 불평등을 가능하게 했다고, 심지어 탄생시켰다고 기술 자본주의를 폄하할 수는 있지만 장기적으로 볼 때 기술 자본주의는 깊고 지속적인 평등을 유발한다. 이해하기 쉽거나 누가 생각해도 분명한 말은 아니다. 그러므로 몇 가지 사례에 대해 생각해보자. 1세기 전인 19세기 후반에는 부유한 사람들은 말이나 마차를 타고 여행한 반면 가난한 사람들은 걸어서 여행했다. 오늘날에는 부유한 사람들은 메르세데스 벤츠나 BMW를 타고 이동하겠지만 상대적으로 가난한 사람들은 혼다 시빅이나 현대를 탈 것이다. 메르세데스 벤츠가 현대보다 빠르고 호화스럽기는 하지만 이곳에서 저곳으로 이동하는 과정에서 발생하는 부유한 사람과 가난한 사람 간 차이는 엄청나게 줄어들었다. 다른 예를 살펴보자. 20세기 초에는 부유한 사람들이 기후가 따뜻한 지역에 마련한 집으로 거처를 옮겨 겨울의 혹독한 추위에서 벗어나거나 서늘한 지역으로 피신해 숨 막히는 더위를 피했다. 그 동안 일반 서민은 추위와 더위를 묵묵히 이겨내야 했다. 지금은 거의 모든 집과 사무실과 자동차에서 온도를 조절할 수 있으며 가난한 사람이나 부유한 사람이나 비슷하게 문명의 혜택을 누린다.

이런 사례는 무궁무진하게 많다. 하지만 여기서 가장 많이 언급되는 사례를 들어보자. 100년 전 미국인의 평균 기대 수명은 대략 49세였다. 부유한 미국인과 가난한 미국인의 기대 수명 차이는 약 10년으로 상당히 컸다. 부유한 사람이 60대 후반이나 70대에 이를 때까지 사는 일은 흔히 있었지만 가난한 사람이 이 나이까지 사는 일은 상당히 드물었다. 물론 미국과 중국이나 인도 같은 가난한 국가 사이에서도 비슷한 차이가 발생했다. 오늘날 미국인의 평균 기대 수명은 대략 78세다. 부유한 사람과 가난한 사람 사이에 차이가 존재하기는 하지만 고작 2~3년으로 무시해도 될 정도다. 중국과 인도 같은 가난한 국가에서도 기대 수명이 가파르게 상승했다. 인도인의 평균 기대 수명은 대략 38세에서 60세 가까이로 거의 2배가 됐다.10) 여전히 미국인의 평균 기대 수명보다 낮지만 놀랄 정도로 격차가 줄어들었다. 이것이 평등주의가 달성한 업적임을 누가 부인할 수 있겠는가?

그렇다면 누가 이런 업적을 세운 공을 차지할 수 있는가? 놀랍게도 답은 기술 자본주의다. 의학과 식량 생산 분야에서 발전을 이끌어냈으며, 영유아 사망률을 낮추고, 질병과 기아 발생 빈도를 줄인 주체가 바로 기술 자본주의다. 나는 정부가 시행한 여러 정책과 개인적인 자선활동 역시 도움을 주었음을 부인하지 않는다. 그러나 기술 자본주의에 비하면 이들이 발휘한 힘은 아주 적었다. 기술 자본주의는 누구나 비슷한 기대 수명을 누릴 수 있도록 만들었을 뿐만 아니라 오늘날 부유한 사람과 가난한 사람 모두에게 유용한, 셀 수 없이 많은 편의시설을 두 집단이 비슷하게 이용할 수 있도록 만들었다. 경제학자 조지프 슘페터(Joseph Schumpeter)는 일반적인 예를 들어 이 사실을 설명했다. "엘리자베스 여왕에게 실크 스타킹이 있었다. 자본주의자가 달성한 업적은 여왕들에게 실크 스타킹을 더 많이 제공한 데 있는 것이 아니라 투입되는 노력의 양을 꾸준히 줄인 결과 공장에 다니는 소녀들의 손이 미치는 판매대까지 실크 스타킹을 공급했다는 데 있다."11)

어떻게 이런 일이 일어났을까? 미국에서 전개된 자동차나 컴퓨터와 관련된 사례를 살펴보면 알 수 있다. 자동차가 처음 발명됐을 때 사람들은 '부자들의 장난감'이라며 자동차를 외면했다. 그러나 이런 분위기는 오래 계속되지 않았다. 마침내 헨리 포드(Henry Ford)가 모델 T를 개발하고 자신의 공장에서 일하는 노동자가 구입할 수 있을 정도로 자동차 가격을 낮췄다. 이와 마찬가지로 처음 등장했을 때 컴퓨터는 커다란 회사에서나 사용할 법한 기계로 생각됐다. 그러다가 부자에게나 어울리는 사치품으로, 정말 얼마 지나지 않아 모두에게 유용한 물건으로 인식됐다. 자동차와 컴퓨터가 부유한 사람이 구입하는 고가의 발명품에서 대중이 사용하는 평범한 상품으로 바뀌기까지는 상당한 시간이 걸렸다. 하지만 휴대전화는 불과 몇 년 만에 호기심을 유발하는 값비싼 기계에서 전 세계적인 필수품으로 변신했다. 심지어 이제는 외딴 시골이나 도시 빈민가에 사는 인도인에게도 휴대전화가 있다. 한때 엄두를 못 낼 정도로 비쌌던 국제전화가 이제는 평범한 사람들이 이용하는 서비스 범주 안으로 들어왔다.

이 중 어느 사건도 '자동적으로' 혹은 '우연히' 일어나지 않았다. 전화 통화에 관한 사례를 살펴보자. 1920년대에는 뉴욕에서 샌프란시스코로 장거리 전화를 걸 때 20달러가 들었다. 평범한 사람은 어느 누구도 장거리 전화를 걸 형편이 못 됐다. 하지만 20달러를 내고 장거리 전화를 걸어야 할 사람이 있었다. 그렇지 않았다면 장거리 전화 서비스를 위한 시장은 존재하지 않았을 것이다. 부유한 사람들이 엄청난 초기 비용을 치르며 장거리 전화 서비스를 대중에게 확산시키는 데 필요한 고정비를 지불했다. 오늘날 대서양 연안에서 태평양 연안으로, 혹은 그 반대 방향으로 전화 걸 때 드는 비용은 0에 가깝다. 더 낮은 비용으로 향상된 기술을 제공하는 똑같은 현상이 자동차와 컴퓨터, 신약 부문에서도 일어났다. 모든 사례에서 부유한 사람들이 높은 초기 비용을 지불한다. 부유층이 지불한 돈이 추가적인 연구와 발전을 위한 자금으로 활용된다. 그 결과 기술이 개선되고, 경제성이 높아지고, 더 낮은 비용으로 서비스를 제공하는 일이 가능해진다. 과거에는 사치품이었던 물건이 이제는 평범한 사람의 손이 미치는 곳까지 내려왔다. 기술과 의학이 폭넓게 확산되는 현상은 부유층이 도둑질을 저지름을 의미하는 것이 아니라 더 많은 사회 구성원에게 커다란 혜택을 안기기 위한 특별세가 부유층에게 부과됨을 의미한다. 프리드리히 하이에크의 말대로 "오래 전에 몇몇 사람에게 쓸모가 없었다면 결코 많은 발전이 모든 사람에게 가능해지지 않았을 것이다. 오늘날 가장 가난한 사람마저 과거 불평등이 낳은 결과와 비교했을 때 상대적으로 행복한 삶을 산다."[12]

나는 단연코 기술 자본주의가 기업가와 노동자에게 '정당한 몫'을 제공하는 데 가장 좋은 체제라고 결론을 내린다. 이익을 고려해 계산됐든 임금을 고려해 계산됐든 정당한 몫이란 정확히 어떤 사람이 같은 시민을 위해 창출한 가치의 결과로 차지할 수 있는 재화다. 단기적으로 볼 때 자본주의 경제가 지닌 역동적인 힘 때문에 불평등이 발생하는 경우가 많기는 하나 이 힘은 궁극적으로 모든 사람의 기대 수명과 생활 수준을 높이는 대규모 부를 생산하기도 한다.

# 제12장

—

# 전 세계적 성공 스토리

다른 정복 수단이 커다란 성공을 거둘 때
제국이 몰락한다.[1]

– 크외메 은크루마(Kwame Nkrumah), 『신식민주의(Neocolonialism)』

오늘날 우리는 경제의 세계화가 일어나는 세상에, 즉 미국과 서양 국가가 지금의 모습을 갖추는 데 결정적인 역할을 한 글로벌 시장이 존재하는 세상에 산다. 진보주의자들은 세계화의 첫 단계가 영국과 프랑스가 추구한 노골적인 식민주의였으며 이후 도둑질이나 다름없는 경제 착취의 또 다른 형태이자 미국이 주도하는 '신식민주의'가 그 뒤를 따랐다고 주장한다. 1950년대와 1960년대 제3세계에서 성장한 세대에게는 식민주의가 거대한 규모로 전개된 도둑질로 보였음이 분명했다. 예를 들어 영국은 인도에서 면화와 다른 원자재를 가져가 맨체스터나 리버풀에 있는 공장에서 완제품으로 탈바꿈시킨 뒤 국내 및 해외 시장에서 이 상품을 판매했다. 인도에서 수직기로 옷감을 생산하던 공장이 문을 닫는 동안 인도인들은 결국 인도산 면화로 영국에서 제작된 셔츠를 사는 처지에 놓였다.

그러나 인도에서 면화를 구입하는 영국인에게는 시장 가격으로 면화를 구입하는 행위 하나가 도둑질을 유발한다고 생각되지 않는다. 인도 농부들은 인도 수직기 공장에 판매하는 가격으로 면화를 판매했다. 효율적으로 면화를 옷감으로 탈바꿈시키기 위해 산업 혁명 과정에서 탄생된 기계를 사용했다는 이유로 영국인을 비난하지는 못한다. 인도에서 인도 수직기 공장보다 더 싸게 옷감을 판매했다는 이유도 마찬가지다. 영국인 제조업자들은 인도인에게서 도둑질하지 않았을 뿐만 아니라 실제로 과거 인도 수직기 공장과 거래할 때보다 더 좋은 조건으로 인도인과 거래했다. 게다가 반식민주의를 주장하는 글에서는 등장하지 않는 경우가 많은 더 심오한 사실이 존재한다. 반식민주의 글에서는 "유럽인들이 말레이 반도에서는 고무를, 서아프리카에서는 카카오를, 인도에서는 차를 도둑질했다."는 의미를 담은 주장을 엄청나게 많이 접할 수 있다. 그러나 경제사학자 P.T. 바워(P.T. Bauer)가 지적했듯이 영국이 통치하기 전 말레이 반도에는 고무나무가, 서아프리카에는 카카오나무가, 인도에는 차나무가 없었다. 영국인들이 남아메리카 대륙에서 말레이 반도로 고무나무를 들여왔다. 중국에서 인도로 차나무를 들여왔다.[2] 그리고 아프리카인에게 카카오나무 재배하는 방법을 가르쳤다. 이 같은 사례를 볼 때 영국인은 결코 토착 자원을 '도둑질'하지 않았으며 오히려 영국이 개척한 세계 시장은 물론 토착 경제에도 도움이 되는 수익성 높은 작물을 소개했다고 칭찬 받을 자격이 있다.

훨씬 더 노골적으로 말해 가져갈 것이 그렇게 많지 않았다는 단순한 이유만 떠올려도 서양 국가가 다른 누군가의 물건을 가져가 부유해졌다는 주장은 말이 되지 않는다. 식민지 건설이 진행되기 전 제3세계 국가 대부분이 절망적일 만큼 가난했다. 따라서 물질적인 측면에서는 식민지 이주민이 본국으로 되돌아간 뒤 식민지 국가의 형편이 식민지 이전보다 더 나빠질 수가 없었다. 그렇다면 아시아와 아프리카, 남아메리카에서 도둑질하지 않았다고 가정했을 때 서양 국가가 어떻게 부유해질 수 있었을까? 그 이유는 서양 국가가 이전에는 존재하지 않았던 어떤 새로운 것을 발명했기 때문이다. 이 발명품이 바로 근대 과학과 근대 기술, 그리고 근대 자본주의였다. 여기서 과학은 발명뿐만 아니라 앨프리드 노스 화이트헤드(Alfred North Whitehead)가 말한 '발명 중의 발명', 즉 지식을 생산하고 그 지식을 유용한 과학기술적 산물로 변화시키기 위한 새로운 방법을 이야기한다. 여기서 자본주의는 상거래뿐만 아니라 재산권과 계약, 계약에 쓰인 문구를 강제할 힘을 지닌 법원, 그리고 이후에 등장한 유한 책임과 신용 거래, 증권 거래소, 보험, 애덤 스미스가 『국부론』에서 개략적으로 설명한 여러 가지 제도의 총제적인 조화 등을 가리킨다. 과학과 기술, 자본주의는 과학 혁명에서 산업 혁명까지 내부에서 진행된 여러 사건으로 인해 발전한 서양식 제도였다.

개발도상국에서 선진국으로 변화하던 시기에 서양이 미친 영향을 19세기에 활동한 하고많은 인물 중에서 카를 마르크스가 주목했다. 마르크스는 봉건 사회가 근대 산업사회로 변모할 수 있었던 이유가 식민주의 때문이라고 말했다. 마르크스는 "영국이 인도 사회를 이루는 모든 틀을 허물어뜨렸다."고 인정했다. 특히 "인도의 수직기를 깨부수고 물레를 파괴한 사람이 바로 영국 침입자였다." 마르크스는 이렇게 덧붙였다. "구세계의 상실은 힌두교 사회에 특별한 비애감을 안긴다." 그럼에도 불구하고 마르크스는 힌두교 사회가 카스트라는 계급 제도와 경제적 · 사회적 차별을 기반으로 하는 부락제도 속에 살아왔음을 강조했다.

게다가 "이 목가적인 부락 공동체는 누구에게도 해를 끼치지 못할 만큼 여리게 보일지도 모르지만 언제나 동양 국가의 전제 정치를 뒷받침하는 견고한 기반이 됐다." 마르크스는 철도나 증기기관 같은 기술 장치를 이용해 영국이 인도를 통일하고 국제 무역 체제 속에 통합시켰음을 지적했다. 마르크스는 이 사건을 가리켜 '아시아의 사회 국가에서 일어난 근본적인 혁명'이라고 말했다. 마르크스가 '재생'3)이라고 묘사한 긍정적인 발전이었다.

오늘날 진보주의자들은 마르크스가 내린 이 같은 해석을 부인한다. 마르크스가 식민주의가 도둑질이기는 하나 역사적인 측면에서 볼 때 그 도둑질이 근대화 과정에서 반드시 필요한 부분이었다고 말한 것처럼 보이기 때문이다. 마르크스는 식민주의나 자본주의를 정당화하는 대신 초월하는 길을 모색했다. 그러나 진보주의자들은 식민주의와 자본주의를 뒤집고자 한다. 이 문제에 관해 마르크스가 취한 태도를 보며 진보주의자가 느낀 혐오감은 좌파 운동가 중 많은 사람이 마르크스에 대해 실망하게 만든 한 가지 이유였다. 오늘날 진보주의는 마르크스보다는 레닌에게 빚졌다. 레닌은 식민주의가 자본주의가 거치는 최후의 결정적 단계를 의미한다고 주장하며 마르크스를 '구출했다.' 레닌의 관점에서 볼 때 공산주의 혁명은 유럽에서 일어나는 일이 아니었다. 유럽 지도자들이 국내 문제를 일시적으로 해결할 수 있는 방법을 발견했기 때문이었다. 유럽 지도자들은 다른 나라를 정복하고 그곳에 있는 노동자들을 착취함으로써 국내에서 발생하는 계급투쟁을 누그러뜨렸다. 레닌은 식민지 원주민들에게 이주민을 몰아내라고 촉구했다. 레닌은 이것이 식민지의 민족 자결권을 확보하기 위함은 물론 유럽 자본주의를 위기로 몰아 붕괴시키는 속도를 높이기 위한 행동이라고 결론지었다.[4] 레닌이 주장한 일석이조의 효과는 반식민주의라는, 다른 지역과 관련된 이데올로기가 많은 서양 좌파 운동가의 마음을 그토록 끈 이유를 설명한다.

마르크스는 진보주의자들을 실망시켰을지 모른다. 그렇다면 마르크스가 옳았을까? 나는 이 특별한 주제에 관해서는 마르크스가 옳았다고 생각한다. 다른 사람도 아닌 마르크스가 영국인들이 순수하고 고귀한 의도를 품고 인도에 왔음을 암시했다. 매컬리(Thomas Macaulay)와 키플링(Rudyard Kipling) 같은 몇몇 영국인은 미개한 사람들과 문명을 공유해야 하는 '백인이 진 짐'에 대해 이야기했지만 오늘날 이런 문구는 정복 활동을 합리화하기 위한 수단이라며 당연히 무시된다. 아프가니스탄인과 페르시아인, 아랍인, 몽골인 같은 이전 정복자들과 마찬가지로 영국도 대부분 자신의 이익을 충족시키기 위해 인도를 지배했다. 그러나 제국을 운영하기 위해 영국인들은 도로를 닦고 철도와 항만을 건설했다. 또한 인도에 봄베이(오늘날 뭄바이), 캘커타(오늘날 콜카타), 마드라스(오늘날 첸나이) 같은 주요 도시를 건설했다(이후 도시의 이름은 바뀌었으나 영국인들이 도시를 건설했다는 역사적 사실은 전혀 바뀌지 않았다). 영국인들은 인도 원주민을 교육시켜야 하기도 했다. 이렇게 하려면 먼저 인도인에게 영어를 가르쳐야 했다. 교육으로 인해 인도인들이 전통적인 인도 문화와는 전혀 다른 새로운 생각, 즉 근대 과학과 기술, 자치, 법치, 재산권, 인권, 개인주의, 그리고 민족자결권 등에 노출됐다. 궁극적으로 인도인들은 자신을 억압하는 무리에게서 정치적으로 해방되는 데 필요한 진짜 언어를 배웠다.

1947년 인도가 독립한 이후 인도인들은 대영제국이 가져다준 이익에 대해 인정하기를 꺼렸다. 몇 년 전 나는 미국고등교육신문(Chronicle of Higher Education)에 「식민주의를 향해 보내는 두 가지 응원(Two Cheers for Colonialism)」이라는 제목의 글을 실었다. 내 글이 인도에서 재발간됐을 때 커다란 논란이 일어났다. 심지어 내 친척 중 몇몇 사람까지 분노했다. 친척 아주머니 중 한 명은 내게 이렇게 충고했다. "우리 인도 사람은 그런 이야기를 해서는 안 돼." 아주머니가 옳았다. 나는 국가적으로 금기시하던 문제를 건드렸다. 그러나 변화가 일어나는 중이다. 최근 인도 총리인 만모한 싱(Manmohan Singh)이 옥스퍼드대학교에서 연설했다. 그 자리에서 싱은 과거 인도 정치인 중 어느 누구도 감히 하지 못한 어떤 일을 했다. 즉 영국이 인도에 남긴 유산에 찬사를 보냈다. "오늘날 시간의 경과와 뒤늦은 깨달음으로 얻은 균형감각과 통찰력으로 인해 인도 총리가 인도가 영국과 함께한 시간이 유익한 결과를 낳았다고 주장할 수 있게 되었습니다. 법치와 입헌 정치와 언론의 자유와 전문적인 행정 조직과 근대적인 대학교 및 연구 기관에 관한 우리의 생각은 모두 예로부터 전해 내려오던 문명이 당시 인도를 지배하던 제국과 만났을 때 겪은 혹독한 시련 속에서 빚어졌습니다."[5]

인도 정치 지도자가 명백한 사실을 언급하는 데 50년 이상 걸린 까닭은 무엇일까. 그 이유는 이 시대 대부분에 걸쳐 인도가 영국이 남긴 유산을 활용하는 데 실패했기 때문이다. 이런 측면에서 볼 때 인도는 아시아와 아프리카에 건설된 다른 많은 전 식민지 국가와 비슷했다. 아이러니하게도 이 같은 실패는 해당 국가 지도자들이 반식민주의가 부리는 마법에 빠진 데서 기인한다. 식민지에서 탄생된 이후 많은 서양 국가로 전파된 반식민주의 이데올로기는 '제3세계'가 겪는 빈곤과 저개발 문제를 서양의 책임으로 돌렸다. 그래서 많은 새로운 독립 국가의 지도자들이 단호하게 서양세계에 반대하는 입장을 취했다. 서양 국가가 소비에트 연방과 힘을 겨뤘기 때문에 전 식민지 국가 지도자들은 동맹을 맺지 않았다고 주장하면서도 실제로는 친(親)소비에트 성향을 나타냈다. 서양세계가 자본주의를 채택했기 때문에 인도 및 다른 국가는 사회주의가 가리키는 방향을 따라가기로 결정했다.

　오늘날 우리가 알고 있듯이 이 선택은 처참한 결과를 낳은 실수였다. 우리는 가령 한국과 케냐를 비교하는 과정을 통해 이 사실을 알 수 있다. 1960년대 초반 독립국이 됐을 당시 케냐의 경제 수준은 한국과 같았다. 그러나 케냐는 사회주의 노선을 택했고 한국은 자본주의 노선을 택했다. 오늘날 한국은 케냐보다 훨씬 더 부유하다. 물론 두 나라 사이에는 중요한 문화적 차이가 존재한다. 그러나 우리는 한국과 북한을 비교함으로써 자본주의가 사회주의에 비해 우월함을 확인할 수도 있다. 두 나라는 사람도 같고 문화도 같다. 그러나 북한은 여전히 끔찍할 정도로 가난한 반면 한국은 비교적 부유하다. 인도는 다른 사회주의 국가와 같은 운명에 시달렸다. 즉 경제는 침체됐다. 실제로 반세기 가까이 '동냥 그릇'이 인도를 상징했다.

　이 시기, 그러니까 20세기 후반을 지나는 동안 전 식민지 국가들은 서양이 지속적으로 누리는 경제적 힘을 보며 신세타령하고 가난하고 낙후된 자국의 상태를 호전시키기 위해 해외 원조와 해외 차관, 그 외 다른 지원을 소리 높여 요구했다. 때로는 동정심을 바탕으로 이 같은 원조를 몰아붙였지만 대부분은 자격 문제를 거론하며 원조를 요구했다. 수십 년 동안 엄청나게 많은 차관과 원조가 인도와 아프리카의 빈곤 국가로 흘러들어갔다. 그랬음에도 불구하고 어떤 지원도 중대한 변화를 일으키지 못했다. 이렇게 된 데는 정부가 해외에서 들어온 자금을 남용하거나 착복한 사례를 포함해 여러 가지 다양한 원인이 존재했다. 그러나 아마 가장 중요한 원인은 해외 원조가 단기간에는 기아나 가난을 해결할 수 있으나 결코 빈곤 국가가 자립하도록 만들지는 못한다는 사실일 것이다. 기본적으로 빈곤 국가는 해외에서 지원한 물자를 탕진하고 더 많은 원조를 요구하거나 해외 차관을 낭비한 뒤 전에 빌린 돈을 갚기 위해 새로운 돈을 요청하기 마련이었다. 1980년대 후반까지 세계가 풍요로운 서구 세계와 빈곤한 비서구 세계로 나뉘는 상태가 오랫동안 지속될 것처럼 보였다.

그러다가 20여 년에 걸쳐 어떤 변화가 일어났다. 1980년대 후반부터 현재에 이르는 동안 세계의 모습이 극적으로 바뀌었다. 과거 '제3세계'로 불리던 국가들이 이제 '개발도상국'이나 '신흥 시장'이라는 이름으로까지 불리게 됐다. 신흥국에 속하는 나라들은 서양 국가보다 3~5배 빠른 속도로 성장하는 중이다. 서양 국가의 한 해 경제 성장률은 약 2퍼센트인 반면 신흥국의 한 해 경제 성장률은 6~10퍼센트에 달한다. 한때 경제가 퇴보하던 중국은 다음 10년이 지난 뒤 세계 최고의 경제 대국으로 일어서거나 자리잡을 것이다. 그동안 중국의 뒤를 따르던 인도가 21세기 중반 무렵에는 세계에서 두 번째로 큰 경제 대국이 될 가능성이 높다. 또 다른 거대 신흥국이자 한때 경제 후진국이던 브라질도 정신없이 빠른 속도로 전 세계 경제에서 중요한 목소리를 내는 경쟁자로 변신 중이다.

과거 빈곤 국가였던 이 나라들이 어떤 식으로 경제 발전을 견인했을까? 이들은 이른바 '후진성이 주는 이점(the advantage of backwardness)'이라고 불리는 효과를 활용함으로써 경제 발전을 이룩했다. 처음에는 후진성이 이익이 될 수 있다는 주장이 정신 나간, 적어도 역설적인 소리로 들린다. 빈곤 국가에서는 오랫동안 자국의 후진성을 심각한 장애물로 생각했다. 이런 관점은 아프리카 작가 친웨이주(Chinweizu)가 쓴 글에서 명확히 표현된다. 자신의 책 『서양 그리고 나머지 우리들(The West and the Rest of Us)』에서 친웨이주는 "가난한 이들은 자신에게 유리하도록 전 세계 시장 가격을 바꾸거나 가격에 영향을 미칠 길이 없다."[6]고 썼다. 친웨이주는 부유한 국가는 세계 시세를 정할 만큼 강력한 힘을 지닌 반면 가난한 국가는 그대로 따르는 길 외에 다른 방법이 없다고 생각했다.

사실상 친웨이주는 틀렸다. 결코 부유한 국가에 교섭능력이 지나치게 많다는 데서 생기는 문제가 아니었다. 정확히 말하자면 문제는 가난한 국가들이 일부 기본 원자재 외에는 어느 누구도 사고자 하지 않는 혹은 살 사람이 거의 없는 물건을 공급했다는 데 있었다.

그렇다면 '신흥 시장'을 탄생시키고 전 세계 경제에 변화를 일으킨 요인은 무엇이었을까? 그것은 중국과 인도, 그리고 다른 나라가 얻은 깨달음 때문이었다. 중국은 깨달음에 이른 최초의 국가였고 인도는 두 번째 국가였다. 사람들은 오랫동안 중국과 인도를 엄청난 인구 때문에 '몸살을 앓는' 국가로 인식했다. 실제로 과도한 인구는 두 국가를 그토록 가난하게 만든 주요 원인으로 지목됐다. 그러나 덩샤오핑[鄧小平]이 집권하던 시기 중국이 인구를 골칫거리로 생각할 필요가 없음을 깨달았다. 인구는 자산이 될 수 있었다. 가난한 국가가 엄청난 인구를 일터에 배치해 전 세계 나머지 지역에서 원하는 물건을 생산할 수 있다면 세계 시세보다 낮은 가격으로 물건을 공급해 세계 시장에서 상당한 몫을 차지할 수 있을 것이다. 중국은 지난 이삼십년 동안 자국을 전 세계 제조업의 수도로 탈바꿈시켰다. 이제 가국의 기업은 '중국의 가격 경쟁력'을 이길, 최소한 중국과 경쟁할 수 있는 방법을 찾아야만 한다. 인도는 중국의 뒤를 따랐으나 제조업에서 솜씨를 발휘하기보다는 충분한 교육을 받고 영어로 의사소통이 가능하며 기술에 대한 이해도가 높은 중산층 인력을 활용해 타의 추종을 불허하는 낮은 가격으로 전 세계가 원하는 서비스를 제공하는 쪽을 택했다. 지난 20년 동안 중국과 인도 모두 전 세계 경제 성장을 이끈 원동력으로 작용했다.

여기서 우리는 엄청난 아이러니와 맞닥뜨린다. 중국과 인도는 글로벌 경제 체제에서 후진성이 주는 이점을 활용함으로써 자국민 수십만 명을 부유층으로, 수천만 명을 빈곤층에서 중산층으로 한꺼번에 끌어올렸다. 세계화 덕분에 2015년 전반기까지 전 세계 빈곤율을 줄이겠다는 계획 아래 UN이 선언한 새천년개발목표(Millennium Development Goal)가 달성될 가능성이 커졌다. 중국과 인도, 다른 신흥국가에 거주하는 서민들은 이제 경제적으로 이익을 얻을 뿐만 아니라 자부심과 가능성을 점차 키우고 있다. 더는 미래가 절망적인 과거의 복제판으로 보이지 않는다. 즉 물질적인 부문도 개선됐지만 정신적인 부문도 개선됐다. 진보주의자들에게는 이 같은 상황이 놀라움으로 다가온다. 수십 년 동안 진보주의자들은 빈곤 국가에서 진행되는 빈곤 퇴치 프로그램을 지지했다. 빈곤 퇴치 프로그램을 사용하는 주요 장치는 해외 원조와 해외 차관이었다. 하지만 해외 원조와 해외 차관은 거의 효과를 발휘하지 못한 반면 기술 자본주의는 지금까지 발명된 모든 빈곤 퇴치 프로그램 중에서 가장 큰 효과를 발휘하는 모습을 보였다. 어떤 인도인 기업가가 주장했듯이 세계화와 기술 자본주의가 결국 모든 인도인의 얼굴에서 눈물을 닦아내고자 했던 간디(Mohandas Gandhi)의 꿈을 이루는 데 힘을 보탰다.

그럼에도 불구하고 일부 진보주의자들은 세계화를 가난한 노동자를 착취하는 한 형태로 묘사한다. 기본적으로 이 생각은 많은 미국 기업이 일당으로 (미국 정부가 규정한 최저임금에 턱없이 부족한) 단돈 몇 달러를 주고 현지 노동자를 고용한다는 사실에서 비롯한다. 게다가 이 기업들은 현지 노동자를 현지인 소유 공장과 다를 바 없는 열악한 노동 환경 속으로 몰아넣는다. 그러나 싱가포르에서 활동하는 인도 출신 학자 키쇼 마부바니(Kishore Mahbubani)는 신흥국가에 설립된 현지 공장들이 더는 낮은 임금이나 인간 이하의 노동 환경을 제공하지 않는다고 지적한다. 밀실 공포증을 일으킬 정도로 비좁은 공간에서 오랫동안 일해야 하는 상황 속으로 사람들을 끌어들이기가 더는 쉽지 않다. 이렇게 된 이유가 해외 기업이 더 많은 임금을 지불하고 더 나은 노동 환경을 제공하기 때문이다. 미국 기업은 최고라는 평가를 받는다. 현지에 설립된 미국 기업 공장의 임금과 노동 환경 수준이 밀워키나 댈러스에 건설된 공장 수준에는 미치지 못함이 사실이지만 현지 기준과 비교하면 높다. 마부바니는 연봉 5,000달러는 미국에서 비난받을 만큼 충격적으로 낮은 임금이지만 자카르타나 마닐라, 콜카타에 사는 어떤 사람들에게는 상당히 많은 금액이라고 이야기한다. 현지 미국 기업에 채용된 노동자들은 한때 농촌 지역에서 한 해 500달러를 벌거나 적은 시간 동안 일하던 사람이었다.[7] 나이키 같은 기업이 채용공고를 내면 사람들이 길게 줄을 서고 지원서가 엄청나게 쌓인다는 데는 의심할 여지가 없다. 세계화가 착취의 한 형태라면 누구나 개발도상국에서 강한 반세계화 정서가 있으리라 예상할 것이다. 그러나 실제로 중국이나 인도 같은 나라에서 의미가 있을 만큼 큰 반세계화 운동은 전혀 일어나지 않는다. 중국인과 인도인은 무엇이 자신에게 이익인지를 미국 진보주의자보다 훨씬 더 잘 알기 때문이다.

가난한 나라에서 세계화가 노동자에게 이득으로 작용한다는 이유가 가난한 나라에서 부유한 나라로 이민하는 사람의 수를 줄이는 데 도움이 된다. 대부분 세계화와 자유 무역의 결과로 멕시코가 20년 전보다 지금 더 번영을 누린다. 그 결과 자국에서 더 많은 기회를 누리게 되면서 멕시코인들이 불법으로 미국 국경선을 넘는 어려운 일을 하려고 위험을 무릅쓰는 경우가 줄었다. 인도 역시 내가 떠나오던 1970년대보다 엄청나게 나은 기회를 젊은이들에게 제공한다. 나와 같은 세대에 속한 인도인 중 많은 이가 밖으로 '내몰렸다.' 고향에는 경제적 기회가 없었기 때문이다. 이제는 떠나라는 똑같은 압박이 더는 존재하지 않는다. 실제로 오늘날 일부 개발도상국이 해외로 떠난 재능 있는 자국민이 자국으로 돌아오도록 인센티브를 제공한다.

사람들이 인정하지 않는 경우가 많지만 어떤 측면에서 보면 세계화는 각국 사이에 평화로운 분위기를 조성하는 힘으로 작용하기도 한다. 애덤 스미스와 데이비드 흄(David Hume), 몽테스키외 같은 인물이 수세기 전 이에 관한 간단한 논리를 설명했다. 이들은 무역 관계를 형성한 나라들이 서로 의존하게 된다는 사실을 알았다. 이렇게 되면 무역국 사이에서 전쟁이 발발할 가능성이 낮아진다. 오늘날 미국과 중국의 관계에서 명확하게 드러나는 사실이다. 미국은 과거 소비에트 연방과 맺은 관계보다 훨씬 더 친밀한 관계를 중국과 맺고 있다. 분명 한 가지 이유는 중국과 상거래가 일상적으로 일어나기 때문이다. 미국인은 자신이 사는 데 필요한 물건을 공급하기 때문에 중국인이 필요하다. 중국인은 자신이 만든 물건을 미국인이 사기 때문에 미국인이 필요하다. 세계 무역은 분쟁과 관련된 계산법을 바꿔놓았을 뿐만 아니라 사람들 사이에 새로운 형태의 문화를 탄생시키기도 했다. 예를 들어 세계화가 이룩한 번영의 결과로 많은 인도인이 파키스탄에 대해 불평하는 시간은 줄이고 새로운 사업을 구상하는 시간은 늘렸다는 사실을 들 수 있다. 세계화는 전 세계적으로 사람들이 다른 나라를 정복하기보다는 자국의 산업을 이용해 자신들이 차지하는 몫을 키우는 데 더 많은 관심을 갖도록 만들었다.

다른 모든 것과 마찬가지로 세계화도 얻는 만큼 대가를 치른다. 진보주의자들이 세계화가 미국과 서양 국가에 거주하는 일부 노동자에게 불이익을 안긴다며 더욱 큰 목소리로 주장하는 이유다. 부인하지 못하는 사실이다. 여기서 해야 할 질문은 이런 상황이 착취를 유발하느냐 유발하지 않느냐다. 피츠버그 같은 철강산업 도시나 디트로이트 같은 자동차산업 도시에서 성장한 젊은이에 대해 생각해보자. 이 도시들은 한 세대가 넘는 세월에 걸쳐 적절한 수준의 급여를 지불하는 안정적인 일자리를 공급했다. 피츠버그와 디트로이트는 아메리칸 드림이라는 빛나는 그림을 보여준, 미국에서 가장 큰 번영을 누린 두 도시다. 분명 이곳에는 아들과 딸에게 부모가 했던 대로 원칙을 지키며 열심히 일한다면 너희도 안정적이고 풍요로운 미래를 누릴 것이라고 말한 아버지들이 있었다. 그러나 현재 피츠버그는 더는 세계 철강산업의 수도가 아니며 디트로이트는 전 세계 자동차산업을 호령하던 자리를 빼앗겼다. 철강산업과 자동차산업에서 종사하기 위한 훈련을 쌓았으나 더는 좋은 일자리를 구하지 못하는 젊은 남성과 여성에게 우리가 무슨 말을 할 수 있겠는가? 미국이 이들을 실망시켰다고? 세계화가 이들이 꿈꾸던 아메리칸 드림을 빼앗았다고?

오늘날 미국 밖에서 철강을 더 싸게 생산할 수 있음은 사실이다. 신발과 셔츠, 장난감, 기타 다른 많은 제품에도 해당되는 이야기다. 하지만 자동차산업은 다르다. 디트로이트가 번영을 누리던 자리에서 추락한 이유는 자동차회사 경영자들이 잘못된 판단을 내려 노동자에게 과도한 임금을 지불했기 때문이다. 그 결과 다른 사람들이 한국이나 일본 같은 다른 나라에서뿐만 아니라 노스캐롤라이나 주 같은 미국 내 다른 주에서 자동차를 더 좋은 품질로 더 싸게 생산하는 방법을 찾아냈다. 마이클 무어(Michael Moore) 감독이 제작한 다큐멘터리 영화 〈로저와 나(Roger and Me)〉에서 확인할 수 있는 의도치 않은 코미디다. 영화에서 무어 감독은 자신의 아버지가 일하던 미시건 주 플린트에 있는 공장이 문을 닫은 이유가 무엇인지 확인하기 위해 GM(제너럴모터스)의 수뇌부 주변을 추적한다. 무어 감독은 로저 스미스(Roger Smith) 같은 탐욕스러운 사장들이 계속해서 더 많은 수익을 올리고자 했기 때문에 플린트 공장이 문을 닫았다고 생각한다. 자신의 아버지가 소속됐던 노동조합이 그토록 높은 임금을 지불하도록 GM을 압박한 까닭에 GM에서 생산된 자동차 가격 역시 당연히 높았다는 이야기는 하지 않는다. 어느 누구도 평범한 자동차를 엄청나게 비싼 가격에 사려 하지 않았다. GM은 지속적으로 시장 점유율을 잃거나 자동차를 더 싸게 생산하는 방법을 찾아야 했다. 따라서 무어 감독이 플린트 공장이 문을 닫도록 만든 탐욕스러운 직원을 찾고자 했다면 먼저 아버지부터 인터뷰했어야 했다.

결국 세계화한 경제에서는 가장 적절한 가격에 가장 훌륭한 성과를 낼 수 있는 사람에게 일자리가 돌아간다. 이것은 자본주의의 철칙이자 오랫동안 미국 내에서 적용되던 현실이었다. 세계화는 이야기를 바꿔놓았을 뿐이다. 그 속에서는 전 세계 나머지 지역도 가장 싼 가격에 가장 훌륭한 제품과 서비스를 제공하기 위해 경쟁한다. 시장이 감당할 수 있는 수준을 뛰어넘을 정도로 임금을 올리고자 하는 노동조합에는 나쁜 소식이며 가격과 품질 면에서 경쟁하지 못한다면 미국 노동자에게도 나쁜 소식이다.

물론 한 가지 방법으로 세계화를 방해하거나 차단함으로써 노동조합과 미국 노동자를 보호하는 길을 선택할 수 있다. 놀랍게도 약자에게 동정심을 품고 이들을 옹호하는 사람으로 자신을 묘사하는 일부 진보주의자가 이 같은 방법을 지지한다. 일부 보수주의자 역시 애국심에서 같은 노선을 취한다. 애국적인 발상에서 미국 노동자와 미국 제조업을 보호하고자 하는 욕구는 이해할 수 있다. 하지만 세계화를 차단한다는 말은 지금까지 고안된, 전 세계의 생활 수준을 향상시킨 가장 훌륭한 엔진을 마비시킨다는 의미다. 가난한 사람이 지원금을 이용해서가 아닌 다른 사람이 사고자하는 재화를 판매함으로써 자립 기반을 키우고 중산층으로 진입하는 길을 막겠다는 뜻이다. 따라서 세계화를 저지하려는 노력은 실제로 하루에 2, 3달러를 버는 사람들을 희생시켜가며 한 시간에 20달러를 버는 사람들을 보호하는 조치다. 어떤 이름으로 부르든 이런 정책이 약자를 돕는다고는 말하지 못한다.

나는 반세계화가 애국심의 한 형태라고 생각하지 않는다. 일부 미국인에게는 도움이 되지만 다른 많은 미국인에게는 피해를 입히기 때문이다. 신시내티에서 신발을 제작하며 시간당 20달러를 벌던 사람을 생각해보자. 현재 이 사람은 곤경에 처한 상태다. 월마트가 필리핀이나 태국에 있는 신발 생산 공장과 공급 계약을 체결하고 현지 노동자에게 하루에 5달러를 지불하기 때문이다. 그 결과 원래대로라면 가격이 85달러였을 신발이 이제 월마트에서 20달러에 판매된다. 이 결과로 누가 이익을 얻는가? 바로 미국 소비자다! 다시 말해 세계화가 비효율적인 미국 노동자에게는 불리하게 작용하는 반면 가격을 중요시하는 미국 소비자에게는 유리하게 작용한다. 세계화는 과도한 임금을 받는 노동자에게는 피해를 입히지만 침묵하는 다수인 미국 소비자에게는 이익을 안긴다.

미국인의 일자리를 '빼앗았다'는 이유로 외국 노동자들을 비난하기는 쉽지만 미국인의 일자리를 가장 많이 빼앗은 도둑은 외국인이 아니라는 사실을 기억하자. 도둑은 바로 기술이다. 항공권 예약으로 많은 돈을 벌었던 여행사를 생각해보자. 이제 여행사는 대부분 더는 쓸모가 없는 존재가 됐다. 인터넷에서 직접 항공권을 예매하는 쪽이 더 싸고 더 쉽다. 그렇다면 우리가 인터넷 항공권 예매 서비스를 불법으로 규정해 여행사를 '보호'해야 할까? 이 생각 자체가 우스꽝스럽다. 심지어 어느 누구도 이런 계획을 제안하지 않는다. 이와 비슷한 사례로 이제는 인간의 손보다 훨씬 더 빠른 속도로 훨씬 더 싼 가격에 일할 수 있는 로봇을 들 수 있다. 미국인의 일자리를 보호하기 위해 이런 로봇을 제작하지 말아야 할까? 중국에서는 이미 인간 노동자를 대체하기 위해 로봇 수백만

점을 제작 중이다. 그렇다면 다른 나라에서는 로봇이나 다른 형태의 첨단 기술을 이용하는데 미국에서는 하지 않는 경우 미국의 세계 경쟁력이 어떤 영향을 받을까?

기술을 활용하거나 아웃소싱을 동원하지 않는다면 분명 가장 훌륭하고 가장 효율적으로 일할 수 있는 대안은 존재하지 않는다. 이것이 자본주의가 사회에 미친 영향이다. 세계화는 단일화한 세계 시장에 꼭 맞는 자본주의다. 예전 일자리가 사라졌음을 깨달은 미국 노동자들이 실천해야 할 해답이 있다. 미국 노동자들은 새로운 기술을 익혀서 새로운 일자리를 찾아야 한다. 이것이 쉽지 않은 길임은 인정한다. 많은 노동자가 품었던 평생직장에 관한 꿈은 산산조각 났다. 시간이 쏜 화살은 부러지지 않으면 구부러진다. 못 견딜 정도로 무거운 짐처럼 보이겠지만 이전 세대 미국인들이 불평하지 않고 자신의 손으로 이룩한 결과물임을 떠올리자.

정확히 한 세기 전 대다수 미국인이 농장에서 일했다. 농업은 미국 경제를 이끌던 산업이었다. 오늘날 미국인의 5퍼센트에도 미치지 못하는 사람이 농업에 종사한다. 헤드폰을 쓴 채 트랙터에 올라타 가장 최신 기술과 비료를 사용하며 거대한 농지를 일구는 한 남자의 모습은 얼마나 멋진 광경인가! 그렇다면 한때 자급자족해서 먹고 살던 모든 농촌 가정에 무슨 일이 일어났을까? 이들은 시대가 변했음을 알아차렸다. 이제는 미국인을 먹여 살리는 데 현재 인력의 절반도 필요하지 않음을 깨달았다. 이들은 변화에 대고 한탄하는 대신 더는 예전 방식대로 생활하지 못한다는 사실을 받아들였다. 그래서 농장을 떠나 다른 일을 하는 방법을 배웠다. 오늘날 미국인에게는 이전 세대가 변화에 적응하도록 만들었을 뿐만 아니라 변화 속에서 번영을 누리도록 이끈 바로 그 정신이 필요하다. 그것이 미국인이 전 세계 시장에서 효율적으로 경쟁할 수 있는 길이다.

# 제13장

---

## 자유의
## 제국

★

미국인들은 자신에 관한 진실과 마주해야 한다.
그 진실이 얼마나 유쾌한지 상관없이. [1]

― 진 키크패트릭(Jeane Kirkpatrick)

1946년 모스크바에서 근무하던 미국 외교관 조지 케넌(George Kennan)이 미국 국무부 앞으로 소비에트 연방의 팽창주의에 대처하기 위한 전략을 제안한 유명한 '긴 전문(long telegram)'을 보냈다. 이후 케넌이 한층 더 다듬어 1947년 발행된 「포린 어페어스」에 실은 이 전략은 '봉쇄(containment)'라는 이름으로 알려지게 됐다. 기본적으로 케넌은 소비에트 연방이 더는 커지지 못하도록 팽창주의를 펼치는 소비에트 연방 주변으로 빽빽하게 저지선을 구축해야 한다고 주장했다. 케넌이 궁극적으로 추구한 목표는 단순히 소비에트 연방을 울타리 안으로 몰아넣는 데 그치지 않고 소비에트 제국 자체를 거꾸러뜨리려고 했다. 케넌은 제국이 살아남기 위해서는 팽창이 필요하며 팽창하지 못하게 봉쇄하면 제국은 붕괴할 것이라고 주장했다. 케넌은 미국에 소비에트 제국의 '목을 조르라고' 강력히 촉구하고 이렇게 하면 제국이 내부에서부터 무너지는 결과를 초래한다고 역설했다. 그리고 정확히 케넌이 말한 대로 역사가 진행됐다. 1980년대 후반부터 1990년대 초반까지 천하무적으로 보이던 소비에트 제국이 해체됐다. 20세기에 발생한 가장 놀라운 사건 중 하나였다. 봉쇄정책이 효력을 발휘했다.

현재 오바마 대통령이 다시 봉쇄정책을 시도하려 하는 중이다. 이번에 오바마가 봉쇄하려는 국가는 다름 아닌 자신의 나라, 미국이다. 오바마의 대외 정책은 '자기 봉쇄(self-containment)'라는 문구로 깔끔하게 요약될 수 있을 것이다. 나는 이 문구를 더글러스 페이스(Douglas Feith)와 세스 크롭시(Seth Cropsey)가 최근에 발표한 글에서 가져왔다.2) 행정부의 수장이자 미국을 보호하고 미국의 이해를 옹호하겠다고 맹세한 대통령이 미국이 가진 힘과 영향력을 줄이는 방법을 의도적으로 그리고 신중하게 모색한다고 말하면 이상하게 들릴지도 모른다. 그러나 오바마는 미국의 영향력을 줄이는 편이 미국에 좋다고 생각한다. 오바마는 자신이 품은 진보주의와 반식민주의 이데올로기에 따라 미국 제국을 전 세계에 유일하게 남은 제국으로 간주한다. 미국이 민주주의와 전 인류적인 이상을 추구하기는 하나 사실상 미국의 대외 정책은 자기이익과 약탈에 기반을 두었다. 미국은 다른 국가를 지배하고 다른 국가가 보유한 석유와 다른 자원을 통제하기 위해 무책임하게 자신의 힘을 남용했다. 이런 이유에서 오바마는 미국의 신제국주의를, 미국이 대규모로 진행하는 전 세계적인 약탈 행위를 끝내고자 한다. 이렇게 하려면 미국이 전 세계 유일한 초강대국으로서 누리는 권리를 버려야 한다. 오바마는 미국이 평범한 국가가 되기를, 더 작고 대수롭지 않은 역할을 수행하기를 바란다.

오바마 대통령이 이끄는 팀은 어떤 식으로 이 목표를 현실화하고 있을까? 한 가지가 미국이 보유한 핵무기를 급격하게 감축하는 방법이다. 오바마는 미국이 보유한 핵탄두를 6,000기에서 1,500기로 줄였으며 이제는 1,000기로, 궁극적으로는 0기로 줄이려고 한다. 오바마는 핵무기가 없는 세상을 원한다고 말한다. 핵무기를 보유한 다른 어떤 나라도 관심을 보이지 않으며 오바마가 핵무기 해체를 명령할 위치에 있는 유일한 나라가 바로 미국이라는 사실을 제외한다면 존경할 만한 목표처럼 보인다. 몇몇 주요 전략가가 지적했듯이 핵무기는 미국이 전 세계적으로 군사적 우위를 유지할 수 있게 만드는 중요한 수단이다. 오바마는 미국이 보유한 핵무기를 감축함으로써 미국이 전 세계적으로 발휘하는 상대적으로 강한 힘을 확실히 축소시킨다. 이렇게 되면 미국이 동맹국을 보호하는 힘도 줄어든다.[3]

궁극적으로 동맹국이, 예를 들어 러시아나 중국이 미국을 곤경에 몰아넣을 수 있을 것이다. 잘 이해되지 않는 이야기다. 일부 사람들은 핵무기를 몇 기만 보유해도 충분하다고 생각한다. 이 정도만 있어도 세계의 절반을 날려버리는 데 충분하기 때문이다. 하지만 누구라도 핵무기 전략을 공부한다면 이 생각이 얼마나 어리석은지 알 수 있다. 이유는 이렇다. 미국이 핵탄두 300기를 보유하고 러시아와 중국도 똑같은 수를 보유했다고 가정해보자(현재 러시아는 1,500기가 넘는 핵탄두를 보유하고 있으며 중국은 250기 남짓한 핵탄두를 보유했다).[4] 러시아와 중국이 서로 동맹을 맺고 첫 번째 공격으로 미국을 향해 핵탄두를 각자 150발씩 발사하는 데 동의한다. 정확히 말해 미국에 있는 모든 핵탄두가 완전히 사라지지는 않을 것이다. 러시아와 중국이 발사한 핵탄두 중 일부는 목표물을 빗나갈 것이며 미국이 보유한 핵탄두 중 일부는 목표물로 설정하기가 훨씬 더 어려운

잠수함이나 폭격기에 탑재되기 때문이다.

만약 미국에 중국 도시 수십 개와 러시아 도시 수십 개를 파괴할 수 있을 만큼 핵탄두가 충분히 남았다고 가정하자. 미국은 반격을 가할 수 있다. 하지만 미국이 반격하더라도 분명 러시아와 중국에는 핵탄두가 각각 150기씩 남아 있다. 미국에 있는 모든 도시를 초토화할 수 있는 양이다. 핵심은 미국이 이제 반격에 나서기를 단념한다는 점이다. 현재 우리가 아는 미국을 근본적으로 끝낼 절대적이면서 대단히 파괴적인 두 번째 공격이 두렵기 때문이다. 이 시나리오는 억측이 아니다. 핵무기 시대가 시작될 때부터 미국 국방부가 실험하던 바로 그 '모의 전쟁' 시나리오다. 냉전은 끝났지만 억제력에 관한 논리는 변하지 않았다. 따라서 오바마 대통령이 추진하는 미국의 군비 축소 계획은 사람들이 생각하는 수준보다 훨씬 더 위험하다.

미국이 보유한 전 세계적인 영향력을 축소하기 위해 오바마 대통령은 동맹국의 기반은 약화시키는 반면 미국과 적대적인 관계에 있는 나라는 자국의 힘을 강화할 수 있도록 허용하는 또 다른 방법을 사용한다. 영국과 이스라엘을 향한 오바마의 무뚝뚝한 태도에 대해서는 이전에 쓴 책에서 다뤘기 때문에 더는 논의하지 않을 것이다. 이 책에서 나는 오바마가 중동 지역에서 미국의 힘을 어떤 식으로 축소했는지에 초점을 맞추고자 한다. 오바마는 미국이 보유한 핵무기의 수는 대폭 줄이면서도 이란이 핵무기를 보유하지 못하도록 제한하는 조치는 사실상 전혀 취하지 않았다. 최근 오바마는 이란이 핵무기 보유 프로그램을 더는 진행하지 않는 데 동의하는 대가로 이란에 가하던 여러 가지 제재를 해제하는 데 동의했다. 이란의 발언에는 거의 의미가 없기 때문에 오바마의 행동은 제재를 해제함으로써 이란의 경제에 힘을 보태고 이란이 아무도 몰래 핵무기 개발 프로그램을 진행하는 길을 허용해 이란의 발전을 강화하는 길처럼 보인다.

동맹국과 적대국을 대하는 오바마 대통령의 태도는 오바마 행정부의 대외 정책을 정의하는 너무나 명백한 이중 잣대 속에서 확인할 수 있다. 오바마는 2009년 이란에서 벌어진 민주화운동에 대한 지지를 거부하고 공동의 적인 이란의 물라(이슬람교 율법학자)로부터 벗어나려는 이란인들은 전혀 도와주지 않은 반면 이집트에서 벌어진 민주화 운동에 대해서는 한결같이 지원을 아끼지 않으면서 동맹인 호스니 무바라크(Hosni Mubarak) 대통령이 축출되는 데 힘을 보탰다. 당시 오바마는 이집트에서 무슬림 형제단(Muslim Brotherhood)이 부활하는 모습에 환호성을 지르며 무슬림 형제단이 수립한 정부를 지원했다. 그러나 이제 이집트는 가장 거대한 급진파 이슬람 조직의 손에 떨어졌다. 무슬림 형제단을 지원하는 과정에서 오바마와 이집트 군부의 사이가 멀어졌다. 이집트 군부가 날로 국민을 탄압하던 무슬림 형제단 정부를 축출했을 때 오바마 행정부가 취한 전략 때문에 과거 미국의 든든한 지원군이었던 이집트 군부가 이제 의심의 눈초리로 미국을 바라보게 됐다.

이와 마찬가지로 오바마 대통령은 '대량학살'을 일으켰다는 구실로 리비아 독재자 무아마르 카다피의 축출을 지원했다. 그러나 리비아에서 봉기가 일어났을 당시 목숨을 잃은 사람의 수는 고작 250명 정도에 불과했다. 이와 반대로 오바마는 시리아에서 일어난 훨씬 더 피비린내 나는 내전으로 정부군 손에 12만 5,000명이 넘는 남성과 여성, 어린이가 목숨을 잃었는데도 독재자 바샤르 아사드(Bashar Assad)를 몰아내기 위해 싸우던 반란 세력에 대한 지원을 몇 달 동안 거부했다. 그 대신 오바마는 시리아 동맹국인 러시아가 주도권을 차지하게 둔 채 시리아와 비축된 화학 무기를 폐기한다는 합의에 다다른 데 만족했다. 오바마는 아사드에 반대하는 반란세력에 대한 지원을 지속적으로 거부하기 위한 구실로 이 합의를 사용했다. 그렇다면 카다피와 아사드를 가르는 가장 큰 차이는 무엇일까? 가장 큰 차이는 카다피는 적어도 부분적으로는 반(反)서방노선에서 탈피해 미국과 무역 관계를 맺은 독재자인 반면 아사드는 이란과 동맹을 맺은 적대적인 인물이라는 점이다.

오바마 대통령이 이렇게 행동한 결과 이제 중동 지역에서 미국이 하는 행동이 거의 중요성을 잃은 듯 보인다. 오바마 행정부는 아시아에서 날로 커지는 중국의 영향력을 견제하기 위해 동맹국으로서 인도와 한국, 일본과 관계를 증진하려는 노력을 전혀 하지 않았다. 그 결과 인도와 한국, 일본이 자국을 방어하고자 중국과 동맹관계를 구축하는 중이다. 러시아가 우크라이나 같은 이웃국가를 괴롭히는 동안 오바마는 이빨 빠진 호랑이처럼 으르렁거리는 데 그쳤다. 모든 지역에서, 심지어 남아메리카에서까지 미국은 무기력하거나 기껏해야 무관심한 모습을 보였다. 오바마는 이제 국제적인 상징물에 지나지 않는다. 어떤 의미에서 보면 오바마는 딴청을 부렸다. 미국이 약해서 일어난 일이 아니다. 오히려 오바마는 미국이 가진 힘을 축소시키고 미국이 주도권을 차지하던 시대를 끝내겠다는 더 큰 목표를 실현 중이다.

오바마 대통령이 미국이 전 세계적으로 더 대수롭지 않은 역할을 수행하기를 바라는 유일한 인물은 아니다. 예를 들어 미국이 이라크와 아프가니스탄에서 지나치게 많은 일에 관여했으며 두 국가에서 진행되는

'건국 사업'은 불가능한 작업이고 미국이 먼저 이라크를 침범한 행위는 절대 해서는 안 되는 일이었다거나, 이상적으로 말해 아프가니스탄과 이라크에서 미국이 해야 할 일은 현 정권을 신속하게 무너뜨린 뒤 민주주의를 표방하든 아니든 두 국가에 수립된 친미 정권을 그대로 둔 채 이 지역에서 곧바로 철수한다는 데 동의하는 보수주의자가 많이 있다.

그러나 오바마 대통령과 보수주의자의 차이는 이것이다. 보수주의자들은 미국이 지나치게 확장하기를 바라지 않는다. 미국의 이익을 보호하고자 하는 이유에서다. 보수주의자들은 미국이 강력한 존재가 되기를 원하며 불필요하게 복잡하게 얽힌 대외 관계는 미국의 경제력과 군사력을 약화시키는 악영향을 미친다고 생각한다. 보수주의자들은 미국의 사활과 관련된 중대한 이익과 불필요하고 비효율적인 해외 원정을 구분한다. 이와 반대로 오바마 대통령과 진보주의자들은 미국이 자기이익을 추구하기를 바라지 않는다. 이들은 미국이 가진 힘과 권력을 보호할 길을 모색하지 않는다. 전략적으로 혹은 상업적으로 미국의 이해와 관련된 지역이라는 바로 그 이유에서 미국이 이라크 같은 지역에 개입하는 데 반대한다. 진보주의자들은 미국이 얻는 이익이 거의 없는 아이티와 르완다 같은 지역에 관여하는 쪽을 선호한다. 진보주의자들은 미국이라는 거인이 지닌 힘을 더는 지구촌에서 폭력과 약탈 행위를 벌이지 못하는 수준까지 축소하고자 한다. 게다가 많은 진보주의자가 미국이 지금까지 입힌 손해를 보상하고 지금까지 빼앗은 부에 대해 배상금을 지급해야 한다고 주장한다.

오바마 행정부가 (오바마 행정부에서 국무부장관을 지낸 힐러리 클린턴의 협력으로) 미국의 영향력을 축소하고 미국에서 힘을 빼앗아 전 세계 나머지 지역으로 재분배한 점을 고려할 때 진보주의자들 주장을 검토할 필요가 있다. 미국이 지구촌에서 폭력과 약탈 행위를 일으키는 세력인가? 미국이 다른 나라에 보상금을 지급해야 하는가? 예를 들어 독일은 지난 반세기 동안 나치가 남긴 유산을 뿌리 뽑고 조상이 물려준 집과 물건을 남긴 채 독일에서 도망친 유대인들에게 재산을 돌려주는 과정을 밟았다. 그러나 독일은 유대인 전체가 아닌, 재산을 빼앗긴 특정 유대인을 대상으로 보상을 진행했다. 다시 말해서 독일의 보상은 진짜 희생자에게 돌아갔다.

내 가족은 여러 세대에 걸쳐 영국의 지배를 받았다. 그렇다면 내가 영국 정부나 영국 여왕에게 보상금을 요구하는 청구서를 내밀어야 할까? 할 수는 있지만 [예를 들어 영국은 실제로 영국 지배에 저항한 민족운동 마우마우(Mau-Mau)가 벌어진 기간 동안 고문당한 케냐인들에게 보상금을 지급하고 있다] 나 같은 경우 보상금 청구가 정당한지 아닌지 확신이 서지 않는다. 영국은 인도를 정복한 유일한 침략자가 아니다. 영국 이전에도 페르시아인과 아프가니스탄인, 알렉산더 대왕(Alexander the Great), 아랍인, 몽골인, 터키인의 침략과 지배를 받았다. 몇 번째인지 세는 경우 영국은 인도를 침략한 일곱 번째 혹은 여덟 번째 식민국이 된다. 실제로 고대 인도 자체가 북쪽에서 내려와 피부색이 검은 원주민을 정복한 아리아인에게 지배됐다.

정복이나 지배를 보상금을 지급하는 기준으로 삼는다면 사실상 보상금을 지불해야 할 사람들의 명단은 끝이 없을 것이다. 노르만족 혹은 로마인들이 영국인에게 보상금을 지불해야 하지 않을까? 페르시아인과 마케도니아인, 이슬람교도, 몽골인, 아랍인, 중국인, 아스테카인, 마야인, 그리고 수없이 많은 다른 제국민이 자신들이 정복하거나 노예로 삼은 모든 사람에게 보상금을 지불해야 하지 않을까? 조상이 어떤 사람에게 무슨 짓을 했는지를 기준으로 사회 정의에 관한 원칙을 정한다면 현대에 사는 제국민의 후손들은 거대한 프로젝트에 착수해야 할 것이다. 새로운 희생자와 새로운 형태의 부당함을 낳지 않고는 되돌리지 못할 만큼 역사적으로 정복자의 윤리가 지나치게 깊숙이 스며들었다.

어쨌든 이 중에서 미국과 관련된 사항은 무엇일까? 미국은 제국이 아니라 제국의 식민지로 시작된 나라이며 독립을 얻기 위해 식민주의에 반대하는 전쟁을 치렀다. 제퍼슨은 미국을 '자유의 제국'5)이라고 칭했다. 제퍼슨은 미국이 제국임을 널리 알리기 위해서가 아니라 제국이라고 부르더라도 미국은 이전과는 다른 제국이 될 것임을 주장하기 위해 이렇게 말했다. 다른 제국들은 탐욕과 권력이라는 이름 아래 자신의 영향력을 확대하려 한 반면 미국은 자유를 위해 영향력을 확장했다. 다시 말해서 미국은 외세의 지배가 아니라 자치를 장려하는 제국일 것이다. 1821년 (당시 국무부장관을 지낸) 존 퀸시 애덤스(John Quincy Adams)가 미국은 "싸워 이길 괴물을 찾아 해외로 나가지 않는다."고 주장하고 미국은 어떤 곳에 있든 자유의 편이며 오로지 자신이 소유한 물건만 관리한다고 덧붙였다. 이 대목에서 우리는 제국주의에 반대한다는 미국 대외 정책이 추구하는 분명한 목표를 확인할 수 있다. 실제로 다른 모든 제국과 달리 미국은 정복 활동을 삼가고 다른 국가에 자유와 독립으로 향하는 길을 제시하고자 했다.

이렇게 마지못해 나서는 미국의 태도와 자유를 증진시킨다는 목표는 20세기 내내 지속됐으며 현재까지 계속된다. 분명 미국은 제2차 세계대전 참전을 내키지 않아했다. 나치 정권의 팽창주의를 타파하기 위한 이 '선의의 전쟁'조차 미국이 개입하기를 거부한 전쟁이었다. 물론 처칠은 미국이 영국을 도와주기를 바랐고, 루스벨트 대통령은 처칠의 바람에 공감했으나, 그럼에도 불구하고 불간섭주의가 발휘하는 힘은 지나치게 강했다. 미국은 일본이 진주만에서 미국을 직접 공격하고 나서야 전쟁에 참여했다. 미국의 참전 동기가 약탈이나 도둑질과는 관련이 없음은 확실하다. 미국은 자국을 보호하고자 했고 자국을 보호하는 가장 좋은 방법은 나치와 일본이 맺은 전체주의 동맹을 패배시키는 길이었다. 미국의 참전 동기가 자기이익에서 비롯했음은 분명하지만 미국의 행동이 나치 독일과 제국주의 일본이라는 두 포악한 팽창주의 국가의 손아귀에서 세계가 벗어날 수 있도록 힘을 보탰음도 사실이다. 미국이 전쟁에 개입한 덕분에 세계가 더 나은 삶을 살게 됐다는 말을 어느 누가 부인할 수 있을까? 미국이 제2차 세계대전에 참전하지 않았더라면, 혹은 참전할 미국이 존재하지 않았더라면 어떤 일이 벌어졌을까? 누구든 상상하다 몸서리칠 것이다.

　제2차 세계대전이 끝난 뒤 미국이 독일을 재건하고 일본의 체제를 재정비한 까닭에 오늘날 두 국가가 민주주의를 기반으로 하는 자본주의 국가이자 미국의 동맹으로 자리잡았다. 과거의 적이 현재의 친구로 바뀌었다. 이 사건은 비할 데 없이 너그러운 미국의 면모를 보여주는 사례일 뿐만 아니라 (적국을 완전히 무너뜨리고 승리를 거둔 국가가 이후 적국을 재건한 경우는 역사적으로 대단히 드물다) 미국이 자국의 이상과 이익 모두를 증진시키기 위해 어떤 식으로 힘을 사용할 수 있는지를 알려주는 사례로 기억할 만한 가치가 있다. 마셜 플랜을 생각해보자. 인정하건대 마셜 플랜은 유럽에서 무역 상대국을 확보하기 위한, 장기적으로 미국의 이익을 추구한 계획이었다. 그렇지만 유럽의 동맹국뿐만 아니라 적국이었던 독일과 오스트리아, 이탈리아의 재건 사업에 돈을 투입한다는 미국의 생각은 어떤 점에서는 믿기 어렵다. 미국은 승리를 거둔 뒤 자신이 패배시킨 적국에서 취할 수 있는 이익을 취하는 대신 전후 경제에 힘을 공급하는 국가로 변신하도록 독일을 도왔다. 이것은 도둑질과 정반대되는 행위다. 오히려 보기 드문 자선행위에 가깝다.

독일과 일본은 미국의 재정적인 지원에서뿐만 아니라 미국의 이상과 미국식 자유주의 체제를 선택한 데서도 이익을 얻었다. 우리는 오바마 대통령이 무력을 동원해서는 민주주의를 도입하지 못한다고 말하는 소리를 듣는다. 오바마는 『버락 오바마, 담대한 희망』에서 '총구를 들이대고 민주주의를 시행하고자 한다면' 우리는 "실패의 품에 우리 자신을 내던지는 셈이다."[6]고 썼다. 일부 진보주의자들은 다른 국가가 자유를 얻도록 압력을 가하는 경우 여기에는 어떤 모순점이 존재한다고 주장한다. 하지만 미국은 독일과 일본을 상대로 무력을 동원해 민주주의를 도입했다. 다시 말해 미국은 자유주의 체제를 확립하도록 두 국가에 압력을 가했다. 그리고 그 결과는 대단히 훌륭했다.

제2차 세계대전이 끝난 뒤 미국은 유럽에 있는 제국들이, 특히 대영제국이 해체되도록 적극적으로 밀어붙였다. 예를 들어 수에즈 위기(Suez Crisis)가 발생했을 때 미국은 영국을 제치고 이집트 대통령 가말 압델 나세르(Gamal Abdel Nasser)를 지원했다. 미국은 먼로 독트린을 앞세워 남아메리카에서 했듯이 음으로 양으로 아시아와 아프리카, 중동 지역 국가에 자치정부를 수립하는 길을 모색했다. 이런 식으로 유럽의 영향력을 청산한 작업이 제임스 버넘(James Burnham)이 이름 붙인 바로 그 '서구의 자멸(suicide of the West)'이었다. 버넘의 설명 그대로 미국은 정말 서구가 자멸하도록 도왔다. 전 세계에 건설된 식민지를 포기하도록 제2차 세계 대전 당시 동맹국이던 영국을 밀어붙인 미국의 지발적인 노력은 특히 미국이 소비에트 연방과 냉전을 시작하는 중이었음을 고려할 때 용감한 행위였다. 새로 독립한 국가 중 다수가 대개 사회주의를 표방하거나 심지어 친소비에트 연방 노선을 걸은 '비동맹국'임을 선언했기 때문이다.

그럼에도 불구하고 미국과 미국의 서구 동맹국이 마거릿 대처(Margaret Thatcher)가 주장했듯 '총 한 번 쏘지 않고'7) 냉전에서 승리를 거뒀다. 이 승리가 거둔 놀라운 성공은 전쟁이 일어나면 으레 뒤따르는 대학살 없이 이룩된 까닭에 많은 사람이 소비에트 연방을 패배시키는 데 얼마나 엄청난 자원이, 얼마나 엄청난 결단과 인내심이, 그리고 얼마나 엄청난 지능적인 전략이 투입됐는지 잊어버리는 사태를 초래했다. 다시 한 번 말하지만 미국은 주로 자기이익을 추구한다는 이유에서 냉전을 겪었다. 미국은 소비에트 연방이 발사한 핵미사일의 목표물이 되기를 바라지 않았다. 러시아는 여전히 많은 미사일을 보유한 상태지만 미사일 발사 버튼을 누르는 집게손가락이 음침한 소비에트 연방 정치국 소속 요원의 손가락이었을 때와 비교한다면 덜 위협적이다. 따라서 미국인들은 조금 더 쉽게 숨을 쉴 수 있고 러시아와 동유럽국가에 거주하는 사람들은 엄청나게 많은 자유를 누리고 더 나은 삶을 산다. 여전히 위험한 존재이기는 하지만 러시아는 팽창주의를 내세우며 전 세계 평화와 안보에 위협을 가하는 공산국가의 모습을 더는 보이지 않는다. 냉전 시대 미국이 맡은 역할은 약탈을 일삼는 제국주의자가 아닌, 소비에트 연방 내부와 외부에 존재하는 상당히 많은 사람에게 자유를 전파하는 동시에 자국을 수호하는 일이었다.

그렇다면 비도덕적인 중동 지역 독재자와 동맹을 맺은 데서부터 베트남 전쟁과 걸프 전쟁(Gulf War), 아프가니스탄 침공 및 이라크 침공에서 주요 역할을 맡은 데까지 최근 미국이 한 개입은 어떤가? 많은 진보주의자가 미국이 안정적으로 석유를 공급하기 위해 오랫동안 이란의 샤나 사우디 왕가 같은 독재자와 동맹을 맺었음을 지적한다. 이렇게 함으로써 미국은 사람들을 착취하는 '도둑놈 일당'의 일원이 됐다. 심지어 미국은 등을 돌리기 전 몇 년 동안 사담 후세인(Saddam Hussein)과도 손을 잡았다. 소비에트 연방이 아프가니스탄을 침공한 기간 동안 미국은 오사마 빈 라덴(Osama bin Laden)에게 무기를 공급했다. 이 같은 사실은 미국이 오로지 돈에만 관심을 두고 비도덕적인 대외 정책을 펼쳤음을 암시하고 권력 추구와 도둑질이 미국의 행동을 이끄는 원동력이라는 진보주의자들의 주장을 입증하는 것처럼 보인다.

미국이 자국의 이익을 보호하기 위해 이 같은 동맹을 맺었다는 진보주의자들의 말은 분명 옳다. 중동 지역에서 미국이 추구하는 이익은 석유다. 현재 미국은 석유를 훔치고 있지 않으며 한 번도 훔치지 않았다. 미국은 세계 시세에 맞춰 석유를 구입한다. 그러나 미국은 석유 시장에 혼란을 야기할지도 모르는 적대적인 정권이나 불안 요소를 중동 지역에서 제거하는 길을 모색한다. 진보주의자들은 이런 행위가 전혀 잘못되지 않았음을 깨닫지 못하는 것 같다. 몇 년 전 나는 좌파 교수와 논쟁을 벌였다. 교수는 내게 열변을 토했다. "더수자 선생, 미국이 중동 지역에 진출한 가장 큰 이유가 석유 때문이라는 데 동의하시지요?" 나는 이렇게 대답했다. "분명 그렇게 생각합니다. 거기에 다른 이유가 있다고 생각하지 못하겠네요. 교수님은 다른 이유를 떠올리실 수 있나요?" 청중들이 웃음을 터뜨렸다. 상대편의 표정이 부루퉁해졌다. 나는 교수가 납득하지 않았음을 알 수 있었다. 어떤 의미에서 교수의 말이 옳았다. 나와 맞붙기 위해 교수가 던진 질문은 자기이익 그 자체에 관한 문제가 아니었다. 정확히 말하자면 교수의 질문은 이것이었다. 자국의 이익을 보호하기 위해 미국이 다른 국가에서 벌어지는 전체적인 상황을 좋은 쪽으로 혹은 나쁜 쪽으로 조종하고 있는가? 이것은 타당한 질문이다.

이 질문에 답하기 위해 우리는 대외 정책의 원칙, 즉 차악에 관한 원칙에 대해 생각해야 한다. 이 원칙은 더 나쁜 상대를 피하기 위해 덜 나쁜 상대와 손잡는 행위가 정당하다고 이야기한다. 이 원칙을 보여주는 고전적인 사례가 제2차 세계대전 기간에 등장한다. 미국은 스탈린과, 바로 덜 나쁜 상대와 동맹을 맺었다. 또 다른 나쁜 상대인 히틀러가 당시 더 큰 위협을 제기했기 때문이었다. 똑같은 맥락에서 이란의 샤를 지원한 미국의 선택은 옳았다. 그리고 지미 카터(Jimmy Carter) 대통령 시절 미국은 샤 발밑에서 페르시안 양탄자를 빼앗고 호메이니를 데려왔다. 샤는 비밀경찰을 도입할 정도로 나쁜 독재자였다. 그러나 얼마 지나지 않아 호메이니가 자신이 훨씬 더 나쁜 상대임을 입증했다. 만약 호메이니가 다시 권력을 차지하는 일을 막았더라면 미국과 이란이 서로 더 많은 이익을 얻었을 것이다. 1980년대를 지나는 동안 미국이 잠시 사담 후세인과 동맹을 맺었다. 이때가 이란-이라크 전쟁(Iran-Iraq War)이 있던 시기였다. 다시 말하지만 사담은 나쁜 상대였고 호메이니는 더 나쁜 상대였다.

미국이 오사마 빈 라덴에게 무기를 공급하던 시절 빈 라덴은 소비에트 연방 세력을 아프가니스탄 밖으로 몰아내려 한 이슬람교도 무장 게릴라 조직인 무자헤딘(mujahedeen)의 일원이었다. 미국의 지원이 없었다면 무자헤딘은 결코 성공하지 못했을 것이다. 아프가니스탄에서 소비에트 연방이 철수한 사건은 소비에트 제국의 몰락을 알린 서곡이었다. 미국의 대외 정책이 거둔 극적인 성공이었다. 물론 어느 누구도 빈 라덴과 빈 라덴의 수하들이 이후 미국을 주요 목표물로 삼을 것임을 알지 못했다. 우리는 여기서 '차악' 이론이 내포한 위험성을 알 수 있다. 다시 말해 차악 역시 악이라는 사실이다. 빈 라덴이 그랬듯이 오늘 우리가 지원하는 나쁜 상대가 내일 우리에게 등을 돌릴지도 모른다. 소비에트 연방과 대립하던 시기에는 '좋은 상대'였는지 몰라도 궁극적으로 빈 라덴은 소비에트 제국과 본인의 생각에 소비에트 제국이나 다름없었던 미국을 모두 무너뜨리려 한 '나쁜 상대'였다. 그렇다면 무자헤딘을 지원한 미국의 행동이 잘못됐을까? 그렇지 않다. 그 당시 급진파 이슬람교도는 전 세계를 위협하는 주요 세력이 아니었고 미국은 빈 라덴의 의도를 알지 못했다. 대외 정책은 뒤늦은 깨달음이라는 역사학자가 지닌 특권을 지니지 못한다. 그리고 뒤늦게 깨달았다 하더라도 당시 미국의 행동은 옳았다.

베트남 전쟁에서, 그리고 최근에 일어난 아프가니스탄과 이라크 침공에서 잘못된 점은 무엇일까? 베트남 전쟁에서는 미국이 자국이 얻을 이익을 잘못 계산했다. 물론 남베트남은 북베트남에 위협받는 중이었다. 만약 공산주의 국가로 변한다면 당연히 베트남은 더 나쁜 상황에 처할 것이었다. 그러나 미국은 대규모 병력을 파견했다. 공산주의자들의 공격을 저지하는 과정에서 얻는 이익이 미국의 생사를 가를 만큼 중요하다고 생각했기 때문이었다. 하지만 실제로 베트남에는 미국의 생사를 뒤흔들 정도로 중대한 이익은 없었다. 베트남 전쟁은 미국이 보유한 자원을 현명하게 사용하는 대신 서서히 고갈시킨 사례다. 즉 베트남 전쟁은 어리석은 전쟁이었지만 그렇다고 사악한 전쟁은 아니었다. 미국에는 베트남을 지배하거나 베트남이 가진 자원을 빼앗으려는 의도가 없었다. 미국은 베트남에 식민지를 건설할 계획이 전혀 없었다. 그렇지만 베트남 전쟁은 미국이 힘을 무책임하게 사용한 사례다. 이 부분에 대해서는 진보주의자들의 말이 옳다.

조지 W. 부시 대통령(George W. Bush)이 지휘한 이라크 전쟁(Iraq War) 역시 잘못된 선택이었다. 당시 나는 이라크 전쟁을 지지했다. 이라크가 '대량살상무기(weapons of mass destruction, WMD)'를 보유했다는 부시 행정부의 주장을 믿었기 때문이다. 돌이켜생각해 보면 이 주장은 사실이 아님이 분명했다. 나는 대량살상무기를 보유했다는 의혹을 근거로 어떻게 한 나라가 다른 나라를 침공할 수 있는지 이해하지 못한다. 대량살상무기를 보유했는지 확실히 알지 못했다면 다른 나라를 침공하지 말았어야 했다. 부시 행정부는 그런 식으로 말하더니 사담 후세인을 축출한 뒤 부지런히 이라크를 재건할 방법을 모색했다. 문제는 추후 드러난 대로 이라크 재건이 어렵고 비용이 많이 드는 사업이라는 사실이었다. 미국은 이라크에서 약탈 행위를 벌이기는커녕 오히려 유전 열쇠를 이라크인에게 돌려주고 이라크에서 질서와 상업을 회복시키기 위해 수억 달러를 쏟아부었다. 식민지를 차지한 사람들의 행동과 달리 처음부터 미국은 들어갔다가 나올 생각이었다.

지난 삼사십년 동안 미국은 리비아에서 시작해 그레나다와 아프가니스탄을 거쳐 이라크에 이르기까지 대여섯 국가의 내정에 간섭했다. 모든 경우 미국은 제국주의 노선과 가장 반대되는 길을 걸었다. 우선 미국은 이 국가들로부터 자원을 빼앗지 않았다. 오히려 간섭한 국가의 상황을 개선하기 위해 미국의 자원을 투입했다. 둘째 미국은 개입이 끝난 뒤 거의 바로 철수 계획을 수립하고 빠져나가기 위한 가장 빠르고 안전한 방법을 찾았다. 진보주의자들은 이 사실을 깨닫지 못하는 것 같다. 진보주의자들은 대개 미국이 침공하고 차지한 국가의 목록을 작성한다. 그러나 "만약 미국이 목록에 오른 모든 국가를 점령한 사악한 식민국이었다면 어째서 목록 속 국가가 미국의 소유가 아닌가?"라는 간단한 질문에 대해 한 번도 생각하지 않는다. 이유는 미국이 해외 부동산을 취득하는 데 아무 관심이 없기 때문이다. 미국은 한 번도 그러지 않았다. 나는 미국이 앞으로도 절대 그러지 않을 것이라 확신한다. 콜린 파월(Colin Powell)이 한 기억에 남는 발언처럼 전쟁의 여파가 덮쳤을 때 미국이 해외에서 찾아야 할 유일한 땅은 미국인 사망자를 매장할 땅이면 충분하다.8)

미국의 대외 정책 중심에 두 가지 간단한 수칙이 자리잡고 있다. 하나는 "우리를 공격하지 마시오."고 다른 하나는 "우리와 거래하시오."다. 이것이 미국이 미국을 제외한 나머지 국가에 바라는 전부다. 이보다 더 점잖은 대외 정책은 상상하기 어렵다. 미국은 다른 강대국이 평화로운 무역 강대국이자 폭력적인 정복 활동을 펼치지 않는 강대국으로 남는 한 이들의 성장을 반대하지 말아야 하며 반대하지도 않는다. 앞으로 미국은 해외 파병 문제에 관해 더욱 신중해야 할 것이다. 그렇다면 미국은 다른 나라들이 자유로워지도록 어떻게 도울 수 있을까? 해당 국가에 사는 사람들이 먼저 나서야 한다. 이들이 자유가 지닌 가치를 깨달아야 한다. 미국은 대체로 다른 국가 국민의 자유를 위해 싸우지 않을 것이다. 이들이 먼저 싸워야 한다. 그러면 미국이 도울 수 있다. 이것이 1980년대 탄생한 바로 그 레이건 독트린(Reagan Doctrine)이었다. 아프가니스탄에서 결성된 무자헤딘과 니카라과에서 등장한 콘트라 반군은 자국에서 독재 정권과 맞서 싸운 단체였다. 미국은 군대를 파견하지 않았지만 다른 방법으로 지원했다. 두 저항 운동은 모두 성공했다. 레이건 독트린은 미래의 미국을 위한 훌륭한 원칙을 제공한다. 레이건 독트린은 무모한 개입과 무책임한 무관심 사이에서 건강한 중도를 찾아 나아간다.

이 장을 시작할 때 나는 진 커크패트릭의 풍자적인 발언, "미국인들은 자신에 관한 진실과 마주해야 한다. 그 진실이 얼마나 유쾌한지 상관없이."를 인용했다. 커크패트릭은 반농담 삼아 이 말을 했다. 하지만 반만 농담일 뿐이다. 미국은 균형을 유지하며 전 세계 선을 위한 거대한 힘으로 존재했다. 제2차 세계대전에서부터 냉전을 지나 수없이 많은 소규모 개입에 이르기까지 미국은 자국의 이익을 보호하는 동시에 세계를 더 나은 곳으로 바꾸기도 했다. 잘못된 판단을 내린 적이 있기는 하지만 미국은 지난 수백 년 동안 어떤 상황에서든 정복이나 약탈을 위해 국경선 밖으로 나가지 않았다. 미국은 결코 다른 어떤 나라에서도 부를 훔치지 않았다. 미국이 악의 제국이라는 일부 진보주의자들의 주장은 단순히 잘못된 말이 아니다. 터무니없는 이야기다. 외국인이 미국을 악의 제국이라고 주장하는 행위와 미국인이 자국에 잘못된 혐의를 씌우는 행위는 다른 문제다. 미국이 몰락한다면 새로운 강대국이 등장해 미

국의 자리를 차지할 것이다. 그때가 되면 전 세계가, 아마 진보주의자들
까지도 전 세계 역사상 가장 인도적이고 가장 신사적이었던 초강대국
을 그리워하게 될 것이다.

# 제14장

―

## 가장 큰 도둑

폴에게 돈을 지급하기 위해
피터의 돈을 훔치는 정부는
언제나 폴의 지원에 의존할 가능성이 있다.[1]

– 조지 버나드 쇼(George Bernard Shaw)

영화 〈카사블랑카(Casablanca)〉를 보면 수상한 차림을 한 남자가 여행자에게 다가가 소매치기당할 위험이 있다고 경고하는 장면이 나온다. 남자는 '어디나 남을 등치는 사람'이 있기 마련이라고 말한다. 여행자가 고마워하며 고개를 끄덕이는 동안 남자가 여행자의 웃옷 주머니로 손을 뻗어 지갑을 가져간다. 이번 장에서 나는 도둑이나 다름없는 기관, 즉 연방 정부에 대해 이야기하고자 한다. 도둑의 뒤를 쫓고 훔친 물건을 되돌려주는 조직처럼 보이지만 사실 정부는 가장 큰 도둑이다. 실제로 진보주의자들은 자신이 같은 국민의 주머니를 털어서 정당하고 도덕적인 어떤 행위를 하는 중이라고 국민을 설득시켜 상당수 미국인을, 기본적으로 민주당에 표를 던지는 유권자들을 도둑질 방조자로 만든다.

회사에서 열심히 일해 높은 자리로 진급한 직원 혹은 성공한 기업을 세운 기업가를 상상해보자. 어느 날 저녁 이 사람이 텔레비전을 보고 있을 때 경찰관이 현관으로 들어와 가구와 텔레비전, 그 외 다른 물건들을

제14장
가장 큰 도둑

314
315

들고나가기 시작한다. 무슨 일인지 알려달라고 요구하자 경찰관이 이 사람에게 "당신은 도둑이오."라고 말한다. 어떤 일로도 유죄 판결을 받은 적이 없기 때문에 이 사람은 몹시 당황해 어쩔 줄 모른다. 그러나 경찰관은 구체적으로 언제 도둑질을 했는지는 명확하지 않지만 (이 사람이 사업하는 도중에, 혹은 국가가 해외에서 어떤 행동을 취하는 도중에, 아니면 과거 이 사람의 조상이 어떤 일을 하는 도중에 도둑질이 벌어졌을 수 있다) 그럼에도 불구하고 이 사람에게는 재산을 소유할 권리가 더는 없으므로 이제 정부가 이 사람의 재산을 몰수한다고 못박는다. 이런 사람, 그러니까 도둑질했다는 혐의를 받은 사람은 당연히 자신이 도둑맞았다고 생각할 것이다. 이 사람은 추측에 근거해 부당하다고 판단한 행위를 바로잡는다는 명목하에 심각하게 부당한 행위를 당했다. 이것이 오바마 대통령 재임기간 동안 성공한 모든 사람이 마주한 상황이다. (성공한 사람들이 의심하기 시작한) 가장 큰 도둑은 미국이나 자본주의가 아니라 백악관에 거주하는 정중하지만 비열한 악당이다. 게다가 악당과 동료 진보주의자들은 정직한 미국인을 도둑으로 바꿔놓는 중이다.

정직한 사람이 어떻게 도둑으로 바뀔까? 공항에서 수하물을 운반하거나 사무실이 들어찬 건물에서 바닥을 청소하며 열심히 일하는 한 사람을 생각해보자. 이들이 퇴근하는 도중 성공한 사람들이 리무진을 타고 여기저기 돌아다니거나 값비싼 레스토랑에서 식사하는 모습을 목격한다. 즉시 이들의 머릿속에 다음과 같은 질문이 떠오른다. "왜 저 사람은 내가 누리지 못하는 삶을 살지?" 질문이 떠오르자마자 좌절감과 열등감이 뒤따른다. 좌절감과 열등감은 자연스러우면서도 대단히 강력한 감정이며 더욱 면밀히 살펴볼 만한 가치가 있는 감정이다.

사람들은 자신이 다른 사람만큼 훌륭하지 않다는 사실을 깨달을 때 열등감을 느낀다. 귀족 계급이 존재하는 사회에서는 이런 종류의 감정이 사실상 거의 존재하지 않는다. 귀족 사회에서는 사람들이 높고 낮은 지위를 부여받지만 그렇다고 해서 더 낮은 지위에 있는 사람들이 열등감을 느끼지는 않는다. 놀랍겠지만 놀랄 만한 일은 아니다. 신분 제도에 묶인 사회에서 더 낮은 신분에 속한 사람들은 자신이 그저 태어나기를 그렇게 태어났기 때문에 혹은 운이 나빠서 그 자리에 있다고 생각한다. 이들은 불이익을 당하고 힘든 일을 맡는다. 그 결과 이들은 다음과 같이 생각하며 자신을 위로한다. '내가 다른 사람처럼 운이 좋았다면 그 사람만큼 성공해서 부자가 됐어.'

법의 보호 아래 사람들이 동등한 권리를 누리며 자신이 가진 능력만큼 성취하는 자유 경쟁 사회에서는 이런 위로가 효과를 발휘하지 못한다. 자유 경쟁 사회는 모든 사람이 같은 출발선에서 출발하는 일종의 달리기 시합과 같다. 다시 말해 가장 먼저 결승 테이프를 끊는 사람이 진짜 남들보다 나은 능력을 갖춘 사람이다. 패자는 이 사실을 받아들이기가 어렵다. 이 경우 패자가 열등감을 느끼는 데서 그치지 않는다. 열등감은 패자가 성공한 사람을 증오하도록 만든다. 패자는 지금부터 자신을 정치적 행동으로 이끌 어떤 감정을 남몰래 키우기 시작한다. 바로 시기심이다. 어떤 의미에서 패자는 카시오(Cassio)에 대해 "그의 삶에서 드러나는 일상적인 아름다움으로 내가 추해진다."[2]라고 말한 이아고(Iago) 같은 사람이 된다. 카시오가 아름다웠던 까닭에 이아고는 자신을 치켜세우기 위해, 자신의 기분을 끌어올리기 위해 카시오를 파멸시켜야 했다.

열등감으로 인해 자신을 증오하기보다는 성공한 다른 사람들을 향해 분노를 터뜨리기 시작한 성실한 근로자에게로 되돌아가자. 처음에는 이 같은 분노를 제대로 표현하지 못한다. 분노를 쏟아낼 합법적인 수단도 존재하지 않는다. 이때 진보주의자가, 바로 오바마 대통령 같은 사람이 등장한다. 이 오바마 유형의 인물은 평범한 노동자만큼이나 성공한 사람에게 부러움을 느끼는 인물이다. 어째서일까? 이 사람에게 재능이 없어서가 아니다. 이 사람에게는 상업주의 사회에서 성공을 거둘 어떤 재능도 없기 때문이다. 이 사람은 스티브 잡스(Steve Jobs)가 한 일을 하지 못한다. 이 사람은 기업을 이끌지 못한다. 실제로 한 번도 한 적이 없다. 정부가 보유한 자원을 모두 동원하고도 제대로 작동하는 건강보험 웹사이트 하나 내놓지 못했다. 결과적으로 이 사람은 뛰어난 기업가들을 향해 시기심이라는 칼날을 간다. 이 사람은 자신에게 어떤 재능이 있는지 잘 안다. 그러나 이것은 다른 재능, 즉 화려한 말로 사람들을 불러모으는 재능과 불러모은 사람들을 흥분시키고 분노하게 만드는 능력이다. 이 사람은 자신의 재능을 증오의 대상인 기업가를 무너뜨리는 데 사용하기로, 정부를 지배해 자신의 우월함을 확실히 입증하기로 결심한다.

그래서 남을 시기하는 오바마 유형의 인물이 남을 시기하는 사람들에게 이렇게 말한다. "여러분이 느끼는 감정은 사실 시기심이 아닙니다. 분노입니다. (정확히 말해 분노는 이 유형에 속한 인물이 자신에게 느끼는 감정이다.) 여러분에게는 분노를 느낄, 심지어 분노를 터뜨릴 타당한 이유가 있습니다. 성공한 사람들이 여러분의 몫을 빼앗았기 때문입니다. 여러분이나 성공한 사람이나 똑같이 열심히 일하지만 성공한 사람이 모든 이익을 가져갑니다. 실제로 여러분이나 성공한 사람이나 똑같이 생산했으므로 여러분이 차지할 몫은 같습니다. 저는 여러분에게 정의를 되찾아드리기 위해 이 자리에 섰습니다. 여러분이 저에게 표를 던진다면 저는 정부의 힘을 동원해 다른 사람이 가진 돈을 가져오겠습니다. 그리고 그 돈 중 일부를 여러분에게 나눠드리겠습니다." 물론 오바마 유형의 인물은 이 과정을 거치는 동안 자신의 힘이 더 커진다는 이야기를 생략한다. 여러분이 아닌 오바마 유형의 인물이 정부를 통제하는 손잡이를 움직인다. 이 사람은 부를 창출하는 사람들을 정복한다는 자신만의 목표를 달성하기 위해 여러분을 이용하는 중이다. 그러나 여러분은 자신을 위해 일하라며 오바마 유형의 인물을 대통령으로 선출한다. 자신이 느끼는 질투심과 분노를 삭이기 위해서, 다른 사람에게서 돈을 빼앗아 자신의 호주머니에 넣기 위해서다.

이것이 도덕적으로 올바른 사람이 도둑으로 바뀌는 과정이다. 시기심은 과거 눈에 보이지 않는 곳에서 비밀스럽게 움직이던 악이다. 진보주의자들은 시기심을 정치적으로 포장하는, 시기심이 도덕률이라는 여권을 들고 돌아다니도록 허가하는 공을 세웠다. 이제 자신을 보며 실망하던 사람들이 심지어 다른 이를 마음껏 시기하는 동안에도 자신을 보며 자랑스럽게 생각한다. 악덕이 미덕으로 가장해 승리를 거두는 동안 사람들이 정부의 힘을 사용해 가장 많이 이바지하고 가장 큰 보상을 얻은 사람들의 재산을 강제로 빼앗으라고 열광적으로 진보주의자를 지지한다. 결과는 최대의 만족감을 안긴다. 시기심을 느끼던 사람들은 시종일관 자신이 사회 정의를 위해 싸웠다고 생각하고 약탈 행위를 보며 즐거움을 느낀다. 정부는 도둑과, 즉 우리가 대부분 존재하지 않음을 증명한 도둑과 싸운다는 명분을 내세운 진보주의자들의 지배를 받으며 도둑으로 변한다. 일반적으로 제3세계에 속한 국가에서 발견되는 도둑질의 한 형태다. 이 도둑은 경찰을 거느린다.

오바마 대통령이 선출된 이후 보수주의자와 철저한 자유방임주의자들이 정부에 대해 정교하게 다듬은 비판을, 그렇지만 아무 성과도 올리지 못한 것처럼 보이는 비판을 내놓았다. 왜 그런지 살펴보자. 첫 번째는 정부가 비효율적이라는 비판이다. 누가 보아도 명백한 사실이다. 누구나 우체국이든 차량관리국이든 이민국이든 방문하면 쉽게 알 수 있기 때문이다. 정부는 돈을 낭비하기로 악명 높다. 단순히 정부가 나빠서 생긴 결과가 아니다. 정부 자체가 지닌 본질적인 문제다. 무슨 일을 하든 정부는 근본적으로 일을 못한다. 노동부든 국토부든 국방부든 어느 부서에나 똑같이 적용되는 사실이다. 이렇게 된 이유 중 하나가 정부라는 기관이 다른 사람의 돈을 쓰는 관료 조직을 의미하기 때문이다. 당연히 관료들은 돈을 낭비한다. 자신의 돈이 아니기 때문이다. 게다가 관료들은 시장 원리에 지배되지 않는다. 그 결과 '손익 계산'이 존재하지 않는다. 사기업 투자자는 잘못된 판단을 내리는 경우 대가를 치른다. 하지만 관료들은 잘못된 판단을 내리더라도 그런 결과로 인해 아무 벌도 받지 않는다. 효과가 없는 경우 사기업 계획안은 폐기되지만 극히 드문 예를 제외하고는 (다른 말로 표현해 레이건 대통령 시절을 제외하고는) 지구상에서 볼 수 있는 가장 영생에 가까운 존재가 정부 계획이다.

중앙집권적 정부 조직이 그토록 비효율적인 또 다른 이유는 단지 정부가 일반적으로 사람들이 현지에서 구할 수 있는, 현명한 판단을 내리는 데 필요한 정보에 접근하지 못하기 때문이다. 경제학자 프리드리히 하이에크 덕분에 유명해진 주장이며 이에 대해 어느 누구도 반박하지 못했다. 다음 질문에 대해 생각해보자. 뉴욕 시 렉싱턴가와 54번가가 만나는 곳에서 바로 지금 무슨 일이 일어나고 있는가? 오바마 대통령은 모른다. 워싱턴에 있는 공무원들도 마찬가지다. 오히려 맞은편 거리에 사는 사람이나 교차로 근처에서 핫도그를 파는 장사꾼이나 그 자리에 매장 개설을 검토 중인 기업의 직원 같은 사람들이 지금 무슨 일이 벌어지는지 훨씬 더 자세하게 안다. 따라서 이들이 더 많은 정보에 입각해 결정을 내릴 수 있다. 비용을 효율적으로 사용하는 현명한 결정을 내리는 민간 부문 종사자만큼 의욕적으로 나설 수 있다 하더라도 공무원은 결코 적절한 판단을 내리기에 충분한 정보를 얻지 못한다. 여기서 핵심은 우리에게는 원칙과 결정이 필요하지만 (그런 의미에서 우리를 다스릴 정부가 필요하지만) 민간 기관과 주정부로 구성된 지방 분권적 정부가 가장 좋다는 점이다. 중앙 집권적 정부는 지역 주민과 지역 기업과 지방 시민단체와 지방 정부에 맡길 때 가장 훌륭한 결과물이 나오는 수없이 많은 결정을 내리기에는 그야말로 불충분한 조직이다.

두 번째는 (내가 앞서 오바마케어를 다룰 때 언급한) 정부는 국민이 도덕적으로 행동하도록 분위기를 조성한다고 주장하지만 실제로 정부가 시행하는 정책은 도덕률과 전혀 상관없다는 비판이다.

오바마케어에 관한 내 주장은 이 논점에 대해 자세히 다룰 것이다. 최근에 벌어진 한 논쟁에서 나는 기독교인으로서 이웃을 도우라는, 기독교인이 지켜야 할 도덕적 의무를 충족시키는 계획을 지지하지 않는 이유가 무엇이냐는 질문을 받았다. 나는 한 가지 사례를 들어 대답했다. 당신과 내가 강변을 따라 산책하는 동안 내가 샌드위치를 먹고 있는 상황을 생각해보자. 당신이 내게 배고프다고 얘기하며 샌드위치의 반을 달라고 부탁한다. 그래서 내가 샌드위치의 반을 당신에게 준다. 이것이 어디서나 발견되는 도덕적인 거래다(라고 나는 주장했다). 나는 선행을 베풀었고 내 행위에 대해 만족감을 느낄 수 있다. 당신은 고마워한다. 아마 언젠가 샌드위치가 있다면 당신은 기꺼이 샌드위치를 나눠줄 것이다. 하지만 이제 두 번째 사례에 대해 생각해보자. 앞에서 말한 상황과 똑같지만 이번에는 내가 샌드위치를 나눠주지 않는다. 이때 오바마 대통령이 백마를 타고 등장한다. 그러더니 말에서 내려 내 머리에 총을 겨누고 이렇게 말한다. "저 사람에게 샌드위치 반을 줘." 그래서 나는 명령대로 한다.

결과는 첫 번째 사례와 똑같다(나는 이 점을 지적했다). 두 가지 상황 모두 우리가 샌드위치를 절반씩 먹는 결과로 이어진다. 하지만 두 번째 사례가 보여주는 도덕률과 관련된 그림은 전혀 다르다. 내게는 미덕을 발휘했다는 주장을 할 권리가 없다. 자진해서 내 샌드위치를 나눠주지 않았기 때문이다. 나는 어쩔 수 없이 샌드위치를 나눠먹었다. 샌드위치를 받은 사람도 고마움을 느끼지 않는다. 오히려 샌드위치를 먹을 권리가 있다고 생각한다. 아마 이렇게 생각할 것이다. "어째서 내가 반 밖에 못 먹었지? 저 탐욕스럽고 이기적인 사람은 내게 샌드위치를 몽땅 줘야 했어." 오바마 대통령의 행동은 정부를 거쳐 실현된다면 칭찬받을 일로 보이지만 개인 자격으로 행한다면 폭행죄와 강요죄, 절도죄로 유죄 판결을 받을 일이다. 나는 정부가 시행하는 강압적인 정책이 어떤 식으로 모든 거래에서 미덕을 벗겨내는지 보여주기 위해 이 사례를 제시했다.

물론 이 중 어느 사례도 정부가 사회적으로 혜택을 받지 못하는 사람들을 돕는 데 아무 역할도 수행하지 않는다고 이야기하지는 않는다. 모든 정치인이 정부가 사회적 약자를 돕는다는 데 합의한다. 이 부분에서 진보주의가 지닌 문제는 누가 좋은 사람인가를 가릴 때 진보주의가 전적으로 무능력하다는 점과 관련이 있다. 사회를 퍼레이드를 이끄는 악대차로 생각해보자. 일하는 미국인들이 악대차를 민다. 부유한 사회는 일부 시민을 악대차에 앉힐 만한 형편이 된다(아마 이들은 밀 능력이 없는 사람일 것이다). 역사적으로 볼 때 악대차에 앉는 사람의 수는 적었다. 그러나 최근 몇 십 년 동안 악대차에 앉는 사람의 수가 증가했다. 악대차에 앉는 사람이 늘어날수록 악대차를 미는 나머지 사람들이 힘들어진다. 이제 사람들이 악대차를 미는 무리를 칭찬하고 같은 국민을 위해 이들이 하는 일에 대해 고마움을 표시하는 대통령이 나타나기를 기대할지도 모른다. 오바마 대통령은 아니다. 오바마는 악대차에 앉은 사람을 칭찬하고 이들에게 자신이 미국에서 도덕적으로 가장 훌륭한 사람이라는 확신을 심어준다. 이후 악대차를 미는 사람들을 책망하고 이들이 탐욕스럽고 이기적이며 물질만능주의를 따른다고 비판한다. 오바마와 진보주의자들은 각종 정책을 동원해 악대차에 앉은 사람들에게는 더 많은, 악대차를 미는 사람들에게는 더 적은 보상을 안긴다. 당연히 악대차를 미는 사람 중 일부가 이렇게 생각하게 된다. "에이, 악대차에 올라타야겠어. 밀 때보다 탈 때가 훨씬 더 좋잖아." 이렇게 되면 악대차는 점점 느려지다가 어느 시점에 가면 서서히 멈출 것이다.

사람들의 입에 오르내리기는 했지만 그럼에도 불구하고 정부에 대한 보수주의자들의 비판은 더 발전하지 못했다. 어째서 그럴까? 진보주의자들이 자신은 도둑과 싸우는 중이라고 사람들을 설득했기 때문이다. 탐욕스러운 자본가가 여러분이 가진 돈을 빼앗았다면 여러분은 정부가 나서서 어떤 일을 하기를 바랄 것이다. 정부가 해야 할 기본적인 기능이 바로 도둑을 잡아다 법에 따라 처벌하고 훔친 돈을 정당한 주인에게 되돌려주는 일이다. 만약 진보주의자들의 비판이 타당하다면 이런 일을 할 사람이 없기 때문에 정부가 비효율적으로 기능하는 경우는 문제가 되지 않는다. 정의가 아예 실현되지 않느니보다 비효율적으로라도 정의가 실현되는 편이 낫다. 게다가 경찰에게 도둑을 뒤쫓아가 도둑이 훔친 물건을 되찾아달라고 요청하는 경우 사람들은 자신의 행동이 '주는 이'가 미덕을 베풀고 '받는 이'가 감사하게 여기는 결과를 유발하는지 아닌지에 대해 신경 쓰지 않는다. 주는 이가 진짜 주는 상황이 아니기 때문이다. 주는 이는 그저 훔친 물건을 되돌려줬을 뿐이다. 받는 이는 감사해 할 이유가 전혀 없다. 내 물건이 원래대로 되돌아왔을 뿐이다. 이 시나리오에서 받을 권리가 있는 사람은 악대차에 앉은 미국인이고 비난과 처벌을 받아 마땅한 도둑은 악대차를 미는 미국인이다. 내가 이 책 대부분을 미국이 도둑질했다는 비판을 반박하는 데 쏟아부은 이유다. 내가 성공을 거두면 이제 모든 진보주의자들의 주장은 무너지고 연방 정부는 결코 정의를 위한 도구가 아닌 약탈을 위한 도구로 바뀐다. 이 문구는 굉장히 불쾌하게 들릴지도 모른다. 이 장 나머지 부분에서 나는 '연방 정부는 약탈을 위한 도구'라는 말이 불쾌하지만 적절한 말임을 보여주고자 한다.

우선 약탈이라는 주제에 관해 살펴보자. 진보주의 정부가 어떤 식으로 국민을 약탈하는가? 정부는 한쪽 국민에게서 다른 쪽 국민에게로 불법으로 부를 이동시키는 방법으로 국민의 돈을 빼앗는다. 이렇게 하기 위해 정부가 동원하는 방법이 바로 몰수나 다름없는 고율 과세며 규제와 정부 명령도 같은 역할을 한다. 고율 과세는 지극히 분명하게 '도둑질'의 한 형태다. 그러나 규제나 정부 명령을 어느 정도까지 도둑질로 볼 수 있는지는 그리 명확하지 않다. 오바마 행정부가 어떤 미국 가정에 "집에 남는 침실을 월세 100달러에 빌려줘야 한다."고 말하는 상황을 생각해보자. 시장에 형성된 임대료는 한 달에 500달러다. 월세 100달러를 받고 방을 빌려주라고 강요함으로써 정부가 사람들의 주머니에서 400달러를 훔치는 셈이다. 이와 마찬가지로 오바마 행정부가 기업에 이런저런 혜택을 제공하라고 명령하는 경우 이 명령은 기본적으로 해당 기업에 투자한 주주들의 돈을 빼앗는 조치다.

사회적 통념에 어긋나는 과세도 도둑질의 한 형태다. 사람들은 일반적으로 자신이 인식하지 못하는 이런 착취 형태의 조세 제도에 맞춰 세금을 내는 데 대단히 익숙하다. 그렇다면 이제 역사적인 관점에서 시작해보자. 에이브러햄 링컨은 노예제의 핵심 원칙이 "너는 일하고 나는 먹는 것"이라고 말했다. 1858년 7월 10일 시카고에서 한 연설에서 링컨은 "노예제가 '네가 일하면 내가 먹고 네가 열심히 일하면 내가 고생의 열매를 누릴 것이다.'라고 말하는 옛이야기에 등장하던 바로 그 뱀"이라고 불렀다. 링컨은 이 말이 단순히 노예제만의 본질이 아니라 독재 정치의 본질이라고 말했다. "왕들은 동서고금을 막론하고 사람들을 노예로 만들었다."[3]는 말과 똑같은 주장이다.

유럽에서는 수세기 동안 사람들은 농노가 가진 진짜 자유가, 그러니까 농노와 노예를 구별하는 주요 요인이 농노는 노동에서 나온 결실 중 일부를 자신의 소유로 할 수 있다는 점임을 이해했다. 카를 마르크스는 "농노는 처음 사흘은 자신을 위해 자신의 땅에서 혹은 자신에게 할당된 땅에서 일하고 다음 사흘은 영주의 땅에서 의무적으로 무상 노동을 했다."고 말한다. 마르크스는 농노제의 명확성을 인정했다. "이 부분에서 유상 노동과 무상 노동이 현명하게 나뉘었다."[4] 적어도 농노는 자신이 어느 정도까지 착취당하는지 명확하게 알 수 있었다. 도둑은 농노의 노동력에 의지해서 사는 영주와 귀족이었다. 농노가 일하면 영주와 귀족이 먹었다.

다시 생각하면 사람들을 어느 정도 놀라게 만들 수도 있는 미국의 세율은 기본적으로 중세시대 농노에게 부과한 조항과 똑같은 조항을 성공한 국민에게 부과한다. 연방세의 최고 세율은 40퍼센트에 가깝다. 여기에 다른 세금이 추가되면 최고 세율은 손쉽게 50퍼센트에 육박한다. 이 말은 성공한 국민은 노동의 대가 절반을 미리 빼앗긴다는 의미다. 또 다른 식으로 해석하면 상반기에는 정부를 위해 일하며 오로지 하반기에만 자신과 자신의 가족을 위해 일한다는 뜻이다.

오바마 대통령과 많은 진보주의자가 이 세율이 불공평하게 낮다고 생각한다. 이들은 세율을 올리고자 한다. 오바마는 앨린스키의 경고에 따라 얼마나 올릴 것인지 절대 말하지 않는다. 그러나 진보주의 학자들은 오바마보다 더 구체적이다. 재무부장관을 지낸 로버트 라이시는 최고 세율을 55퍼센트로 하자고 제안한다. 경제학자 리처드 울프는 향수에 젖어 최고 세율이 90퍼센트가 넘었던 제2차 세계대전 직후 시절을 들먹인다. 울프는 현재 부유층이 세금으로 고작 수입의 40퍼센트에 해당하는 돈을 내면서 대규모 '세금 감면' 혜택을 누린다고 말한다. 울프는 세율이 다시 90퍼센트로 올라가는 모습을 보고싶어 한다.[5] 울프의 말은 성공한 사람들이 자신의 몫으로 수입의 10퍼센트를 가져갈 것이라는, 즉 1달러를 벌 때마다 10센트를 자신의 주머니에 넣는다는 의미다. 놀랍게도 수입의 10퍼센트만 취한다면 본질적으로 노예만큼 낮은 대우를 받는 셈이다. 노예제는 세율 100퍼센트를 기반으로 하는 제도다.

성공한 사람에게서 세금으로 걷은 돈 중 일부는 분명 정부가 필수적이고 적절한 서비스를 제공하는 비용으로 사용된다. 이런 서비스에는 국토방위와 경찰, 고속도로, 제품 안전, 환경 보호, 기초 연구 등이 포함된다. 그러나 정부 서비스가 모든 국민에게 돌아가는 혜택임을 주목하자. 모든 사람이 공통적으로 제공되는 국방 서비스를 받는다. 고속도로는 이용하지 않는 쪽을 택하는 사람이 있기는 하지만 누구나 이용하도록 건설된다. 따라서 이 같은 정부의 활동은 헌법에서 말하는 '공공복지' 영역에 속한다. 정부가 제공하는 필수 서비스와 한 미국인 집단에서 다른 미국인 집단으로 일방적으로 소득을 이전하는 정부의 이전지출을 비교해보자. 이전지출이 공공복지를 얼마나 향상시킬까? 향상시키지 않는다. 이것은 분명하다. 이전지출은 한 집단에서 돈을 강제로 빼앗아 일하지 않는 다른 집단에게 수당을 지급하는 행위다.

법이 보장하는 균등 대우 원칙에 미치지 못하는 국민에 대해 우리가 도덕적 책임을 지고 있음은 인정한다. 순자산이 약 650억 달러에 달하는 빌 게이츠(Bill Gates)에 관해 생각해보자. 분명 빌 게이츠는 자신이 가진 돈을 대부분 쓰지 못한다. 그런 엄청나게 많은 돈이 있기 때문에 빌 게이츠는 미국의, 그리고 아마 전 세계의 가난한 사람에 대해 도덕적 책임을 느끼지 않을까? 분명 빌 게이츠가 보유한 수백억 달러는 정부가 지금까지 한 일에 힘을 보탤 수 있다. 학교에 기금을 대고, 도로를 건설하고, 은행에 긴급 자금을 수혈하고, 이집트와 이스라엘에 현금을 지원하고, 더 많은 사람에게 다달이 수표를 지급할 수 있다. 그렇다. 빌 게이츠에게는 도덕저 의무가 있다. 그러나 나는 (정부가 아니라) 빌 게이츠가 그런 의무를 내려놓아야 한다고 생각한다. 첫째 이것은 빌 게이츠의 돈이다. 그러니까 오바마 대통령이나 미국 의회가 아닌 빌 게이츠가 자신이 얼마나 기부하고 싶은지, 기부금이 누구에게 돌아가야 하는지 결정해야한다. 빌 게이츠는 아프리카인을 위해 모기장을 사는 쪽을 선택할 수도, 의료 연구를 후원할 수도 있다. 이는 빌 게이츠의 특권이다. 둘째 돈을 번 사람은 빌 게이츠이므로 빌 게이츠가 돈을 현명하게 지출할 가능성이 훨씬 높다. 빌앤멜린다게이츠 재단(Bill & Melinda Gates Foundation)은 사회에 도움이 되는 일을 우리가 비슷한 돈을 주며 오바마 대통령에게 맡길 수 있는 양보다 더 많이 한 것 같다.

정부가 대규모로 부를 재분배함이 어째서 도둑질일까? 우선 어째서 사람들이 모여 정부를 수립하는지에 대해 생각해보자. 근대 초기 철학자들은 사람들이 가상의 '사회 계약'을 맺기 시작한다고 말한다. 이들은 자연 상태를 떠나 사회에 참여한다. 외부에서 혹은 내부에서 발생하는 폭력으로부터 보호받기를 원하기 때문이다. 이것이 정부를 수립하는 기본적인 목적이다. 그러나 유일한 목적은 아니다. 사람들이 모여 정부에 공익을 장려하는 역할을 맡길 수도 있다. 그러나 공익의 주요 특징은 모든 국민에게 도움이 된다는 점이다. 국가가 북부에 거주하는 사람들에게 남부에 거주하는 사람들의 담보 어음을 갚으라고 요구함은 공공선을 장려하는 행위가 아니다. 국가가 성공한 사람에게 다른 사람의 의료비를 지불하라고 강요함은 공익을 장려하는 행위가 아니다. 이 대목에서 우리는 오바마케어가 어째서 그토록 터무니없는 소리인지 알 수 있다. 오바마 대통령이 형편이 안 되는 가난한 사람들에게 건강보험을 제공하기 위해 정부에 보조금 책정을 촉구하는 경우라면 이야기가 다르다. 틀림없이 가난한 사람들에게 건강보험을 제공함은 공익을 위한 일이다. 우리는 모두 사회안전망으로부터, 즉 어떤 시민도 수준 이하의 생활을 하지 않도록 사회가 제공하는 최소한의 안전장치로부터 혜택을 얻기 때문이다. 그러나 오바마 케어는 안전망이 아니다. 오바마 대통령이 주장하는 건강보험개혁법은 모든 미국인에게, 심지어 원하지 않는 사람에게도 건강보험에 가입하라고 강요한다. 그리고 이미 사설 건강보험에 가입했고 이미 자신을 위한 보험료를 내는 미국인에게 추가적으로 보험료를 부과한다. 오바마케어는 도둑질의 한 형태다.

진보주의자들이 주장하는 조세 제도 역시 도둑질이다. 물론 진보주의자들은 과거에 일어난 도둑질을 바로잡아야 한다는 주장을 근거로 삼는다. 과거에 도둑질이 벌어지지 않았다면 정부가 일부 국민을 대상으로 더 큰 규모의 약탈 행위를 벌일 합법적인 근거가 전혀 없다. 실제로 진정 정당한 조세 제도는 비례세밖에 없다. 비례세란 소득세를 내는 조건에 해당하는 모든 사람에게 동일한 세율을 적용하는 조세 제도를 의미한다. 물론 부유한 사람이 세금을 더 많이 내지만 비례에 따라 더 많이 낸다. 다시 말해 소득 금액이 최저 소득보다 높다면 누구나 연방 소득세로 소득의 10이나 15, 혹은 25퍼센트를 낸다. 비례세는 (특정인을 위한 복지가 아닌 사회 전체를 위한 복지를 촉진한다는) 헌법이 규정한 정부 수립의 목적에 부합할 뿐만 아니라 공정성에 관한 원칙을 확고히 다지기도 한다. 모든 사람에게 부과할 수 있는 수준이라면 다수가 민주주의 원칙에 입각해 선택한, 즉 국민이 선출한 대표가 결정한 과세율이 얼마인지는 중요하지 않다. 바로 지금 우리에게는 사람들이 자신에게 부과되는 세율은 똑같이 유지하거나 심지어 낮추는 반면 다른 사람에게 부과되는 세율은 높이는 쪽에 기꺼이 표를 던질 수 있는 제도가 존재한다. 현재 제도는 진보주의자들에게 기쁨을 선사한다. 시기심을 부추기고 국가가 후원하는 도둑질을 장려하기 때문이다.

이 깜짝 놀랄 만한 사실에 대해 생각해보자. 상위 1퍼센트 안에 드는 미국인이 전체 연방 소득세 중 3분의 1이 넘는 금액을 내고 상위 1~10퍼센트에 속하는 미국인이 나머지 3분의 1을 내는 반면 하위 50퍼센트에 해당하는 미국인은 연방 소득세를 전혀 내지 않는다. 극도로 불공평한 상황이다. 이 제도가 불공평하다는 오바마 대통령의 말은 옳다. 실제로 연방 소득세 제도는 성공한 사람들에게 불공평하다! 돈을 벌면서 가난하지 않은 엄청나게 많은 미국인이 그럼에도 불구하고 연방 소득세를 전혀 내지 않는다는 사실도 불공평하다. 미국 독립 전쟁은 부분적으로 "대표가 없으면 과세도 없다."는 원칙을 주장하기 위한 싸움이었다. 그런데 분명 현재 미국인의 절반은 세금은 내지 않으면서도 대표는 거느렸다. 이는 미국 민주주의에 커다란 골칫거리를 안기는 특징인 것 같다. 우리는 국민이 연방 소득세 제도에 영향 받기를 바라기 때문이다. 민주주의는 자치에 관한 정치 형태지 오로지 다른 사람에게만 영향을 미치는 법률을 제정하는 행위에 관한 정치 형태가 아니다. 하지만 연방 소득세를 전혀 내지 않는 사람들이 다른 사람과 자신을 위한 '정당한 몫'이 얼마인지 판단해달라는 요청을 받는다. 대중을 향한 오바마의 선동이 엄청나게 많은 수용적인 사람의 귀에 내리꽂혔음은 의심할 여지가 없다. 오바마는 사람들에게 연방 소득세에 전혀 기여하지 않는 사람은 소득세로 모인 돈에서 더 많은 돈을 가져가야 하지만 연방 소득세에 크게 기여하는 다른 사람은 소득세를 훨씬 더 많이 내는 것이 정당하고 적절하다고 말한다. 여기서 오바마에게 성공을 안긴 공식이 등장한다. "그 사람들이 일하면 여러분이 먹습니다."

제14장
가장 큰 도둑

**330**
**331**

# 제15장

—

# 미국판
# 파놉티콘

★

누군가 요제프 K.를 중상했음이 분명하다.
아무 잘못도 저지르지 않았음이 확실한데
어느 날 아침 체포됐기 때문이다. [1)]
– 프란츠 카프카(Franz Kafka), 『심판(The Trial)』

앞 장에서 우리는 도둑과 맞선다는 명목 아래 정부가 어떤 식으로 도둑이 되는지 살펴보았다. 이 장에서 나는 미국인을 감시함으로써 정부가 잠재적으로 도둑질하는 데 사용할 수 있는 정보를 어떤 식으로 수집하는지 보여줄 것이다. 사람들은 정부가 오로지 테러리스트를 색출한다는 목적 때문에 국민을 몰래 감시한다고 생각한다. 나는 국민 감시가 진보주의 정부에 더 큰 이득을 가져다줌을 보여줄 예정이다. 정부가 도둑으로 바뀌었다면 감시는 도둑이 하는 행동에 불과하다. 다시 말해 감시는 도둑질을 위해 국민을 미리 살피는 정부의 모습을 표현하는 단어다. 정부는 영화 〈오션스 일레븐(Oceans 11)〉에 등장하는, 카지노를 털기전 카지노 건물을 살피던 도둑들과 똑같은 방법으로 목표물과 관련된 자료를 수집 중이다. 정부는 국민을 몰래 감시하는 덕분에 국민에게 행사할 힘, 즉 어쩔 수 없이 따르도록 국민을 강요하고 정부가 허가한 도둑질에 대해 국민이 반대하지 못하도록 만드는 데 사용할 수 있는 힘을 얻을 수도 있다. 요약해서 말하자면 미국 정부는 국민을 상대로 체계적으로 도둑질할 힘뿐만 아니라 국민이 정부의 도둑질에 반대하는 경우 국민에게 공포심을 심는 데 사용할 힘을 쌓는 중이다.

정부가 후원하는 도둑질이 도둑질의 수혜자가 되는 사람들에게 인기를 끌 가능성이 높음을 인식하는 데서부터 우선 얘기를 시작해보자. 도둑 일당이 은행을 턴 다음 사람들에게 훔친 돈을 나눠주는 경우 돈을 나눠받은 사람들은 대단히 만족스러워하는 공범자가 된다. 이들이 느끼는 만족감은 은행이 오랫동안 자신들의 돈을 훔쳐왔으며 자신들은 그저 원래 본인의 몫이어야 할 돈을, 혹은 부당하게 빼앗긴 돈을 되돌려받았을 뿐이라고 설득당하는 순간 더없는 행복으로 바뀐다. 한 세기 전 조지 버나드 쇼가 냉소적인 말투로 한 (내가 앞 장 시작 부분에서 인용한) 주장처럼 "폴에게 돈을 지급하기 위해 피터의 돈을 도둑질하는 정부는 언제나 폴의 지지에 의존할 가능성이 있다."

그렇지만 피터가 정부의 계획에 열광하거나 동의할 가능성은 거의 없다. 피터는 자신이 어느 누구의 돈도 훔치지 않았음을 안다. 피터는 그저 다른 사람보다 더 나은 성과를 올렸을 뿐이다. 따라서 진보주의자들은 피터에게 다가가 작업을 벌여야 한다. 진보주의자들은 세 가지 방식으로 이런 작업을 진행한다. (가장 점잖은) 첫째가 본인이 도둑임을 피터에게 납득시키는 방법이다. 이 부분에서 진보주의자들은 앨린스키에게 의존해 기본적으로 용어를 철저하게 재정의한다. '탐욕'은 더는 당연히 받아야 하는 몫보다 더 많은 몫을 바라는 부정한 욕망을 의미하지 않는다. 진보주의자들의 사전에서 '탐욕'은 '자신의 돈을 계속 가지고 있으려 하는 욕망'을 의미한다. '동정심'이라는 말도 비슷한 변화 과정을 겪는다. 동정심은 더는 '다른 사람이 처한 상황 때문에 괴로워하거나 그런 상황을 측은히 여김'을 의미하지 않는다. 이제는 오히려 '다른 사람의 돈을 빼앗아감'을 의미한다. 성공한 국민에게서 더 많은 돈을 빼앗아갈 수록 정부는 더 많은 '동정심'을 표시하게 된다. 성공한 국민이 자신의 돈을 지키려고 하면 할수록 '더 탐욕스러운 사람'이 된다.

이는 약간 어처구니없는 상황이다. 당연히 사람들을 설득하려는 진보 주의자의 시도는 대개 효력을 발휘하지 못한다. 이 경우 진보주의자는 유리한 위치를 차지하고 보호받도록 진보주의 연합에 합류하라며 반대 하는 사람과 비협조적인 세력을 설득하려 시도한다. 예를 들어 오바마 대통령은 수익을 올리려면 자신의 건강보험개혁법을 지지하라고 보험 회사들을 설득했다. 실제로 오바마는 이렇게 말했다. "저는 건강보험을 원하지 않는 미국인들에게 보험에 가입하라고 압력을 가할 것입니다. 그러면 여러분은 더 많은 가입자를 거느리게 될 것입니다." 보험회사는 정부가 보험회사를 완벽히 지휘하고 장악함이 오바마의 궁극적인 목표 임을 깨닫지 못한 채 오바마케어를 지지했다. 이 기법은 단기적으로는 이익으로 이어지지만 궁극적으로는 사형장으로 안내하는 혁명 계획을 지지하도록 백만장자를 회유할 수 있다는 앨린스키의 자랑을 떠올리게 한다.

그럼에도 불구하고 모든 피터가 굴복하지 않는다. 결국 진보주의자들 은 가장 강경하게 저항하는 사람들을 처리해야 한다(내가 바로 가장 강경한 반 대자의 좋은 표본이다). 이제 진보주의자들이 문제 해결에 나선다. 즉 국가 권 력을 동원해 사람들을 감시하고 사람들의 전화 기록과 이메일 기록, 금 융 기록 및 개인 기록에서 개인 정보를 수집한다. 이 같은 정보 수집 행위에 국세청(Internal Revenue Service, IRS)부터 국가안전보장국(National Security Agency, NSA)까지 정부에서 가장 강력한 힘을 지닌 몇몇 기관이 관여한다. 국민을 감시하고 개인 정보를 수집하는 행위를 정당화하기 위해 사람들에게 더 나은 서비스를 제공한다는 이유에서부터 테러리즘과 맞서 싸운다는 이유까지 다양한 이유가 제시된다. 나는 정부가 국민에게 말하는 목적이 아닌 다른 목적으로 어떻게 이 정보가 사용될 수 있는지에 더 관심이 있다. 이런 목적 중 하나가 사람들에게서 돈을 빼앗기 위해 사람들을 조사하는 것이다. 다른 사람에게서 돈을 빼앗으려고 하는 경우 그 사람이 얼마나 많은 돈을 가지고 있는지, 돈을 어디에 보관하는지 알면 분명 도움이 된다. 다른 목적이 무엇이든 감시는 정부가 약탈에 필요한 정보를 수집하도록 도와준다. 둘째, 정부의 감시 행위를 통해 수집된 정보는 또한 사회가 정부 명령을 따르도록 만드는 데 사용될 수 있다. 수집된 정보는 정부 정책에 비협조적이거나 반대하는 국민을 찾아낸 다음 이들에게 세무 조사를 실시하거나 범죄를 저질렀다는 이유로 고발하는 데 활용할 수 있다. 개인 정보를 광범위하게 보유하는 경우 거의 모든 사람에게서 가끔씩 법에 저촉되는 행위를 저지르거나 다른 사람과 충돌한 흔적을 발견할 수 있다는 이점이 있다. 이러면 모든 사람이, 즉 전 국민이 정부 권력에 저항하지 못하게 된다. 정부는 자신이 정부에 저항할 힘을 잃었음을 국민이 알기 바란다. 결과적으로 강경하게 반대하던 세력이 어쩔 수 없이 두려움에 무릎을 꿇을 것이다. 오바마 대통령과 진보주의자들이 이끄는 미국에 사는 한 이제 미국인은 이런 상황과 마주할 것이다.

다시 말해서 정부는 약탈을 위한 도구로 바뀌었을 뿐만 아니라 필요한 부품을 마련해 공포라는 이름으로 불리는 자동차로 변신하기도 했다. 도둑과 맞서 싸운다는 명분을 내세워 도둑질하는 방법을 알아냈듯이 진보주의자들은 이제 미국인을 대상으로 두려움을 휘두르는 수단을 얻었다. 놀랍게도 국민에게 두려움을 안기는 힘이 국제 테러조직과 싸운다는 명분 아래 차곡차곡 쌓이는 중이다. (좌익이든 우익이든) 정부의 감시 활동을 옹호하는 사람들은 개인 정보 수집이 잠재적으로만 위험할 뿐이라고 주장한다. 틀림없이 정부는 정치적 적대세력과 비판세력을 위협하고 고발할 수 있는 능력을 보유했을 것이다. 하지만 사람들은 정부가 자신이 가진 힘을 이런 식으로 사용하지 않을 것이라고 믿는다. (앞으로 이야기할) 내가 겪은 일은 정부가 할 수 있고 할 것이라고 말한다. 그래서 나는 정부가 선의를 품은 존재라는 말을 그다지 믿지 않는다. 이런 면에서 나는 정확히 건국자들의 진영에 속하는 인물인 것 같다. 내 경험은 물론 이례적일지도 모른다. 하지만 일반적인 사례임이 증명된다면 어느 누구도 안전하지 않다. 오바마 대통령 같은 진보주의자들이 이 노선을 계속 따르는 경우 미국은 국민을 공포에 떨게 만든 이란이나 다른 전체주의 국가를 닮은 테러리스트 국가로 바뀔 것이다.

오바마 대통령이 미국을 전체주의 국가로 바꾸고자 하는 유혹에 빠졌음이 분명하다. 2014년 2월 토머스 제퍼슨의 집 몬티셀로(Monticello)를 방문하던 도중 오바마는 이렇게 말했다. "그게 대통령이 돼서 좋은 점입니다. 하고 싶은 일은 무엇이든 할 수 있다는 거요." 농담으로 한 말이기는 하지만 솔직히 오바마가 시도하려는 통치 방식을 암시하는 말이기도 하다. 실제로 오바마는 2014년 연두교서에서 언제든 원하는 바를 이루지 못하게 의회가 자신을 막는 경우 의회의 승인을 받는 절차를 건너뛰고 대통령령을 동원해 행동에 나설 것이라고 자랑하듯 말했다. 오바마에게는 이것이 새로운 시도가 아니었다. 오바마는 첫 번째 임기 시절 「뉴욕타임스」와 인터뷰하는 자리에서 놀라운 발언을 했다. "중국 주석 노릇 하는 편이 훨씬 더 쉬울 것 같습니다."[2] 그렇다. 어째서 중국 주석 노릇 하는 쪽이 훨씬 더 쉬울까? 중국 주석은 기본적으로 독재자이기 때문이다. 중국 주석은 견제와 균형의 원리나 법원의 승인, 심지어 대중의 여론까지도 신경 쓸 필요가 없다. 중국 정부는 처벌받을 걱정 없이 국민의 은행 계좌를 불시에 조사할 수 있으며 국민이 정부 정책에 저항하는 경우 정부에 무릎 꿇도록 국민을 위협할 수도 있다. 이제 오바마가 자신의 소원을 이루는 경우 미국이 어떤 나라로 변할 것인지 상상해보자. 중국과 마찬가지로 미국도 자국민을 상대로 테러를 저지르는 데 주저하지 않는 나라가 될 것이다. 자국민을 대상으로 하는 테러는 알카에다가 저지르는 테러와 종류가 다른 테러일 것이다. 직접적으로 폭력을 가하기보다는 위협하거나 형사상 이유로 고발하는 앨린스키식 테러가 될 것이다. 하지만 앨린스키식 테러가 영향을 미치는 범위는 알카에다보다 훨씬 넓다. 알카에다는 몇몇 미국인을 목표로 삼는 반면 (이들은 주로 미국의 부와 권력을 상징하는 존재에게 공격을 가하려고 노력한다) 미국 정부는 미국인 전체를 목표로 삼을 것이다. 알카에다는 폭력이라는 산발적인 행동을 이용해 미국인에게 두려움을 안기는 길을 모색하지만 알카에다의 행동이 어디든 특정 미국 가정에 해를 끼칠 가능성은 대단히 낮다. 이와 반대로 미국 정부는 모든 국민을 감시하고 모든 국민과 관련된 정보를 수집할 것이다. 결과적으로 미국 정부는 자신이 가는 길을 가로막는 미국인이라면 누구라도 겁을 주거나 협박하거나 심지어 체포하기까지

할 것이다. 누구에게든 해를 끼칠 수 있음이 분명한 정부의 능력을 고려할 때 이런 상황에서는 알카에다가 미국인 개인의 안전과 자유에 가하는 잠재적인 위협이 미국 정부가 미국인에게 가하는 위협보다 작을 것이라는 결론에 도달하지 않을 수 없다.

협박과 테러를 이용하는 체제를 도입하기 위해 미국 정부가 사용하는 장치가 바로 미국판 파놉티콘(Panopticon)이다. 파놉티콘이라는 용어는 19세기에 활동한 영국 철학자 제러미 벤담(Jeremy Bentham) 덕분에 유명해졌다. 파놉티콘은 죄수를 감시할 목적으로 설계된 건축물이다. 벤담은 1785년 동생과 함께 러시아를 여행하는 도중 파놉티콘에 관한 개념을 발전시켰다. 벤담은 예카테리나 대제(Catherine the Great)에게서 러시아의 형벌 제도를 근대화하도록 도와달라는 요청을 받았다. 벤담은 친절하게 파놉티콘을 설계했다. 공리주의를 주장한 벤담은 자신이 설계한 파놉티콘이 인도적이고 효율적이며 혁신적인 모델이라고 생각했다. 예카테리나 대제는 벤담의 생각을 현실화하지 않았다. 그러나 오늘날 (미국에 있는 몇 곳을 비롯해) 전 세계에 있는 몇몇 감옥이 벤담이 그린 청사진을 사용했다. 그러나 그중 어디도 파놉티콘을 통해 벤담이 실제 추구하고자 한 목표를 달성하지 못했다. 놀랍게도 벤담의 목표가 이뤄지는 공간은 수감 시설이 아니라 미국 전체일지도 모른다. 과거 죄수들에게 사용할 목적으로 설계된 계획이 으스스하게도 현재 미국인에게 일어나는 일을 설명한다.

벤담은 기본적으로 여러 층으로 된 원형 건물을 건설하고 중앙에 감시탑을 설치하는 감옥을 생각했다. 각 방은 충분한 설비를 갖추고 있으나 완전히 투명하기도 하다. 따라서 감시탑에서는 항상 모든 죄수의 상태를 관찰할 수 있다. 심지어 단 한 명만 있어도 감옥에서 일어나는 모든 일을 거의 완벽하게 파악하기에 충분하다. 건물 주위로 환하게 불이 켜져 있기 때문에 수감자는 서로를 보지 못하며 누가 자신을 관찰하는 중인지도 알지 못한다. 벤담은 이런 식으로 최소한의 노력을 들여 국가가 때와 상관없이 많은 사람을 감시할 수 있다고 주장했다. 죄수는 자신이 언제 감시당하는지 모르기 때문에 자신이 하는 일을 당국이 알 것이라고 두려워하며 행동할 때마다 규칙에 따를 것이다. 벤담은 파놉티콘을 감옥에만 국한하려 하지 않았다. 오히려 이 '건축물에 관한 간단한 생각'을 감옥에 시도했다가 이후 효율적으로 작동하면 공장과 학교, 군대, 병원으로까지 확대할 수 있다고 주장했다.3)

사람들에게 무시되던 벤담의 파놉티콘이 이제 암울한 현실이 됐다. 단 한 명의 내부고발자, 에드워드 스노든(Edward Snowden) 덕분에 우리는 미국 정부가 지금 국민을 감시하기 위해 최신 기술을 사용하고 있다는 것을 알고 있다. 미국 정부의 감시는 십여 년 동안 계속됐다. 하지만 점점 정교해졌다. 그렇다면 미국 정부가 미국인에게 그동안 정확히 어떤 일을 하고 있었나? 현재 불길한 느낌을 주는 그림이 확실하게 드러나는 중이다. 오바마 행정부는 미국인이 주고받는 이메일과 문자를 수집하고, 미국인이 인터넷에서 하는 행동을 관찰하며, 미국인의 전화 통화를 엿듣고, 휴대전화에 저장된 연락처를 내려받고, 휴대전화에 설치된 앱과 저장된 개인 사진 파일을 보고, 금융 정보와 개인 정보를 모으고, 온라인 구매 습관을 조사하고, 심지어 사람들의 움직임까지 추적·관찰한다. 이 모든 행위가 '메타데이터(metadata)' 수집을 통해 수행된다. 정부는 일반적으로 메타데이터에는 구체적인 내용이 포함되지 않는다고 강조한다. 다시 말해 정부는 누가, 언제 전화하는지는 관찰하지만 무슨 말을 하는지는 확인하지 않는다. 이메일 흐름을 추적할 수는 있지만 법원의 승인이 없다면 이메일을 읽지는 못한다. 그러나 웹에 정통한 비평가 다수가 메타데이터에 포함된 충분할 만큼 상세한 로그를 사용하면 개인의 생활을 보여주는 가장 구체적인 내용까지 손쉽게 확인할 수 있음을 지적한다.

대통령 자신이 이런 일을 하는 중이었다고 해도 상당히 좋지 않은 그림이다. 하지만 실제로 스노든이 어떤 인터뷰에서 말했듯이 "정부에 소속된 모든 분석가가 언제라도 누구든 어디든 목표로 삼을 수 있습니다."[4] 미국 정부는 정보를 수집하고 처리하기 위해 유타 주 블러프데일의 수백만 제곱미터 부지에 건설된 시설 같은 거대한 데이터센터를 여러 개 지었다. 정부는 심지어 찾고자 하는 정보를 얻기 위해 구글이나 야후, 에이티앤티(AT&T) 같은 민간 기업의 기록에까지 접근한다.

이런 일이 미국에서 일어난다는 사실이 내게는 믿기지 않는다. 처음 미국에 왔을 때 나는 미국인이 얼마나 자신의 사생활과 '개인 공간'을 소중히 여기는지 봤다. 엄청나게 인구가 많은 나라에서 성장한 나는 사생활이나 개인 공간에 대한 개념이 없었다. 나는 미국에서 고등학교를 다니던 시절 다른 사람의 차에 기댔다가 "내 차에서 떨어져."라는 말을 들은 적이 있다. 나는 어리둥절했다. 나는 그 남자가 무슨 말을 하는지 알지 못했다. 그러다 얼마 지나지 않아 남자의 차가 남자의 일부임을, 차에서 어느 정도 거리를 두는 것이 남자의 개인 공간을 존중하는 방법임을 배웠다. 미국에서는 다른 사람 옆에 지나치게 가까이 서지 말라고 한다. 그렇지 않으면 "내 앞에서 꺼져."라는 말을 듣는다. 미국인은 한 사람의 사생활이 그 사람의 존재를 구성하는 일부분이며 한 사람의 사생활을 침해하려는 행위가 모욕적이고 폭력적인 경험이라고 생각한다. 하지만 이제 미국 정부가 미국인의 개인 공간을 침범했다. 사람들의 생활에서 가장 개인적인 부분, 즉 대화와 사람들의 머릿속에서 가장 개인적인 부분, 즉 사람들이 보고 듣는 이야기와 상황이 정부의 은밀한 조사를 받는다. 어떤 사람이 이 책을 전자책으로 읽는다면 NSA에 근무하는 어떤 정부 분석가가 그 사람이 하는 일을 볼지도 모른다. 등골이 오싹한 일이다.

미국인을 상대로 벌어지는 이런 종합적인 감시 행위는 헌법이 금지한 '부당한 수색과 압수'(미국 수정헌법 제4조)를 노골적으로 침해하는 것처럼 보인다. 결국 미국 정부는 법을 준수하고 범죄를 저질렀다는 어떤 의혹도 받지 않는 무고한 국민을 감시하는 중이다. 이렇게 되면 어떤 수색이든 언뜻 보기에 '부당하게' 생각될 것이다. 인정하건대 1979년에 일어난 스미스 대 메릴랜드 사건(Smith vs. Maryland)에서 미국 대법원은 전화 회사와 계약하고 전화번호를 받은 사람은 그렇게 함으로써 해당 번호와 연계된, 전화를 걸거나 받는 등의 행위에 관한 사생활을 포기한 셈이라고 판결했다. 그렇지만 전기 통신 회사인 버라이즌에 필요한 정보를 내주거나 물건을 구입한 회사와 신용카드 번호를 공유하는 문제와 미국 정부가 사람들이 전화나 신용카드를 이용하는 행위를 주기적으로 감시하고 관련 정보를 저장하는 문제는 완전히 다르다.

1976년 미국 의회가 사생활 침해에 깊은 우려를 표시하며 정보기관이 어떤 행위를 하는지 검토하기 위해 상원 정보위원회(Senate Committee on Intelligence)를 설치했다. 그러나 스노든이 폭로하기 전까지 오바마 행정부는 의회에 정부의 감시 활동에 관한 정보를 완벽하게 제공하지 않았다. 민주당 상원의원 론 와이든(Ron Wyden)이 오바마 행정부의 국가정보국(DNI) 국장 제임스 클래퍼(James Clapper)에게 이렇게 물었다. "NSA가 어떤 종류든 미국인 수백만 명 혹은 수억 명에 관한 데이터를 수집합니까?" 클래퍼가 대답했다. "아닙니다, 의원님." 이는 나중에 클래퍼가 인정했듯이 뻔뻔한 거짓말이었다. 와이든은 심지어 지금도 오바마 행정부가 미국인을 상대로 어디까지 감시 활동을 벌이는지 완벽하게 알지 못한다고 말한다. 구체적인 활동에 관한 질문, 예를 들어 "미국 정부가 내 페이스북에 있는 사진을 다운로드할까요?" 같은 질문을 던지자 와이든이 늘 하던 대로 대답했다. "제가 뭘 알겠습니까? 전 그저 정보위원회에 소속된 의원일 뿐입니다."5)

미국인을 상대로 정부가 벌이는 감시 행위를 확인하기 위해 의회가 특별 법원을 설치하기도 했다. 1978년 의회가 FISA(Foreign Intelligence Surveillance Act, 해외정보감시법)를 제정했다. 해외 세력을 대신해 활동하지 않는 한 정보기관이 미국인을 대상으로 감시 활동을 벌이지 못하도록 금지하는 법이었다. FISA 법원은 정부의 활동을 감독하기 위해 설립됐다. 그러나 정부는 대개 FISA 법원에 국내에서 벌이는 감시 활동이 필요한지 여부를 독립적으로 판단하는 데 필요한 정보를 제공하지 않는다. 정부는 자신의 행동이 정당하다고 주장한다. 감시 활동의 대상이 되는 사람들을 변호하는 이는 그 자리에 없다. 그 결과 사실상 미국 정부는 '국가 안보'를 이유로 내놓고, 법원은 정부 계획을 제대로 살펴보지도 않고 승인한다. 정부의 감시 활동을 허가하는 법적 절차가 비밀리에 진행되기 때문에 미국인에게는 자신에게 어떤 일이 벌어지는 중인지 제대로 알 기회가 존재하지 않는다.

이로 인해 컬럼비아 특별구 지방법원에서 일하는 독립적인 성향의 판사 리처드 리언(Richard Leon)이 오바마 행정부가 국내에서 벌이는 감시 활동이 '전체주의에 가까움'을 확인하고 정부의 감시 활동이 과거 미국의 건국자들이 헌법 속에 포함시켰던 보호 수단을 노골적으로 침해한다고 이야기하는 상황이 벌어졌다. 리언 판사는 이렇게 썼다. "첨단기술을 이용해 사실상 모든 미국인에 관한 개인 데이터를 체계적으로 수집하고 보유하는 이런 행위보다 더 '무분별하고' '독단적인' 침해 사례를 상상하지 못한다." 리언 판사는 허가 없이 전화를 도청하는 것이 눈앞에 닥친 테러리스트들의 계획을 좌절시키는 데 반드시 필요하다는 오바마 행정부의 주장에 대해 고민했다. 리언 판사는 '실제로 NSA가 대량으로 수집한 메타데이터를 분석해 눈앞에 닥친 테러리스트 공격을 막았다거나 아니면 정부가 일분일초를 다투는 어떤 목적을 이루도록 도와주었음을 입증하는 사례가 단 하나도 없음'[6]을 확인했다.

유감스러운 말이지만 이 모든 일이 부시 행정부 시절에 시작됐다. 부시 대통령 재임 시절 미국인들은 당연히 9·11 테러로 인해 공황 상태에 빠졌고 테러리스트들을 뒤쫓을 수 있도록 의회가 행정부에 더 큰 권한을 부여하라고 요구했다. 부시 행정부는 감시 활동을 위한 허가를 받는 데 시간이 지연되지 않을까 걱정했다. 허가 받으러 다니는 동안 테러리스트들이 공격할지도 모르는 일이었다. 그러나 의회는 테러리스트를 추적하기 위한 이 도구가 국내를 감시하는 거대한 괴물이 될 것이라고, 그리고 정부가 범죄를 저질렀다는 어떤 의혹조차 받지 않는 미국인을 상대로 감시 활동을 벌일 것이라고 생각하지 못했다.

오바마 행정부는 감시 활동과 관련된 부시 행정부의 정책을 이어받았을 뿐만 아니라 확장하기까지 했다. 정치가로 처음 경력을 쌓던 시절 오바마는 사생활과 시민의 자유를 옹호하는 인물로 생각됐다. 2004년 민주당 전당대회에서 한 연설에서 오바마는 미국인이 어떤 책을 보는지 알아내기 위해 도서관 정보를 기웃거리는 정부의 행위가 얼마나 위험한지 이야기하며 사람들을 감동시켰다. 상원의원을 지낼 당시 오바마는 부시 행정부의 감시 활동 계획이 지나치다며 비판했다.[7] 그러나 대통령이 된 지금 오바마는 도서관 정보 감시보다 훨씬 더 해롭고 한때 자신이 반대했던 부시 행정부의 계획보다 광범위한 계획을 채택하려 하는 듯하다. 테러리스트가 얼마나 교활하고 위험한지를 오바마가 새롭게 깨달았기 때문일까? 나는 아니라고 생각한다. 테러는 오바마의 가장 큰 걱정거리가 된 적이 없었다. 미국인 전체에 대한 '비밀을 쥐고 있을 때' 정부에 어떤 이익이 있는지를 오바마가 알게 됐기 때문일 가능성이 더 높다. 나는 또한 미국인이 정부가 어떤 일을 하는지 알았을 때 어떤 가치가 생기는지를 오바마가 깨달았다고 생각한다. 오바마는 미국인이 알기 원한다. 자신이 감시받고 있음을 아는 순간 행동을 자제하는 '위축 효과'를 사람들이 경험할 가능성이 높다.

테러리스트를 뒤쫓는다는 국가 안보를 위한 타당한 이유가 존재함은 분명하다. 이와 마찬가지로 정부가 테러리스트를 추적하기 위해 3억 명에 달하는 미국인의 사생활을 침해해서는 안 된다는 것도 분명하다. 연방 상원의원 랜드 폴(Rand Paul)이 주장했듯이 이 대목에서 중요한 점은 미국 정부가 테러리스트를 상대로 감시 활동을 펼치는 중이라는 사실이 아니라 (사람들은 정부가 그렇게 하기를 기대하고 또 바란다) 미국 정부가 자국민을 상대로 감시 활동을 펼치는 중이라는 사실이다. 지금 우리는 감시 활동에 관한 설득력 있는 이유가 존재하는 경우 미국인들이 합리적인 사생활 침해를 감수할 것임을 안다. 보스턴 마라톤 폭탄 테러 사건 당시 폭탄을 터뜨린 테러범이 근처 어딘가에 숨었을 때 많은 뉴잉글랜드 주민이 범인을 찾는 동안 경찰이 자신의 집과 뒤뜰을 수색하는 상황을 기꺼이 감수했다. 그러나 국가가 특별한 도둑을 잡기 위해, 심지어 보통 상황에서라도 도둑을 잡기 위해 상습적으로 미국인의 집에 들어가 집을 수색하기 시작했다고 상상해보자. 군인이나 경찰이 도둑을 잡는다는 목적 때문에 주기적으로 집 앞에 나타난다고 생각해보자. 그렇게 되면 사람들이 폭동을 일으킬 가능성이 매우 높다. 너무나 광범위하고 터무니없는 계획과 도둑을 잡는다는 목적이 제한적인 작업 사이에 분명한 관계가 존재하지 않기 때문이다. 이와 마찬가지로 정부는 지속적으로 나쁜 사람의 전화를 도청하기 위해, 소비에트 연방이 쓰던 방식과 거의 비슷한 감시 활동이 필요한 이유를 설명하지 않는다(심지어 설명하려 시도하지도 않는다).

볼셰비키가 지배하던 70년 동안 소비에트 연방은 국민 전체를 상대로 감시 활동을 벌이고자 했다. 소비에트 연방은 집단사회를 건설하고 집단주의 이데올로기를 강요하려면 먼저 국민에 관한 정보를 수집해야 함을 잘 알았다. 국민 전체를 대상으로 펼치는 무시무시한 감시 활동은 스탈린 시절 절정에 달했다. 스탈린은 정적들을 살해하고, 종교적 믿음을 지키는 사람들을 괴롭히고, 인구 전체를 재배치하고, 달갑지 않은 사람들을 시베리아에 건설된 강제 노동 수용소로 보내기 위해 감시 활동을 통해 수집된 정보를 활용했다. 그러나 스탈린이 저지른 범죄가 훗날

후계자인 흐루시초프(Khrushchev) 때문에 세상에 알려졌음에도 KGB(국가
보안위원회)는 지속적으로 소비에트 연방 국민의 활동을 감시했다. 정치적
으로든 종교적으로든 체제에 반대하던 사람들은 계속해서 괴롭힘과 고
발을 당했다. 소비에트 연방 정부가 사용한 방식은 투박했다. 집과 호텔
방에 도청장치가 설치됐고 감시자가 '요주의 인물'을 따라다녔으며 이
웃과 어린이들은 의심스러운 행동에 대해 보고해야만 했다.

소설가 조지 오웰(George Orwell)은 디스토피아를 그린 소설 『1984』에
서 암울하고 논리적인 결론에 도달했다. 오웰에게는 선견지명이 있었
다. 보이지 않는 카메라와 마이크가 달린 텔레스크린이 모든 곳에 설치
된 세계를 상상했고 ("빅 브라더가 당신을 보고 있다."), 사상경찰(Thought Police)이
등장하리라 예상했으며, 국가가 무관심한 국민에게 끊임없이 정치적 선
전을 주입하는 모습을 묘사했고, 국가가 이것을 국민의 이름으로 국민
의 행복을 추구하는 행동이라고 주장하면서 어떤 식으로 국민을 탄압
하는 정권을 정당화하는지 예견했다. 오웰은 이렇게 썼다. "당연히 어느
순간에든 자신이 감시당하는지 당하지 않는지 알 방법이 없었다. 사상
경찰이 얼마나 자주 혹은 어떤 시스템에 개인 선을 연결하는지는 막연
한 추측의 대상이었다. 심지어 사상경찰이 동시에 모든 사람을 감시하
는 일까지도 가능했다. 어쨌든 사상경찰은 원하는 순간이 오면 언제라
도 당신의 선을 연결할 수 있었다. 당신은 살아야 했다. 그리고 살았다.
본능이 된 습관에 따라. 당신이 내는 모든 소리를 다른 사람이 엿듣는
다는 가정 속에서. 어둠 속이 아니라면 움직임은 모두 감시당했다." 오
웰은 "이제 처음으로 사람들이 국가의 뜻에 완전히 복종할 뿐만 아니라
모든 주제에 대해 완전히 통일된 의견을 내놓도록 강요하는 일이 가능

해졌다."8)

선견지명이 있었음에도 불구하고 오웰은 결코 1984년에서 딱 사반세기가 지났을 때 작은 도청장치나 겉과 속이 다른 이웃과 아이들을 동원하지 않고도 정교하게 국민을 상대로 감시 활동을 펼칠 수 있는 그런 수준까지 기술이 도달할 것이라고 상상하지 못했다. 오웰은 빅 브라더 국가를 유지하려면 대규모 고문과 폭력이 동원돼야 할 것이라고 생각했다. 오웰은 '구둣발 자국을 영원히 새긴 얼굴'9)이라는 이미지로 이 같은 독재 정치를 상징했다. 미국인들은 얼굴에 구둣발 자국을 새기는 일에 대해 걱정할 필요가 없다. 그저 문을 두드리는 반갑지 않은 소리만 걱정하면 된다. 문 앞에서 빅 브라더가 아닌, 몇 가지 질문을 하기 위해 온 FBI(연방수사국) 요원 두 명을 만날 것이다. 미국인들은 정보 분석가가 남의 눈에 띄지 않는 사무실에 앉아 작성한 질문에 대해 대답할 것이다. 미국 정부의 감시 활동 전략은 빅 브라더와 다르지만 빅 브라더에 못지않게 효과적으로 목적을 달성한다. 정부의 목적은 공식적인 마르크스주의 이데올로기를 유지하려는 것이 분명 아니다. 대중이 대통령을 향해 칭찬을 늘어놓도록 하기 위해서도 아니다(어쨌든 오바마 대통령은 언론에게서 과도한 찬사를 받는다). 더 정확히 말하자면 정부의 감시 활동은 지속적으로 전체 국민을 감시하기 위해 실시된다. 그래야 진보주의자가 제시한 계획에 반대하는 국민을 색출하고 처벌할 수 있기 때문이다.

때로는 반대자에 대한 처벌이 IRS가 선별적으로 실시하는 회계 감사 형태를 취할 수 있다. 누군가 여러분의 이름을 명단에 올릴 뿐이다. 우리는 수많은 티파티(Tea Party, 미국의 조세저항운동) 회원에게 이런 일이 일어났음을 안다. 티파티 회원이 저지른 범죄는 탈세가 아니라 사람들을 조직해 오바마케어와 진보주의자들이 추진하는 정책에 저항한 일이다. IRS는 내 영화 〈2016: 오바마의 미국〉의 제작자 제럴드 몰런(Gerald Molen)에게도 공격을 가했다. 몰런은 〈쥐라기 공원(Jurassic Park)〉과 〈쉰들러 리스트(Schindler's List)〉 같은 여러 아카데미 영화제 수상작의 제작자다. 몰런은 내 새로운 영화 〈아메리카〉의 제작자이기도 하다. 오랫동안 영화 제작자로 경력을 쌓는 동안 몰런은 한 번도 IRS 조사를 받지 않았다. 그러다가 2012년 대선이 벌어질 무렵 갑자기 IRS로부터 철저하게 조사받았다. 최근 IRS는 할리우드의 보수파 영화인사 모임 '에이브의 친구들(Friends of Abe)'을 괴롭혔다. 에이브의 친구들은 자신의 경력을 보호하기 위해 익명성을 추구하는 할리우드 내 보수파 비밀모임이다. IRS는 기부자와 회원 명단을 공개하도록 압력을 가해 사실상 활동이 불가능하도록 에이브의 친구들의 기능을 마비시켰다. IRS의 이런 장난질은 어떤 식으로 정부가 자신의 힘을 남용할 수 있는지, 그리고 남용하고 있는지 보여줄 뿐만 아니라 진보주의자들이 정부의 힘을 자신의 정적에게 휘두르는 무기로 사용하는 데 얼마나 주저하지 않는지도 보여준다.

이런 식으로 약자를 괴롭히는 행위는 제3세계에서 흔하게 발견된다. 제3세계 국가 정부는 정적들을 위협하기 위해 선택적으로 세무 감사를 실시하고 고발한다. 그러나 미국인들은 지금까지 이 같은 행위를 용인한 적이 없었다. (이와 비슷한 수준까지는 아니더라도) 이런 식으로 정부의 힘을 남용한 마지막 사례가 바로 리처드 닉슨 대통령이다. 닉슨 대통령은 정부의 힘을 남용했다는 이유로 어쩔 수 없이 사임했다. 나는 미국 정부의 신용등급을 하향조정한 데 대한 보복으로 오바마 행정부가 국제 신용등급 평가회사 스탠더드앤드푸어스(Standard & Poor's)의 뒤를 조사했다는 글을 읽고 깜짝 놀랐다. 당시 재무부장관 티머시 가이트너(Timothy Geithner)가 스탠더드앤드푸어스 회장에게 오바마 행정부를 난처하게 만든 대가를 치를 것이라고 경고했다. 현재 정부가 가이트너 장관의 협박을 이행하는 중임은 분명하다.10) 나 자신은 다트머스대학교 재학 시절부터 오랫동안 친하게 지낸 무리 중 상원의원 선거에 출마한 친구에게 2만 달러를 기부한 다른 두 친구를 지원해 선거 자금 조달법을 위반했다는 혐의를 받았다. 후보자에게 선거자금으로 기부할 수 있는 금액은 최대 1만 달러다. 내가 어떤 식으로든 내 이익을 도모하려 했다는 혐의는 없다. 내 행동은 기껏해야 충분한 무기를 지닌 상대를 만나 힘겨운 (그리고 나중에 밝혀졌듯이 실패한) 전투를 치르는 친구를 돕기 위한 잘못된 노력에 불과했다. 그럼에도 불구하고 나는 최대 7년형이라는 중형을 선고받을 수 있는 두 가지 기소 조항과 맞서는 중이다.

연방법에는 수백 가지 어쩌면 수천 가지 조항이 존재한다. 따라서 정부는 어떤 잘못을 저질렀다는 이유로 모든 국민을 기소할 수 있다. 더 정확히 말하자면 정부에는 자신이 기소하고 싶은 사람을 결정할 힘과 재량이 있다. '정부 관료가 일시적으로 부리는 변덕 때문에 사람들이 일상적으로 하는 행위를 이유로 고발당할 수 있는 잠재적인 위협에 노출되는 경우 시민의 자유가 위험에 처함'은 분명하다. 이 말은 시민의 자유를 위해 싸우는 변호사 하비 실버글레이트(Harvey Silverglate)가 최근에 발표한 책『하루에 저지를 수 있는 세 가지 중대한 범죄(Three Felonies a Day)』에 나온 구절이다. 실버글레이트는 평범한 시민은 웹서핑에서부터 돈을 투자하고, 처방된 약을 구입하고, 물건을 사고, 자선 단체에 돈을 기부하는 일에 이르기까지 일상생활을 계속하는 동안 자신이 하는 평범한 행위가 각종 약물 관련법이나 금융 거래 규제법, 상거래 규제법, '고지의무'법, 공무 집행 방해법 및 개인 정보 '유출' 방지법, 공갈 협박 방지법, 반테러법 같은 연방법을 위반하는 행동으로 해석될 수 있음을 깨닫지 못한다고 주장한다.

정부는 진통제를 처방한 의사를 '마약 거래' 혐의로 고소하기 위해 앞에서 나열한 법을 사용했다. 고객의 기밀을 지켜야 하는 변호사는 '공무 집행 방해법'에 부딪쳤다. 기자는 자료의 출처나 정보원에 관한 정보를 공개했다는 이유로 기소된다. 일상적인 업무를 수행하던 기업 임직원이나 평화적으로 정치 활동을 펼치던 운동가가 공갈 협박 방지법을 위반했다는 혐의로 체포될 수 있다. 좋은 뜻에서 자선 단체에 돈을 기부한 기부자가 테러리스트로 의심받는 사람이나 집단과 묶일 수 있다. 실버글레이트는 이제 정부가 법을 준수하는 국민을 보호하기는커녕 일상적으로 이들을 목표물로 정하고 고소한다고 적었다.

사람들은 대개 자신이 무슨 일을 했는지 알지 못한다. 앞에서 열거한 법 중 상당수가 자신이 준수하는지 위반하는지를 사람들이 미리 판단하기가 불가능할 정도로 대단히 애매하다. 나는 이 말을 증명할 수 있다. 이런 애매모호함이 정부에는 도움이 된다. 정부 관료가 어떤 사람의 뒤를 추적할지 결정하는 데 재량을 발휘할 여지를 남기기 때문이다. 실버게이트가 쓴 책의 서문에서 시민의 자유를 옹호하는 하버드 로스쿨 교수 앨런 더쇼비츠(Alan Dershowitz)는 정치적 편의에 따라 적용 범위를 확대하거나 축소할 수 있는 '마치 아코디언 같은 형법'에 관해 썼다. 실버게이트는 "유연한 연방법 덕분에 자기 잇속만 차리는 미국 검사들이 정적을 쓰러뜨리기가 대단히 쉬워졌다."고 적었다.

연방 검사는 정치적으로 중립적인 존재가 아니다. 연방 검사는 행정부의 이해관계에 따라 행동할 가능성이 높다. 연방 검사를 임명하는 주체가 행정부기 때문이다. 검찰의 고발은 시작점에 불과하다. 더쇼비츠는 정부에는 아무리 죄가 없더라도 사람들이 어쩔 수 없이 죄를 인정하도록 만드는 방법이 있다고 썼다. 더쇼비츠는 "연방 형법은 터무니없이 높은 형량을 부과하며 대부분 의무적인 최소 형량을 규정한다. 높은 형량을 선고받을 수 있다는 위협이 존재하기 때문에 결백한 사람조차 검찰 측이 가하는 압박을 이기느라 엄청난 대가를 치른다. 오늘날 형사 법정에 선 거의 모든 피고인이 유죄 판결을 받을 사건에서 위험을 무릅쓰고 가혹한 형량을 받을 가능성이 있는 어떤 시도에 나서기보다는 혐의를 '축소'하기 위해 순순히 유죄를 인정하는 이유다."

다음은 실버게이트가 쓴 글이다.

결백한 행위를 중죄로 왜곡해 기소하는 검찰의 부당한 행동이 죄 없는 많은 사람의 인생과 경력을 망쳤다. 가정이 완전히 파괴됐고 수많은 인간관계와 모든 사회생활이 산산이 부서졌다. 실제로 법무부가 사용하는 기법이 발휘하는 가장 치명적인 효과는 시민 사회에서 사회적으로 도움을 주는 중요한 관계를 망가뜨린다는 점이다. 가족들은 서로 싸웠다. 친구들은 결코 정직하지 않은 증언이라도 어쩔 수 없이 법정에 서서 친구의 입장과 반대되는 진술을 해야 했다. 기업은 흔적도 없이 사라지는 사태를 막기 위해 사실과 완전히 반대되는 시나리오에 따라 직원과 동업자를 향해 등을 돌렸다. 신문 기자는 서로 신뢰하던 비밀 정보원과 대립했다. 정부에 대해 비판하던 사람들이 속한 예술가 집단은 정부의 말도 안 되는 괴롭힘에 시달렸다. 변호사와 고객은 서로의 적으로 변했고 의사와 환자도 마찬가지였다. 병을 앓거나 불운한 일이 닥친 사람들이 치료받거나 문제를 처리하고자 할 때 자신을 맡길 수 있는 전문가에게서 등을 돌리도록 엄청난 압력이 가해졌다. 정부가 무자비하게 공격을 가해 이처럼 사회적으로 반드시 필요한 전문적인 관계를 산산조각 내는 상황에서 이익을 취할 수 있는 사회는 존재하지 않는다.

실버글레이트는 이렇게 썼다. "연방 형사 제도를 관찰하던 현명한 사람들은 오래 전부터 유죄를 인정한 사람이 정말 비난받을 만한 죄인이라고 생각하지 않았다. 진실을 희생해 위험을 모면하려는 생각에서 그런 행위를 하는 경우가 너무나 흔했기 때문이다." 실버글레이트가 쓴 책의 부제는 당연히 "어떤 식으로 연방 정부가 죄 없는 사람들을 목표물로 삼는가?"다. 이런 일이 미국에서 벌어진다고 생각하지 않는 사람들은 실버게이트의 책을 읽고 잠에서 깨기 바란다. 부당한 행위가 자신에게 일어난다면 분명 믿게 될 것이다. 실버글레이트가 내린 결론에 대한 논란은 존재하지 않는다. "어떤 업무 분야든 어떤 사회 계급이든 안전한 곳은 없다." 그리고 이제 정부는 원한다면 누구에게든 고통을 안길 힘을 지녔다.[11] 감시는 그야말로 어느 누구도 안전하지 않음을 확인시키는 도구다.

정부의 감시 활동을 가리던 비밀의 장막은 찢어졌다. 하지만 오바마 행정부는 감시 체제, 즉 미국판 파놉티콘을 유지하는 이유를 의회 및 사법부에 납득시키기 위해 치열하게 싸움을 벌이는 중이다. 이제 미국인이 나서서 감시 체제를 축소해야 한다. 조만간 선출직 공무원과 법관조

차 두려움을 느낀 나머지 정부에 반대하지 못할 만큼 감시 체제가 확대
될 것이기 때문이다. 결국 정부는 이들에 대해서도 광범위한 자료를 보
유할 것이다. 이 시점이 되면 견제와 균형이라는 미국이 추구하던 원칙
이 붕괴될 것이며 미국인은 전체주의 사회에서 살게 될 것이다. 진보주
의자들이 완전한 통제와 복종을 이용해 자신의 계획을 실천에 옮긴다
면 미국은 진정한 의미에서 악의 제국이 될 것이다. 그러면 1776년처럼
다시 한 번 뭉쳐 정부를 타도함이 미국 국민이 해야 할 의무이자 권리
가 될 것이다.

# 제16장

---

## 몰락은
## 선택이다

★

우리는 서구화한,
더 정확히 말하면 미국화한 세계의 모습에
너무나 익숙한 나머지 그 길을 걷지 않았다면
세계가 어떤 모습을 할지 거의 상상하지 못한다.[1]

– 마틴 자크(Martin Jacques), 『중국이 세계를 지배하면(When China Rules the World)』

만약 포스트 아메리칸 시대가 온다면 놀라운 모습으로 등장할 것이다. 놀라움은 포스트 아메리칸 시대가 등장한다는 사실이 아니라 이 시대가 보여줄 모습에서 비롯한다. 나는 예전에 어빙 크리스톨(Irving Kristol)이 "서구 문명은 몰락하는 중입니다. 하지만 몰락은 천천히 진행될 것이므로 우리는 그 동안 풍요로운 삶을 누릴 수 있습니다."고 말하는 소리를 들었다. 나는 크리스톨이 살던 시대에는 크리스톨의 말이 옳았다고 생각한다. 하지만 이제 크리스톨은 세상에 없다. 몰락은 언제나 천천히 일어나지 않는다. 때로는 대단히 빨리 일어난다. 이를 가리켜 우리는 붕괴라고 부른다. 광란의 20년대(Roaring Twenties, 미국의 1920년대)는 1929년 대공황 사태로 끝났다. 신문 배달원에게 수익성이 있을 법한 주식에 관한 정보를 얻는 투자자의 모습으로 상징되던 급속한 번영은 주식 시장이 폭락하면서 모든 것을 잃고 창밖으로 몸을 던져 생을 마감한 사람들의 이야기로 막을 내렸다. 사람들은 국가가 천천히 몰락하듯 자신의 삶도 서서히 몰락할 것이라 기대한다. 그래야 변화에 적응할 수 있기 때문이다. 하지만 늘 그렇듯 삶은 그런 식으로 흘러가지 않는다.

소비에트 연방은 수십 년에 걸쳐 몰락의 길을 걸었다. 그러나 붕괴는 갑자기 찾아왔다. 단 몇 년 사이에 일어난 일이었다. 1989년 베를린 장벽이 무너진 뒤 동유럽 전역에서 번진 저항의 물결이 소비에트 연방을 덮치자 1992년 마침내 공산당이 스스로 문을 닫았고 공산주의 정권이 사라졌다. 미국의 몰락은 긴 기간에 걸쳐, 예를 들어 50년 동안 서서히 진행될 수도 있고 급격하게 진행될 수도 있다. 나는 전자이기를 바라지만 후자가 될 것이라 예상한다. 내 예상은 나를 두렵게 만드는 데서 그치지 않는다. 어떤 책임감으로 나를 채우기도 한다. 나는 우리가 미국의 시대가 막을 내리는 모습을 목격하는 (그리고 이 흐름을 허용하는) 세대가 되기를 바라지 않는다.

미국의 시대가 종말을 맞이하는 시기는 동양의 지위가 상승하는, 다시 말해 아시아의 지위가 상승하는 시기와 맞물린다. 역사적으로 볼 때 아시아의 지위 상승은 예전으로 복귀함을 의미한다. 역사상 거의 모든 기간 동안 아시아가 세계를 지배했다. 기원후 5세기 무렵 로마 제국이 붕괴했을 때부터 1750년 무렵까지 중국과 인도는 전 세계에서 가장 거대하고 가장 부유하며 가장 강력한 두 문명이었다. 8세기 무렵부터 중국과 인도에 이슬람 문명이 합류했다. 종교적으로 유대교의 영향을 받기는 했으나 이슬람 문명 역시 동양 문명이다. 사람들이 이 지역을 중동이라고 부르는 이유다. 힘을 합쳐 세계를 지배하는 동안 아시아 강대국들이 전 세계 국내 총생산의 4분의 3을 책임진 반면 상대적으로 벽지에 해당했던 유럽은 전 세계 국내 총생산의 10퍼센트 정도만을 책임졌다.[2] 그러다가 지난 몇 세기 동안 서양이 세계를 지배했다. 이 기간을 가리켜 서양의 시대라고 부를 수 있다. 그중 마지막 50년은 미국의 시대였다.

서양 밖에서 활동하는 학자들과 이야기할 때 이들은 마치 서양의 시대가 이미 끝난 것처럼 말한다. 비서구 학자들이 종종 입에 올리는 문구 중 하나가 '미국 이후에는……'이다. 해외에서는 미국이 끝날 것인지 아닌지가 아니라 누가 미국을 대신할 것인지에 대해 논쟁이 벌어진다. 주요 후보자는 러시아와 브라질, 인도와 중국이지만 전문가들은 중국이 승리를 거둘 것이라고 예상한다. 중국 인민대학교 교수 캉샤오광(康曉光)은 "이제 국가 지도자 사회에서부터 학계 및 일반인에 이르기까지 모든 사람이 서양을 얕본다."[3]고 말한다. 무심코 자신감을 풍기는, 심지어 거만하기까지 한 이들의 말을 들을 때 나는 놀라움을 느낀다. 나는 서양의 우월함이 단단하게 자리잡았던 시기[미국 학교에서는 이를 유럽 중심주의(Eurocentrism)라고 불렀다]에 성장했다. 뭄바이의 거리를 오가는 학생이었던 내게 유럽 중심주의는 중력의 법칙만큼이나 확고한 것으로 생각됐다. 유럽 중심주의는 어느 정도까지는 서양인을 우월한 존재처럼 보이게 만들고 인도인에게 열등감을 심어주는 역할을 했다. 인도인이 느끼는 열등감은 인종차별주의에서 기인하지 않았다. 독립 후 인도에 인종차별주의자 근처에 갈 만한 백인은 없었다. 서양의 지배로 인해 인도인은 자존심에 상처를 입었다. 자신에게는 없는 어떤 요소가 서양인에게는 있음을 깨달아야 했기 때문이다. 서양인의 나라는 세계를 지배했으나 인도인의 나라는 그러지 못했다. 서양인의 삶과 결정은 인도인이 이루지 못한 방식에 따라 전 세계에 영향을 미쳤다. 원래 정복 활동을 발판 삼아 세계를 지배하게 되기는 했지만 서양인들은 명백히 자신이 지닌 자원을 이용해 다른 모든 이를 정복할 힘을 키웠다. 다시 말해 서양인들은 다른 지역을 정복하기 위한 활동에 나서기 전부터 남들보다 강했음이 틀림없었다.

하나씩 검토하는 과정에서 우리는 서양이 가진 힘의, 그리고 현재 미국이 차지한 패권의 진정한 원천이 경제력이었음을 깨달았다. 미국이 지닌 진짜 힘은 모든 사람을 철저하게 굴복시킬 수 있다거나 심지어 모든 사람이 미국의 스타일이나 문화를 존중한다는 사실이 아니었다. 오히려 미국이 지닌 군사적 · 정치적 · 문화적인 힘은 모두 미국의 풍요로움에서 유래했다. 미국이 가진 부가 미국이 다른 어떤 나라보다 훨씬 수준 높은 군대를 보유할 수 있게 했다. 이와 마찬가지로 미국이 가진 부가 미국인을 자신감 넘치고 창조적인 사람들로 만들었다. 이것이 미국 문화에서 저항할 수 없는 매력, 즉 개성과 성공에 관한 매력이 흘러넘쳤던 이유다. 이제 나는 미국이 몰락하는 경우 미국인의 생활 수준이 상대적으로 다른 국가 국민보다 떨어질 뿐만 아니라 미국이 내린 결정이 예전보다 중요하게 생각되지 않을 것임을, 그리고 미국의 관습과 문화가 점점 주변으로 밀려나 사람들의 관심을 얻지 못할 것임을 깨닫는다. 미국인이 멕시코를 바라보는, 마치 은혜를 베푸는 듯한 모욕적인 시선에 대해 생각해보자. 앞으로 다른 사람들이 미국인을 바라볼 시선이다. 아니, 정정하자. 서양 밖에 존재하는 많은 지식인이 현재 그런 식으로 미국인을 바라본다. 내가 사는 동안 서양인에게서 동양인에게로 자신감이 이동했다. 정말 놀라운 일이다.

어떤 의미에서 보면 동양의 지위가 상승한 사건은 미국적인 성공 이야기다. 미국인뿐만 아니라 전 세계를 위한 새로운 공식을 창조함은 미국 건국의 아버지가 의도한 바였다. 평범한 사람의 행복을 위해 1776년에 만들어진 공식이었다. 미국에서 발명된 공식이기는 했으나 이 공식이 미국인의 이익만을 위해 만들어진 공식이었던 적은 한 번도 없었다. 미국 예외주의는 항상 미국 보편주의와 연결됐다. 미국 독립 선언서가 '모든 미국인'이라고 하지 않고 '모든 사람'이라고 말한 이유다. 미국은 다른 국가가 떠오르는 모습을 보고자 한다. 그러나 다른 국가가 정복 활동이 아닌 부의 창출을 기반으로 성공하는 모습을 보고자 한다. 중국과 인도는 부를 창출했기 때문에 성장했다. 두 나라는 미국이라는 교사 밑에서 제대로 배웠다.

이제 미국과 관련된 사례에서 짐작할 수 있듯이 중국이 가진 경제적인 힘이 군사적인 힘으로, 궁극적으로 문화적인 힘으로 탈바꿈할 것이다. 믿기 어려운 일처럼 보일지도 모르지만 중국 자동차와 중국 패션, 중국 음악, 중국 음식이 대단하게 보이게 될 것이다. 이 같은 결과는 중국이 정복 활동을 벌인 데서가 아니라 부를 창출한 데서 나온 산물일 것이다. 이런 의미에서 중국은 노력해서 얻은 성공을 즐기는 중이다. 조금 덜하기는 하지만 인도도 마찬가지다. 전반적으로 나는 두 나라가 성공한 모습을 보며 기쁨을 느낀다. 중국인과 인도인은 스스로 1776년을 대표하는 정신을 어느 정도 받아들였다.

나는 동양의 지위 상승이 진보주의의 종말과 함께 올 것임을 전하는 데서도 기쁨을 느낀다. 이 현상 중 일부는 당연하다. 한 국가가 몰락할 때 해당 국가에서 우선적으로 생각했던 많은 생각 및 가치와 이데올로기도 함께 몰락한다. 과거 서양의 진보주의자들이 국제회의가 열리는 장소에서 자신의 정치적 선택에 대해 장광설을 늘어놓았을 때 회의에 참석한 중국인이나 인도인, 브라질인은 억지로 고개를 끄덕였다. 그러나 현재 아시아와 아프리카, 남아메리카를 지배하는 슬로건은 '서구화하지 않는 근대화'다. 여기서 말하는 '서구화'란 진보주의를 의미한다. 동양은 서양의 기술이나 서양의 경제 구조를 거부할 의도가 전혀 없다. 그러나 동양은 오히려 점점 더 서양의 가치를 거부한다. 이 중 대부분은 1776년을 대표하는 가치가 아니라 1968년을 대표하는 가치다. 동양은 도덕이 땅에 떨어지고 가족이 해체되고 대중문화가 천박해지는, 동양이 미국 및 서양 국가와 결부해 생각하는 결과가 자국에 나타나는 모습을 보고싶어 하지 않는다. 이는 '미국적인' 특징이 아니라 진보주의적인 특징이다. 아시아인은 미국 보수주의자의 의견에 동의한다. 아시아인은 진보주의를 거부하고 가급적 진보주의가 사회에 영향을 미치지 않기를 바란다. 한 인도인은 내게 이렇게 말했다. "우리 가정과 사회는 건강합니다. 우리가 이런 쓰레기 같은 생각을 수입하고 싶어 할 이유가 무엇입니까?" 일찍이 동양은 근대화와 서구화를 함께 바랐다. 그러다가 근대화는 원하지만 서구화에는 관심을 보이지 않게 됐다. 이제 동양은 서구화 없이 근대화를 이룩하고자 한다.

서양에 사는 사람들에게 아시아의 세계 지배가 가하는 진짜 충격은 미국이 더는 세계 운영에 관여하지 않았을 때 세계가 얼마나 다르게 운영될 것인지를 목격한다는 점이다. 역사와 지도, 시간과 장소에 관한 사람들의 생각이 모두 변해야 할 것이다. 현재 역사책은 제1차 세계대전과 제2차 세계대전에 대해 이야기한다. 그러나 사실 두 전쟁은 세계대전이 아니었다. 유럽 국가 사이에서 벌어진 전쟁이었다. 나는 지금부터 한 세기 후 전쟁에 참여한 일본의 관점이 따로, 더 중요하게 다뤄질 때

두 전쟁이 어떻게 기억될지 궁금하다. 사람들은 유럽이 세계의 중심을 차지하고 중국이 변두리에 있는 지도를 보는 데 익숙하다. 중국인은 중국이 중심에 오는 지도를 갖고 싶어 한다. 16세기 예수회 선교사들이 중국에 도착했을 때 중국인이 작성한 지도를 보고 깜짝 놀랐다. 16세기는 유럽이 확장을 시작하던 시대였다. 그러나 중국이 세계를 지배하는 시대가 되면 (중국인뿐만 아니라) 모든 사람이 중국을 중심에 두고 유럽과 미국을 변두리에 둔다는 생각을 당연하게 여길 것이다. 지도는 현실을 반영할 것이다. 중국 중심의 사회가 오면 사람들의 모든 생각이 바뀌어야 할 것이다.

중국이 지배하는 세계가 다가오는 중임을 아는 많은 미국인은 중국인이 동양인처럼 생기기는 했으나 미국인처럼 사고하는 사람이라고 생각하며 자신을 위로한다. 이는 자민족 중심주의적이자 근시안적인 생각이다. 만약 이슬람교도가 세계를 지배한다면 세계가 어떤 모습으로 바뀔지 알고싶은 경우 과거 이슬람교도가 세계를 지배했을 때 세계가 어떤 모습이었는지 확인하는 편이 도움이 된다. 이와 마찬가지로 과거 중국이 세계를 지배하는 열강이었던 시절 세계가 어떤 모습이었는지를 살펴보면 앞으로 다가올 중국 중심의 세계에 관한 단서를 얻을 수 있다. 마틴 자크가 발표한 책 『중국이 세계를 지배하면』에서 인상적으로 수행한 작업이다. 성인 시절 대부분을 동양에서 보내 동양 사회에 대해 잘 아는 학자가 쓴 이 책은 중국인이 자신만의 방식대로 전 세계에서 일어나는 사건을 처리하고자 하는 독특한 민족임을 보여주기 위해 중국 역사와 중국인의 사고방식을 깊이 파헤친다. 한 가지는 확실하다. 중국인은 미국인이 아니며 중국인의 방식은 미국인의 방식과 다르다는 사실이다. 그럼에도 불구하고 오늘날 중국의 모습에는 내게 과거 미국이 추구한 방식을 떠올리게 만드는 부분이 존재한다.

자크는 상하이 소재 동중국국립대학교에서 철학과 교수로 근무하는 가오 루이취안[高瑞泉]의 말을 인용한다. "중국은 어른이 되고 싶어 안달 난 사춘기 청소년과 같다. 사춘기 청소년은 자신의 목표가 무엇인지 알고 가급적 빨리 목표에 도달하고 싶어 한다. 항상 실제 나이보다 훨씬 나이 든 사람처럼 행동하고 자신이 처한 현실을 끊임없이 잇는다."4) 뤼이취안 교수는 이 말을 비판하는 의미에서, 정확히 말해 자국을 비판하는 의미에서 했다. 그러나 흥분과 기대, 자신감이 뒤섞인 이런 태도에서 나는 1776년을 대표하는 정신을 본다. 미국이 건국되고 반세기가 지났을 때 토크빌이 미국에서 보고 기록한 바로 그 정신이다. 여기서 중요한 질문이 등장한다. 이제 1776년을 대표하는 정신은 어디에 있는가? 중국과 인도, 그리고 다른 곳에서는 그 정신을 찾을 수 있다. 하지만 미국에서는 어디를 가야 발견할 수 있는가?

나는 이 질문으로 되돌아올 것이다. 하지만 지금은 자크가 묘사한, 중국이 움켜쥔 패권이 미국이 차지한 패권과 어떻게 다른 모습을 보일 것인지에 관한 이야기를 조금 더 하고자 한다. 자크는 "중국인이 문화와 민족을 기반으로 하는, 깊고 계층적인 시선으로 세계를 바라본다."5)는 사실을 지적한다. 중국인은 민주주의자도, 평등주의자도 아니다. '다양성'을 믿지도 않는다. 중국인은 '중국이 그린 그림에 따라 전 세계의 문화와 민족 질서를 완전히 뒤바꾸기'를 원하며 시간이 흐른 뒤 자신이 원하는 목표를 달성할 가능성이 높다. 중국이 무너졌을 때 중국인들은 민족적·문화적 열등감을 받아들이고 느끼며 살았다. 중국이 떠오르는 순간 중국인들은 민족적 · 문화적 우월성을 주장할 것이다. 중국인들은 미국 달러화가 아닌 중국 위안화를 기축 통화로 요구할 것이다. 또한 영어를 대신해 중국어를 공용어로 내세울 것이다. 그러나 이것은 '작은' 변화에 지나지 않는다. 자크는 훨씬 더 큰 변화를 이야기한다.

역사적으로 중국은 다른 나라를 정복하기보다는 다른 나라가 중국 질서를 따르고 중국 질서의 우월함을 깨닫는 방향을, 그리고 이들이 중국에 공물을 바치는 방향을 추구했다. 자크는 중국인들이 옛 질서를 다시 세우리라 예상한다. 기본적으로 중국인들은 식민주의를 회복할 길을 모색하지만 이번에는 중국적인 방식을 따를 것이다. 중국인들은 아시아와 아프리카, 남아메리카의 지배자가 되기를, 궁극적으로는 유럽과 미국의 지배자가 되기도 바란다. 이미 중국인은 해외에 엄청난 돈을 투자해 땅과 채굴권을 사들이면서 영국이 2세기 전 했던 방식과 똑같이 자신이 진출할 거점을 확보했다. 중국인은 자신이 더 나은 대안처럼 보이도록 약삭빠르게 반미 정서를 이용하는 중이다. 그러나 중국인은 훨씬 더 큰 패권을 원하며 다른 국가에 과거 미국이 바랐던 수준보다 더 깊이 복종하기를 요구할 가능성이 높다. 궁극적으로 중국의 지배는 미국으로까지 확대될 수도 있다. 앞으로 미국 대통령은 발언 기회를 얻기 전 중국 관료 앞에서 머리를 숙여야 할지도 모른다.

게다가 중국인은 전 세계 지도자의 자리를 공유하는 데 관심이 없다. 이들은 해야 하는 만큼만 권력을 나눠가질 것이다. 그러나 중국의 목표는 단일 패권이다. 중국인의 모토는 "우리의 힘을 숨기고 우리의 때를 기다려라."는 덩샤오핑의 말이다. 중국은 군사력을 키우고 자국이 보유한 핵무기를 근대화하는 중이다. 중국은 강력한 해군을 양성하고 있다. 인구를 고려할 때 당연한 이야기지만 중국은 단연코 가장 많은 병력을 전쟁터에 배치할 수 있다. 기술의 시대에는 병력 수가 그다지 중요하지 않게 보일지도 모른다. 그러나 기술력이 동등하다면 숫자가 결정적인 요인이 된다. 이런 상황을 생각해보자. 미국은 무장한 남성과 여성 200만 명을 거느린 반면 중국은 1억 명이 훨씬 넘는 병력을 전쟁터에 내보낼 수 있다! 미군 병력을 고려할 때 사상자가 50만 명이 발생한다면 끔찍한 상황이 될 것이다. 하지만 똑같은 규모로 사상자가 발생한다면 중국은 알아채지도 못할 것이다. 자크는 중국이 실제로 미국과 전쟁을 벌일 생각이 없다고 주장한다(나도 동의한다). 정확히 말해 중국은 자국과 미국이 벌이는 전쟁이 절대적으로 미국의 죽음을 초래할 것이며 따라서 미국이 전쟁을 치르지 않은 채 중국의 힘 앞에 무릎을 꿇을 것임을 보여주고자 한다. 과거 소비에트 연방이 달성하지 못한 목표를 중국은 앞으로 다가올 기정사실로 본다. 미국이 '총 한 번 쏘지 않고' 냉전에서 승리했듯이 중국도 미국과 벌일 다음 전쟁에서 총 한 번 쏘지 않고 승리하려고 한다.

중국과 인도, 브라질, 러시아는 모두 부의 창출로 인해 점점 더 부유해지고 강해진다. 하지만 이 네 나라의 지도자는 부의 창출이 힘을 얻는 한 가지 방법임을 인정하면서도 힘을 얻는 또 다른 방법인 다른 민족에 대한 정복 활동을 결코 포기하지 않았다. 실제로 네 나라의 지도자는 부의 창출을 자국의 군사력을 키우는 길로 본다. 부를 통해 얻은 힘은 정복 활동을 이용해 더 많은 부를 얻는 데 활용될 수 있다. 내가 하는 말이 무슨 의미인지 알고 싶다면 인류가 광물과 에너지 자원이 풍부하지만 이미 평화를 사랑하는 외계인이 사는 새로운 행성을 발견하는 상황을 상상해보라. 미국이라면 자신에 외계인을 정복할 권리가 있다고 생각하고 새로운 행성을 빼앗을까? 아니다. 미국은 더는 정복자의 윤리에 지배받지 않는다. 그러나 중국은 그렇게 할 것이다. 중국은 정복자의 윤리를 포기한 적이 한 번도 없다. 아직도 세계에 미국이 필요한 이유다. 미국은 여전히 강제로 빼앗는 방법이 아니라 발명과 상업을 이용해 부를 획득해야 한다는 생각의 수호자다.

지도자의 위치와 힘을 유지한다는 측면에서 어느 누구도 미국이 심각한 도전에 직면한 상태임을 부인하지 못한다. 이런 사실을 미루어볼 때 오바마 행정부의 행동, 더 일반적으로 말해 진보주의자들의 행동은 현실과 동떨어졌다고밖에 하지 못한다. 나는 진보주의자들이 타이태닉호가 가라앉는 동안 음악을 연주하던 바이올리니스트 같다고 말하고 싶다. 이 장면에서 오바마 대통령은 자신이 처한 더 큰 현실을 잊고 음악에 몰두하던 그 이상한 지휘자일 것이다. 그러나 이런 비유는 타이태닉호에서 음악을 연주하던 오케스트라 단원 입장에서 보면 부당하다. 이들의 연주는 완전히 합리적이었다. 단원들은 배가 가라앉는 중임을, 자신이 할 수 있는 일은 아무것도 없음을 잘 알았다. 그래서 음악을 연주해 아무리 작더라도 자신들이 줄 수 있는 기쁨을 사람들에게 선사하겠다고 용감하게 결심했다. 그러나 미국의 입장에서 보면 미국인이 할 수 있는 일이 존재한다. 하지만 오바마는 어떤 일도 할 생각이 없는 것 같다. 내 말은 오바마가 전 세계가 처한 현실에 대해 무지하다는 의미가 아니다. 사실 오바마는 아주 잘 안다. 진보주의자의 관점에서 보면 오바마의 행동도 합리적이다. 타이태닉호를 미국의 시대를 나타내는 상징물이라고 가정하면 오바마는 배가 가라앉기를 바라는 사람이다.

오바마 대통령은 미국의 몰락이라는 청사진의 설계자고 진보주의는 미국의 자살을 이야기하는 이데올로기다. 이 책에서는 오바마와 진보주의자들이 무슨 일을 벌이는가에 대해 살펴보았다. 진보주의자를 50년 동안 성공 가도를 달리던 농구팀을 맡은 인물이라고 가정하자. 미국인은 팀을 계속해서 승리로 이끌어달라고 진보주의자를 감독과 코치로 선임했다. 하지만 진보주의자는 팀이 반드시 패배하도록 경기를 계획했다. 진보주의자가 이렇게 행동한 이유는 팀을 증오했기 때문이 아니라 팀이 이토록 많이 승리하는 상황이 잘못됐다고 생각했기 때문이었다. 진보주의자는 과거 오랫동안 쌓인 승리의 기록이 착취를 바탕으로 했으며, 그렇기 때문에 우리 팀이 그토록 많은 승리를 거두지 않았다면 모든 사람에게 더 좋았을 것이라고 주장했다. 이런 코칭스태프가 있다면 누구든 이들을 쫓아냈을 것임이 거의 분명하다. 우리는 먼저 어째서 우리가 진보주의자를 고용했는지 자문해야 한다.

현재 이런 코칭스태프를 임명하기는 했지만 그렇다고 몰락이 필연적인 결과는 아니다. 몰락은 선택이다. 미국인은 오바마 대통령과 진보주의자가 미국을 쓰러뜨리도록 두지 말아야 한다. 미국인은 분명 또 다른 감독으로 오바마 같은 인물을 임명하지 말아야 한다.

여러분은 더는 중요한 역할을 수행하지 못하는 나라에서, 아메리칸 드림이 하찮고 보잘 것 없는 꿈으로 전락한 시대에서, 진정한 힘을 대신해 고통과 불만을 안기는 쓰라린 힘이 지배하는 세계에서, 더는 자손들이 지금보다 더 나은 삶을 살 것이라 기대하지 못하는 상황 속에서 살기를 원하는가? 그리스와 터키, 프랑스와 영국은 모두 한때 위대했으나 시대에 뒤처지지 않기 위해 싸워야 했던 나라다. 하지만 적응할 시간이 충분히 있었음에도 이 나라 국민의 얼굴에는 여전히 패배감이 남아 있다. 항상 뒤처졌다면 뒤처진 상황은 그다지 나쁘지 않다. 그러나 과거 세계를 주도하던 국가가 뒤처지는 상황. 그것은 국민의 마음에 영원히 사라지지 않을 흉터를 남기는 상처다.

나는 이런 일이 미국에 일어나지 않기를, 이 나라를 건설했으며 한 세대 전 이곳에 왔을 때 여전히 내 눈에 보였던 낙관주의가 무너지지 않기를 기도한다. 이런 일이 일어나서는 안 된다. 미국이 직면한 비판은 또 다른 기회이기도 하다. 그러나 미국인에게는 주저할 시간이 없다. 주저하면 비판은 영원히 되돌리지 못하는 상황으로 바뀐다. 그렇게 되면 미국인은 자신에게 실망을 안길 뿐만 아니라 자손에게도 실망을 안길 것이다. 미국인이 미국을 구원할 위치에 있었다면 미국에도 실망을 안길 것이다.

사실 미국은 현재 역사적으로 두어 차례밖에 일어나지 않은 상황에 놓여있다. 지금은 미국의 미래가 어떻게 될지 모르는 미묘한, 그리고 미국인이 미래를 위해 어떤 일을 할 수 있는 보기 드문 시기다. 이런 상황이 1776년, 미국인이 새로운 나라를 건국할 것인지 아니면 영국의 지배를 받으며 살 것인지 결정해야 했던 해에 벌어졌다. 미국의 건국과 관련된 위기였다. 이런 상황은 1860년, 미국인이 연방을 유지할지 아니면 해체되도록 둘지 결정해야 했던 해에 다시 한 번 발생했다. 미국의 유지와 관련된 위기였다. 이제 미국인은 미국의 시대를 수호하고 미국이 모범을 보이는 상황을 끝까지 유지할지 아니면 국내와 해외에서 활동하는 반대론자들이 미국을 쓰러뜨리게 둘지 선택해야 한다. 이는 미국의 부활과 관련된 위기다.

미국인이 좋아하든 좋아하지 않든 지금은 전 세계 역사상 미국이 주도하는 시대다. 미국의 시대는 영원히 계속되지 못한다. 하지만 아주 오랫동안 지속될 수는 있다. 1776년을 대표하는 정신이 전 세계 곳곳에 뿌리를 내리는 중이다. 이 같은 일은 미국인의 주도하에서 일어날 수도, 미국인 없이 일어날 수도 있다. 앞서 일어난 위기에서는 지도력을 발휘한 위대한 미국인과 헌신적으로 책임을 다 하며 용감한 모습을 보인 평범한 미국인이 등장했다. 두 부류의 미국인은 힘을 합쳐 미국의 시도가 정당함을 입증했다. 그렇다면 우리는 어떤 유산을 남길 것인가? 미국 국기가 계속 휘날리도록 할 것인가 아니면 진보주의자들에게 굴복해 흐느껴 울며 자멸의 길로 향할 것인가? 나는 미국인이 부활 작업을 수행할 역량이 있음을 보여줄 것이라고 믿는다. 그러나 어떤 일이 일어나든 이제 미국인이 나설 차례다. 역사는 미국인이 어떤 식으로 문제를 이겨나갔는지를 보고 판단할 것이다. 몰락은 선택이다. 하지만 자유도 마찬가지다. 미국인으로서 자유를 선택하겠다고 굳게 다짐하자.

# 주석

---

## 제 1 장 : 국가의 자살

1. 로버트 프로스트, "A Case for Jefferson," in Edward Connery Lathem, ed., *The Poetry of Robert Frost* (New York: St. Martin's, 1975), p. 393.

2. 알베르 카뮈, *The Myth of Sisyphus and Other Essays* (New York: Vintage, 1991), pp. 3, 28, 31.

3. 에이브러햄 링컨, Lyceum Address, January 27, 1838, abraham lincolnonline.org.

4. 버락 오바마, Inaugural Speech, January 20, 2009, whitehouse.gov.

5. 자코모 키오차, "America"s Global Advantage," *Political Science Quarterly*, Summer 2011; 스티븐 S. 코언 and J. 브래드퍼드 들롱, *The End of Influence* (New York: Basic Books, 2010), pp. 6, 14, 143; 파리드 자카리아, *The Post-American World* (New York: W. W. Norton, 2009).

6. 케네스 라고차, "By the Time Obama Leaves Office, U.S. No Longer No. 1," *Forbes*, March 23, 2013, forbes.com; 스티븐 월드, "The End of the American Era," National Interest, October 25, 2011, national interest.org.

7. 피와즈 게라게스, *Obama and the Middle East* (London: Palgrave Macmillan, 2012), pp. 13, 152.

8. 코머스 페인, *Common Sense*, Appendix to the Third Edition, ushistory.org; 알렉산더 해밀턴, 제임스 매디슨 and 존 제이, *The Federalist* (New York: Barnes and Noble, 2006), No. 1, p. 9; 조지 워싱턴, letter to James Warren, March 31, 1779.

9. 제임스 버넘, *Suicide of the West* (Washington, D.C.: Regnery, 1985), pp. 15-16, 20, 24.

10. 존 밀턴, "Paradise Lost," in *John Milton: The Major Works* (New York: Oxford University Press, 2008), p. 370-71.

11. I get this phrase from 어윈 스텔처, "The Obama Formula," *The Weekly Standard*, July 5-12, 2010, weeklystandard.com.

12. 디네시 더수자, *Obama's America* (Washington, D.C.: Regnery, 2012), pp. 67-90.

13. 프란츠 파농, *The Wretched of the Earth* (New York: Grove Press, 1963), pp. 76, 101-3.

14. 하워드 진, *A People's History of the United States* (New York: HarperPerennial, 2005), p. 10.

15. 하워드 진, *A Power Governments Cannot Suppress* (San Francisco: City Lights, 2007), p. 23.

16. Cited by 데이비드 렘닉, *The Bridge* (New York: Alfred Knopf, 2010), p. 265; 크리스토퍼 월스, "Obama Opposes Slavery Reparations," Huffington Post, August 2, 2008,

http://www.huffingtonpost.com/2008/08/02/obama-opposes-slavery-rep_
n_116506.html.

17. The "stolen goods" argument, attributed to Hardy Jones, is summarized in
Robert Detlefson, *Civil Rights Under Reagan* (San Francisco: ICS Press, 1991), p. 54.

## 제 2 장 : 두 프랑스인의 이야기

1. 알렉시 드 토크빌, *Democracy in America* (New York: Vintage, 1990), Vol. I, p. 244.

2. 에드먼드 버크, *Reflections on the Revolution in France* (New York: Penguin, 1982), p. 172.

3. 하워드 진, *A Power Governments Cannot Suppress* (San Francisco: City Lights, 2007), pp. 57-61.

4. 토크빌, *Democracy in America*, Vol. I, pp. 3, 94, 191-19, 292, 294, 303, 305, 334-35, 394, 427; Vol. II, pp. 22, 38.

5. 제임스 밀러, *The Passion of Michel Foucault* (New York: Anchor, 1994), p. 16, 20.

6. "Obamacare Freeing the Job-Locked Poets?" *New York Post*, February 7, 2014, nypost.com.

7. 놈 촘스키, 미셸 푸코, *The Chomsky-Foucault Debate* (New York: New Press, 2006), pp. 39, 41, 51-52, 138-39.

8. 미셸 푸코, "What Are the Iranians Dreaming About?" cited in Janet Afary and Kevin B. Anderson, *Foucault and the Iranian Revolution* (University of Chicago Press, 2005); see also 제프 바인트라우프, ""Foucault''s Enthusiasm for Khomeini-the Totalitarian Temptation Revisited," *New Politics*, Summer 2004, jeffweintraub. blogspot.com.

9. 폴 홀랜더, *Political Pilgrims* (New Brunswick, NJ: Transaction Publishers, 1997).

10. 미셸 푸코, *Foucault Live: Interviews*, 1961-1984 (New York: Semiotext, 1996), p. 383.

11. 밀러, *The Passion of Michel Foucault*, pp. 260-61, 264; 패트릭 무어, *Beyond Shame* (Boston: Beacon Press, 2004), p. 72; 데이비드 메이시, *The Lives of Michel Foucault* (New York: Vintage, 1993), p. 369.

12. 밀러, *The Passion of Michel Foucault,* pp. 29, 350, 381; see also 로저 킴볼, "The Perversions of M. Foucault," *The New Criterion*, March 1993.

## 제 3 장 : 세기의 새 질서

1. 존 리처드 앨든, *George Washington: A Biography*, p. 101, books.google.com.

2. 찰스 비어드, *An Economic Interpretation of the Constitution* (New York: Dover Books, 2004).

3. 놈 촘스키, "The U.S. Behaves Nothing Like a Democracy," salon.com; 하워드 진, *A People's History of the United States* (New York: HarperPerennial, 1983), pp. 74, 85-86; 하워드 진, *A Power Governments Cannot Suppress* (San Francisco: City Lights, 2007), p.116.

4. 제임스 팰러우즈, "Obama on Exceptionalism," *The Atlantic*, April 4, 2009, theatlantic.com.

5. 토머스 제퍼슨, letter to Roger C. Weightman, June 24, 1826, in 메릴 D. 피터슨 ed., *The Portable Thomas Jefferson* (New York: Penguin, 1985), p. 585.

6. 헤리 재피, *A New Birth of Freedom* (Lanham, MD: Rowman and Littlefield, 2000), p. 46.

7. 토머스 제퍼슨, *Notes on the State of Virginia* (Chapel Hill: University of North Carolina Press, 1954), pp. 120-21.

8. 알렉산더 해밀턴, 제임스 매디슨 and 존 제이, *The Federalist*, No.84 (New York: Barnes and Noble, 2006), p. 474.

9. Ibid., No. 51, pp. 288-89.

10. 유진 카멘카, ed., *The Portable Karl Marx* (New York: Penguin Books, 1983), p. 389.

11. 보브 영, "Obama's Big Time Fumble," *Arizona Republic*, May 17, 2009.

12. 공자, *The Analects* (New York: Penguin, 1986), p. 74; 폴 라허, *Republics, Ancient and Modern* (Chapel Hill: University of North Carolina Press, 1994), Vol. I, p. 44; 이븐 할둔, *Muqaddimah* (Princeton, NJ: Princeton University Press, 1967), p. 313.

13. 포레스트 맥도널드, Novus Ordo Seclorum (University Press of Kansas, 1985), pp. 11-12, 37.

14. 에이브러햄 링컨, "Lecture on Discoveries and Inventions," Jacksonville, Illinois, February 1859, cited in 마이클 노박, *The Fire of Invention* (Lanham, MD: Rowman & Littlefield, 1997), pp. 53, 58-59.

15. 해밀턴, 매디슨, 제이, *The Federalist*, No. 10, p. 53; No. 12, p. 65.

16. 토머스 제퍼슨, Letter to John Adams, October 28, 1813, *in The Portable Thomas Jefferson*, pp. 534-35.

17. 대니얼 워커 하우, *What Hath God Wrought* (New York: Oxford University Press, 2009), p. 33; 앵거스 매디슨, *The World Economy: Historical Statistics* (Paris: OECD Press, 2003), p. 261.

## 제 4 장 : 용서받지 못할 미국

1. 빌 에어즈, *Public Enemy* (Boston: Beacon Press, 2013), p. 18.

2. 빌 에어즈, *Fugitive Days* (Boston: Beacon Press, 2009), pp. 114, 126, 162, 241, 265, 294-95; 에어즈, *Public Enemy*, pp. 16, 18; 빌 에어즈, speech at the University of Oregon, May 2, 2012, theblaze.com; 디니샤 스미스, "No Regrets for a Love of Explosives," *New York Times*, September 11, 2001, nytimes.com.

3. 프랭크 마셜 데이비스, *Livin' the Blues* (Madison: University of Wisconsin Press, 1992), p. 277; 프랭크 마셜 데이비스, "How Our Democracy Looks to Oppressed Peoples," *Honolulu Record*, May 19, 1949; 폴 케고르, "Obama's Surrogate Anti-Colonial Father," October 14, 2010, spectator.org.

4. 에드워드 사이드, *The Question of Palestine* (New York: Vintage Books, 1992), pp. xxi, 37, 143; 에드워드 사이드, *The Politics of Dispossession* (New York: Vintage Books, 1995), pp. xv, xxvii, 31, 70, 82, 138, 178; 스탠리 쿠르츠, "Edward Said, Imperialist," *The Weekly Standard*, October 8, 2001, p. 35.

5. 고베르토 망가베이라 웅거, *The Left Alternative* (London: Verso, 2005), pp. xix, 80-81,128, 134-35, 143, 148, 164; 데이비드 렘닉, *The Bridge* (New York: Vintage, 2011), p. 185.

6. 제러마이아 라이트, "The Day of Jerusalem's Fall," *The Guardian*, March 27, 2008, http://www.theguardian.com/commentisfree/2008/mar/27/thedayofjerusalemsfall.

7. "Interview With David Kennedy," New River Media, pbs.org.

8. 앨런 긴즈버그, *Howl and Other Poems* (New York: City Lights , 1956), pp. 9, 22, 39-40, 43.

9. 톰 브로코, *The Greatest Generation* (New York: Random House, 2001).

10. 에어즈, *Public Enemy*, p. 39.

## 제 5 장 : 계획

1. 솔 앨린스키, *Rules for Radicals* (New York: Vintage Books, 1989), p. 12.

2. 길 트로이, *Morning in America* (Princeton, NJ: Princeton University Press, 2005), p. 36.

3. 리처드 포, "Hillary, Obama and the Cult of Alinsky," rense.com.

4. 스탠리 쿠르츠, "Obama's Third-Party History," June 7, 2012, national review.com.

5. 알렉스 코언, "Interview with Sanford Horwitt," January 30, 2009, npr.org.

6. 힐러리 클린턴, *Living History* (New York: Scribner, 2003), p. 38.

7. 존 하일먼 and 마크 핼퍼린, *Game Change* (New York: Harper, 2010), pp. 218-19.

8. 샌포드 호윗, *Let Them Call Me Rebel: Saul Alinsky, His Life and Legacy* (New York: Vintage Books, 1992); 솔 앨린스키, *Reveille for Radicals*, p. 25, books.google.com.

9. 니컬러스 폰 호프만, *Radical: A Portrait of Saul Alinsky* (New York: Nation Books, 2010), p. 82.

10. 앨린스키, *Rules for Radicals*, pp. 184-96.

11. "Playboy Interview: Saul Alinsky," *Playboy*, March 1972.

12. 앨린스키, *Rules for Radicals*, pp. ix, 25, 30-31, 36.

13. "Obama: Trayvon Martin Could Have Been Me," July 19, 2013, cnn.com; 제니퍼 시니어, "Dreaming of Obama," *New York*, September 24, 2006, nymag.com.

14. 버락 오바마, *The Audacity of Hope* (New York: Three Rivers Press), 2006, p. 11.

## 제 6 장 : 아메리카 인디언이 진 짐

1. 로버트 로열, *1492 and All That* (Washington, D.C.: Ethics and Public Policy Center, 1992), p. 19; 위노나 라듀크, "We Are Still Here," *Sojourners*, October 1991, p. 16; 글렌 모리스, "Even Columbus," *Wall Street Journal*, October 12, 1992, p. A-10; 스티븐 그린블랫, *Marvelous Possessions* (Chicago: University of Chicago Press, 1991), p. 136.

2. 프란신 우에누마 and 마이크 프리츠, "Why the Sioux Are Refusing $1.3 Billion," PBS,

August 24, 2011, pbs.org.

3. 윌리엄 맥닐, *Plagues and Peoples* (New York: Doubleday, 1976); 귄터 루이, "Were American Indians the Victims of Genocide?" *Commentary*, September 2004.

4. 크리스토퍼 콜럼버스, *The Journals of Christopher Columbus* (New York: Bonanza Books, 1989), pp. 33, 58, 116; 윌킴 워시번, "The First European Contacts with the American Indians," Instituto de Investigacao Cientifica Tropical, Lisbon, 1988, pp. 439-43.

5. 버널 디아즈, *The Conquest of New Spain* (New York: Penguin, 1963), p. 229; 하워드 진, *A People's History of the United States* (New York: HarperPerennial, 2003), p. 11.

6. 마리오 바르가스 요사, *Wellsprings* (Cambridge: Harvard University Press, 2008), pp. 125-26.

7. 루이스 한케, *Aristotle and the American Indians* (Chicago: Henry Regnery, 1959), pp. 19, 37.

8. 프레더릭 더글러스, *Life and Times of Frederick Douglass* (Park Publishing, 1882), p. 128, books.google.com.

9. 토머스 팽글, *The Spirit of Modern Republicanism* (Chicago: University of Chicago Press, 1988), p. 159.

10. 존 로크, *Two Treatises on Government* (Cambridge: Cambridge University Press, 1988), pp. 285-302.

11. 알렉시 드 토크빌, *Democracy in America* (New York: Vintage, 1990), Vol. I, p. 25; 폴 존슨, *A History of the American People* (New York: HarperPerennial, 1997), p. 352.

12. 랠프 러너, *The Thinking Revolutionary* (Ithaca: Cornell University Press, 1987), p. 163; 진, *A People''s History of the United States*, p. 125.

13. 존스, *A History of the American People*, p. 271.

14. 핸리 윌리엄 브랜즈, *Lone Star Nation* (New York: Anchor Books, 2004), p. 49.

## 제 7 장 : 아스틀란에 관한 신화

1. 패트리샤 리머릭, *The Legacy of Conquest* (New York: W. W. Norton, 1987), p. 255.

2. 버락 오바마, *The Audacity of Hope* (New York: Three Rivers Press, 2006), p. 293; 조수아 키팅, "Kerry: The Monroe Doctrine is Over," November 19, 2013, slate.com.

3. 대니얼 워커 하우, *What Hath God Wrought* (New York: Oxford, 2009), p. 659.

4. 핸리 윌리엄 브랜즈, *Lone Star Nation* (New York: Anchor, 2004), pp. 157, 191.

5. 데이비드 몬테하노, *Anglos and Mexicans in the Making of Texas* (Austin: University of Texas Press, 1987), p. 305.

6. 하워드 진, *A People's History of the United States* (New York: HarperPerennial, 2003), pp. 154, 156.

7. 하우, *What Hath God Wrought*, p. 686.

8. 에이브러햄 링컨, Speech in the House of Representatives, January 12, 1848, in 로이 바슬러 ed., *The Collected Works of Abraham Lincoln* (New Brunswick: Rutgers University Press, 1953), Vol. I. p. 115.

9. 로버트 로젠바움, *Mexicano Resistance in the Southwest* (Dallas: Southern Methodist University Press, 1998), pp. 5, 7, 20, 157; 해리 재파, *Crisis of the House Divided* (Chicago: University of Chicago Press, 2009), p. 79.

## 제 8 장 : 그들이 말하는 7월 4일

1. 해럴드 블룸, ed., *Emerson's Essays*, p. 185, books.google.com.

2. 필립 매그니스, 서배스천 페이지, *Colonization After Emancipation* (Columbia: University of Missouri Press, 2011).

3. 에이브러햄 링컨, "Address on Colonization to a Committee of Colored Men," Washington, D.C., August 14, 1862.

4. Letter from James Madison to Robert J. Evans, June 15, 1819, in 드류 맥코이, *The Last of the Fathers: James Madison and the Republican Legacy* (Cambridge: Cambridge University Press, 1989), p. 280.

5. 매그니스, 페이지 *Colonization After Emancipation*, pp. 1, 29, 32, 43-44, 47.

6. 프레더릭 더글러스, "The Folly of Colonization," January 9, 1894.

7. 필립 S. 포너 ed., *The Life and Writings of Frederick Douglass* (New York: International Publishers, 1950), Vol. I, p. 126; Vol. II, pp. 188-89.

8. 드레드 스콧 대 샌퍼드 (1857), 60 U. S. 393; 존 칼훈, Speech on the Oregon Bill, June 27, 1848, in Ross M. Lence, ed., Union and Liberty: *The Political Philosophy of John C. Calhoun* (Indianapolis: Liberty Fund, 1992), pp. 565-70.

9. 랜들 로빈슨, *The Debt* (New York: Dutton, 2000).

10. J. M. 로버츠, *The Penguin History of the World* (New York: Penguin, 1990), p. 727.

11. 마이클 P. 존슨, 제임스 L. 로악, *Black Masters* (New York: W. W. Norton, 1984), pp. 23, 132, 135-36, 141, 308; 케네스 스탬프, *The Peculiar Institution* (New York: Vintage, 1956), p. 194; 아브람 해리스, *The Negro as Capitalist* (New York: Arno Press, 1936), p. 4; 존 시블리 버틀러, *Entrepreneurship and Self-Help Among Black Americans* (Albany: State University of New York Press, 1991), p. 43; 래리 코저, *Black Slaveowners* (Charleston: University of South Carolina Press, 1985); H. E. 스틱스, *The Free Negro in Antebellum Louisiana* (Rutherford, NJ: Fairleigh Dickinson University Press, 1972).

12. 바질 데이비드슨, *The African Slave Trade* (Boston: Little, Brown, 1969), p. 255; L. H. 간, 피터 두이그넌 *Africa South of the Sahara* (Stanford: Hoover Institution Press, 1981), p. 4.

13. Cited in 로이 P. 바슬러 ed., *Abraham Lincoln: His Speeches and Writings* (Cleveland: World Publishing, 1946), p. 427.

14. 앨런 겔조, *Lincoln and Douglas* (New York: Simon & Schuster, 2009), p. 32, 82, 266-67.

15. 토머스 제퍼슨, *Notes on the State of Virginia* (New York: W. W. Norton, 1982), p. 163.

16. 에이브러햄 링컨, "Speech on the Dred Scott Decision," Springfield, Illlnois, June 26, 1857, in 마리오 쿠오모 and 해럴드 홀처, eds., *Lincoln on Democracy* (New York: HarperCollins, 1990), p. 90-91.

17. 프레더릭 더글러스, "Address for the Promotion of Colored Enlistments," July 6, 1863.

18. 프레더릭 더글러스, "What the Black Man Wants," speech to the annual meeting of

the Massachusetts Anti-Slavery Society, Boston, April 1865, lib.rochester.edu.

19. 조라 닐 허스턴, *Dust Tracks on a Road* (New York: HarperPerennial, 1991), pp. 206-8; 조라 닐 허스턴, "How It Feels to Be Colored Me," in Henry Louis Gates, ed., Bearing Witness (New York: Pantheon, 1991), p. 16.

## 제 9 장 : "고맙습니다, 제퍼슨 씨!"

1. 마틴 루서 킹 주니어, "I Have a Dream," August 28, 1863, ushistory.org.

2. 조엘 윌리엄슨, *The Crucible of Race* (New York: Oxford University Press, 1984), p. 254.

3. 제니퍼 로백, "The Political Economy of Segregation," *Journal of Economic History* 46 (1986), pp. 893-917.

4. 토머슨 소웰, *Markets and Minorities* (New York: Basic Books, 1981), p. 61.

5. See, e.g., "The Rise of Intermarriage," Pew Research, February 16, 2012, pewsocialtrends.org.

6. 올랜도 패터슨, "Race, Gender and Liberal Fallacies," *New York Times*, October 20, 1991.

7. 필립 S. 포터, ed., *W. E. B. Du Bois Speaks: Speeches and Addresses 1890-1919* (New York: Pathfinder Books, 1970), p. 4.

8. 부커 T. 워싱턴, Up From Slavery (New York: Penguin Books, 1986), pp. 41, 208, 229; 부커 T. 워싱턴, "The Awakening of the Negro," *The Atlantic Monthly*, September 1896.

9. 부커 T. 워싱턴 and W. E. B. 듀 보이스, *The Negro in the South* (New York: George W. Jacobs, 1907), pp. 181-82; E. 데이비드슨 워싱턴 ed., *Selected Speeches of Booker T. Washington* (New York: Doubleday, 1932), p. 237.

10. 제임스 M. 워싱턴 ed., *A Testament of Hope* (San Francisco: Harper, 1986), pp. 212, 246, 489-90.

11. 재클린 무어, *Booker T. Washington, W. E. B. Du Bois, and the Struggle for Racial Uplift* (Lanham, MD: Rowman & Littlefield, 2003), p. 117.

## 제10장 : 번영에 관한 미덕

1. 제임스 보즈웰, *The Life of Johnson* (New York: Oxford University Press, 1933), Vol. I, p. 567.

2. 프레더릭 잭슨 터너, "The Significance of the Frontier in American History," Annals of America, 1968, learner.org, http://www.learner.org/workshops/ primarysources/corporations/docs/turner.html.

3. 버락 오바마 시니어, "Problems Facing Our Socialism," *East Africa Journal*, July 1965.

4. 버락 오바마, "Remarks by the President at a Campaign Event in Roanoke, Virginia," July 13, 2012; "Obama to Business Owners: You Didn''t Build That," Fox News, July 16, 2012.

5. 엘리자베스 워런, "There Is Nobody in This Country Who Got Rich on His Own," CBS

News, September 22, 2011.

6. "Greed," ABC News Special Report by John Stossel, February 3, 1998.

7. 애덤 스미스, *The Wealth of Nations* (Chicago: University of Chicago Press, 1976), Vol. I, p. 18.

8. 거트루드 힘멜파브, *The Idea of Poverty* (New York: Knopf, 1984), p. 28.

9. 애덤 스미스, *The Wealth of Nations*, Book IV, Chapter 2, adamsmith.org.

10. 애덤 스미스, *The Wealth of Nations* (New York: Penguin, 1999), p. 117, 443; 유진 카멘카 ed., *The Portable Karl Marx* (New York: Penguin, 1983), p. 177.

11. 카멘카, *The Portable Karl Marx*, p. 541.

12. 에인 랜드, *The Virtue of Selfishness* (New York: Signet, 1964), pp. vii-xi, 17, 27, 31.

13. 애덤 스미스, *A Theory of Moral Sentiments* (Indianapolis: Liberty Fund, 1982), p. 25.

14. 앨버트 O. 허시먼, *The Passions and the Interests* (Princeton, N. J.: Princeton University Press, 1977), pp. 32, 73, 132-33.


## 제11장 : 누가 누구를 착취하는가?

1. Remarks by the president on August 15, 2011; "Teachers Paid on Par with Doctors?" August 19, 2011, factcheck.org; 버락 오바마, *The Audacity of Hope* (New York: Three Rivers Press, 2006), p. 62.

2. 유진 카멘카 ed., *The Portable Karl Marx* (New York: Penguin, 1983), pp. 412-13, 415.

3. 프리드히 하이에크, *The Constitution of Liberty* (Chicago: University of Chicago Press, 1978), pp. 94-95.

4. "베이브 루스," baseballreference.com.

5. 리처드 울프, *Occupy the Economy* (San Francisco: City Lights Books, 2012), p. 30.

6. 소스타인 베블런, *The Theory of the Leisure Class* (New York: Penguin, 1994), p. 110.

7. 브랑코 밀라노비치, *The Haves and the Have-Nots* (New York: Basic Books, 2011), p. 117.

8. 톰 울프 , "Aspirations of an American Century," speech to the American Association of Advertising Agencies, *reprinted in Advertising Age*, June 12, 1989.

9. 로버트 프랭크, "U.S. Is Minting Almost All of the World''s Millionaires," October 9, 2013, cnbc.com.

10. "Life Expectancy Table," 2011, data.worldbank.org; "Life Expectancy in the USA, 1900-1998," demog.berkeley.edu.

11. 조지프 슘페터, *Capitalism, Socialism and Democracy* (New York: HarperPerennial, 1976), p. 67.

12. 하이에크, *The Constitution of Liberty*, p. 44.


## 제12장 : 전 세계적 성공 스토리

1. 크와메 은쿠루마, *Neocolonialism* (New York: International Publishers, 1965), p, 52.

2. P. T. 바워, *Equality, the Third World and Economic Delusion* (Cambridge: Harvard University Press, 1981), pp. 67-68; P. T. 바워, *Reality and Rhetoric* (Cambridge:

Harvard University Press, 1984), pp. 2, 24.

3. 카를 마르크스, "The British Rule in India," June 10, 1853; "The Future Results of British Rule in India," July 22, 1853; in 유진 카멘카 ed., *The Portable Karl Marx* (New York: Penguin, 1983), pp. 329-41.

4. V. I. 레닌, *Imperialism, the Highest Stage of Capitalism* (London: Pluto Press, 1996).

5. 만모한 싱, address by the prime minister at Oxford University, July 8, 2005, http://www.hindu.com/nic/0046/pmspeech.htm.

6. 친웨이주, *The West and the Rest of Us* (New York: Vintage, 1975), p. 256.

7. 키쇼 마부바니, *The New Asian Hemisphere* (New York: Public Affairs, 2008), p. 56.


## 제13장 : 자유의 제국

1. 찰머스 존슨, Nemesis, p. 75, books.google.com.

2. 더글러스 페이스, 세스 크롭시, "The Obama Doctrine Defined," Commentary, July 2011, commentarymagazine.com.

3. 더글러스 페이스, 프랭크 가프니, 제임스 라이언스, 제임스 울지, "Obama"s Nuclear Zero Rhetoric is Dangerous," April 1, 2013, canada freepress.com.

4. "Nuclear Weapons: Who Has What at a Glance," Arms Control Association, November 2013, armscontrol.org.

5. Letter from Thomas Jefferson to James Madison, April 27, 1809.

6. 버락 오바마, *The Audacity of Hope* (New York: Three Rivers Press, 2006), p. 316-17.

7. "마거릿 대처, RIP," April 18, 2013, nationalreview.com.

8. 콜린 파월, Remarks at the World Economic Forum, Davos, Switzerland, January 26, 2003.


## 제14장 : 가장 큰 도둑

1. 리처드 맥킨지, *Bound to be Free* (Palo Alto: Hoover Press, 1982), p. 90.

2. 윌리엄 셰익스피어, *Othello*, Act 5, Scene 1, shakespeare.mit.edu.

3. 에이브러햄 링컨, "Speech at Chicago," July 10, 1858, journalofamericanhistory.org.

4. 유진 카멘카 ed., *The Portable Karl Marx* (New York: Penguin Books, 1983), p. 410.

5. 로버트 라이히, *Aftershock* (New York: Vintage, 2013), p. 131; 리처드 울프, *Occupy the Economy* (San Francisco: City Lights, 2012), pp. 42-43.


## 제15장 : 미국판 파놉티콘

1. 프란츠 카프카, *The Trial* (New York: Tribeca Books, 2011), p. 1.

2. 마크 랜들러, 헬렌 쿠퍼, "Obama Seeks a Course of Pragmatism," *New York Times*, April 3, 2009, nytimes.com.

3. 제러미 벤담, *The Panopticon Writings* (London: Verso, 2011).

4. 라이언 캘러거, "Edward Snowden: The Man Behind the NSA Leaks," Slate, June 9,

2013, slate.com.

5. 제임스 뱀포드, "They Know Much More Than You Think," *New York Review of Books*, August 15, 2013, nybooks.com; 라이언 리자, "State of Deception," *The New Yorker*, December 16, 2013, pp. 48, 55.

6. 찰리 새비지, "Judge Questions Legality of NSA Phone Records," *New York Times*, December 17, 2013, pp. A-1, A-17.

7. 피터 니길러스, 제스 브래빈, "Obama"s Civil Liberties Record Questioned," *Wall Street Journal*, June 6, 2013, wsj.com.

8. 조지 오웰, *1984* (New York: Harcourt Brace, 1983), pp. 2, 138, 183.

9. Ibid., p. 239.

10. 브래들리 호프, 다미안 팔레타, "S & P Chief Says Geithner Warned About U.S. Downgrade," *Wall Street Journal*, January 21, 2014, wsj.com.

11. 하비 실버글레이트, *Three Felonies a Day* (New York: Encounter Books, 2011), pp. xviii-xix, xxv, xxxvii, l, 28, 264-65, 267.

## 제16장 : 몰락은 선택이다

1. 마틴 자크, *When China Rules the World* (New York: Penguin Books, 2012), p. 12.

2. 앵거스 매디슨, *The World Economy* (Washington, D.C.: Brookings Institute Press, 2007).

3. 존 폼프렛, "Newly Powerful China Defies Western Nations with Remarks, Policies," *The Washington Post*, March 15, 2010.

4. 자크, *When China Rules the World*, p. 128.

5. Ibid., p. 341.

옮긴이 **최윤희**

컴퓨터공학을 전공하고 이동통신과 휴대전화 소프트웨어 개발자로 일했다. 주간번역가
와 바른번역 아카데미를 거쳐 현재 바른번역 소속 번역가로 활동하고 있다. 옮긴 책으로
는 『히스토리』 『시대가 선택한 미술』 『지식의 백과사전』 『알고 싶은 심리학, 쉽게 읽는 심
리학』 『우리가 지금껏 보지 못했던 20세기 역사』 『과학의 책』 『사진을 뒤바꾼 아이디어
100』 『셰익스피어의 책』 『사회학의 책』 『셜록 홈즈의 책』 『문학의 책』 등이 있다.

KI신서 6739

# 미국이 없는 세계를 상상할 수 있는가

**1판 1쇄 인쇄** 2016년 10월 25일
**1판 1쇄 발행** 2016년 11월 1일

**지은이** 디네시 더수자
**옮긴이** 최윤희
**펴낸이** 김영곤
**해외사업본부장** 간자와 다카히로
**정보개발팀** 이남경 김은찬
**해외기획팀** 박진희 임세은 채윤지
**출판영업팀장** 이경희
**출판영업팀** 이은혜 권오권
**출판마케팅팀** 김홍선 최성환 조윤정
**홍보팀장** 이혜연 **제작팀장** 이영민

**펴낸곳** (주)북이십일 21세기북스
**출판등록** 2000년 5월 6일 제406-2003-061호
**주소** (우 10881) 경기도 파주시 회동길 201 (문발동)
**대표전화** 031-955-2100 **팩스** 031-955-2151 **이메일** book21@book21.co.kr

ⓒ Dinesh D'Souza, 2014
**ISBN** 978-89-509-6739-0 03340